中国民族村寨调查丛书编委会

主　编：高发元
副主编：张　跃　施惟达
编　委（以姓氏笔画为序）
　　　马　京　尹绍亭　王文光　方　铁　李兴和
　　　何　明　何斯强　肖　芒　肖　宪　肖春杰
　　　张晓辉　纳文汇　周永坤　陈庆德　陈国新
　　　段炳昌　顾士敏　崔运武

柯尔克孜族

新疆乌恰县库拉日克村吾依组调查

中国民族村寨调查丛书

主　编：董秀团
　　　　万雪玉

云南大学出版社

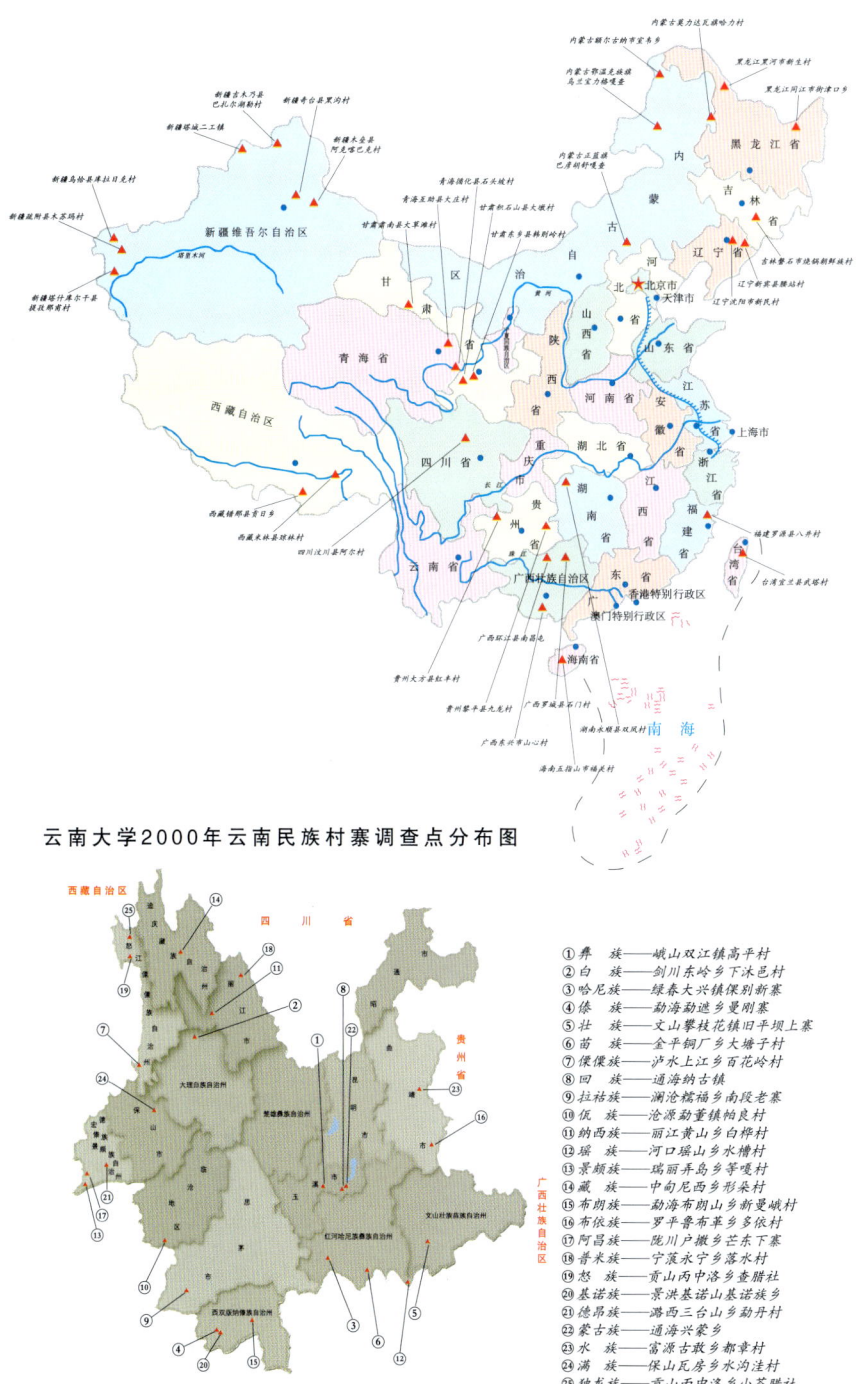

库拉日克村所在位置图

库拉日克村吾依组示意图

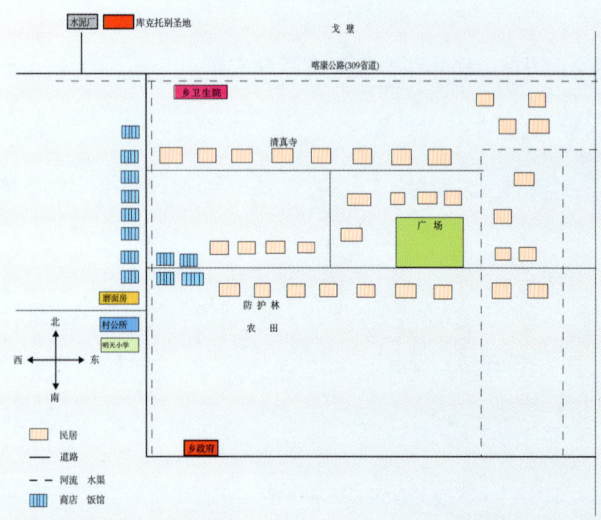

调查组在中吉边境

吾依村广场

坟墓外观

夏牧场上的羊群

牧场上牧民的帐篷

收割小麦

餐前净手

婚礼：男方来宾进入女方家

唱哭嫁歌

柯尔克孜族

打羊毛

擀毡子

捣马奶子

织芨芨草帘

花毡图案

柯尔克孜族

织毡毯

乐器库木孜

烤馕器皿

生产工具

总　序

云南大学党委书记、博士生导师　高发元

　　1956年～1958年，国家有关部门在全国组织进行了少数民族社会历史调查研究工作，搜集到上千万字的资料，撰写出少数民族简史、简志和自治地方概况三套丛书的书稿，整理调查资料300余种。党的十一届三中全会后，国家民族事务委员会组织编写了"民族问题五种丛书"（即《中国少数民族》、《中国少数民族简史丛书》、《中国少数民族语言简志丛书》、《中国少数民族自治地方概况丛书》、《中国少数民族社会历史调查资料丛书》）。这次调查为党和政府制定社会主义民族政策和工作方针，在少数民族地区开展民主改革和进行经济建设提供了不可或缺的重要依据，开创了我国进行大规模少数民族调查的先河，为民族研究搜集与积累了大量弥足珍贵的资料。时至今日，其成果仍然是开展民族工作的重要依据，是民族学研究必不可少的参考文献和反复引述的基础材料。

　　近半个世纪过去了，各少数民族在经济、社会、政治、文化等各个方面均发生了巨大的变化。在新的形势和任务面前，无论是进行决策的党政部门，还是进行理论研究的学术界，要深入进行民族调查的愿望超过了以往任何时候。各级党委、政府迫切需要系统地了解少数民族发展变化的现状，深入探讨少数民族地区经济社会发展中面临的新情况、新问题,科学地把握少数民族发展的趋势,以制定出适合于各少数民族在新的历史条件下符合客观实际情况的民族政策和发展规划。

如何在新的时期开展民族调查,以获得开拓性的成果,这就不能囿于传统的民族调查方式,而必须有新的观念、新的方式。从学科发展的角度说,分化与整合,是当代学术研究发展的两大趋势。一方面,各个学科的发展呈现出日益分化的趋势,学科划分越来越细;另一方面,又呈现出学科之间的整合趋势,各个学科之间相互渗透、相互交叉,其界限越来越模糊,跨学科研究与交叉学科不断增多。

民族学以民族共同体为研究对象。民族共同体既是一个有机的整体,又是一个多元化的系统,包含着语言、人口、经济、政治、文化、宗教、教育、科技、卫生等诸多子系统。因而民族学不能仅关注民族的某一局部,必须关注民族的各个方面、整个系统。为此,"对于人类学家来说,一般都要花费许多时间与人类学以外的专家共同研究。这些时间超过与其他在野外方面的人类学家磋商的时间。"① 这就是说,如果要对民族的各个方面完整系统地作深入调查研究,仅靠民族学自身特有的理论和方法是远远不够的。因为"民族和文化的领域十分广阔,单靠民族学的专门化已无法驾驭层出不穷的新的重大课题,这就要借助于其他学科。任何一个民族学工作者都不可能掌握全面的多学科的知识和技术,这就要求民族学运用整体论的观点,打破学科封闭,与其他学科交叉协作,进行综合调查研究。"② 民族调查与研究的实践和历史充分证明,民族学必

---

① F. 普洛格、D.G. 贝茨著,吴爱明译:《文化演进与人类行为》,第12页,辽宁人民出版社1998年版。
② 林耀华主编:《民族学通论》修订本,第166页,中央民族大学出版社1997年版。

须经常借助其他学科的理论与方法,才有可能在许多问题的研究上取得较快的进展与重大的突破,从而不断进步与发展。

　　基于这样的思考,我们继 2000 年组织对云南省人口在 5 000 人以上的 25 个少数民族村寨进行调查后①,2003 年 7 月～8 月又组织了对全国 32 个少数民族村寨的调查。与在云南进行的调查一样,全国的民族村寨调查采取了一个"深入"、两个"综合"的方式。一个"深入",即不对每个民族做广泛的面上的调查,而是每个民族各选取一个有代表性的典型村寨,在这一个点上进行深入的调查。两个"综合",一是调查内容的综合,即对每个民族村寨都进行人口、经济、政治、社会、文化、风俗习惯、法律、婚姻家庭、宗教、科技、卫生、教育、生态等诸方面的综合调查。二是调查人员的学科综合。在这次调查与研究过程中,除了一部分民族学专业的教师和学生外,大部分调查人员和研究人员来自云南大学和全国 15 个省区有关大学、科研单位及其他人文社会科学领域,涵盖了法学、经济学、社会学、历史学、考古学、文学、政治学、伦理学、档案学、管理学、人口学、旅游学、语言学、艺术学等人文社会科学的大部分学科,还有一部分自然科学方面如生态学、遗传学、建筑学的人员参与,并专门进行了遗传信息方面的调查。整个调查工作涉及到的总人数为 203 人,其中云南大学的师生 105 人,其他省区 98 人。调查人员中,教师和科研人员 110 人,占 54%(教授 32 人,副教授 40 人,讲师 31 人,高职人员共 72 人,占总人数的 66%);干部 11 人,占 6%;学生(博士生、硕士生、本科生)82 人,占 40%。调查队伍

---

　　① 调查由云南大学的 142 名师生完成,形成了 25 本调查资料、1 本专题研究报告、1 本画册,已由云南大学出版社于 2001 年出版。此外,还拍摄录制了一批录音带、录像带、照片,采集了云南少数民族 1 300 多人的血样,建立了少数民族遗传信息资源库。

以中青年为主,其中45岁以下170人,占总人数的84%。

经过周密部署和精心组织,此次调查虽然历时不长,但取得的成果是多方面的:

1. 作为云南大学建校80年来第一次组织在全国范围内进行对不同地区、不同民族的民族调查,接触到了省外各民族的习俗和风情,开阔了视野,为云南大学民族学重点学科的建设和上水平奠定了坚实的基础。更重要的是,与国内相关省区建立起了密切的学术联系,为以后的民族学研究奠定了基础。同时,省外32个调查点可以成为云南大学今后长期合作研究的基地。

2. 积累了跨省区、跨校合作开展田野调查和进行研究的经验。诚如民族学界所指出的:"大规模的综合调查不是少数人所能承担的,组织协调也比较复杂、困难。"① 这次调查的32个少数民族村寨,分布在全国15个省区,地域非常广阔,仅靠云南大学的力量是难以完成的。因此,这次调查突破了一般传统,与所调查民族地区的有关单位合作,分工完成。15个省区的41所大学、科研单位、政府有关部门积极参与了由云南大学组织的调查和文稿撰写工作。其中,台湾佛光大学承担了台湾高山族(泰雅人)的调查,开了该校与大陆合作进行民族田野调查的先河。

3. 此次调查以多学科的形式合作配合,交叉渗透,对于民族调查工作来说,具有突破性的意义。比如在此次调查中,加入了体质健康调查小组,仅用1个月的时间就完成了31个民族(不包括台湾泰雅人)约1 500多份血样的采集,也搜集到了部分实物。这样,调查工作就为云南大学少数民族遗传信息资源库建设、博物馆建设等创造了一定条件。

---

① 林耀华主编:《民族学通论》修订本,第166页。

4. 此次调查收集了大量的文字、音像资料，大部分为第一手资料，为调查资料的整理、写作以及专题研究提供了条件，也弥补了过去有关民族调查中调查手段或内容单一的不足。共形成了32个少数民族村寨的调查资料32本，文字总量1 000余万字；形成了民族生态、人口、经济、社会、政治、法律、婚姻家庭、文化、风俗习惯、教育、科技、卫生、宗教13个专题研究报告，文字总量约为30万字；1本调查工作实录28万字。此外，32个民族调查组均拍摄了大量照片，内容包括生态环境、生产工具、生活场景、文化习俗、宗教活动等各个方面，照片总量达10 000余张。许多调查组运用了影视人类学的方法，拍摄了近百盘录像带。有些调查组对民族语言、民歌、民谣等进行了录音，带回一批录音带。

5. 锻炼了队伍，培养了人才。作为以民族为研究对象的学科，民族学必然要以田野工作为其研究的主要途径和基本方法。可以说，田野调查是民族学研究的基础和前提。在调查过程中，各调查组克服了种种意想不到的困难和障碍，磨炼了调查人员特别是学生的意志，运用与深化了所学的理论知识，掌握了田野调查的工作方法，在实践中锻炼了思想品德，增长了才干。同时一批新的人才加入到民族研究的队伍中来，增强了民族研究的力量。

当然，在新的历史条件下组织规模如此浩大的民族调查，问题和不足在所难免。如有的调查人员缺乏调查经验，有的调查还比较粗糙。从总体上看，各本调查资料之间的调查深度和研究水平并不完全一致，有高低、深浅之分；从每一本调查资料来看，各部分之间的调查深度和研究水平也不完全一致，也有高低、深浅之别。这大概是大规模的调查研究和众手成书情况下都不可避免的问题。

现在，我们把32个民族村寨的调查及在此基础上进行的专题研究报告整理出来公开出版，是因为这些成果真实地记录了现在时段这些民族村寨的全貌，是第一手的最新资料，相信会有现实的参考价值和历史的保存价值。其中调查工作的实录，比较具体完整地反映了这次工作的整个情况，相信也是有意义的。

民族调查是一项长远的宏伟的工程，这次的成果也仍然只是我们的一个起点，我们的工作还会长久地进行下去。诚恳地希望一切关心民族问题，研究民族问题的同仁给我们批评，指正，使这一幼苗能结出更加丰硕的果实。

2004 年 5 月

目　　录

前　言 …………………………………………………………（1）
第一章　概况与历史 …………………………………………（1）
　第一节　概　况 ……………………………………………（1）
　　一、柯尔克孜族及其居住地区概况 ……………………（1）
　　二、黑孜苇盆地概况 ……………………………………（3）
　第二节　历史概况 …………………………………………（5）
　　一、社区沿革 ……………………………………………（5）
　　二、族系源流 ……………………………………………（7）
　　三、基本情况 ……………………………………………（9）
第二章　生态环境 ……………………………………………（18）
　第一节　生态环境的基本状况 ……………………………（18）
　　一、地理环境 ……………………………………………（18）
　　二、气候类型 ……………………………………………（20）
　　三、物产资源 ……………………………………………（22）
　　四、自然灾害 ……………………………………………（26）
　第二节　生态环境的历史演变及现代调适 ………………（31）
　　一、吾依村生态演变的基本轨迹 ………………………（31）

二、生态的变迁及现代调适 …………………… (34)
　第三节　对生态环境和资源的利用及开发 ………… (42)
　　一、传统上对生态环境和资源的利用情况 ……… (42)
　　二、现阶段对生态环境和资源的利用及开发 …… (43)
　第四节　村民的生态意识 ……………………………… (45)
　　一、宽敞的院落及与自然和谐共处的生态观 …… (45)
　　二、与高山牧场为伴 ……………………………… (47)

第三章　人　口 ……………………………………………… (49)
　第一节　人口状况 ……………………………………… (49)
　　一、人口的历史、现状与发展趋势 ……………… (49)
　　二、人口的生育状况 ……………………………… (56)
　第二节　计划生育 ……………………………………… (61)
　　一、计划生育政策与法规 ………………………… (61)
　　二、计划生育措施 ………………………………… (65)

第四章　经　济 ……………………………………………… (70)
　第一节　经济结构与生产关系的变迁 ………………… (70)
　　一、基本情况 ……………………………………… (70)
　　二、生产关系和经济结构的变迁 ………………… (71)
　第二节　农、牧及林业发展情况 ……………………… (76)
　　一、农　业 ………………………………………… (76)
　　二、牧　业 ………………………………………… (78)
　　三、林　业 ………………………………………… (92)
　第三节　个体工商户的经营情况 ……………………… (93)
　　一、概　况 ………………………………………… (93)
　　二、经营者状况 …………………………………… (96)
　　三、经营特色 ……………………………………… (99)

第四节　劳动生产方式及消费行为……………………（101）
　　　　一、劳动生产方式…………………………………（101）
　　　　二、消费特点………………………………………（103）
　　第五节　经济发展趋势…………………………………（106）
　　　　一、经济体制改革现状与目标……………………（106）
　　　　二、经济体制变迁中的措施与案例分析…………（107）
　　　　三、经济发展趋势…………………………………（109）
第五章　社会政治………………………………………………（111）
　　第一节　家族状况………………………………………（111）
　　　　一、家族结构………………………………………（111）
　　　　二、家族现状………………………………………（120）
　　第二节　社团组织………………………………………（120）
　　　　一、共青团组织……………………………………（120）
　　　　二、妇女联合会……………………………………（125）
　　第三节　基层政治组织…………………………………（126）
　　　　一、基层党支部……………………………………（126）
　　　　二、村民委员会……………………………………（133）
　　第四节　村建工作与村务管理…………………………（138）
　　　　一、村建工作………………………………………（138）
　　　　二、村务管理………………………………………（138）
　　第五节　社会分层与社会保障…………………………（143）
　　　　一、社会分层………………………………………（143）
　　　　二、社会保障………………………………………（164）
　　　　三、贫困户及扶贫工作……………………………（167）
第六章　婚姻家庭………………………………………………（179）
　　第一节　婚　姻…………………………………………（179）

一、婚姻制度的变迁……………………(179)
　　二、通婚规则及范围………………………(179)
　　三、择偶方式………………………………(183)
　　四、婚配条件………………………………(183)
　　五、婚姻的成立……………………………(184)
　　六、婚姻礼仪………………………………(185)
　　七、婚后的居住模式………………………(192)
　　八、族际通婚………………………………(193)
　　九、婚姻的解除……………………………(194)
　　十、性行为…………………………………(196)
　第二节　家　庭………………………………(197)
　　一、家庭结构………………………………(197)
　　二、家庭关系………………………………(201)
　　三、家庭功能………………………………(202)
　　四、家庭规模………………………………(203)
　　五、亲属称谓………………………………(206)
　　六、家庭的变迁及未来发展趋势…………(207)
　第三节　业余生活与交往方式………………(208)
　　一、业余生活方式…………………………(208)
　　二、交往方式………………………………(211)

第七章　法　律…………………………………(214)
　第一节　禁忌与习惯法………………………(214)
　　一、禁　忌…………………………………(214)
　　二、习惯法…………………………………(216)
　第二节　村规民约……………………………(220)
　　一、村规民约的内容………………………(220)

二、村寨争议及解决方式 …………………………… (225)
第三节 治保调解与诉讼 …………………………………… (228)
　一、治保调解 ……………………………………………… (228)
　二、诉　讼 ………………………………………………… (229)
第四节 普法工作与村民法律意识 ………………………… (232)
　一、普法工作 ……………………………………………… (232)
　二、村民的法律意识 ……………………………………… (233)
　三、社会治安综合治理 …………………………………… (239)

第八章　文　化 ……………………………………………… (242)
第一节 语言文字 …………………………………………… (242)
　一、民族语言系属和特点 ………………………………… (242)
　二、方言及单语、双语、多语使用情况 ………………… (243)
　三、民族母语的习得途径及使用范围 …………………… (244)
　四、民族文字 ……………………………………………… (246)
第二节 文学艺术 …………………………………………… (248)
　一、民间文学 ……………………………………………… (248)
　二、作家文学 ……………………………………………… (274)
　三、乐　器 ………………………………………………… (278)
第三节 民族心理 …………………………………………… (281)
　一、淳朴热情、勤劳勇敢、坚忍不拔的民族性格
　　　……………………………………………………… (281)
　二、深厚的民族感情 ……………………………………… (283)
第四节 文化心理素质 ……………………………………… (290)
　一、强烈的民族文化认同意识 …………………………… (290)
　二、开放的民族文化心态 ………………………………… (290)
第五节 信息传播方式 ……………………………………… (292)

一、传统的信息传播方式……………………………（292）
　　二、现代传媒的介入及影响…………………………（294）
　第六节　文化设施、文化事业及文娱活动……………（297）
　　一、文化设施及文化事业的发展……………………（297）
　　二、文化娱乐生活……………………………………（299）

第九章　风　俗………………………………………（304）

　第一节　风俗习惯………………………………………（304）
　　一、日常生活习俗……………………………………（304）
　　二、人生礼仪习俗……………………………………（331）
　　三、岁时节日习俗……………………………………（352）
　　四、社会交往礼俗……………………………………（356）
　第二节　伦理道德………………………………………（362）
　　一、尊老爱幼的传统风尚……………………………（362）
　　二、团结互助的道德观念……………………………（364）
　　三、以善为本的价值观念……………………………（366）
　　四、诚实守信的交友原则和做人标准………………（368）
　　五、男尊女卑的传统意识……………………………（368）

第十章　教　育………………………………………（371）

　第一节　传统教育………………………………………（371）
　　一、传统教育的内容…………………………………（372）
　　二、传统教育在现阶段的作用………………………（374）
　第二节　学校教育………………………………………（375）
　　一、概　况……………………………………………（375）
　　二、"明天"小学………………………………………（381）
　第三节　村民受教育程度及文化素质…………………（388）
　　一、基本受教育情况…………………………………（388）

二、接受高等教育与继续教育情况………………………(390)
　　三、村民受教育情况个案分析……………………………(393)
　　四、扫盲与科技培训………………………………………(397)
第十一章　科技卫生……………………………………………(400)
　第一节　传统医药……………………………………………(400)
　　一、民族医药及传统治疗方法……………………………(400)
　　二、柯尔克孜族医药文献…………………………………(401)
　　三、柯尔克孜族民族医生…………………………………(401)
　　四、民间医方………………………………………………(402)
　第二节　百工技艺……………………………………………(404)
　　一、毡房的制作……………………………………………(404)
　　二、库姆孜的制作…………………………………………(405)
　　三、擀毡织毯………………………………………………(406)
　　四、编织与刺绣工艺………………………………………(407)
　　五、羊皮口袋的制作………………………………………(409)
　第三节　现代科技的推广应用………………………………(409)
　　一、先进技术和方法的引进………………………………(409)
　　二、农业机械设备的使用…………………………………(410)
　　三、现代科普知识的宣传…………………………………(411)
　　四、现代医疗卫生工作的开展……………………………(413)
　　五、科技发展与社会进步…………………………………(420)
第十二章　宗　　教……………………………………………(422)
　第一节　原始宗教信仰………………………………………(422)
　　一、萨满教…………………………………………………(423)
　　二、自然崇拜………………………………………………(427)
　　三、动物崇拜………………………………………………(431)

四、祖先崇拜……………………………………………(433)
　　五、色彩崇拜……………………………………………(434)
　第二节　伊斯兰教…………………………………………(435)
　　一、伊斯兰教信仰的现状………………………………(435)
　　二、宗教祭祀活动………………………………………(437)
　　三、传统宗教节日………………………………………(438)
　　四、宗教活动场所及宗教人员…………………………(439)
　第三节　宗教信仰的特点及变化…………………………(444)
　　一、宗教信仰的特点……………………………………(444)
　　二、宗教信仰的变化……………………………………(445)
　　三、宗教信仰政策的落实及村民对宗教信仰政策的
　　　　认知情况……………………………………………(446)
　　四、当地宗教人员个案调查……………………………(448)
附　录…………………………………………………………(453)
参考文献………………………………………………………(472)
后　记…………………………………………………………(473)

前　言

当历史的车轮滚滚驶向 21 世纪的时候，当人类面对着更大的发展进步也承受着更多的挑战和痛苦的时候，传统与现代、发展与变迁的种种命题同样交织并缠绕着世界上的各个民族，当然也包括中国的各个少数民族。新中国成立以来所发生的巨大社会变迁，加之 20 世纪末以来席卷世界各个角落的现代化和全球化浪潮的冲击，都使得少数民族的社会生活、经济文化发生了难以置信的改变。所有这些，都使得在新的历史条件下，对少数民族的客观、具体的实证调查成为一种必要和必然。云南大学发起、组织的中国民族村寨调查就是在这样的背景下拉开帷幕的。

一、调查点的概况及选点理由

中国的柯尔克孜族是一个历史悠久、文化灿烂的民族，尽管地处祖国西北边陲，却仍是中华民族多元一体格局当中不可或缺的一元。此次中国民族村寨调查，柯尔克孜族调查组的调查地点选在新疆维吾尔自治区克孜勒苏柯尔克孜自治州乌恰县黑孜苇乡库拉日克村吾依组。

柯尔克孜族主要聚居于新疆维吾尔自治区克孜勒苏柯尔克孜自治州。根据第五次全国人口普查资料，全国柯尔克孜族有

160 823 人，其中 77.4% 居住在克州境内。克孜勒苏柯尔克孜自治州成立于 1954 年，下辖三县（阿合奇、阿克陶和乌恰）一市（阿图什），其中乌恰县和阿合奇县是我国柯尔克孜族的主要聚居县。乌恰县 2002 年人口数量为 44 603 人，其中柯尔克孜族 32 233 人，占全县人口总数的 72.27%。乌恰县地处克州西部，位于克孜勒苏河的上游，1938 年设县。全县面积约 19 600 平方公里，除了主体民族柯尔克孜族外，还居住着维吾尔族、汉族、乌孜别克等 11 个民族。

　　黑孜苇，柯语为"克孜勒吾依"，意为红色洼地。黑孜苇盆地处于乌恰县中部，地形四周高、中间低。海拔 2 136.7 米，属中温大陆性荒漠气候，历年 7 月平均温度 19.9℃，1 月平均温度 -8.9℃。全乡有耕地面积 15 895 亩，草场面积 262.96 万亩，是一个以牧为主、农牧结合的地区。乡人民政府驻地即旧县城。

　　库拉日克行政村地理坐标为北纬 39°41′，东经 75°11′，海拔高度为 2 134.6 米，拥有耕地 2 019 亩。2002 年总户数 201 户，总人口数 843 人。下辖 6 个村民小组：冬、羊叶尔、八村、科可托布、库拉日克和吾依。

　　"吾依"，柯尔克孜语是"凹地"、"小盆地"的意思。吾依村位于黑孜苇盆地中部，距乌鲁木齐市 1 552 公里，距自治州首府阿图什市 110 公里，离新县城约七公里，离黑孜苇乡政府所在地约一公里。村庄坐落于喀康公路的南侧，离公路仅几步之遥。村西有一条南北向的公路，北接喀康公路，南达乡政府所在地，另有一条横贯整个村子直通冬小队的公路，呈东西向，与喀康公路平行。村子的交通可谓四通八达，不论是到其他村落还是乡政府或是到县城都十分方便。

　　据 2002 年的统计资料，吾依共有 60 户人家，238 人。其中绝大多数为柯尔克孜族，仅有 3 户维吾尔族。吾依组周围的村寨也多数是柯尔克孜族聚居村,除了东边的冬小队以维吾尔族居民为主以外,西边的库拉日克小队、羊叶尔小队、科克托布、八村等均以柯尔克孜族为主。位于库拉日克行政村西边的羊叶尔农场和西北的帕米尔水泥有限责任公司以汉族为主,吾依村民与当地的汉族居民之间在经济、生活上有密切的联系。

之所以在众多的柯尔克孜族村寨中选择吾依组作为调查点,主要基于以下方面的考虑:第一,乌恰县是柯尔克孜族人口比例较高的地区,而库拉日克村吾依组是这个地区内典型的柯尔克孜族村寨。第二,吾依组人口规模小,聚居集中,便于调查工作的展开。如果选择整个行政村作为我们的调查对象,则库拉日克村 2002 年总户数达 201 户,由于时间的限制,既不易于把握调查对象也不利于调查工作的纵深开展。如果选择居住分散、户数较少的纯游牧型聚落作为调查对象,则由于户数过少而无法达到以一个村寨来透视整个柯尔克孜族社会变迁、发展轨迹的目的。同时吾依组所在地区交通方便,有利于我们调查工作的顺利进行。第三,从经济发展和生计方式来看,吾依村经济发展水平居中,村民农牧兼营,具有一定的普遍性和较强的代表性。村中既有相对聚集的定居点,又有牧民在牧场上放牧,我们可以对村民的经济、生计方式作全面地了解,同时也可以对游牧民族从纯游牧到农牧兼营的过程中发生的变迁进行更好地把握;乌恰县的吉根乡及阿合奇县的山区等地虽然也是柯尔克孜族比较集中的地区,但由于是纯牧区,村民 7~8 月份大多在夏牧场,居住分散,在一个月的时间里无法完成调查任务。第四,在 1958 年的柯尔克孜族社会历史调查工作中,曾经对乌恰县进行过较为全面的调查,形成了《乌恰县柯尔克孜族调查报告》等调研报告,涉及乌恰县柯尔克孜族生存的自然环境、族名、族源、历史、社会政治、风俗习惯等方面的内容,为我们留下了珍贵的文字材料,同时,也为我们现阶段的调查研究工作提供了一个很好的背景和参照，可资借鉴、对比，以更好地认识当地柯尔克孜族半个世纪以来所发生的变迁和发展。

二、调查组的构成及调查工作的开展

中国民族村寨调查由云南大学发起，柯尔克孜族调查组由云南方和新疆方联合组成。调查组共有6名成员，实行双组长负责制。云南方组长董秀团，云南大学人文学院中文系教师，民族学在读博士；组员有云南大学人文学院中文系民俗学硕士研究生吕雁，云南大学人文学院人类学系本科生朱刚。新疆方组长万雪玉，新疆大学人文学院历史系副教授；组员有新疆社科院盅亚研究所助理研究员艾莱提·托洪巴依和新疆大学人文学院历史系硕士研究生曹盟。整个调查组成员具有多学科的背景，为调查工作的开展提供了必要的学科支撑。全组6名成员中，有汉族3人，白族2人，柯尔克孜族1人。

云南大学的3名组员于2003年7月17日抵达乌鲁木齐，受到了新疆大学文科基地的接待，新疆自治区民委的有关领导向调查组介绍了相关的情况。调查组6人于7月22日从乌鲁木齐出发到达喀什，克州民委的有关领导专程前来迎接。当日中午，到达克州州府阿图什。下午在阿图什拜访了克州宣传部部长及州史志办、州统计局等部门，查找了部分资料。当天下午，克州民委的有关同志将我们送到乌恰县城，受到了乌恰县统战部、民宗委的热情欢迎和接待。县统战部、民宗委还派专人吕建军同志陪同调查。7月23日上午，在县统战部和民宗委有关同志的陪同下，到达了我们的调查地黑孜苇乡。调查组成员先到乡政府同乡干部及库拉日克村的村干部见了面，向他们说明了我们的调查目的及调查工作的安排等，乡里的领导也将库拉日克村的大致情况向我们作了介绍。为了更好地开展调查工作，我们决定住在村公所，为此，村公所将两间办公室让给我们住。库拉日克村下辖6个村民小组，我们选择了其中离村公所较近、人口规模适中的吾依组作为主要的调查对象。

从7月23日进驻村中开始工作，到8月23日离开村子，在吾依村的调查刚好是一个月的时间。调查组8月24日从喀什乘火车返乌鲁木齐，8月27日返回昆明，从离昆至返昆，整个调查历时42天。

进村之后，我们立即开始工作。7月24~26日，分别访问了乡里、村里管统计、计生、宗教工作的负责人员，摸清了基本的情况。7月27日~8月4日，是入户调查的阶段，我们对村中的44户人家进行了入户访谈，调查的内容涉及家庭人口、经济收入和支出、婚姻、教育、生活方式等方面。在此期间，我们还抽出时间访问了乡里的有关部门，如乡兽医草原站、乡文化站、乡派出所，并访问了乡民政干事、乡计生专干等。8月5~6日，召开专题座谈会，就风俗习惯、婚姻家庭等问题选择了合适的报导人进行座谈。

由于我们调查的吾依村是一个农牧结合的村寨，传统的畜牧业依然在村落经济结构中占有重要地位，且该村今年仍有14户人家在夏牧场上放牧，因而我们决定上夏牧场对这些人家进行访谈，并对畜牧业进行调查。吾依村的夏牧场过去一直在玉奇塔什草原，但由于过度放牧，今年该牧场休牧，吾依所在的库拉日克村即一大队是借用二大队的草场进行放牧，该牧场离我们所在的村公所约一百五十公里。在县、乡有关部门的大力支持和帮助下，我们于8月7日上牧场，到8月11日返回，调查了牧场上牧民的生活情况。

8月13~17日，我们对一些专题进行了深入访谈，访问了玛纳斯奇、即兴诗人、库姆孜琴手、阿訇等人士。同时，在村里进行了资料的查缺补漏工作。8月18~21日，我们访问了县城有关部门,包括县委组织部、文体局、史志办、民宗委、民政局、计生委、扶贫办、教育局、水利局、武装部等,并用3天的时间,请当地的两位教师帮助进行了语言材料的录音。

8月22日,调查组参观了伊尔克什坦口岸。8月23日离开吾依村踏上返程。经过一个多月的驻村调查,我们对当地柯尔克孜族的生态环境、人口、经济、文化教育、科技卫生、民风民俗、宗教信仰、生活方式、婚姻家庭等方面的情况均有了一定了解,加深了我们的认识,也为后面调查报告的撰写打下了基础。

进驻村中,我们在最初几天熟悉了情况之后,就将组员分成3个小组,加上乡政府派给我们的2名翻译以及我们聘请的翻译——在乌鲁木齐商业学校读书放假回家的学生艾力,保证了每个组均有一名柯尔克孜族工作人员,分头进行调查。从刚入户开始,村民就一直积极地配合我们的调查工作,不管手头有多忙的事,都耐心地回答我们提出的每一个问题。我们每天从早到晚和他们在一起,融入了村民的生活,也打开了他们的心扉。调查期间,调查组员与村民们结下了深厚的友谊,我们在村民家里进进出出,和村民一起围坐在餐布前吃着各种可口的食物,村民为我们宰羊,为我们做博尔沙克、做纳仁,给我们喝马奶子、吃酸奶;村民为我们弹库姆孜、吹口琴,给我们讲玛纳斯的英雄故事。阿斯卡尔副县长、依明江常委及其他县领导经常来看望调查组的工作人员,库拉日克村的村长木沙不仅很多时候陪同我们调查,还为我们租马、租骆驼,陪着我们跋山涉水去夏牧场访问吾依牧民。我们的翻译扎伊尔、哈里木拉提、艾力、阿迪力、阿克巴尔每天陪同我们走村入户,为我们充当与村民交流的语言使者,虽然劳累却毫无怨言。即兴诗人莱丽罕·奥姆希给我们送洗发水、牙膏、香皂、梳子、镜子等日常生活用品，还把心爱的手镯、戒指赠送给调查组员。

我们通常在早上10点左右开始拜访各家各户，中午2点或2点半才吃午餐，之后稍稍休息，有的时候中午也不休息，仍然进行入户拜访。当地的村民十分勤劳，很多人都没有午休的习惯，在中午依然忙这忙那。下午5点到9点又是我们的工作时间，晚上10点才吃晚餐。由于乌恰地处祖国西部，当地的日照时间长，每天都是9点多10点太阳才落山，到11点左右天才黑下来，因而我们白天的工作时间很长。到吃完晚饭，调查组成员或者对当天的调查情况进行讨论，或者对当天的调查资料进行核对和整理，或者对调查中遇到的问题进行探讨，或者对调查的方法、技巧、经验进行相互的交流，或者对第二天的工作进行预先的安排，而当所有这一切都忙完了的时候，往往已经是深夜一两点钟了。我们正是在一种既紧张、辛苦、劳累却又时时感受到充实、处处体会到愉悦的生活中进行着我们的调查工作，也时时刻刻获得一种满足感。在整个调查过程中，调查组的所有成员齐心协力，团结互助，保证了调查工作的圆满完成。

我们还协助云南大学中国民族村寨调查血样采集组的人员顺利地完成了对村民的血样信息采集工作。在副县长阿斯卡尔和统战部常务副部长塔延的带领下，村民们积极踊跃地献上自己珍贵的鲜血血样。除了在吾依村进行广泛的入户调查之外，为了更好地认识某些专题或相关问题，我们也在吾依村周围的几个村寨进行了一些田野工作，如访问了羊叶尔小队的即兴诗人、民间故事讲述家，邻村的毡房制作者，民族乐器库姆孜制作者，玛纳斯奇等，我们还去羊场参加了一次婚礼，去羊叶尔小队的墓地参加了一次宗教仪式，去考察了黑孜苇水泥厂旁的朝拜圣地"库克托别"。

三、调查研究的方法

从调查的方法上来说，我们采用的方法也是多样的。深度访谈、参与观察、召开座谈会、问卷统计等都是我们常用的调查方法，其中，又以访谈采用的频率最高。除了入户阶段一般性地访谈外，还有针对性地对一些重点报道人进行重点访谈、深度访谈，对一些报道人反复进行多次地访谈，有的访谈次数达到十多次。为了更有效地进行调查，我们除了紧紧围绕云南大学编制的中国民族村寨调查大纲之外，还针对一些重要专题补充设计了许多开放式的问卷和数百个问题，使得专题调查更加全面、深入。对婚礼、宗教仪式等民俗活动，则采用了参与观察的方法，我们还坐车、骑马、骑骆驼、骑毛驴、步行走路，动用了各种交通工具，到离村约一百五十公里的夏牧场上访问在山上放牧的牧民，与他们同吃、同住，共同生活了5天的时间，对牧场上的牧民生产、生活进行了参与观察和亲身体验。座谈会也是我们调查中的一种重要调查方式，调查组先后召开了9次座谈会，分别由不同层次、不同专题的报道人参加，参加者有县、乡、村干部，有老人，有年轻人，也有具有某方面专长者。每次座谈会人数不是很多，规模一般在4~6人，超过10人的有三次，一次是县、乡、村三级干部座谈会，人数为11人，一次是对丧葬习俗的调查，人数为14人，再一次是对村中老年人就生态、宗教及其他基本问题进行的座谈，人数是10人。

在调查过程中，我们尽量运用各种先进的调查设备，采用录音、摄影等方式，利用采访机录下了7盒400多分钟的磁带，拍了40多卷1 000余张像片。录音的内容涉及玛纳斯演唱、即兴诗人演唱、库姆孜弹奏、口琴吹奏、民歌演唱、婚礼上的哭嫁歌和劝嫁歌、婚礼上的新郎及同伴的演唱、婚礼上的手风琴演奏和歌曲、哭丧歌等。照片的内容就更加广泛,有村落景观、生产劳动场面、畜群、农田、服饰、风味食品、民居、婚礼、清真寺、宗教仪式、民族乐器、手工艺品等等,从生产到生活的方方面面都用摄影镜头做了忠实地记录。我们还做了53份问卷,进行了数据的统计。该问卷主要涉及民族意识、民族心理方面,内容多,且有的问题比较抽象,难以理解,但是,调查员和翻译一丝不苟地询问,村民也认真耐心地回答,尽管每做一份问卷都要花很长的时间,但是村民没有厌倦,让我们既感动又不安。

调查中,我们受到了各级政府部门的大力支持和帮助,使得调查工作得以顺利进行。当然,在调查中也还存在一些问题,如有的统计资料不太全面,还有就是调查正值农忙时期,没有遇上太多的民俗活动,无法对各种民俗活动进行直接的参与观察,只能通过间接的访谈获得资料。然而,这些小小的遗憾远不能和我们调查过程中获得的满足和快乐相比,我们只遗憾调查的时间太短,无法让我们拥有更多的时间来感受调查工作的快乐和村民的深情厚谊。调查工作结束之后,全体组员又立刻投入到资料的分类、整理工作当中,同时,对调查的专题进行了分工,分别进行调查报告的撰写。现在,调查报告虽然已经完成,但是,我们自感肩上的重担还没有卸去,我们与村民的友谊也并未结束,而我们内心那份对吾依村乃至整个柯尔克孜族的关注和牵绊也将永远存在。调查组的所有组员都对曾给予我们大力帮助的各级政府部门、有关领导和工作人员怀着深深的感激。同时,我们也无法忘记那些热情好客、亲切友好的柯尔克孜族村民,我们将永远记住他们。

第一章 概况与历史

第一节 概　况

一、柯尔克孜族及其居住地区概况

柯尔克孜族是我国 55 个少数民族之一，根据第五次人口普查资料，全国柯尔克孜族有 160 823 人，其中 77.4% 居住在新疆南部的克孜勒苏柯尔克孜自治州境内，而克州境内 12.4 万柯尔克孜族中又有将近 90% 的人口居住在农牧区。克孜勒苏柯尔克孜自治州成立于 1954 年 7 月 14 日，下辖三县（阿合奇、阿克陶和乌恰）一市（阿图什），其中乌恰县和阿合奇县是我国柯尔克孜族主要聚居县。

柯尔克孜族的先民在历史上曾经拥有过两个居住地，其祖先在很长的时间里居住和生活在西伯利亚叶尼塞河上游地区。叶尼塞河流域柯尔克孜古代民族向西部天山迁徙经历了一个漫长的时期。15～16 世纪，以西部天山为主要居住地的柯尔克孜族先民开始作为一支强大的政治势力登上中亚的历史舞台。在 16～19 世纪中叶的三百多年间，中亚地区处于大动荡时期，迁居西部天山地区的柯尔克孜人始终没有建立起自己的政治实体，他们的各个部落经常被卷入其他民族、政权之间的混战，成为被争夺的对象。19世纪后半叶，中国逐渐沦为半殖民地半封建社会，沙俄蚕食我国西北50余万平方公里领土，柯尔克孜人遂成为跨国民族，绝大多数柯尔克孜人成了俄国的臣民，仅有千余户分布在中国新疆天山南部等地。

1949年，新疆有柯尔克孜族66 145人。中华人民共和国成立以后，我国柯尔克孜族人口呈现出稳步增长的态势，在半个世纪里，增长了近1.5倍，是其人口增长最快最多的时期。① 根据克州统计局2002年最新人口统计资料，克州境内2002年年末总人口为451 946人，其中柯尔克孜族为131 999人，占自治州总人口的29.21%。克州境内的柯尔克孜族人口主要分布在乌恰县和阿合奇县，这两个县2002年人口数量分别为44 603人和34 728人，其中柯尔克孜族分别为32 233人和31 333人，占所在县人口总数的72.27%和90.22%，是我国柯尔克孜族的主要分布区。柯尔克孜族以牧业为主，从事农业的历史不长，人口也不多。在改革开放的今天，柯尔克孜族走向定居和半定居的人口越来越多，从事农业的人口在逐年增加，考察柯尔克孜族居住地区生产关系、生产方式及其相关文化和风俗习惯的变迁，对于全面把握我国柯尔克孜族的现状和社会发展趋势，无疑是非常重要的。柯尔克孜族主要居住地区的乌恰县成为我们这次调查的选点县，下属黑孜苇乡库拉日克村吾依组柯尔克孜族从事半农半牧，农牧结合，具有典型性，对于了解柯尔克孜族社会经济文化现状是一个理想的地区。

乌恰县处于帕米尔高原东北部和天山西部支脉交汇处的崇

---

① 万雪玉、曹盟：《中国柯尔克孜族人口变迁、分布及特点》，载《西北人口》2003年第4期。

山峻岭之中。据2002年的统计资料，乌恰县总面积19 155.63平方公里，下辖9个乡，2个镇，23个行政村。年末耕地面积3.86万亩，园地0.04万亩，林地18.31万亩，牧草地1 619.13万亩，水域108.01万亩，人均耕地1.12亩，人口密度2.3人/平方公里。全县居民用水普及率79.78%，燃气普及率53.93%，绿化覆盖面积87公顷。全县2002年总人口44 603人，其中柯尔克孜族32 233人，占全县总人口的72.27%，维吾尔族8 093人，占18.14%，汉族4 143人，占9.29%。人口自然增长率12.06‰。人均国内生产总值3 468元，国内生产总值的产业构成：第一产业26.18%、25.80%和48.02%。粮食播种面积1.88万亩，总产量4 264吨，亩产227公斤，油料总产量224吨。2002年末全县牲畜总头数28.18万头，商品率50.3%。年末耕地面积3.86万亩，造林面积12 135亩，零星植树21万株。农牧民人均纯收入1 100元；地方财政收入712万元，支出9 682万元。乌恰县下属9个乡2002年经济排序中，黑孜苇乡综合指标名列第一。其乡镇人口6 025人，耕地面积7 270亩，牲畜存栏31 302头，粮食产量1 219吨，油料产量147吨，人均纯收入1 242元。[①] 其中家庭年收入在670元以下的贫困户有111户，479人。低收入户（670～875元）130户，655人。

二、黑孜苇盆地概况

黑孜苇是柯尔克孜语，意思是"红色洼地、盆地"，拥有近五百年的牧业历史，近一百年的农耕历史。黑孜苇盆地是乌恰县主要的牧业、农业和林业区，这里牲畜数量多，农业比重

[①] 克孜勒苏柯尔克孜自治州人民政府办公室、克孜勒苏柯尔克孜自治州统计局编：《克孜勒苏柯尔克孜自治州领导干部手册2003年》。

大，林业基础好，经济比较发达，在全县经济中具有举足轻重的地位。由于自然条件好，气候温和，比较适合发展农业，一直是乌恰县的主要产粮区。年平均气温6.7℃，只能生长喜凉作物，不能生长喜温作物。主要降雨季节为每年的5~9月份，大约占到全年降水总量的70%以上，对农牧业十分有利。但是这里柯尔克孜人的夏牧场全部分布在山区，灌溉没有保证，牧草生长完全依赖天然降水，近几十年来，由于降水的减少，加之超载放牧，管理跟不上，加快了草场的退化和沙化进程。盆地冬季≤-20℃的寒冷天数大约为15天左右，如果没有稳定的地面积雪，冬小麦会受冻死亡。5月份出现的霜冻天气也常导致农作物冻死，造成减产，霜冻还经常伴随大风天气，造成幼畜死亡。

黑孜苇盆地属于地下水的富水区，地下水总储量为0.1977亿立方米，占乌恰县地下水总储量的48%，而且水资源质量较好，矿化度低，pH值适中，适合于灌溉和饮用。黑孜苇盆地从事农业的历史短，历来耕作粗放，科学种田水平不高。20世纪50年代以来，这里的农业科技工作者和广大农牧民根据当地的自然资源特点，引进、示范、推广了许多农作物优良品种，粮食作物品种资源有冬麦、春麦、青稞、蚕豆、豌豆、玉米等，小麦品种至今已经更换了5~6次，对增加粮食产量起到了重要作用。经济作物品种有油菜、胡麻、红花、大蒜、洋葱、甜菜和莲花白等；其他作物有紫花苜蓿。

"库拉日克"是柯尔克孜语，意思是"湖里流出来的小河"。该行政村下辖6个村民小组：东、羊叶尔、八村、库克托布、库拉日克和吾依，其中"吾依"柯尔克孜语意思是"小盆地"，"羊叶尔"的意思是"新地"，"东"的意思是"小山丘"。库拉日克行政村耕地面积2019亩，全部是水浇地，2002年总户数201户，总人口数843人，其中男426人，女417人，牧业户19户（无耕地），人口98人。自来水入户758户，年初贫困户51户（年收入低于620元）。吾依自然村2002年有60户，人口238人，其中男121人，女117人，拥有耕地476亩。根据2003年统计资料，库拉日克村2002年人均收入1 161元，吾依自然村人均收入1 035元。

第二节　历史概况

一、社区沿革

1938年（民国二十七年）乌恰建县，新疆省政府将黑孜苇从疏附县划入乌恰县，并将县城从乌鲁克恰提搬迁至此。1947年黑孜苇属克孜镇管辖，1950年属于乌恰县四个区中的第一区。1958年成立黑孜苇人民公社，所属的3个乡改为人民公社下属的3个大队，1962年，又从各大队抽调土地、牲畜和人员组建了大队级的公社农场和公社牧场，以县机关家属为主组建四大队。公社化时期进行劳动分工，将全体村民分为牧业队和生产队两种，牧业队专门放牧，生产队从事种植业。1969年4月黑孜苇公社改名为东方红公社革命委员会，1980年恢复黑孜苇名称。1984年政社分开，建立黑孜苇乡人民政府，下辖5个村民委员会，24个村民小组。当年11月，成立乌恰县城关镇，将黑孜苇乡所属羊叶尔农场、库拉日克村民小组和县机关所在地划归城关镇管辖，同时将该乡下属的三大队分为三、四两个大队。1985年8月23日，乌恰县发生7.4级强烈地震，1987年10月县城搬迁至新县城。1989年底，羊叶尔农场和库拉日克村民小组又划回黑孜苇乡。

黑孜苇盆地种植业大约开始于20世纪初期，经历了三个比较大的发展阶段。第一阶段在20世纪30~40年代,1938年,新疆省政府将乌恰设置局改成乌恰县以后,号召牧民发展农业,拨给牧民荒地,连续几年发动民众扩大春耕,发展粮食生产。乌恰县政府动员了二百余户柯尔克孜族牧民迁到县城南部、黑孜苇乡一带兼营农业,政府给每家发放两头耕牛,一张犁,200公斤种籽,100公斤粮食,7只羊,还发给每家一定的安家费。当时在乌恰县城附近的不少柯尔克孜族牧民开始由游牧转入农牧结合的半定居生活。乌恰县政府还呈文喀什地区行政长,要求将农业比较发达、牧业和商业与该县关系密切的疏附县的两个村划归乌恰管理,作为乌恰县民众学习的榜样。与此同时,水利灌溉事业和交通运输业也有了较大的发展,不少地方开挖了新渠道。1938年省政府拨款200万两修建从喀什经过乌恰通向前苏联边境口岸的公路,活跃了当地柯尔克孜族地区的物质交流。农业发展的第二阶段在20世纪50~60年代。中华人民共和国建立以后,黑孜苇盆地柯尔克孜人民在社会经济和文化方面发生了巨大的变革。政府号召大力发展农业,黑孜苇盆地柯尔克孜族开始大规模开荒种地,发展水利灌溉事业,引进各种机械化设备,使用化肥、农药,进行农作物品种改良,吾依村柯尔克孜族的农业也进入了一个新的发展时期。第三个发展阶段是在20世纪80年代改革开放以后,这里实现了分田到户、牲畜到户以及牧场承包,最大限度地调动了群众的积极性,使农牧业生产进入了前所未有的发展时期。同时政府还号召农牧民在居住地区大量种植树木,使得这里的自然环境和生产环境发生了根本性变化,出现了整齐合理的灌溉设施,种植了数十万棵的杨树以及少量的沙枣树、柳树、果树等树木,纵横阡陌的灌溉网、自来水、电和硬质公路先后出现,黑孜苇盆地柯尔克孜族的经济文化生活出现了历史上从未有过的巨大进步和发展。

二、族系源流

"柯尔克孜"为"Kirgiz"的现代汉语音译,在古代,有多种译名,最早记载这一族称的是《史记》,作"鬲昆"。此后的史书中还有"坚昆"、"契骨"、"纥骨"、"黠戛斯"、"戛戛斯"、"结骨"、"辖戛斯"、"纥里迄斯"、"乞里乞四"、"吉利吉斯"、"乞儿吉思"等译名。在柯语中,"柯尔克"为40,"克孜"是姑娘,即40个姑娘之意,在柯尔克孜族民间广泛流传着"40个姑娘"的传说及各种变体。也有人认为柯尔克孜是"40个部落"、"山里的游牧人"、"赤红色"等意思。

1958年10~11月间,中国社会科学院民族研究所和新疆有关专家在乌恰县进行民族调查,期间曾就柯尔克孜族族源问题进行过调查,根据口碑资料和文献记载,柯尔克孜族历史上曾经存在过几个较大的部落联盟,分布在乌恰县境内的主要是基普恰克和穷巴噶什两个大的部落。除以上部落及其支系外,乌恰县境内还有其他一些部落分布。乌恰县境内的柯尔克孜族大部分是从中亚费尔干纳盆地迁来的,到20世纪50年代末60年代初,我国学者调查时,当年领导他们迁移到此地的首领,已经传到第七代,今天应该到了第十一代、第十二代,具有了三百多年的历史。根据当年的调查资料,黑孜苇乡一带的部分柯尔克孜族牧民是当年从中亚奥什地区的岳瓦什等部落迁来的,他们和当地的土著共同游牧在乌恰县各地。

关于柯尔克孜族世系的分枝,根据目前学者研究的情况,一般将整个柯尔克孜族的世系划分为左(索尔)、中(伊其克里克)、右(翁)三部,左部有8个部落,中部有9个部落,右部有9个部落。黑孜苇乡的柯尔克孜族主要属于穷巴噶什部落之下的玛恰赫和汗达巴孜两个小部落。见图1-1柯尔克孜族世系分支图:

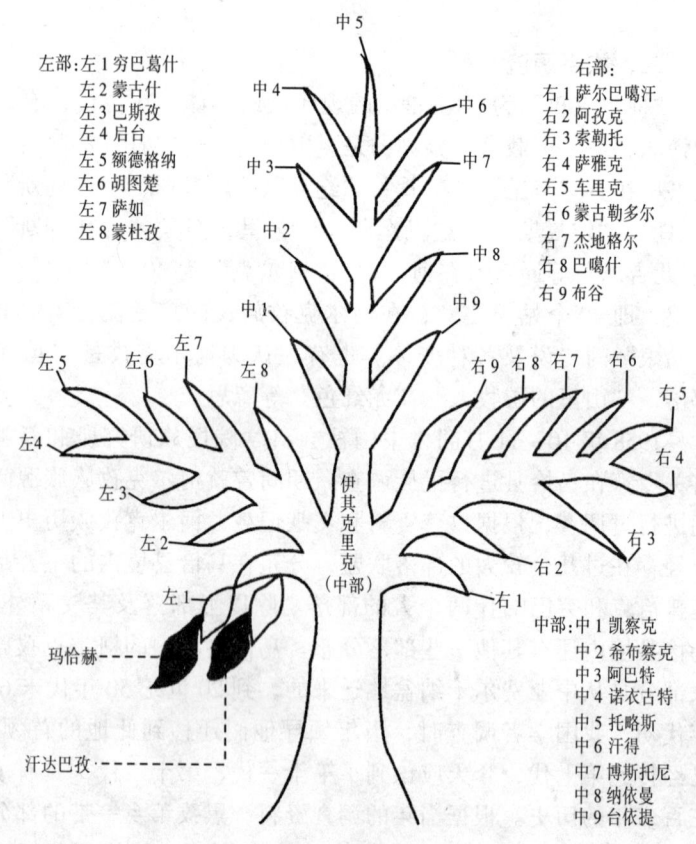

图 1-1 柯尔克孜族世系分支图

（注：参照阿曼吐尔编"柯尔克孜世系分支图"，克孜勒苏柯尔克孜文出版社。）

19世纪末20世纪初以来，随着现代行政机构的建立和地域组织的划分，柯尔克孜族的部落逐渐瓦解，部落之间的关系变得越来越松散。昔日的部落长老"阿克沙卡尔"被行政机关的各级官员所取代，今天的黑孜苇乡吾依村的柯尔克孜老人依稀记得自己村子的柯尔克孜人属于穷巴噶什之下的汗达巴孜部落，而年轻人对此则一无所知。

三、基本情况

库拉日克行政村下辖的吾依等6个自然村在地域上连成一片，居民以柯尔克孜族为主，其次是维吾尔族。2002年统计，吾依组共有60户居民，238人，其中男121人，女117人。除了3户14口维吾尔族人口以外，其余均为柯尔克孜族，柯尔克孜族占到整个自然村总人口的94.12%，占到总户数的95%。

吾依所在的黑孜苇盆地气候温和，水源基本有保证，村民农牧兼营，以农为主，主要农作物有冬小麦和油菜等；主要牲畜有绵羊、山羊、马、牦牛、骆驼、毛驴等。麦子、油菜是村民粮食和食用油的主要来源，牲畜是其肉类、奶制品，特别是现金的主要来源。对于当地村民来说，两者同样重要，缺一不可。

表1-1 2002年底库拉日克行政村及下辖吾依综合情况统计

库拉日克村	村民小组数	总户数	总人口	其中牧业户	年初贫困户	耕地面积	牲畜数
	6	201	843	19	51	2 145亩	79 021
吾依	1	60	238	5	6	476亩	2 428

表1-2 2002年库拉日克村及所属吾依农牧业生产对照

库拉日克村	年末耕地（水浇）	其中粮食播种面积	油料播种面积	年末牲畜存栏数
	1 889亩	1 002亩	190亩	79 021
吾依	476亩	183亩	68亩	2 428

表 1-3 吾依 1990 年和 2002 年农牧业生产对照

年　代	粮食产量	油料产量	年末牲畜存栏数	出售粮食	出售油料	出售牲畜
1990 年	125 090 公斤	4 230 公斤	2 045 只（头）	8 240 公斤	390 公斤	560 只（头）
2002 年	40 296 公斤	10 840 公斤	2 428 只（头）	?	?	403 只

黑孜苇盆地的柯尔克孜人历史上以牧业为主，农耕为辅，但是牧业生产一直停留在较低的水平。1949 年中华人民共和国建立以后，为了迅速改变当地畜牧业生产的落后面貌，政府积极贯彻落实中央和自治区关于保护和发展畜牧业生产的方针，采取了一系列有利于畜牧业发展的措施，在每年的接羔、配种、割储冬草的季节，抽派大批干部深入牧区帮助和指导牧民生产，使得当地的畜牧业生产得到了迅速的恢复和发展，1952 年牲畜总头数已经达到了历史上最好水平。第一个五年计划期间，国家除了继续帮助贫困牧民生产建家以外，还大力活跃牧区贸易，供应大量的生产资料和生活资料，以合理的价格收购牧民的土特产品，并从农区调来粮食支援牧区需要的口粮和牲畜饲料。从 1955 年开始，柯尔克孜族牧民开展了畜牧业互助合作运动，经历了初期的临时互助组和常年互助组两种形式。互助组主要目的是在生产繁忙季节解决牧民劳动力缺乏问题，有牧业、农业和副业相结合的互助组。牧业常年互助组在轮流放牧的基础上，根据组里人力、牲畜、耕地、草场等情况制定出全年的生产计划，使全组成员在轮流放牧、还工、换工方面各得其利。牧业互助组的建立，推动了牧区的接羔、育羔、救灾、打猎、农业和副业的发展，使牲畜的数量有了较大的增加。1956~1957 年，黑孜苇盆地柯尔克孜族实现了农、牧

业合作化。社员牲畜折股入社，一只二岁绵羊为标准羊，三只标准羊为一股，各种大小牲畜都折为标准羊入股，牧草场和耕地也收归公社所有，农牧民的大型生产工具折价入社，小型工具归自己所有。为了满足食用需要，社员还自留了少部分牲畜，所需饲草由社里统一分配。柯尔克孜族牧民从此进入了集体劳动集体耕种的时期。历史上，柯尔克孜人从事种植业的方式带有游牧民族的特点，他们骑马撒种，有时候一块地里会有两三个骑手同时撒种。牧民们视庄稼地里的杂草和禾苗一样珍贵，同样受到保护，只是对"毒草"加以铲除。柯尔克孜人锄草曾经长时间使用长把的铲子，收割庄稼使用割草的钐镰。最能代表柯尔克孜人种植业特点的是他们的打场。他们在打麦场的中间埋一根木桩子，用一根粗毛绳将一匹匹的马或毛驴的脖颈并排连接在一起，拴在木桩上，排成整齐的队伍，由一个七八岁的男孩骑在队伍中间一匹马或者一头毛驴的背上，用一条长长的树枝驱赶着左右的役畜，于是这队役畜便迈着整齐的步伐，绕着木桩在麦场上跑，不仅脱粒，而且将麦草踩得又碎又软。随着科学的发展与进步，传统的种植业生产方式已经发生了很大的变化，一些落后的方式已经被先进的、机械化的方式所取代，有一些传统的仍然被保留了下来，如对庄稼地里杂草的认识。

吾依所在的黑孜苇盆地大规模开荒种地开始于20世纪50~60年代，以前这里只有小规模的农田，几十户人家种地，农作物产量很低，基本上靠天收成，没有树木和花草，一片荒凉景象。夏季经常发洪水，其他季节则缺水严重。1950~1951年间，当地政府动员群众互相调剂一部分土地、籽种、农具、耕畜和树苗，组织小型换工互助，人力、畜力交换，农具互借互助，信用合作社给农户贷款，解决了农民工具、籽种和资金不足的困难。1954年，成立各种互助组，在农忙时互相帮助，并共同进行整修渠道、兴修水利、积肥等活动。1956年黑孜苇盆地柯尔克孜族农牧民进行了较大规模的积肥修渠工作，修建了110条小水渠，一条大水渠。耕地面积增加了一倍。1955~1956年，实行合作化，统一调配人力、物力，制定了农业发展规划，改善经营管理，开展冬季积肥运动。以前，柯尔克孜族种地不积肥、不锄草、不按时浇水，使用二牛抬杠和木犁耕地，合作化以后，开始改善耕作方法，提高耕作技术，加强农田管理，大力使用和推广新式农具，1957年，黑孜苇盆地有57%的耕地使用了新式农具耕种。1949年前，这里的柯尔克孜人只种植小麦和青稞，合作化以后，开始引种其他适合的经济作物，如油菜、蔬菜、瓜果等多种品种。传统的打场方法也得到改革。过去使用畜役踏场不利于牲畜的发展，现在改用石磙打场，既快又好，缩短了打场的时间。由于采取上述措施，黑孜苇盆地农业生产逐年发展，开荒和耕地的面积大大增加，农作物的产量也有了一定的提高，从外面调进的粮食大为减少。

　　70年代政府对这里的村子进行整体规划，初步形成现在的布局。2003年整个黑孜苇乡总面积2 782.4平方公里，拥有耕地15 895亩，总人口5 856人，其中男2 985人，女2 871人。总户数1 682户，户均3.5口人。柯尔克孜族总人口3 967人，占人口总数的67.7%；维吾尔族653人，占人口总数的11.15%；汉族1 218人，占20.8%。其他还有少量的瑶族、乌孜别克族、哈萨克族等民族。1985年乌恰县大地震以后，这里的房屋大部分倒塌，在国家、政府及全国人民的帮助下，村民很快重建家园，现在绝大部分房屋是在地震以后由政府和居民共同出资兴建的。新的居民点房屋规划整齐，呈东西长条形分布。

　　20世纪80年代中期以后，随着改革开放的深入展开，吾依在土地、草场和牲畜方面实行包产到户，一部分村民先富起来。1985年第一台电视机进入了吾依村民家，80年代末90年代初，摩托车、拖拉机、汽车等开始进入吾依普通村民家庭，20世纪末21世纪初，电话悄悄地走进了吾依村民的家中。在这期间，燃气灶、自来水、电灯等现代化设施和生活用品也先后在吾依各家落户。在社会发生巨大变化的过程中，家庭之间在经济方面的差距也逐渐拉开，少部分人走向富裕，少部分人生活陷入贫困，大部分人口属于中等水平。和10年前相比，居民生活整体上向好的方向发展。但是如果和其他地区进行横向比较，这里居民的生活水平仍然比较贫困，属于国家级贫困地区，脱贫致富奔小康的道路还很艰难。

吾依村2003年拥有耕地约476亩，全村60户人家人均拥有耕地2亩，人均拥有牲畜37只。238人中大约有30人属于城镇户口，而且还有增加的趋势。由于每年都有一些人农转非，所以吾依的人地矛盾并不突出。1994年村里承包土地30年不变，但是农转非的人口相对较多，所以有多余的耕地调剂，新生儿（农业户口）一出生就可以得到2亩耕地。从吾依目前的生产结构来看，仍然以农业和牧业为主，第三产业不发达，90%的农业户口集中在农牧业生产领域。但是，随着政府对产业结构的持续调整以及政策方面的引导，剩余人口外出打工的现象越来越具有普遍性。

从文化方面看，吾依柯尔克孜村民在保留传统牧业文化的同时，正在越来越多地注入农耕文化和市场经济为基础的现代文化的内容。他们处于从传统向现代，从牧业向农耕，从游牧向定居的剧烈转型时期，两种经济和文化互相调试、融合、适应的过程具有典型性和普遍性，是我国柯尔克孜族社会处于转型时期的一个缩影。在受教育程度方面，吾依年轻人的文化水平普遍高于其父辈，以初中文化程度为主体，而其父辈们则以小学和文盲为主；由于家庭新增人口的大大减少，生活水平的提高，使年轻一代有可能受到更高的教育，享受较好的经济生活，外出的机会增加。吾依20世纪80年代末以后出生的年轻人普遍都懂一些汉语，他们离开家乡以后可以和外面的世界直接进行交流，眼界要开阔得多；在经济生活方面，更多的接触到现代化的生活，还有机会接触和尝试国内各民族和外国的文化和生活，一些现代化的电子通讯设备越来越多地被他们使用。

表1-4　2003年吾依家庭拥有人口、耕地和牲畜统计①

姓　名	人口	耕地（亩）	其中粮食（亩）	经济作物	牲畜数量（只或头）	其中羊（绵羊和山羊）	其他牲畜
居玛比	6	14			1		1
库尔曼·阿洪	4	7.5	5.5	2亩油菜	110	107	3
买买提·玉买尔					141	140	1
热亚提	5	10	4	6亩苜蓿	16	15	1
塔伊尔·玉麦尔					57	55	2
阿拜都拉	5	9	7	2亩苜蓿	30	28	2
艾山·玉克马力	5	12	2.5	9.5亩苜蓿	82	80	2

① 个别家庭因为家里一直没有人，所以无法将其耕地和人口资料统计全。表中的牲畜资料来自乡草原站。

续 表

姓 名	人口	耕地（亩）	其中粮食（亩）	经济作物	牲畜数量（只或头）	其中羊（绵羊和山羊）	其他牲畜
阿依木克孜	6	10	5	5亩油菜	11	10	1
托合塔洪	5	12	5	7亩苜蓿	63	61	2
居玛什·阿克乔里	8	7			93	90	3
艾买提别克					71	55	16
居玛什·乌斯曼					93	90	3
买买提伊明	7	7			30	28	2
沙勒克孜	4	10	5	5亩苜蓿	25	24	1
买买提居玛·马木提	8	10			171	160	11
吐尔逊·乌拉伊马洪	5	12	6	6亩苜蓿	30	28	2
乌拉依木阿洪	3	5	0	5亩苜蓿	62	56	6
艾尔肯	9	17			351	35	1
阿布都拉·热赫曼	8	14	6	8亩油菜	55	54	1
库尔班买买提·库完	5	7		6亩油菜 1亩苜蓿	12	12	

15

续 表

姓 名	人口	耕地（亩）	其中粮食（亩）	经济作物	牲畜数量（只或头）	其中羊（绵羊和山羊）	其他牲畜
伊萨克·卡德尔					258	209	49
木沙·乌斯曼					154	145	9
毛拉阿洪					46	45	1
阿马特汗·卡德尔	9	12	5	7亩苜蓿	108	106	2
吐尔干巴依					52	50	1
斯蒂克	8	10		10亩苜蓿	38	34	4
热合曼·司马义	4	11	4	7亩苜蓿	50	50	
苏里坦别克·马提	5	0			65	65	
克力木·司马义	5	5		5亩苜蓿	51	50	1
买卖提吐尔地·萨特瓦迪	6	11	3	8亩苜蓿	1		1
布依丁	5	7.5亩	3.5亩	3.5亩油菜	66	66	
玉素甫·加森	8	14			103	260	43
巴卡巴依·阿布都拉	10	7	4	3亩油菜	37	37	
买买提·吐尔迪	5	17.5			18	18	
古尔扎罕	2	4	3	1亩油菜	25	25	

续 表

姓 名	人口	耕地（亩）	其中粮食（亩）	经济作物	牲畜数量（只或头）	其中羊（绵羊和山羊）	其他牲畜
朱玛罕	2	2.4	1.4	1亩苜蓿	15	15	
阿奇力罕	5	10	5	5亩苜蓿	32	30	2
布祖拉罕·娜扎尔	5	20	6	14亩苜蓿	42	30	12
哈丽帕	4	7		4亩油菜3亩苜蓿			
哈斯也提	5	9	5	4亩苜蓿	20	20	
布娃扎尔·卡德尔	3	4		4亩苜蓿	10	10	
阿巴罕	5	9	3	6亩苜蓿	18	15	3
阿吞比	5	0			20	20	
吐尔迪买买提·库尔班	5	7		6亩油菜1亩苜蓿	15	15	

从上表可以看出，吾依村民半农半牧、农牧结合这种鲜明的生产格局。自给自足这种古老的生产方式反映在每家每户的经济布局上，种植的粮食和油菜主要是为了满足自己家庭的食用；但是还有一方面是这个表格上看不出来的内容，那就是畜群主要被用来出售，一些现代化的耕作手段和经营方式已经被运用于日常生产和生活之中，市场经济对村民的影响也越来越强烈。

第二章　生态环境

从某种程度上说，人类社会的发展史就是一部人与自然的关系史。生态环境是人类赖以生存的基础，也是人类文化发生、发展和变迁的土壤。生态环境与人类文明之间具有密切的关系，一定的生态环境对生存于其中的人及其文化均具有极大的制约作用。

第一节　生态环境的基本状况

一、地理环境

吾依组地处克孜勒苏州乌恰县的黑孜苇乡。乌恰县位于新疆维吾尔自治区塔里木盆地西端的天山南麓与昆仑山北麓两大山系的结合部位，在东经 73°43′20″~75°45′20″、北纬 39°24′00″~40°17′33″之间。东接阿图什市，东南与疏附县相邻，西南连阿克陶县，西北部与吉尔吉斯斯坦接壤。全县海拔最低 1 760 米，最高 6 146 米。全县总面积为 19 155.63 平方公里。从地貌上说，以克孜勒苏河为界，其北是南天山山脉西段，以南是帕米尔高原、昆仑山麓，东南是喀什三角洲以西地段，县境处于这三者间的中部楔形地带，三面高山环绕、沟壑纵横，中高山面积就占全县总面积的76%，河谷平川占24%。地势东南低，西北、西南高，呈马蹄形。①

黑孜苇乡位于离县城西南部约七八公里处，1989年由原址搬迁到旧县城。北部与县羊场一分场和托云乡接壤，西部与吾合沙鲁乡相连，南部与膘尔托阔依乡为邻，东部与喀什地区疏附县的木西乡和阿图什市上阿图什乡相连。黑孜苇乡共辖5个行政村，1个县级企业，1个羊场，1个林场，20个村民小组。乡人民政府驻地为旧县城所在地。

库拉日克村下辖6个村民小组，吾依组就位于黑孜苇盆地中部，地理坐标为北纬39°41′，东经75°11′，海拔高度为2 134.6米。整个村子地势较为平坦，相较其西的库拉日克小组则地势稍稍有些低凹，"吾依"在柯语里就是"凹地"之意。村庄紧挨着东小队，中间有一条南北走向的公路将他们和其余4个小组分开，和东小队一起分布在行政村十字路口的东边，其他4个村民小组则分布在十字路口的西边。

从交通上看，喀康公路东西横贯黑孜苇乡全境，吾依村位于喀康公路的南侧，离公路仅几步之遥。吾依村距乌鲁木齐市1 552公里，距自治州首府阿图什市110公里，离新县城约七八公里，离老县城即现在的乡政府所在地约一公里。村西有一条笔直的公路，从这条路，北接喀康公路，南达乡政府所在地。库拉日克行政村的村公所就座落在路的西侧，村公所之南是明天小学。村中还有一条横贯整个村子直通冬小队的公路，亦呈东西向，与喀康公路相平行。因而，村中的交通状况可谓四通八达，不论是到其他村子还是到乡政府或是县城都十分

---

① 贺继宏、张光汉主编：《中国柯尔克孜族百科全书》第414页，新疆人民出版社，1998年版。

方便。

吾依村房屋规划整齐，呈东西长条形，民居基本呈坐北朝南的方向，每家住宅和庭院占地共2亩。整个村的耕地全部分布在居民点南边，以一条绿化带和公路同北边的居民点隔开，和居民点一样呈东西长条状分布。

二、气候类型

（一）气　候

乌恰县境内气候较为干燥，降水量少而蒸发量大。夏季气候南北差异很大，冬季南北温差小，属典型的中温带大陆性荒漠气候。四季不分明，昼夜温差大，平均无霜期135天，无霜冻期多年平均为113天。光能资源丰富，全年太阳辐射总量为133.9千卡/平方厘米，为农作物和牧草的生长提供了良好的环境。

四季气候的特点是，春季天气多变，浮尘和大风多；夏季气候凉爽，降水集中，是雨水、雷雹集中出现的时期；秋季云淡气爽，降温迅速，降水减少；冬季晴朗严寒，风小雪少。冬季寒冷漫长，夏季温凉短促。冷季的持续时间随海拔高度的升高而增加，吾依村所在的黑孜苇乡地处乌恰县中部，海拔高度也大致居中，因而其冷季时间也居于中等程度，冷季天数在120天左右。暖季持续天数则自南向北随地势的升高而递减，东南部丘陵区暖季长达9个月，中部地区包括黑孜苇的吾依村约为7~8个月，北部山区仅4个月。

干旱少雨是吾依村气候方面的一个明显特征，5~9月是主要的降水季节，这时的降水量占全年降水总量的70%以上，多雨的年份，降水达277.7毫米，少雨年份，降水为70.8毫米左右。当地的空气中所含的水汽少，空气干燥，绝对湿度约为4.6毫巴，相对湿度为47%左右，蒸发量为2 570毫米，年干燥度约4.9，属干旱型气候。①

调查地的降雪和积雪期较短，且不太稳定，年降雪量为43.3毫米，日数多年平均为21天，平均积雪天数为49天，稳定积雪期，几年一遇，最长日数为55天，积雪深度为29厘米。

（二）气　温

乌恰县境内的年平均气温为6.8℃，黑孜苇地区包括吾依村为6.7℃，年际变化不超过2.2℃。调查当地的年平均最高气温13.9℃，年平均最低气温0.2℃。春秋季节升降温变化最大，一年12个月中，1月份为最冷的时候，7月份则最热。黑孜苇地区，≥0℃的活动积温，为3 196℃，≥10℃的积温，为2 506℃。

吾依村的风沙较多且比较大。冬季风速最小，当地的最大风速为21米/秒，≥8级大风日数为24天。由于风沙大，当地的村庄外围、农田外围、公路两侧都栽上了一排排笔直严密的防护林。防护林多栽种"新疆杨"，易于成活，适应当地的气候，一般20~25年左右即可成材。

（三）日　照

乌恰县地处中国西部，是全国日照时间较长的地区。全县4~9月日照时数多达1 600小时，6~8月各月日照数平均为280小时。吾依村的日照时间也是很长的，我们在村中调查的7~8月，每天基本上是9点左右太阳才落山，10点多快11点钟，天才会黑下来。当地的日照时数达2 799.3小时，年平均日照百分率为63%。日照百分率秋季最高达69%，春季最低，为56%，夏季为67%左右。日照百分率的月际变化，吾依村所在的黑孜苇以10月最大，达71%，4月最小，仅为54%。

---

① 参见张福任主编《乌恰县志》第81页，新疆人民出版社，1995年版。

三、物产资源

（一）草场资源

乌恰县土地总面积为 19 155.63 平方公里，其中有草场 1 629.63 万亩，草场资源丰富，约占土地总面积的 60%。草场面积中可利用面积 1 542.5 万亩，其中冬春草场可利用面积 475.1 万亩，占可利用总面积的 30.8%；夏草场可利用面积 420.0 万亩，占 27.2%；春秋草场可利用面积为 639.2 万亩，占 41.4%。由于不同季节草场的质量不一，尽管冬、春草场的面积较大，但由于草质差，利用率较为低下。夏草场则由于草质好、水资源丰富而利用率高，故而显得比较宽裕。

就吾依村而言，其区域范围内并没有适于放牧的草场资源，除了冬季多在村中圈养外，夏秋季节，村民们都是在有关部门的统一安排下，到玉奇塔什草原或其他草场放牧。当然，村子周围也有一些空地、树林和戈壁滩，村中圈养的少量畜群也会不时地在这些地方寻草觅食。

（二）耕地资源

乌恰县内有 8 个自然土壤，有机质含量较高，含磷不足，含钾丰富，土壤物理性状好，质地适中，适于种植业生产，可耕地面积有 73 496 亩。吾依的村民每人平均有 2 亩耕地，因而，一般的四五口之家，几乎都有 10 亩左右的土地，人地矛盾并不是十分突出。当然，这还有另一个原因，就是村中办理农转非的人较多，转为城市户口的人的耕地就可被分给其他人口增加了的农户。就连乡政府，也有自己的集体耕地，在调查期间，我们还亲眼看到乡干部一起去田里劳动干活的情景。

吾依村的耕地上，村民们主要种植着小麦、油菜和苜蓿，由于土质本身并不是太好，加上现代科技生产方式也还较少运用，没有农耕民族那样的精耕细作，农作物的亩产量并不太高。这当然也与村民还从事畜牧业,甚至以畜牧为主要生产方式有一定的关系。

除了农田耕地外,吾依的村民,每家的房屋后或屋前都有一片园地。由于当地村民在申请盖房时,政府一般划批的土地是 2 亩,村民建盖的多为三间或四间平顶屋,这样还有一大片土地剩余,这片剩余的土地村民多将之辟为果园,种上杨树、枣树、杏树、苹果等植物,或者种一小片蔬菜,如萝卜之类。

(三) 水利资源

乌恰县境内河流多,水利资源丰富,有独立出水口和常年流水河 34 条,分属恰克马克河水系和克孜勒苏河水系,在县境内年总径流量 14.7341 亿立方米,县境内地下水埋藏较深,总储量 0.4112 亿立方米,分布在黑孜苇盆地及克孜勒苏河以南的乌鲁克恰提至其木杆河之间。从水质来看,乌恰县的水矿化度低,水质较好,污染较小,基本属于原生状态,不含有毒有害物质,均可用于人畜饮用和灌溉用水。

从饮用水和人工灌溉工程来说,吾依村的村民主要是利用库孜洪河所引过来的水。1997 年,吾依村接通了自来水,现在家家户户都用上了自来水,为村民用水提供了很大方便。始建于 1958 年的黑孜苇干渠,是当地主要的人工灌溉工程之一。该工程在 1963 年时改建为干砌卵石以防渗。黑孜苇干渠位于库孜洪河的西岸,总投资 12 万元,全长 17 公里,过水流量 2.5 立方米/秒,年引水量 3 110.4 万立方米,控制灌溉面积 4.3264 万亩。目前,吾依村农田灌溉用水主要通过村中的水渠,也是引自库孜洪河,该渠修建于 1998 年,水渠长 13.5 公里。

表 2-1 吾依村灌溉水渠情况表

名称	长度	(起止)地点	水源	流量	蓄水量	灌溉面积（亩）	修建时间
一大队水渠	13.5km	库孜洪渠首	库孜洪河	2.5m³	/	2 650	1998年4月

（资料来源：县水利局）

（四）植物资源

乌恰县境内的植物资源比较丰富，特别是在山区和草场上，生长着很多植物，其中许多还具有药用价值。黑孜苇盆地气候温和，水源基本有保证，是植物资源相对丰富的地区，也是乌恰县的主要农业区，农作物主要有冬小麦、蚕豆、豌豆、油菜等，另外，还主要人工种植牧草苜蓿。

吾依村中的植物资源则主要是公路两侧、村落外围、农田外围的茂密的人工防护林，树种主要是新疆杨，也有少量的钻天杨、白杨、杨柳、黄柳等，还有就是各家果园中种植的杨树、柳树、沙枣树、杏树、苹果树、桃树、桑椹等。此外，农田中的作物则主要有冬麦、春麦、青稞、大豆、豌豆、胡麻、油菜、土豆、苜蓿、油菜等。据村民所言，这些都是在新中国成立后，逐渐开发出来的，过去，在这片地方，没有什么树，没有多少人。在村子北侧，喀康公路路北，一直绵延到山脚，还分布着一大片戈壁，上面还生长着骆驼蓬、红柳、罗布麻、琵琶柴、麻黄、白刺、索索等植物。

（五）动物资源

山林和草场是野生动物生存和栖息的地方，在山上，生活着各种禽类、兽类还有虫类。从吾依村的情况来看，村子周围经常见到的动物有麻雀、乌鸦、喜鹊、燕子、猫头鹰、啄木鸟等，如果是在牧场上，村民见到的动物自然更多。据村民介绍，在牧场上和在村中还表现出一点不同，在牧场上，过去野生动物比现在要多得多，现在则已渐渐减少；而在村子附近，据老人讲，过去由于树木很少，动物还没有现在多。现在，我们走在路上，还可以见到乌鸦、麻雀、蝴蝶等，在我们所住的村公所院子里和附近，还可见到蜘蛛、壁虎、螳螂、蚂蚁等，而夏天的晚上，蚊子和飞蛾也是很多的。尽管村民说现在在牧场上能见到的野生动物已经没有过去那么多，但是在我们上牧场的时候依然一路上看到了许多动物，特别是旱獭尤其多。而狼和老鼠等对畜群和牧草有危害的动物直到现在也并不少见，我们在去夏牧场的路上发生了一件事，可以为证。当时，库拉日克村的村长木沙陪同调查组员去访问牧场上的吾依牧民，路上，我们听到一种奇怪的叫声，村长说是狼的声音，他当时就根据声音的方向，飞快地跑到另一座山头，去和两个牧民一起去保护羊群，赶走了狼。而且，据山上的牧民介绍，在我们去到牧场的前两天，他们的羊群中还有两只羊被狼叼走了。

(六) 矿产资源

乌恰县境内矿产资源较为丰富，有煤、铁、油页岩、岩盐、石灰石、硫磺、铜、石膏、天青石、陶土、石油、黄金、磷、粘土、铅、锌、沙金等。其中，煤的储藏量较多。在离吾依村约三十公里的康苏，就有一个煤矿，村民冬季所烧的煤就多数来自此处。在村北，有熔剂灰岩矿分布，储量较丰。此外，村子附近还分布着石膏矿、磷矿点和石灰岩矿和泥浆粘土矿。

尽管矿产资源比较丰富，但是目前村里和乡里并没有与矿产开发有关的工矿企业。位于吾依村西北约二公里的黑孜苇水泥厂，目前也并不是该乡的乡镇企业，其名称是"新疆帕米尔高原水泥有限责任公司"。尽管也有吾依村的村民在水泥厂打工，但一是数量少，二是仅有的少数职工有的还下岗回家了，因而，从这个角度来说，水泥厂对于村民的生活而言并未发生太多的影响。倒是水泥厂所产生的工业污染对村民的影响似乎更大一些，从水泥厂流出的污水，一直流到了村旁的水沟里，每次路经时，都可以闻见一股恶臭，我们只好掩鼻飞快地跑过。而长期生活在这里的村民也不能不忍受这一切，且其对于生态恶化所带来的严重后果还未预测。

四、自然灾害

乌恰县包括吾依村常见的自然灾害有地震、霜冻、雪灾、大风、干旱、洪水、冰雹、浮尘等，其中又以地震、雪灾尤为突出。

（一）地　震

由于乌恰县地处帕米尔高原东北侧，恰好是地中海至喜马拉雅山和帕米尔至贝加尔两条大地震带的交汇处，加之境内山川交错，地质构造复杂、松散，区域内的地质处于发育时期，地下断裂带多，矿藏丰富，地下水多，地层脆弱，因此，成为地震多发区。当地的震灾还有一个特点，那就是地震次数多、频率高、强度大、持续时间长，历史上有记载的大地震就达50多次。[①]

对于吾依和黑孜苇其他地区的村民而言，记忆中最为深刻的地震无疑是1985年的那场大地震，记忆深刻的原因不仅在于其离现在还不太遥远，更在于地震的强度和其造成的惨重后果。地震发生在1985年8月23日，震级为7.4级。此次地震来势凶猛，当时还位于现乡政府驻地的县城在几秒钟之内几乎夷为废墟。强震之后，又连续发生了2 400多次余震，给当地人民的生命财产造成了巨大损失。县城受灾户1 081户，受灾

---

① 张福任主编：《乌恰县志》第95页，新疆人民出版社，1995年版。

人口4 401人，震塌和受到严重破坏的房屋8 802余间，面积计22.8万平方米。发电、供电、供水设备被破坏，粮食被压埋，县一中、第一小学、第二小学、电影院、粮食局、广播电视局等单位受灾严重，直到现在，从吾依村去乡政府的路上还可见到以前旧县城中一些单位的受灾房。

吾依村由于离旧县城仅几步之遥，也是此次地震受灾最严重的地区之一。据我们的调查，吾依村中很多村民的房子就是1985年地震倒塌了，在震后又重建的。而且村子的格局从现在来看，是比较规整的，据村民介绍，也是由于当时地震后重新进行过规划的结果。不过，幸运的是在那次地震中，吾依组村民没有死亡。当时的地震由于灾情严重，引起了国家政府的高度重视和国内各界的广泛关注，新华社曾予连续报道。

新疆维吾尔自治区党委和人民政府也就抗震救灾问题向克州州委、人民政府和喀什地委、行署发出了紧急通知，布置抗震救灾工作。

除了这样的大地震之外，当地的小震也时有发生。多震成为吾依村自然地理上的一个重要特点。

(二) 雪 灾

乌恰县地处高寒区，降雪多，吾依村所处地区降雪量占年降水量的26%，每过几年就会遇上一次较大的雪灾。由于当地的降雪不均衡，积雪也不稳定，常给农牧业生产造成危害。当地雪灾发生的时间一般在每年的2～4月份，此时冷空气活动频繁。雪灾出现的原因，一般是由于北下的强冷空气翻越帕米尔高原和西天山入侵与县境东南部河谷带来的强冷空气在中低山地区产生的气流相交，形成冬春季的暴雪，造成雪灾。

在我们的访谈中，老人们就曾回忆起过去发生雪灾的情景，1986年3月底，黑孜苇乡雪灾，积雪深度70公分厚，库拉日克行政村下属的吾依自然村有十几户在秋牧场放牧的家庭受灾。据说,当时雪下得很大,很多羊、牦牛、马都被雪埋起来了,还有好多人也被雪埋了,没有救出来。由于雪灾会给当地民众造成巨大的危害,也引起了县有关部门的高度重视。

(三) 暴 雨

吾依村所在地区尽管暴雨出现的次数不多,但来势较猛,强度较大,因而易引起山洪,也会给村民带来较大危害。当地出现暴雨的时间多在5月及7~10月间,尤以5月为最。此时,一方面可能会出现暴雨,另一方面加上冰雪融化,多造成洪水泛滥。洪水的总量虽然不大,但是洪峰的流量大,在很短的时间内来势凶猛,暴涨暴落,不易防范,因而破坏性比较大。

1982年5月29日,当时的县城及周围地区(即现乡政府所在地,吾依村附近)突降暴雨,降水量达26.8毫米,县城倒塌的房屋有1 252平方米,漏水的房屋有1 043.3平方米。黑孜苇公社468亩农作物及189亩油菜被淹,冲走煤22吨,冲坏土块81 646块,砖厂1个。1988年8月4日,黑孜苇乡又连降暴雨40分钟,山洪暴发,冲坏拦河坝1 190米,大量农田、房屋被毁,直接经济损失32万多元。

(四) 大 风

大风也会对当地的生产生活造成一定的危害,过大的风沙会使牧草干枯和倒伏,并加大草场的蒸发量,使牧草难以生存。有时,大风还会将牛羊吹跑,严重的会造成人畜伤亡。

吾依村的大风天气多出现于春秋季节,随着北部冷空气势力加强,南北气压差增大,冷空气翻越帕米尔高原和西天山进入,由斯木哈纳各山口入侵的冷空气,在乌鲁克恰提附近与玉奇塔什各山口入侵的冷空气相汇合,于牙师以东分为两部分,其中一部分经康苏进入黑孜苇盆地。当地出现大风的年份最多的达49天,最少为10天。出现大风的时间多在3~7月,其中又以 4~6 月为最，月大风日数平均达 4~5 天，最多达 16 天。一次大风持续时间春季一般为 3~6 小时，最长时可连刮 27 个小时。

（五）浮　尘

浮尘也是当地常见的一种自然灾害，所谓浮尘就是尘土、细沙均匀地浮游于空中，使天空变得相当混浊的自然现象。春夏季的时候，风沙较大，常出现这样的浮尘天气，主要是由于冷空气携带塔里木盆地的大量尘土、细沙入境而形成的。其危害主要表现在，人畜呼吸了这样的空气后感到气闷，呼吸道易受感染。牧草和作物上落上沙土，会降低光合作用，甚至窒息而枯萎。牲畜吃了带尘土的牧草易患肠胃病，严重时还会死亡。

吾依地区出现浮尘的天气全年为 52 天左右，最多的年份达 123 天。每次浮尘天气持续的时间约 4~5 天，最长时可达 10 天以上。我们在村里调查的时候已是夏季，但也有多次遇上了浮尘天气，天空中布满浮尘，就像蒙上了一层云雾。

（六）霜冻和冰雹

霜冻和冰雹也是当地较常见的自然灾害，其对农作物的危害尤为明显。1972 年 8 月 10 日发生霜冻，黑孜苇等地的几百亩玉米、青稞受害。1972 年，黑孜苇地区有 1 343 亩粮食作物遭受冰雹袭击，收成无几。1982 年 5 月 29 日，黑孜苇地区暴雨夹带大冰雹，10 多分钟后，地面积雹厚度达 2~3 厘米，雹粒最大直径 6 厘米，苜蓿、蔬菜、油菜等作物基本全被毁坏。[1] 这些灾害，也对吾依村民的生产生活造成了重要影响。

（七）干　旱

干旱也是危害当地农、牧业的一大灾害。由于地形气候的

---

[1] 张福任主编：《乌恰县志》第 93 页，新疆人民出版社，1995 年版。

原因，也由于水资源分布的不平衡，加上降水较少，吾依村常出现旱灾。从1956年到1990年，当地有11年是干旱年。在调查中，老人们就多次提到过去每当发生干旱，村民们就举行各种宗教仪式进行求雨的情况。从近年的情况来看，由于饮用和灌溉设施有了较大改善，干旱出现的频率较之以前有所降低。

（八）流行疾病

据《乌恰县志》记载，民国时期，乌恰县人群中曾流行肺结核、梅毒、炭疽、斑疹伤寒、副伤寒、肠伤寒、麻疹、百日咳、痢疾、天花和鼠疫等流行性疾病，其中常见的肺结核、梅毒、淋病患者占总人口的4%~5%。

1954年，乌恰县传染病流行，主要是麻疹、小儿麻痹、梅毒、淋病、肺结核，黑孜苇是主要的疫区之一。黑孜苇乡仅康什维尔（现称康西湾）一个大队麻疹流行就死亡30人。据吾依的老人回忆，当时村中也有很多人传染上了疾病。

针对这些情况，有关部门积极采取措施，实施预防为主的原则，尽量减少疫情的发生。

牲畜疫病方面，中华人民共和国成立后，乌恰县包括吾依等地曾发生过羊痘、炭疽、山羊传染性胸膜肺炎、牛羊口蹄疫、山羊出血性败血症、羔羊痢疾、羊传染性乳房炎、马鼻疽、马腺疫、马传染性淋巴结炎、牛羊布鲁氏杆菌病、绵羊传染性肺炎等多种传染性疾病。1956年，黑孜苇发生口蹄疫，患病牲畜287头。1982年，黑孜苇还发生过羊瘟，导致部分牲畜死亡。

1980年，黑孜苇乡兽医站成立，工作人员为牲畜注射疫苗，给广大牧民发药，讲解治病方法，并为牲畜进行药浴、驱虫，减少了牲畜患病的机会。目前畜病方面防治的重点是口蹄疫，今年针对新出现的泰勒虫病，工作人员们为牲畜注射了牛环形泰勒虫病活疫苗。

在有关部门的努力和农牧民的配合之下,有效地控制了人群和牲畜疫情的发生,黑孜苇乡包括吾依牧民的生活条件和放牧条件都得到了很大的提高和改善。疾病灾害发生的几率也越来越小。

表2-2 吾依村及附近地区历史上的自然灾害

时间	1927年	1928年	1930年	1941年	1954年
灾害类型	地震	地震	地震	地震	麻疹等传染病
时间	1955年	1956年	1957年	1965年	1967年
灾害类型	地震	牲畜口蹄疫	严重雹灾	鼠疫	地震
时间	1972年	1972年	1973年	1974年	1974年
灾害类型	霜冻	冰雹	地震	洪水	冰雹
时间	1974年	1974年	1975年	1976年	1978年
灾害类型	霜冻	地震	地震	地震	大雪
时间	1980年	1980年	1982年	1982年	1983年
灾害类型	暴雨	地震	暴雨夹冰雹	羊瘟	大雪
时间	1983年	1985年	1986年	1988年	
灾害类型	地震	强烈地震	雪灾	暴雨	

第二节 生态环境的历史演变及现代调适

一、吾依村生态演变的基本轨迹

从历史发展的角度而言,吾依村的生态环境可以说经历了一个从单一的利用、索取到索取破坏与建设保护并存的过程。过去，村民与生态环境之间的关系更多体现为一种利用，村中没有人工防护林，也没有人工开挖灌溉河渠。而到中华人民共和国成立以后，当地居民与自然环境的关系逐渐发生了极大改变。一方面，村民们植树造林、开垦荒地，使原本不太适宜人类生存发展的生态环境有了很大改观，但另一方面，由于人口的增加，对自然环境的过度依赖和索取，也造成了对自然生态一定程度上的破坏。因而，从目前的情况来看，吾依村生态环境的现状依然是十分严峻的。

根据对吾依村七八十岁老人的访谈，都说到以前在他们还小的时候，当地的居民很少，只是零星地分布着一些定居户，而且，当时的农田也还没有很好地开发出来。这种状况一直持续到新中国成立前。因而，当时村中及周围的生态状况事实上处于比较原初、自然的状态，很多土地没有开发出来，没有现在见到的高大、茂盛的人工防护林，居民家中也没有种这么多的林木和果树，甚至鸟类和各种动物也没有现在多。据老人回忆，过去风沙比现在还大，由于没有防护林，风沙肆虐对人们的生产生活也带来了较大的影响。而且，雪灾、洪水、干旱、地震等自然灾害也发生得较为频繁。

到中华人民共和国成立后，在国家和政府的领导下，当地的开发建设逐渐走上了轨道。首先是定居点人口的增长，其次是政府对农田和村落的统一规划，再有就是防护林的种植，这些都使得当地的生态环境有了很大的改变。村中的防护林可分为三个部分：一是村落外围的防护林，二是村中道路两侧的防护林，三是村子旁边农田周围亦植有茂密的防护林。当我们初进村公所，竟然看不见村中的民居在哪里，因为一眼看去，全是树，而村民的房屋被淹没在高大茂密的树林深处。当地的人工造林做得这么好，这是去到调查点前所没有想到的。由于防护林的作用，尽管有时风沙仍然很大，不过在村中，只听见防护林的树叶哗哗作响甚至树干被吹得弯来弯去，但风沙对人们生产生活的影响就小得多了。而且，据老人所讲，现在村中能见到的动物、鸟类反而比以前要多。

当然，在全世界的很多地方都面临着生态环境恶化的今天，吾依的村民也不可避免地同样面对着这一严峻课题。该村生态方面的问题主要表现在以下方面：

首先，水资源缺乏仍旧是村民面临的一大难题。据调查，村民之间很少发生纠纷，而在极少数的纠纷中，起因最多的就是水资源的利用问题，很多纠纷均是由农田灌溉和使用水源问题所引起的。据我们在乡司法所的调查，从2003年1月至2003年6月，乡司法所在库拉日克村共进行了6起民事纠纷的调解，其中就有2起是关于用水问题的，占33.3%。而目前，水缺乏、干旱仍时有发生，我们在村公所住了一个多月，就遇上了好几次停水，只好在沟里取水洗漱。

其次，风沙、浮尘等自然灾害的频繁出现也表明了当地生态环境的严峻程度。我们在村中调查的时候，尽管并不是风沙和浮尘最严重的季节，仍遇到了多次这样的天气，其对生产生活的影响自不待言。

再次，尽管村落周围现代化的工厂企业并不多，但仅是距村子约二公里的水泥厂所造成的污染也已经对村民的生活造成了一定的影响。水泥厂排放的废气对空气有所污染，此外，水泥厂所排放的污水也形成恶臭，对村民造成了一定的危害。

最后，生态环境的变迁还更突出地表现在草场生态方面。由于人口的增加，畜群也相应地增加，出现了过度放牧的情况，加上管理和保护没有跟上，已对现有的草场造成了一定的破坏，使得其草质和载畜量均有所下降。这使得草场纠纷也成为村民中发生几率较高的纠纷之一。而今年吾依村民一贯放牧的夏牧场玉奇塔什草原的休牧更充分说明了草场生态的恶化。在我们的调查中,一位村民曾说过一句话:"牛羊不戴眼镜都找不到草在哪儿了。"在这句看似夸张的话语后面,我们看到的是村民对当前生态环境恶化的深深担忧。

二、生态的变迁及现代调适

生态环境的变迁和恶化给人类敲响了警钟也带来了反思,即使是像吾依这样似乎距离现代化和全球化的中心较远的村落,也无可避免地受到了生态变迁所带来的深刻影响。因而,在这样的背景下,如何进行调适和应对也就成为不仅是村民而且是学者、政府官员所应该共同思考的问题。特别是在国家提出并实施西部大开发策略的背景下,吾依村同样被置于一个更宽广的空间之内,这就意味着对其生态问题的考虑应该获得更多的重视和具有更宽阔的视野。

事实上,人与自然之间关系的协调从很早就开始了。对吾依村民而言,无疑也曾经作出过种种的适应和调整。比如在草场资源的利用方面,将草场按季节分类、分群放牧、人工灌溉等等,都是保持草场生态争取最大化利用的种种方式。早在1985年的时候,为了鼓励农牧民植树造林、保护树木、保护生态,当时吾依村所属的城关镇已颁布了"关于集体林木及零星树木实行个人承包制的决定",号召村民积极植树造林,要求各单位和个人都要认真学习和贯彻执行国家《森林法》,严禁乱砍滥伐。成材的林木进行更新,需要砍伐时,要根据恰党字(84)第 59 号文件的有关规定,需经镇人民政府报请县人民政府批准后方可砍伐。否则按违犯《森林法》论处。

而目前政府部门所实行的退耕还林、荒山造林工作无疑也是改善生态环境进行现代调适的举措之一。2003 年,整个黑孜苇乡计划退耕还林面积 5 000 亩,荒山造林 6 200 亩,其中,库拉日克村退耕还林的任务是 1 652.08 亩,荒山造林 1 300 亩。退耕还林工作实行层层负责制,乡政府与各村委会签订了项目责任书,具体由各村村长负责落实任务。乡政府要求各村必须在 2003 年春季时按时保质保量完成退耕任务,2004 年春季检查验收时成活率必须达到 85% 以上。2003 年 5 月 28 日,黑孜苇乡人民政府乡长和下属各村、场一把手签订了退耕还林责任书。之后,库拉日克村民和村长也签订了退耕还林责任书,共有 1 052 亩耕地实现了退耕还林,其中吾依有 298.5 亩耕地退耕还林。

乡政府与村委会签订的项目责任书中还对村委会的责任作了详细规定:

……

村人民委员会责任:

1. 按照黑孜苇乡退耕还林办公室下发的规划、作业设计造林技术操作规程及检查验收、管理办法等,督促指导各退耕还林农户实施好退耕还林工程。

2. 必须认真逐户落实好田间地块,按照国家标准,试点示范县退一还一(即:每退 1 亩耕地必须还 1 亩宜林荒山荒地或 2、3 亩及更多),每退耕地 1 亩,国家将给退耕农户补助 100 公斤粮食(每公斤粮食折合价为 1.4 元)、20 元教育补助费。

3. 加强对退耕农户的技术指导,退耕还林工程建设实行报账制,退耕农户必须按照规定的任务和规程造林后,经县、乡两级林业主管部门检查验收,自治区抽查,国家核查后,退耕农户即可凭验收卡和粮食供应证明,领取退耕还林补助粮食和教育补助费。在 2004 年春季县、乡两级检查验收的基础上,黑孜苇乡退耕还林工程领导小组对各村（场）2003年退耕还林工程实施情况，按照一定面和户数的比例全面进行专项检查；并对其2003年的退耕还林工程建设做出总体评估。

4. 督促好各自村组任务的保质保量完成，若不能按时保质保量完成责任书中所规定的计划任务，直接影响村一把手年终考核，并不得评优和评先进，乡人民政府将在其它资金投入方面对其村（场）给予削减。

5. 对未完成退耕还林的村（场），将追究村（场）一把手领导责任；对超额完成各自任务的村（场），将对其表彰奖励。

……

本责任书自签订之日起生效。

黑孜苇乡人民政府　　　　村委会　库拉日克村
负责人（签字）买买提努尔负责人（签字）木沙

2003年5月28日

从上述情况来看，乡、村一级政府对退耕还林这项工作是相当重视的。具体来说，吾依组所属的库拉日克村各户退耕还林的情况则如下表所示：

表2-3 库拉日克村2003年退耕还林工程统计表

户 名	小班面积（亩）	立地类型	营造模式			造林种草措施设计						需苗量（株）	用工量	备注（户）
			树、草种	营造方式	初植密度	混高比例	整地方式	整地时间	整地规格	造林方式				
哈日哈斯木	96	退耕地	沙杏	植苗	4×6	1:9	开坑	2002	50×50×50	单行	2688	960	21
吐尔干比	19	退耕地	沙杏	植苗	4×6	1:9	开坑	2002	50×50×50	单行	532	190	4
吐尔苏克	134	退耕地	沙杏	植苗	4×6	1:9	开坑	2002	50×50×50	单行	3752	1340	8
吐尔达力	188	退耕地	沙杏	植苗	4×6	1:9	开坑	2002	50×50×50	单行	5264	1880	12
买买提苏力木	30	退耕地	沙杏	植苗	4×6	1:9	开坑	2002	50×50×50	单行	840	300	5
哈连巴依	17	退耕地	沙杏	植苗	4×6	1:9	开坑	2002	50×50×50	单行	476	170	3
托合托迹	27.5	退耕地	沙杏	植苗	4×6	1:9	开坑	2002	50×50×50	单行	770	275	2
沙地热白克	112.5	退耕地	沙杏	植苗	4×6	1:9	开坑	2002	50×50×50	单行	3150	1125	16
阿克帕夏	33.5	退耕地	沙杏	植苗	4×6	1:9	开坑	2002	50×50×50	单行	938	335	6
居努斯	43	退耕地	沙杏	植苗	4×6	1:9	开坑	2002	50×50×50	单行	1204	430	3
伙依其巴依	166.5	退耕地	沙杏	植苗	4×6	1:9	开坑	2002	50×50×50	单行	4662	1665	20
玉素甫阿洪	68.5	退耕地	沙杏	植苗	4×6	8:2	开坑	2002	50×50×50	单行	1918	685	6
艾山江	4	退耕地	杏	植苗	4×6	1:9	开坑	2002	50×50×50	单行	112	40	1

续表

户名	小班面积(亩)	立地类型 地类	营造模式 树种草种	营造方式	初植密度	混交比例	造林种草措施设计 整地方式	整地时间	整地规格	造林方式	需苗量(株)	用工量	备注(户)
买买提牙合甫	19.5	退耕地	沙杏	植苗	4×6	1:9	开坑	2002	50×50×50	单行	546	195	3
木扎	19.5	退耕地	沙杏	植苗	4×6	1:9	开坑	2002	50×50×50	单行	546	195	3
阿木拉汗	25	退耕地	沙杏	植苗	4×6	1:9	开坑	2002	50×50×50	单行	900	250	17
吐尔干比	24	退耕地	沙杏	植苗	4×6	1:9	开坑	2002	50×50×50	单行	672	240	6
买买西	29.5	退耕地	沙杏	植苗	4×6	1:9	开坑	2002	50×50×50	单行	826	295	6
吐尔干巴依	69	退耕地	沙杏	植苗	4×6	1:9	开坑	2002	50×50×50	单行	1932	690	5
阿克伙加	145	退耕地	沙杏	植苗	4×6	1:9	开坑	2002	50×50×50	单行	4060	1450	16
肉孜哈日	62	退耕地	沙杏	植苗	4×6	5:5	开坑	2002	50×50×50	单行	1736	620	6
火买斯巴依	151	退耕地	杏	植苗	4×6	1:9	开坑	2002	50×50×50	单行	4228	1510	7
买买提吐尔地·阿尔马提	143	退耕地	沙杨	植苗	4×6	8:2	开坑	2002	50×50×50	单行	4004	1430	9

(资料来源:乡政府统计数据)

吾依组2003年拥有耕地约476亩,其中有35户298.5亩耕地实施了退耕还林还草。当地村民退耕还林工程中主要是种植经济林木,又以新疆杨等为主。而宜林荒山地造林工作在2003年没有开展。村民2003年退耕还林具体情况也可从下表得到反映：

表2-4 吾依组2003年退耕还林工程统计表　　　单位：亩

农户名	退耕地还林合计	其中：生态林	其中：经济林
总计	298.5	0	298.5
卡力地	10	0	10
买买提吐地	18	0	18
艾尔肯依沙克	12	0	12
买买提伊明	2.5	0	2.5
吾拉依马洪	6	0	6
买买提江	7	0	7
阿马提汗	8	0	8
买买提吐逊	7	0	7
阿尔地	5	0	5
哈斯依提	13	0	13
阿斯热木沙	13	0	13
斯地克	5	0	5
沙布尔	8	0	8
居马洪	5	0	5
阿依沙	5	0	5
库尔班	5	0	5
买买提吐尔干	6	0	6
加米塔哈依	13	0	13
托合达洪	5	0	5

续　表

农户名	退耕地还林合计	其中：生态林	其中：经济林
阿克伙加	10	0	10
塔依尔	13	0	13
肉孜汗	13	0	13
买买提居马	5	0	5
马旦	5	0	5
朱马西	8	0	8
买买提托合西	5	0	5
阿马提白克	16	0	16
买买提吐尔地	6	0	6
阿尔艾力	15	0	15
吐尔干	5.5	0	5.5
买买提玉麦尔	6	0	6
提列尼	8	0	8
亚力坤	11	0	11
巴合巴依	7.5	0	7.5
塔依尔	11	0	11

上述工作可以说都是在生态环境方面进行现代调适的具体措施。总体来看，当地生态环境的现代调适应该从以下方面着手：

其一，从传统的生态环保措施中吸取优秀的经验，加以发扬。

传统文化是任何一个民族所赖以生存和发展的根基。在长期的历史发展过程中，每个民族都积累了自己的生存经验和生活智慧、生活哲学。这其中，就包括了人与自然协调共处的经验。从目前吾依村的情况来看，至少以下几点是应该从传统文化中加以吸取和发扬的。比如人工防护林的种植，对于村落生存环境和农田都是一种很好的保护措施。再如，对于草场的有效利用和管理，牧民们在长期的畜牧中所形成的一些可资借鉴的经验，如将草场按质量、季节进行分类，以便合理地使用，将畜群进行分类，分群放养，人工种植牧草以供冬季使用等。

其二，使生态环境的保护更趋于合理化和科学化。

如果说历史上牧民对生态环境的利用更多是从经验和直觉出发的话，从中华人民共和国成立以来，可以说村民对生态环境的利用和保护都逐渐走向了理性和科学。如人工防护林的培植，就是在1980年后才走上正轨的。而对草场的合理利用和保护则更是中华人民共和国成立后在党和政府的领导下才逐渐开始的。今年吾依村所在的夏牧场玉奇塔什草原进行休牧调整，也是人们已经开始意识到科学使用草场资源的重要性的一种表现。当然，目前在生态环境的利用和保护方面也还存在很多不太科学和合理的问题，比如对某些草场还不能进行有效地管理，而一些草场生态破坏严重，未能得到很好地保护，这些，都需要有关部门加强调查和研究，并提出有效、科学合理的保护方案和具体可行的保护措施。

其三，有赖于政府有关部门的有力支持和大力宣传。

对生态环境的利用和保护是一个涉及到多方面的问题，这其中，政府有关部门的重视和支持无疑是一个十分重要的因素，从相关的保护政策、方案的制定到具体措施的实行，都需要政府有关部门的规范和倡导。当然，除了政策、规定及措施方面的保证外，也需要政府部门对生态环保问题进行大力的宣传。

其四，有赖于村民生态环保意识的进一步提升。

政府部门的支持和提倡是对生态环境进行合理利用和保护的基础，然而，真正的实施者从很大程度上来说仍是民众。因而，提高村民的生态环保意识就成为生态环境现代调适过程中的一个重要环节。只有真正提高了村民的生态意识，使他们自觉地认识到生态环境的重要性并自愿地为保护生态环境而付出自己的努力，才能真正将生态环保工作在当地有效地开展下去。如果没有村民的自觉自愿配合，即使有政府部门的倡导和努力，也不可能取得很好的效果。

第三节 对生态环境和资源的利用及开发

一、传统上对生态环境和资源的利用情况

吾依村民传统上对生态环境资源的利用更多的是从自然而然的层面出发，很多时候并没有理性的认识，也没有科学的依据，有时甚至可以说是盲目的。这样，就会带来许多与生态环保不相适应的方面。当然，在长期的历史发展中，也不能否认村民总结出了一系列与自然和谐相处的优秀经验和合理利用生态资源的有效方法。

由于传统上是一个游牧民族，因而吾依村民对生态环境和资源的利用更主要是表现在对草场生态资源的使用方面。基于长期的放牧经验，柯尔克孜牧区的牧民根据放牧的季节，将草场分类，将牧场按季节进行划分，分季轮流放牧，分时段进行不同的利用。根据地理和气候情况，牧民们将草场划分为夏草场和秋冬春草场两大类型。夏草场牧地坡缓宽广，草质优、密度大、水源充足，适宜放牧，牧季较长，达90天左右，草的

利用系数为 0.5。① 秋冬春草场属冷季草场，分布的面积虽广，但草质较差，产草量少于夏牧场，因而在冬季，更多的村民是在村中用人工种植的苜蓿等草料进行牲畜的喂养。

二、现阶段对生态环境和资源的利用及开发

除了对天然牧草的利用，在中华人民共和国成立后，调查当地也逐渐开始了一些有计划的草场建设工作，诸如道路建设，配种站、药浴池、配套牲畜棚圈、蓄水池等设施的建设，草场保护如消灭蝗虫灾害等方面。道路建设主要是为了缩短牧民转场途中所花费的时间和损耗，减少牲畜的死亡。

在牧场上，牧民还有计划地进行牧草改良、开渠引水、拦洪蓄水、打井挖泉、草场灌溉、人工培植草地、建设饲草饲料基地等工作，有的还在草场上建了围栏，用铁丝网、石头或泥土垒成 1~1.5 米的墙，将自然草场分片围起来，目的是为了不使野生草食动物采食牧场里的草。

牧民还进行人工草场的培植。由于牲畜数量的增加和草场的退化，固定草场范围内的载畜量出现了下降的趋势。为了扩大载畜量，牧民开始人工培植草地，进行人工播种，人工灌溉，人工围栏保护。人工培植的草场所种植的牧草多为苜蓿，还有苏丹草、紫云英等。人工培植的草，一般是秋天成熟后，牧民将之收割存放，供牲畜过冬食用。吾依的村民所种植的多数是苜蓿。

进行轮牧也是牧民合理利用生态环境资源的有效方式之一。这是吾依村牧民中一种常见的放牧制度，所谓轮牧就是轮流、合理地使用草场，是为了补足夏草场有余而冬春草场不足

---

① 贺继宏、张光汉主编：《中国柯尔克孜族百科全书》第 81、437 页，新疆人民出版社，1998 年版。

所采取的一种办法。其操作方式是牧民在一年之中按时将牲畜转移到预定的草场上轮流放牧,在轮牧中尽量延长夏牧场的使用时间,提高草场的利用率。吾依村民的夏牧场原在伊奇塔什草原,今年伊奇塔什草原由于过度放牧而休牧,牧民只好借用二大队的夏草场进行放牧。村民的秋牧场则在康苏附近的铁列克草场,那儿也是牲畜进行配种的地方。

轮牧的另一层意思是将夏草场或秋草场等分成若干块,每块分别用土墙、栅栏、铁丝网等围圈起来,牧民在各块之间进行轮流放牧,以合理利用草场。

分群放牧也是一种更合理使用草场资源的方式。传统的牲畜放养多为混放的方式,其特点就是不区分畜类、牲别、口齿、体质等而全部混在一起组群放牧。混合畜群有大群和小群之分,大群的总头数在150~180头之间,小群的总头数在50~100头之间。分群放牧则是指将牲畜分为混合群和改良群,分开放养。此外,为了便于育肥和繁殖改良,一些牧民还将生产母畜和羔羊单独分群,便于照顾。分群放牧有很多优点,如有利于合理使用草场,有利于品种改良和育肥出栏等。据牧民介绍,分群时牲畜的数量也是颇有讲究的,一般说来,成年羊群以150~180只为宜,其中母羊为70~120只左右,内含当年在羔的50~90只左右。如果是山羊群则数量可稍多于绵羊群,最多可达250只左右。马群则一般在30~45匹为宜,小群有时仅25匹左右。牦牛一般在50~70头之间,黄牛则35~50头左右,骆驼以15~35峰为佳,且其中母驼约10峰左右。

第四节　村民的生态意识

一、宽敞的院落及与自然和谐共处的生态观

相较于其他许多地方，吾依村及其周围的自然生态环境原本并不是很好，尽管如此，村民依然通过自己的智慧营造了一个比较优美的生存环境。吾依村民每家在建盖房屋的时候，都能划批到2亩地作为宅基地和院落地，因而，几乎每一家都在住房之外尚留有一片宽广的空地，多数人家将之辟为果园，同时建有畜圈，这样果园和住屋就共同构成一个完整的院落，显得十分宽敞广阔。尽管这个居住空间仍然是有限的，但在这有限的空间里我们仍可以看出村民内心升发出来的一种淳朴的生态意识，那就是人与自然和谐共处，共同营造出一个美好的居住环境。

村中的每一个院落从某种程度上说，就是一个小自然。这里，有人，有各种各样的植物，如杨树、柳树、沙枣、杏树、苹果、桃树等，也有动物，如狗、羊、牛、马等，每一户人家都掩映在一片片林木当中，这在自然生态并不算很好的当地，实在让人惊叹，同时，在惊叹之余，也不能不为村民的生存智慧和对生活的企盼所折服。不管走进哪一家的院落，首先让人感觉到的是一种生活的宁静与和谐，在这里，见不到人与自然斗争的残酷，见不到人与自然抗争的艰难，而只看到一个人与自然和谐共融的聚落空间，从这个角度而言，吾依人在相对恶劣的自然生态环境面前，依然保持了一份完好的心境，也达到了尽可能地与自然和谐相处的境界，这无疑与他们内心对美好自然的追求及对和谐生态观的认可不无关系。

表2-5 吾依村民部分家庭院落林木种植情况表　　　单位：株

姓　名	家中所植林木总计	其中杨树	杏　树	其　他
布依丁	154	150	4	
托合塔洪	220	200	20	
萨伊卡利	63	60	3	
热亚提	100多	100多	1	
艾尔肯	315	300	15	
买买提吐尔干	260	250	10	
阿吞比	100多	100多	7	
克力木·司马义	550	500	30	20棵苹果
乌拉依木阿洪	215	200	15	
买买提居玛	325	300	25	
吐尔地阿洪	405	400	5	
吐尔逊	120	100	20	
玉素甫·加森	615	600	15	
巴格巴依·阿布都拉	200	186	14	
买买提吐尔地	670	600	70	
朱玛罕	84	80	2	2棵桑椹
布祖拉罕·娜扎尔	200	150	50	
阿布都拉	607	600	7	
阿奇利罕	205	200	5	
库尔曼·买买提艾沙	500	300	200	
沙勒克孜	145	100	45	
阿依木克兹	300	100	200	
巴提西·司马义	156	150	6	
吐尔逊·纳卜杜拉	64	60	4	

二、与高山牧场为伴

只有来到牧场，亲自去感受吾依村民在牧场上的生活点滴，才能算真正体会了他们的生活。这样说，并不是说村民在村里的生活不重要，只不过，由于长期的沉积，牧场及牧场上的生活似乎已经深深地融入了村民的血脉之中，成为他们生活的一个组成部分乃至他们身体的一个部分。而也只有在牧场上，才能更好地感受到牧场之于牧民的重要及牧民之于牧场的感情。对于很多牧民来说，高山牧场才是他们真正的家，与高山牧场为伴已经成为他们中很多人内心一种永不消退的情结。只有在牧场上，他们才会获得内心的那份安宁，才能因为与高山大河、蓝天白云的亲近和相融而体会到与自然契合无间的那份怡然。也正因如此，在牧民与高山牧场为伴的情结中才让我们更深刻地体会到他们对与自然和谐共处的企盼和渴望，而从这份情结中也才更多地体现出他们独特的生态意识和生命意识。

当然，这种高山牧场情结一方面与该民族长期以来的传统游牧生活不无关系，另一方面却也是村民内心深处的生态意识所决定的。长期生活在高山河谷、宽阔的草场上，已让他们与整个自然融为一体，也使得他们与自然有一种天生的联系和亲密。在牧场上，无论男女老少，似乎生活得更为游刃有余，也更加安宁平静。不论是早上赶着羊群上山放牧，还是夜晚归来走进毡房，他们都没有与自然分开，而是一直处于自然的拥抱之中，享受着自然带给他们的一切。即使是在遇到恶劣的天气或者其他不利的情况的时候，他们也是非常冷静、平和地去面对自然给予他们的考验，而没有丝毫的怨言。

正如有牧民所言："我喜欢山上的生活，因为在山上更自由，生活得更舒服。""在山上无拘无束，还可以喝马奶子，喝酸奶，吃羊肉，比在村子里舒服。"另一位明天小学的教师买买提·吐尔地则将假期上牧场生活作为一种休假的方式，用他的话说，他是上牧场度假来了。尽管山上的气候可能更恶劣，更加不易把握，尽管山上的生活很繁忙，从早到晚没有一刻停下来的时间，但是，对于牧民来说，还是存在对牧场的一种依恋。事实上，从牧民所唱的那些民歌中，我们也体会到一种悠扬和宁静，那听似忧伤的歌声，有人认为是因为一个人在山上放牧太孤寂所致，但我们更倾向于将之理解为一种对自然生命参透个中奥妙之后的领悟。其实，从他们的这份生活哲学中，我们不难看出一种更为宽阔的也更为深厚的生命意识，而这又是基于他们对生态环境、生活空间乃至整个世界和宇宙的一种体认和无形的内心积淀。也正是从这个意义上说，从吾依牧民对高山牧场的热爱中，我们看到了他们对自然的热爱和他们与自然和谐相融的生态意识。

第三章 人　　口

第一节　人口状况

一、人口的历史、现状与发展趋势

（一）吾依自然村人口的历史与现状

吾依自然村人口的历史和现状与整个柯尔克孜族乃至于全国各民族的人口发展规律基本相同。20 世纪 50 年代以前，受当地医疗水平的限制和国家经济水平落后的制约与影响，我国柯尔克孜族人口呈现出高增长、高死亡的人口发展模式；20 世纪 50 年代以来，由于实行计划经济和一平二调，柯尔克孜族人口发展模式整体上受到我国人口政策、经济发展状况和医疗卫生水平提高的影响，人口增长进入历史上的高峰时期。20 世纪 60~80 年代，大多数柯尔克孜族家庭都是 6 个以上的孩子，呈现出高增长、低死亡的特征。受全国大经济环境和政治形势的影响，这一时期出生的柯尔克孜族儿童整体受教育水平不高，大多只受过几年的小学教育，思想观念处于从传统向现代社会的转型阶段。20 世纪 90 年代初期至今，由于国家实行改革开放,市场经济取代了计划经济以及强有力的计划生育人口政策的实行,库拉日克村和吾依组的人口增长都处于相对稳定的状态。整个库拉日克村和吾依组 2002 年人口数,与前期相比,都有所减少。结合当地自然死亡人口寿命的增长,说明当地人口增长与过去相比处于一个低增长水平。目前,吾依村人口中男女比例基本持平。

表 3-1　库拉日克村择年人口统计表

年　度	户　数	人　口		
		总　数	男	女
1990	180	932	442	490
1993	189	955	453	502
1996	200	933	455	478
2002	201	843	426	417

表 3-2　吾依组择年人口统计表

年　度	户　数	人　口		
		总　数	男	女
1990	43	258	116	142
2001	54	238	120	118
2002	60	238	121	117

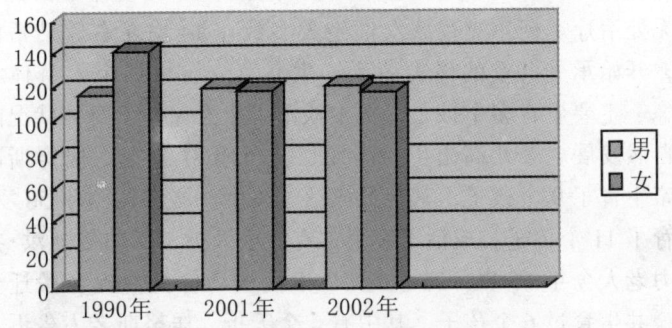

图 3-1 吾依村择年人口变化图

新出生的柯尔克孜族儿童数量比起他们的父辈而言大大减少,多子女家庭也不像过去那么常见,生活在小家庭中的儿童人数越来越多,生活水平和教育条件提高了许多,整体受教育水平大大提高,市场观念和竞争意识正在渗入每一个家庭、每一名柯尔克孜族青少年的意识深处。这一阶段出生的柯尔克孜族青少年的素质明显改善,生活的环境与其父辈完全不同了。

目前,当地柯尔克孜族人口发展的整体趋势是低增长,低死亡,高学历,高竞争意识和大范围流动,这与中国走向世界以及国家综合国力的提高相一致。随着国家政策的向西部倾斜以及我国柯尔克孜族传统观念的转型,新一代柯尔克孜族人口素质的提高速度将会越来越快,与我国其他发达地区人口发展水平的差距也将逐渐缩小。这将是我国柯尔克孜族人口整体素质全面提高的一个前所未有的时代。

(二) 人口素质

20世纪50年代以前,柯尔克孜族完全以牧业为主,一年四季在山里放牧,居住在毡房里,生活在野外,条件艰苦,生活环境恶劣,所以历史上柯尔克孜族成年人平均寿命不长,有病无处治疗。柯尔克孜族女性绝大多数在14岁左右就结婚成家,开始承受沉重的体力劳动,生儿育女,根据个人身体状况,一生要生育多个孩子,根本谈不上生育保健,身体状况随其自然发展。婴儿高出生、高死亡。当地81岁老人居努斯的母亲生育了9个孩子,其中只成活了4个。居玛比今年58岁,生育了11个孩子,成活了8个,有3个夭折。库尔曼阿洪·杰那力老人今年66岁,20世纪30年代从乌鲁克恰提乡搬迁到此,共生育过6个孩子,其中有4个夭折。居努斯老人告诉我们,20世纪初,这里的柯尔克孜族生得多,死得也多,当遇到难产时,常发生母子同时丧命的现象。生病后没有药吃,主要是喝开水,上火就给喝稀的东西,身体弱时,就给吃一些认为是补身体的食物。妇女的地位很低,生小孩都在自己家里,请一位孩子多、岁数大的妇女接生,如果出现难产,丈夫就向天上放一枪,或者换一间房子,别无他法。20世纪50年代以后,随着新制度的建立,医疗卫生条件的逐渐好转以及生活水平的提高,柯尔克孜族基本的医疗卫生得到保证,一般的疾病可以得到及时治疗,妇女、儿童的身体健康也有了起码的保障,身体状况普遍趋于好转。传统的人口发展模式发生转变,由高出生、高死亡转向高出生、低死亡。有了基本生活和医疗的保障,使得柯尔克孜族生活环境和生活条件明显好转,平均寿命延长。但是柯尔克孜族女孩结婚岁数仍然比较小,一直到20世纪80年代末90年代初,吾依大部分女孩子是在16~19岁之间出嫁,而且妇女生育孩子绝大部分仍然是在自己家里,请人接生。

在逐水草而居的游牧时代,柯尔克孜族没有固定的居住地,受居住条件和生活环境的限制,儿童没有受教育的条件,文盲占据全民族总人口的95%以上。20世纪30年代以前,村了里只有 2~3 户人家从喀什地区请宗教人士毛拉到自己家里教授孩子一些宗教知识和阿拉伯语，或者将孩子送到农区的宗教学校上学。柯尔克孜族居住地区世俗教育开始于 20 世纪 30 年代盛世才统治新疆时期。当时受前苏联的影响和帮助，柯尔克孜族地区出现了不少会办（哈萨克柯尔克孜族文化促进会）的世俗学校，这些学校大多办在县城等交通条件较好的地区，吾依村没有人在世俗学校里读过书。极少数有条件的柯尔克孜族贵族和官吏开始将自己的孩子送往内地或前苏联中亚地区学习，这是我国柯尔克孜族居住区现代教育的开始。国民党政府直接统治新疆以后（1944 年），会办学校转为官办，学校开始受到政府的重视和引导，虽然数量不多，受教育人数有限，但是现代世俗教育和双语教学毕竟有了开端。我国柯尔克孜族开始迈入现代教育的门槛。

中华人民共和国建立以后，在政府的指引和帮助下，柯尔克孜族牧民一年四季游牧的生活状况开始发生变化，定居、半定居的居民点逐渐出现，各级教育机构很快建立起来，柯尔克孜族儿童有了受教育的条件和环境。20 世纪 50 年代以后出生的儿童受教育程度比其父辈们有了明显的提高，虽然受教育水平不能和现在相比，但是与历史上相比，已经发生了巨大变化，这在我国柯尔克孜族历史上是前所未有过的。

20 世纪 80 年代以来，是我国柯尔克孜族经济文化发生根本性转型时期，由计划经济走向市场经济，由封闭走向开放。与此相适应，人口发展模式也由追求数量向控制数量、追求质量的大方向发展。20 世纪 80 年代以后出生的柯尔克孜族年轻一代生活在一个完全不同于他们父辈的良好环境里，他们从青少年时代就面临着巨大的竞争压力和挑战，同时也拥有更多的选择、发展空间与机遇。当地柯尔克孜族村民中 80 年代以后出生的孩子普遍读到初中，读高中和上大学的人也越来越多。

(三) 人口的行业、职业结构

表 3-3 吾依组 2003 年人口行业状况

行业	从事农业	从事牧业	第三产业	在读大中专学生人数	现役军人	有过打工经历的人数
N=158	80	15	27	17	0	19
100%	50.63	9.49	17.09	10.76	0	12.03

表 3-4 吾依组有过外出打工经历的家庭及人数

序号	打工地点	工 种	打工开始时间	打工人数
1	阿克苏	修路	2002 年	1
2	阿克陶铜矿等	矿工	1997 年前后	1
3	黑孜苇水泥厂等地	工人	2003 年 3 月	2
4	康苏铁矿	临时工	2003 年 7 月	1
5	阿图什餐厅打工	服务员	2000 年	2（女）
6	石膏厂、水泥厂等	临时工	1996 年	1
7	煤矿	临时工	2002 年	1
8	喀什、库尔勒等地	临时工、服务员等	2000 年	3（其中 1 女）
9	喀什石膏厂	临时工	2003 年	1
10	阿克苏砖厂	临时工	2002 年	2（1 女）
11	乌恰县城、石膏厂	临时工		2
12	乌鲁木齐等地	小本生意	2000 年	1
13	乌恰宾馆	服务员	2001 年	1 女

表3-5 吾依组2002年城镇户口（成人）统计

姓 名	性别	出生日期（年）	文化程度	职业状况
米热罕·巴卡巴依	女	1966	小学	农民
玛买提·克热木	男	1972	初中	工人
巴哈提古丽	女	1976	小学	个体户
吐尔逊·乌斯曼	男	1969	初中	农民
乌日扎罕·居玛	女	1973	初中	工人
阿布都外力	男	1982	初中	无
帕提西·司马义	女	1944	初中	无
吐尔地巴依逊·那洪	男	1983	专科	无
阿克努日·伊不拉	男	1980	高中	无
亚力昆·买买提明	男	1971	初中	农民
木塔力甫·买买提明	男	1973	中专	干部
乌拉伊木江·买买提明	男	1977	初中	待业
吐尔逊·阿布都拉	男	1943	中专	退休教师
阿克木	男	1973	中专	教师
萨伊卡丽	女	1977	小学三年级	无
焦西别克	男	1975	大专	教师
哈日别克	男	1959		退休工人
阿曼古丽	女	1963		个体户
阿拜都拉	男	1951		退休干部
布依丁	男	1934	中专	退休干部
雄哈尔	男	1950	中专	在职干部
热合曼·司马义	男	1936	小学	退休工人

吾依成年人中80%以上的村民以农牧业为生，一般是农牧兼营，家里既有耕地也有牲畜，包括在村里开商店从事第三产业的人也是农、牧、商兼营。出外打工的人以年轻人为主，男性大多在乌恰县境内的煤矿、石膏矿、水泥厂等地做临时工，女性一般在城镇从事服务业，与男性打工者相比相对比较稳定，时间较长。男性打工者大多属于季节性工人，农闲时出外打工，农忙时返回村中。

在吾依居住的拥有城镇户口的人口比较多，归纳起来有这样几类：原来在城镇工作，而妻子和孩子在吾依，有耕地和牲畜，所以退休以后回到吾依，帮助种地、放牧、带孩子，安度晚年；其次是小学教师，因为学校就在村子里，所以他们的家就安在吾依，有地和牲畜等财产，工作之余，帮助家里做些农活，退休以后就在吾依居住；第三，吾依所在乡的在职干部，妻子和孩子都在吾依；第四，有几个属于享受丈夫生前工资的家庭妇女，她们的丈夫生前是县城某些部门的干部，由于疾病等原因过早去世，留下年小的孩子和妻子在吾依，原单位给其妻子一定的经济补贴；第五，吾依近几年获得城镇户口的大多数人都没有固定的职业，因为农转非而成为城市户口，可以享受当地规定的最低生活保障。

二、人口的生育状况

（一）历年计划生育统计中的孩次比例和性别状况

根据库拉日克村计划生育宣传员统计上报的数据，1995年以来该村婴儿出生情况如下表。

表3-6 1995年10月至2003年6月库拉日克村生育情况统计表

年　度	出生数量	其中：女婴数量	胎次：第一胎	第二胎	第三胎	第四胎	死亡数
1995.10~1996.10	21（其中2名维族男婴）	10	13	3	5	0	4（其中一胎3名，二胎1名）
1996.10~1997.10	18（其中3名维族，2男1女）	8	12	0	4	2	2（均为一胎）
1997.10~1998.10	15	8	8	3	4	0	1（一胎）
1998.10~1999.10	17（其中2名维族女婴）	9	8	4	5	0	2（均为一胎）
1999.10~2000.10	18（其中维族2名，1男1女）	7	7	7	4	0	0
2000.10~2001.10	18（其中1名维族）	7	9	6	3	0	0
2001.10~2002.10	16（其中1名维族，1名汉族流动人口）	6	9	6	1	0	3（均为一胎）
2002.10~2003.6	16（其中2名维族）	8	11	3	2	0	1（一胎）
2003.1~2003.6	11	6	10	1	0	0	1

从近几年计划生育统计资料看，吾依自然村新生婴儿中性别比例正常，不存在性别歧视和失衡。从入户调查情况看，当地柯尔克孜族农牧民传统的重男轻女观念逐渐成为历史，在多数村民的头脑中，生男生女都一样，女孩子应该和男孩子一样受教育。但是女孩子出嫁以后就是男方家人的传统观念在一部分家长头脑中依然存在，主要反映在两个方面：父母跟随女儿家生活的极少，甚至一些只有女儿没有儿子的家庭，父母老了后虽然可由女儿时常照顾但并不会与女儿一起生活；女儿出嫁时收受彩礼的现象比较普遍，大多数家长认为养育女儿十多年不容易，接受男方家的彩礼是理所当然的。

（二）初产妇生育年龄

根据20世纪90年代以来计划生育部门的统计，吾依初产妇的生育年龄为21岁，比以往柯尔克孜族初产妇年龄大大推后。我国柯尔克孜族妇女历史上有早婚早育的习俗，女孩子一般在15岁左右结婚后就开始生育，计划生育实行以前，吾依初产妇生育年龄一般在18～19岁。实行计划生育以后，结婚年龄和生育年龄都比以前有了推迟，村民的生育观也逐渐发生变化，现在村民们对国家的计划生育政策一致表示赞成。

（三）人口死亡状况

从表3-6统计资料可以看出，库拉日克村新生儿死亡人数一共14人，除去1名汉族流动人口已经迁出外，当地固定人口中新生儿死亡人数为13人，分别占当年出生婴儿总数的19%、11%、6.7%、11.76%、0、0、18.75%、6.25%和9.091%，其中13名死亡婴儿中第二胎1人，占死亡婴儿总数的7.69%，其余均为一胎，占死亡婴儿总数的92.3%，新生儿死亡率仍然比较高。

吾依柯尔克孜族成年人死亡率近几年一直保持在一个很低的范围内，以自然死亡为主。2002年整个乌恰县死亡人口占总人口的4.36‰,绝大多数属于正常死亡。

(四)妇女既往生育史

中华人民共和国成立以后,吾依妇女生育史经历了高生育、低死亡和低生育、低死亡两个发展阶段,具体情况见下表。

表3-7 吾依自然村20世纪60~70年代家庭生育统计

姓 名	年龄	文化程度	生育子女数量	孩子性别
哈丽帕	55岁	小学三年级	6	2男4女
巴提西·司马义	58岁	初中肄业	8	4男4女
玉素甫·加森的老伴	50多岁		9	7男2女
吐尔迪比	57岁	文盲	8	5男3女
阿奇丽罕	60岁	文盲	9	6男3女
买买提伊明的老伴		文盲	8	5女3男
亚合甫的母亲	50多岁		9	3男6女
居玛比	58岁		11(其中2男1女夭折)	7女1男
加米拉母亲			8	
艾山母亲			11	9男2女
沙勒克孜	70岁	文盲	7	3男4女

表 3-8 20 世纪 70~80 年代吾依家庭生育情况统计

姓　名	年　龄	文化程度	生育孩子数	孩子性别
布祖拉罕·娜扎尔	47 岁	小学四年级	7	4 男 3 女
阿不都拉·热合曼	48 岁	文盲	5	4 男 1 女
吐尔昆·考乌力	50 岁	小学毕业	7	3 男 4 女
阿娜尔罕	50 岁		6	2 男 4 女
阿依木克孜	45 岁	小学三年级	4	2 男 2 女
哈斯也提	45 岁	小学	5	3 男 2 女
迪莎罕	38 岁	小学四年级	4	2 男 2 女
阿玛特罕·卡德尔	53 岁	小学四年级	6	3 男 3 女

表 3-9 吾依 80~90 年代出生人口家庭生育数量及文化水平统计

家长姓名	孩子数量	初中、高中及大中专学生数量	毕业或在读学校
阿娃克孜	4	2	女儿乌市商贸学校毕业，儿子克州师范学校毕业
买买提·吐尔迪	3	2	长子伊犁卫校在读，次子读初中
库尔曼·买买提·艾沙	4	1	1 个高中在读，1 个小学在读
热亚提	2	2	均为初中毕业
阿吐比	4	4	2 个中专毕业，1 个高中在读，1 个初中在读
加米拉	4	2	1 个高中在读，1 个初中在读，1 个小学在读
朱玛罕	1（4 岁）		
玛丽凯哈里木	3		2 个女儿在读小学，儿子 4 岁

从以上几个表的不完全统计中，大体上可以看出吾依柯尔克孜族人口增长的轨迹：从20世纪60~80年代的生育高峰，经过80~90年代的艰难转折，到90年代以后才真正实现了低增长，高学历，人口素质开始发生实质性的变化是在20世纪末21世纪初。一方面说明国家计划生育政策真正得到了贯彻执行；另一方面也说明计划生育深得柯尔克孜族群众的理解和欢迎需要一个过程，因为这不仅仅是执行一项政策的简单问题，它是一个整个民族在社会经济文化发生全面、深刻转型时期所经历的艰难而痛苦的过程。

（五）常住人口及迁移流动

吾依近两年迁出人口极少，2002~2003年上半年只有4户人家迁出，其余户口迁走者基本上是考入大中专院校的学生，但是户在人走的现象还是比较明显，出外务工者有增加的趋势。这种现象开始于20世纪90年代中期前后，2000年以后有显著增加。土地和牲畜承包以后，村里在家闲置的人口增加，加上商品观念的增强，村里出外做生意和打工的人口逐年增加，政府这两年也从政策和措施方面开始加大对外出务工人员的引导和组织，有意识地组织村里的劳动力外出打工。从人口流动的时间、规模和动向看，吾依和国内各地一样，与市场经济改革及我国人口发展现状相一致。

第二节 计划生育

一、计划生育政策与法规

（一）区内计划生育政策

新疆少数民族计划生育工作经历了三个阶段：20世纪70

年代是计划生育政策的影响阶段；80年代初期是计划生育政策的宣传阶段；80年代中后期是计划生育政策的制定与实施阶段。新疆维吾尔自治区人民政府颁布的《新疆维吾尔自治区少数民族计划生育暂行规定》，从1988年7月1日起在全疆少数民族中开始实施。经过十多年的试行以后，2002年11月28日自治区第九届人民代表大会常务委员会第三十一次会议通过了《新疆维吾尔自治区人口与计划生育条例》，于2003年1月1日起在全疆正式实行，其中和吾依柯尔克孜族人口生育有关的条款如下。

第十四条规定："少数民族公民男年满23周岁、女年满21周岁初婚的为晚婚。达到晚婚年龄结婚后初次生育的为晚育。"

第十五条规定："城镇少数民族居民一对夫妻可生育两个子女。少数民族农牧民一对夫妻可生育三个子女。""夫妻一方是少数民族的，按少数民族计划生育规定生育；夫妻一方为城镇居民的，按城镇计划生育规定生育。"

第十七条规定："符合下列条件之一的，经县（市）计划生育行政部门核准，可以再生育一个子女：（一）二等甲级以上残废军人或者相当等级因公伤残人员；（二）婚后不育，符合《中华人民共和国收养法》规定，汉族夫妻收养一个子女、少数民族夫妻收养两个子女后怀孕的；（三）夫妻一方从事井下作业五年以上，现仍从事井下作业的；（四）夫妻双方均为独生子女的；（五）夫妻一方为烈士的独生子女的；（六）经州（地、市）计划生育行政部门组织鉴定，符合规定生育的子女中有病残儿，不能成长为正常劳动力,但医学上认为该夫妻可以再生育的。"

第十八条规定:"符合下列条件之一的再婚夫妻(复婚者除外),经县(市)计划生育行政部门核准,可以再生育一个子女:(一)城镇汉族夫妻再婚前合计只生育过一个子女的,少数民族夫妻再婚前合计生育过两个子女的;(二)农村汉族夫妻再婚前只生育过两个子女的,少数民族夫妻再婚前合计只生育过三个子女的。"

第二十条规定:"符合规定可以生育的夫妻,有非法送养亲生子女或者有遗弃、买卖亲生子女等违法行为的,不得再生育。"

第二十二条规定:"生育两个以上子女的,生育间隔不少于三周年。"

第二十七条规定:"……少数民族夫妻自愿终身生育或收养两个子女不再生育的,在子女满十六周岁前可以申请领取《计划生育父母光荣证》。《光荣证》由女方所在地乡(镇)人民政府、街道办事处发给。"

第二十八条规定:"城镇居民领取《光荣证》的家庭,可以享受下列待遇:(一)自领证之月起至子女十六周岁止,每月发给不低于10元的保健费。少数民族享受保健费合计不超过十六周年。(二)夫妻退休,由所在单位各给予加发本人工资百分之五的奖励金,或者各给予不低于2 000元的一次性奖励。(三)对列入社会救济对象的家庭,优先发放社会救济金和生活困难补助费。"

第二十九条规定:农牧民领取《光荣证》的家庭,除享受第二十八条第(三)项规定的待遇外,还可以享受下列待遇:(一)由县级人民政府给予不低于2 000元的一次性奖励；（二）免去夫妻双方一年的集体生产、公益事业所酬劳务；（三）承包土地和划分宅基地，给予优先优惠；（四）领证家庭子女伤残或者死亡，夫妻不再生育或者收养子女，且无生活来源或者丧失劳动能力的，由其所在地的乡（镇）人民政府列为五保户家庭；（五）优先列为重点扶持对象，在技术、信息、农业生产资料等方面优先提供服务；（六）对贫困家庭优先发放各类扶贫资金和贷款，优先安排扶贫项目和科技实用技术培训，优先享受其他扶贫优惠政策；（七）当地人民政府制定的其他优惠待遇。农村计划生育家庭可享受前款第五项、第六项规定和第七项规定中适用于计划生育家庭的优惠政策。

第三十三条规定：各级人民政府应当建立计划生育生殖保健综合服务制度，普及避孕节育、优生优育、生殖健康科学知识，提供计划生育生殖健康服务，提高公民生殖健康和出生婴儿健康水平。

第三十五条规定：计划生育技术服务机构和从事计划生育技术服务的医疗、保健机构，应当针对育龄人群开展人口与计划生育基础知识的宣传教育，定期提供避孕节育医学检查服务，提高避孕节育的安全性和有效性；对已婚育龄妇女开展孕情检查、随访服务工作，预防和减少非意愿妊娠。

第四十条规定：县级以上人民政府有关部门应当建立健全对避孕药具免费发放，市场零售供应和性保健用品销售等的监督管理制度。①

(二) 规　定

当地政府按照自治区有关规定，要求在生育两个孩子之间必须间隔三年（包括三年），从计划生育宣传员近几年的统计资料看，库拉日克村妇女生育间隔都在3~9年之间。2002年（包括该年）及其以前，规定前三胎是女孩或者残疾儿童，经上级主管部门特批以后可以生育第四胎，该项规定从2003年开始被取消。2003年1月，县计划生育委员会开始给生育二胎的家庭发放光荣证，同时奖励2000元现金，吾依现有3家领取了光荣证。

二、计划生育措施

(一) 综合管理

在贯彻落实计划生育的过程中，当地各级政府部门把计划生育工作纳入了经济和社会发展总体规划，一把手亲自抓人口目标管理责任制的实施和考核，把计划生育工作和党政干部的政绩挂钩；较好地解决了基层计划生育宣传员的工资报酬问题，使他们能够安心本职工作；落实了独生子女奖励金的发放问题；对流动人口加强监管力度，进行联检联查；对各族育龄妇女提供生殖保健咨询和服务，免费发放避孕药具；制定了从经济方面扶持计生户和贫困户的优惠措施；进行综合治理，组织人事、工商、公安、财政、扶贫等20个单位和部门，签订兼职单位责任书，层层落实，发挥各个单位兼职委员的职能作用，各部门通力合作，严格把关，形成了一个有利于控制人口

---

① 2002年11月28日新疆维吾尔自治区第九届人民代表大会常务委员会第三十一次会议通过《新疆维吾尔自治区人口与计划生育条例》。

增长的良好社会环境。县有计划生育指导站，指导站预算外资金100%返还，各乡统筹、村提留用于计划生育的经费也基本划拨到位。用进村入户的方式把计划生育宣传教育深深扎根于农牧民群众心中，形成了县、乡、村三级宣传教育工作网络，基本上做到了任务、人员、阵地和报酬四落实。2003年全县计划生育宣传工作重点在抓婚育新观念、新理论、新风尚、新习俗的宣传，力求做到计划生育宣传品发放到家，计划生育基础知识送到家，计划生育优质服务进到家。全县设立了人口学校13所，人口分校19所，以五期教育、生殖保健和《人口与计划生育法》为主要内容对各乡、村计划生育宣传员进行分级分批培训。计划生育委员会拨出资金制作了通俗易懂、内容新颖的生殖保健以及《条例》《人口与计划生育法》为主要内容的宣传单30 000余份，计划生育服务袋5 500个，基本上达到了计生宣传品入户率90%以上；同时，县计划生育委员会还抓了"四服二刊"的征订工作，《中国人口报》《新疆人口报》《家庭报》和《人口与计划生育》杂志都征订到了村一级。

库拉日克行政村吾依组在计划生育方面隶属于乡、县计划生育部门，县、乡有关部门和人员直接、有效地对村和小组计划生育工作进行管理和领导。黑孜苇乡设有计划生育办公室，配备有9名专职干部，其中5人配备到各个行政村。库拉日克村配备1名计划生育专职干部和1名宣传员负责本村的工作。村计划生育宣传员由妇联主任兼任，协助乡计划生育干部和当地派出所进行计划生育宣传和人口管理。她们每月几次入户，掌握调查育龄妇女的计划生育情况，发放药品。村计划生育宣传员每个月到乡计划生育办公室领取一次免费药品。

2003年年初，针对上半年药具工作中存在的问题，县计划生育委员会对全县30个计划生育工作者进行了药具管理、发放与使用考试，于6月中旬又举办了一期药具人员培训班，合格率为97%以上；在药具发放中坚持以计划为主的发放标准，认真做好药具的领发和记账工作，重点做好乡级保证三个月周转量，村级一个月周转量，完善各种规章制度，实行一条龙管理模式，确保了乡、村药具发放渠道畅通，最大限度地满足群众的需要。同时大力开展药具"知情选择"服务，特别使村一级的药具管理人员真正明白，知情选择不是自身选择，而是在计生人员的指导下结合自身情况的自由选择，并且推广新品种，开展紧急避孕项目，为育龄妇女选择副作用少、反映轻的药物，极大的方便育龄妇女的需求。2002年乌恰县计生委在黑孜苇乡实行了药具知情选择试点，2003年推广到全县。为了确保计划生育统计资料的准确性，县计生委严格月报表、季度汇总表制度，完善人口统计台账，确保各级账、册的数字统一，及时准确地掌握各乡村人口变动情况，挤压水分，杜绝误差。2002年年初，县计生委对各乡镇的计生办主任、统计员进行统计业务培训，并且在2001年12月、2002年3月、6月和8月组成业务组，开展人口统计质量抽查，分别在全县九乡两镇进行了抽查，通过调查显示，该县人口出生统计无误差，未出现计划外孕育现象，此外，各乡村能够定期开展自查，并将结果上报，保证统计数字真实可信。乡村级有2003、2004年生育对象摸底登记表，2003年生育对象在村级已经张榜公布。

吾依村民计划生育和生殖保健、医疗卫生把关方面，乡卫生院也做了不少工作。黑孜苇乡卫生院成立于1975年，有35名医务工作者，设有门诊部、药房、注射室、X光室、心电图室、B超室、化验室、妇产科、住院部和财务室等10个部门。该卫生院以预防为主，治疗为辅。预防主要是妇幼保健工作，包括计划生育、孕妇系统管理、新生儿系统管理、接生及计划免疫等工作，包括卡介苗、麻疹、三联和脊髓灰质炎等4种疫苗免费接种。2003年还给贫困户的新生儿免费接种了乙肝疫苗。在计划生育方面,乡卫生院妇产科根据乡计划生育协议,对广大农牧民妇女进行免费检查和咨询,包括查环、放环、胎儿检测等工作。

(二)妇女生育、节育情况

库拉日克村2003年上半年共有育龄妇女222人(20岁~49岁),其中吾依有52人。吾依村多年来未发生过超生现象。计划生育政策实行初期,曾经有部分村民不理解,甚至反对;经过几年宣传实行后,村民开始理解、欢迎,并且自觉执行计划生育政策,他们有问题随时会到计划生育干部和宣传员家里或者村妇联办公室咨询。咨询内容有避孕药品(具)的使用、性保健,生育方面的规定和知识等。育龄妇女自觉晚婚晚育比较普遍。所有育龄妇女的生育间隔都达到了有关的规定,在3年以上。其中,又以间隔4年者为多,占46.51%,其次是间隔5年者,占23.26%。详见下表:

表3-10 库拉日克村育龄妇女生育间隔年限表

人数 N=43	间隔年限						
	3年	4年	5年	6年	7年	8年	9年
1995~1996年		1	2				
1996~1997年	1	3	2				
1997~1998年	1	4	1	1			
1998~1999年		7				1	1
1999~2000年		1	1			1	
2000~2001年	1	3	1	2	1		
2001~2002年			1	2			
2002~2003年		1	2	1			
合　计	3	20	10	6	1	2	1
比例%	6.97	46.51	23.26	13.95	2.33	4.65	2.33

从20世纪90年代中期以来,该村育龄妇女绝大多数在县医院生产(该村距离县城仅7至8公里,交通方便),在自己家里生产者基本没有。2002年开始,随着乡卫生院(位于吾依村)医疗条件的改善,开始有2名妇女在乡卫生院生产。

根据2002年10月统计资料,库拉日克村222名育龄妇女中,应该节育的育龄妇女100%实施了节育措施,其中12人结扎(生育年龄的7人,45岁以上的5人),101人上环,29人使用药具。

2003年前半年育龄妇女上环人数基本保持在104~108人之间,占该村育龄妇女人口总数将近50%。

由于连续数年没有出现超生现象,计划生育工作做得好,2000年库拉日克行政村被评为全国计划生育先进集体。

第四章 经　　济

第一节　经济结构与生产关系的变迁

一、基本情况

吾依村的居民从 1984 年分田到户以来，基本上每个农业户口都分到了 2 亩耕地（全部是水浇地），每家有 2 亩宅基地，同时每人还得到了 4.5 只大羊（1 只小羊折合半只大羊）。经过二十多年的发展，今天吾依村家庭耕地数量与 80 年代相比没有发生实质性的变化，新增人口不断得到 2 亩耕地，每家的耕地，多的在 15 亩左右，少的也有 4~5 亩。吾依所在的黑孜苇盆地虽然具有 100 年左右的耕种历史，但是由于气温偏低，农作物只能一年一熟，蔬菜也不能很好地生长。粮食作物以冬小麦为主，经济作物以油菜为主，产量受气候、耕作技术和家庭资金投入等因素影响较大。尽管如此，农业收入在村民经济总收入中仍占有很大比重。

在畜牧业方面，有了较大发展。牲畜数量发生了一些变化，即个别家庭牲畜从以前的几只、几十只增加到 200~300

只,有专人或家庭一年四季在牧场放牧,畜群成为家庭的最主要财富,放牧成为家庭劳动的重点,家里的耕地则是副业和次要的劳动。但是这种家庭在 60 户家庭中只有 14 户,占吾依总户数的 23.3%。基本情况是,85% 以上的家庭每家都有 10~50 只左右的牲畜,冬天圈养,夏季上牧场放牧,或交给牧场上专门放牧的家庭,或者几家人合起来雇一个人放牧,价格是一只羊每月 2~2.5 元;一头牛每月 10~12 元。冬季饲草一部分来源于自家耕地栽种的苜蓿、麦草等,一部分从市场上购买(玉米),以牧业为主的家庭则在秋牧场上继续放牧。

二、生产关系和经济结构的变迁

(一)生产关系的变化

1. 新中国成立以前的生产关系状况

新中国成立前,乌恰县的柯尔克孜族以从事畜牧业生产为主。生产资料集中在少部分牧主手里,半数以上的牧民没有自己的牲畜,很多贫苦的牧民靠代牧为生,代牧户占全县牧户的三分之一。1949 年,乌恰县只有大小牲畜 29 000 头,平均每人仅有两只小畜和不足一只大畜。根据吾依村老人们的口述史,新中国成立前,当地只分散地居住着少数人口,很多人在山上放牧或代牧。根据当时封建生产关系占据着统治地位的大环境,可以推测当时吾依村的农牧民们也处于生产资料占有两极分化的情况之下。

2. 民主改革时期的经济状况

新中国成立后,乌恰牧区积极贯彻 1952 年 7 月新疆分局第二届党代会确定的对牧区的总方针:"安定社会秩序,保护与发展畜牧业,在可能的条件下,改善牧工与贫苦牧民的生活。"根据上述方针,乌恰县采取了比较缓和的牧工牧主协商的办法改革牧区不合理的工资制度和牧工牧主的关系。通过决议，按照牧主牧民协商、劳资两利、保本保利的原则给牧民分红，确定原放牧牧主的牲畜，除有病死亡者在新生畜内补上原数外，净增的小畜按一定比例给牧工分红并订立合同。分红的比例，最高是成活100只羔子代牧户分红25%，最低的是代牧户分5%，一般的是代牧户分15%。通过上述措施，改变了原有的生产关系，使得代牧户的积极性得以大大提高，从而提高了牲畜的繁殖率和成活率。

3. 互助合作

在民主改革的基础上，乌恰县的畜牧业有了较大发展。至1952年，牲畜总头数已达到65 523头，基本上恢复和超过了1942年历史上牲畜生产的最高水平。从1955年开始，根据党中央的政策方针和自治区二届牧区工作会议的指示精神，在各级党和政府领导下，乌恰牧区开展了畜牧业互助合作运动。在乌恰，有多种形式的互助组，有在生产繁忙季节为解决劳动力困难临时组织起来的接羔临时互助组，有一些牲畜较少的牧民为解决牲畜困难而组织起来的合群轮流牧放常年互助组，有以几个阿寅勒为单位、牲畜较少给有经验代牧者一定报酬的合群专人牧放互助组，有牧业、农业、副业相结合的互助组。牧业互助组的建立和发展，推动了牧区的接羔、育羔、救灾、打猎、农业和副业等生产。

在此基础上，1955年开始，乌恰县试办畜牧业生产合作社。在乌恰四乡试办了克孜努尔牧业社。集体经济有了迅速发展，社员牲畜折股入社，牧草场和耕地归社所有。私人占有的牧主经济被改造成为社会主义性质的集体经济。

在农业生产方面，从1950年到1951年，也进行了群众间的生产互助，以解决群众在农业生产中遇到的困难。在自愿和有借有还的条件下，动员群众互相调剂一部分土地、籽种、农具、耕畜、树苗，组织小型变工互助，人力畜力交换，互助农具,解决春耕的困难。1955年至1956年,合作社建立后,统一调配人力、物力,制订了发展农业生产的计划,改善经营管理,冬天开展积肥运动,整修渠道,扩大了耕地和灌溉面积,农业生产有了很大发展。①

4.农村管理体制改革后的经济状况

1984年黑孜苇乡下属各村实行草场承包、牲畜作价分到各家各户。吾依46户家庭每家都按照农业户口的多少分到了多少不等的牲畜,承包了一定数量的牧场。

1984年底,黑孜苇乡牧业在家庭联产承包责任制的基础上,实行牲畜作价归户、私有私养的政策,按照现有从事农牧业生产的人口分配牲畜。1984年以前,村里生产资料属于集体所有,村民集体参加劳动。一部分人专门种地,一部分人专事放牧,家庭之间和人与人之间的生活水平相差不大。1984年村里分地到户,1985年分牲畜到户以后,生产资料大部分归个人和家庭所有,集体产业成为小头。农牧民的生产积极性进一步得到增长,政府在科技引导、产业结构调整以及服务方面的作用逐渐增大,农牧民的生活水平较之以往有了更大的变化。到现阶段,村民的经济生活不断地得到提高,牧民之间在经济生活水平方面也开始拉开了差距。

(二)经济结构的变迁

吾依村的产业结构经过二十多年的调整后,虽然和以前相比已经发生了很大的变化,但是并没有发生实质性的变化,目前仍以第一产业为主。从下面的两张表中,我们可以看出吾依村经济结构方面的一些特点,也可以看出10年来吾依村产业结构方面发生的一些细微变化。

---

① 新中国成立前、民主改革时期、互助合作等部分资料参考《柯尔克孜族社会历史调查》第18~23页,新疆人民出版社,1987年版。

从特点上说，其一，第一产业占据主导地位，1990年时第一产业在全村总收入中所占比例高达81.74%，到2002年时，第一产业在总收入中的比重为70.28%。在第一产业中又以农业和牧业为两大支柱。1990年，农、牧收入占第一产业收入的61.67%，2002年，农、牧收入占第一产业收入的66.93%；其二，不管是20世纪90年代还是现在，第二产业所占比例都是很小的，1990年工业收入占总收入的5.93%，2002年，占2.81%，十多年间没有发展，这与当地工企业的不发达有关。

从变迁方面来说，第一，第一产业稳中有变，农、牧业在总收入中所占比重有了变化，1990年的时候，农业收入稍高于牧业，到2002年，牧业收入超过农业，这与村民牧业水平的不断提高有一定的关系，当然，二者之间的差距一直是较小的，这也充分说明了吾依村农牧兼营的经济特点；第二，第三产业有了较大发展，1990年的时候，第三产业占总收入的12.33%，到2002年，第三产业所占的比例上升为29.72%，这与20世纪90年代末以来村中个体商业的发展不无关系，特别是商饮方面，个体店铺大量增加，带动了相关方面的发展。1993年以前，村中还没有一家商店，从1993年第一家商店出现开始，到2002年，村中共有9家商店。吾依村产业结构的变迁详见表4-1和4-2。

表4-1 1990年吾依自然村产业结构表　　　单位：元

总收入	其中								
	第一产业					第二产业	第三产业		
	小计	其中				工业	小计	其中	
		种植业	林业	牧业	副业			运输业	商饮业
164 283	134 283	53 459	150	47 846	32 828	9 745	20 255	13 255	7 000
占总收入的比例%	81.74	32.54	0.09	29.13	19.98	5.93	12.33	8.07	4.26

表4-2 2002年吾依自然村产业结构表　　　单位：元

总收入	其中								
	第一产业				第二产业	第三产业			
	小计	其中			工业	小计	其中		
		农业	林业	牧业			交通运输	小工	商饮及其他
320 000	224 908	94 334	1 750	119 824	9 000	95 092	600	1 150	93 342
占总收入的比例%	70.28	29.48	0.55	37.45	2.81	29.72	0.19	0.36	29.17

吾依村1990年与2002年经济结构的对比可见图4-1：

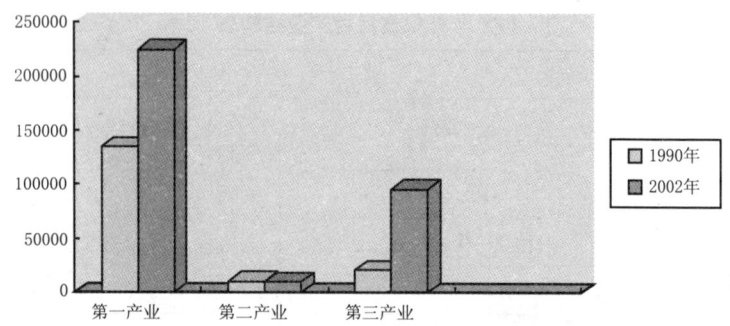

图4-1 吾依村经济结构对比图

第二节 农、牧及林业发展情况

一、农 业

新中国成立前，乌恰牧区80%的柯尔克孜族都靠代牧、打猎、打柴、运输等维持生活，很少有人经营农业。1949年，乌恰县全县只有耕地15 659亩，亩产一般只有30~40斤。

新中国成立后，党和国家在大力发展畜牧业的同时，强调和宣传"以牧为主，农牧结合"的方针，宣传发展农业生产对发展牲畜、增加收入、改善人民生活的重要意义，动员和鼓励群众开垦荒地，并对农业生产进行具体的布置和指导。1950至1951年，乌恰县实行了农业生产互助合作，1954年，各种农业互助组纷纷成立，1956年，建立了农业合作社。[1] 同时，开始整沟修渠、兴修水利，改进耕作方法，提高耕作技术，农

---

[1] 参考《柯尔克孜族社会历史调查》第23页，新疆人民出版社，1987年版。

业生产有了前所未有的发展。据吾依村的老一辈村民介绍，村中的农田都是新中国成立后才逐渐开发出来的。发展到今天，吾依村民人均占有耕地2亩，部分人家粮食生产已经能够自给。吾依村民所种的粮食和油菜绝大部分自种自食，农牧民按照自己家里的人口和口粮及食用油需要情况决定种植数量，有少量产品拿到市场上去出售。小麦收割完毕后，直接拉到本村个体户开的磨面坊磨成面粉自用；油菜收割完毕后，也是直接拉到个体户开的榨油坊榨成食用油自用，只有极少数几户家庭以出售饲料为目的而种植苜蓿等。绝大多数家庭种植粮食和油料作物都是为了自己消费，有相当家庭种植的粮食或油菜不够全家食用，需要到市场购买，大米全部都在市场上购买。

近年来，政府很重视当地农作物的品种改良，吾依村一般3年换一次麦种，每公斤麦种1.4~1.5元，一亩地需要种子22~25公斤。村民所需麦种大多从有关部门购买，2002年使用的麦种是从村里购买的奎屯5号、唐山麦种以及从焉耆购买的80恰尔塔克。这些麦种比较适合当地气候，产量高，每亩地可以收到400公斤左右。

收割麦子时节，农牧民在村委会和村党支部的帮助下，从喀什或阿图什等地请来维吾尔个体户的联合收割机进行收割，每亩30~35元，既快又干净。麦子收割完以后，仍然使用机器将地翻好，准备种植下一季度作物。化肥和农药从90年代以后已经非常普及，化肥以尿素和磷肥为主，农家肥也仍然被广泛使用。农民将两种肥料有机的结合起来，分别使用，可以保持地力，增加收入。但是与传统的农耕地区相比，这里的农民在耕作上仍然比较粗放，土地的利用率不高，农作物的总产和单产相对比较低。农民并没有将所有的时间和精力都花在种植业方面，牧业占据着相当一部分人的时间和精力，而且种植业中也比较明显的体现出与牧业的紧密关系，比如一部分农户将相当耕地种植苜蓿，麦子和油菜地里的草被认为和粮食、经济作物一样重要，也可以收割作为饲料使用等。表现出当地柯尔克孜族农牧结合，农业和牧业在农牧民生活中同样占据重要地位的现实，这种社会转型、经济结构调整以及政策引导在农牧民经济生活中出现的整合现象，属于社会发展变革中的正常发展阶段。

二、牧　业

（一）牧业的所有制结构

1984年黑孜苇乡下属各村实行草场承包、牲畜作价分到各家各户。吾依46户家庭每家都按照农业户口的多少分到了多少不等的牲畜，承包了一定数量的牧场。

1984年底，黑孜苇乡牧业在家庭联产承包责任制的基础上，进行了牲畜所有制的经济体制改革，实行牲畜作价归户、私有私养的政策，以原生产单位为计算单位，按照现有从事农牧业生产的人口分配牲畜。按照各类牲畜的品种质量，采取折合成标准羊的办法；以2岁绵羊为标准折算单位，每只标准羊作价25元，改良羊作价30元，纯种细毛公羊作价80～100元，大尾纯种公羊作价60元，土种公羊作价50元。牲畜作价款的偿还，根据偿还能力和不影响群众生活而定，一般均应在3～5年内偿还。个别特困户可延长到15年。偿还款分期付款，集体收回，作为集体发展基金（具体方案参见附录三）。经过将近十年的发展，如今，吾依家庭牧业经济结构和十年前相比已经发生了一定的变化，一些家庭因为有人生病住院而被迫卖掉了所有的牲畜，生活陷入贫困，一些家庭因为经营有方，牲畜比十年前增加了数倍，成为专门的牧业户，一年四季生活在牧场上，大部分家庭的情况是拥有几十只牲畜，夏天花钱请人放牧，冬天实行圈养，作为一家人肉食和经济的主要来源。

（二）产品种类和结构

吾依所在的黑孜苇盆地柯尔克孜族牧民历来以羊（绵羊和山羊）为主要牲畜种类，其中又以绵羊为主，还有少量的马、牦牛、毛驴和骆驼等牲畜。

表4-3 1994年吾依村民拥有的牲畜种类和数量

姓　名	绵羊	山羊	牛	马	驴	骆驼	其　他
买买提·卡德尔	21						
库完	18	17	1			1	
克里木	4	3	4				
买买提明	29		3				
买买提·吐尔地							共10只牲畜
阿伊努尔	18		2				
拉合曼	24	4	3			3	
苏里坦别克（儿子）	1						
奥斯曼·塔伊尔	4	2	1			1	
买买提·玉买尔	22	4		2			
萨博尔	55	1				2	
米曼	3	3					
巴卡巴伊							共20只牲畜
玉买尔·斯马仪	47	3	6				
嘉米拉	13	9	3				
萨克·曼拜特·伊不拉因	170	12	2	3	1	4	另有21只牦牛
吐尔斯·阿洪	49	8				2	
伊萨	6			3			
居马洪	5						

续 表

姓 名	绵羊	山羊	牛	马	驴	骆驼	其他
毛拉洪	28	5	2				
托合提	16	4					
阿马特罕	55	20				2	
雄哈尔	6						
木萨	24		1				
吐尔甘迪	5						
司地克	11		2	3			
阿不都·拉合曼	21	25	1			3	
阿玛特	14	29	2	2		3	
奥斯曼·伊麻木	33	12				2	
买买提·居马	85	4	1	1		2	
木沙·乌斯曼	31	28	2	1		4	
乌拉伊阿洪	6	2				2	
买买提·吐尔干	8	3	2		1		
苏里坦别克	10	9					
阿玛特·伊明	14	29	2	2		3	
居马什·奥斯曼	38	6		3		1	
阿伊萨·奥斯曼	12	2		1			
居马什	28	13	1		2		
库尔班阿洪	88	18		1		3	
江塔克	18		2	1			
买买提·托合托	3	2					
库尔班	8	2					

(资料来源：黑孜苇乡政府草原站)

从上表可以看出，农牧民拥有的牲畜品种以绵羊和山羊为主，1994年，全村共有1 330只羊（其中山羊279只），占农牧民全部牲畜数量（1 459头、峰、匹）的91%，大牲畜数量（129头、峰、匹）很少。在羊只中又以绵羊为主，占到羊只总数的79%。拥有50只以上牲畜的只有11家，占全部拥有牲畜家庭（44家）的25%，超过100只的只有2家，占4.55%。

根据2003年5月黑孜苇乡有关部门的统计数据，吾依村民拥有的牲畜仍然以羊为主，但家庭拥有羊只数量较1994年有了较大的增加，共有3 005只羊，见表4－4。

表4－4 2003年5月吾依村民在夏牧场放牧的羊只数量

姓 名	绵羊	小绵羊	山羊	小山羊	总计
阿不都·拉赫曼	39	25	2	2	68
伊沙克	147	76	35	18	276
居玛什（黑）	92	36	10	9	147
苏里坦别克	58	28	21	11	118
买买提伊明	29	23			52
买买提·克里木	11	7	2	1	21
托克坦洪	33	23	12	7	75
沙提瓦尔迪	20	12	4	4	40
托里木罕	9	6	6	4	25
阿山	54	36	37	6	133
比比	6	5	6	5	22
哈里切	6	6	5	5	22
吐尔逊	30	25	1	1	57

续　表

姓　名	绵羊	小绵羊	山羊	小山羊	总　计
乌拉伊马洪	64	28	12	4	108
热合曼	40	12	4	2	58
肉孜阿孚	19	9	3	2	33
阿拜都拉	16	12	9	7	44
吐尔干巴依	92	55	2	1	150
沙别尔	61	43	13	11	128
克里木	4	17			21
吐尔苏克	7	5			12
斯蒂克	21	19			40
买买提·玉买尔	114	93	13	12	232
买买提民	2（在家育肥）	1（在家育肥）			3
买买提·托合托			34		34
居玛什	24	8	64	23	119
居玛汗	17	12			29
阿玛特汗	61	46	42	32	181
阿斯鲁汗	25	13	1	1	40
吐尔地·买买提	3	2	13	8	26
库尔班阿洪	90	54	30	17	191
买买提居马	136	84	15	8	243
阿洪	17	19			36
阿伊里奇	136	94			230

（资料来源：黑孜苇乡草原站）

(三) 牧场分布及质量

吾依柯尔克孜人有冬、夏和春秋牧场之分，牧场都是历史上自然形成的。夏牧场集中在玉奇塔什草原，秋、春和冬牧场分散在康苏境内铁列克河、吐尤克苏河等河流沿岸地区。1984年黑孜苇乡实行牲畜作价归户的同时，对集体所有的打草地、人工草场（草库伦）、四季牧场按照生态状况，折算载畜量，划片承包到户。牧民以牲畜头数计算和交纳草场使用费，羊0.6元/只，大畜1.2元/只。牧民如果想将自己所属的草场转包给他人，需要和草原站签订相关合同，注明转包的期限等。转包者可以向草场使用者征收一定的使用费。

1994年黑孜苇乡草场进行调整，重新承包。农牧民和乡政府签订了承包合同，通过这次承包，绝大部分家庭都得到了自己有使用权的面积不等的草场，见表4-5。

表4-5 1994年吾依村个人承包草场面积　　单位：亩

姓 名	冬牧场	载畜量	春牧场	载畜量	夏牧场	载畜量
买买提·卡德尔	254	25	254	25	130	31
库完	568	56	568	56	291	70
克里木	133	13	133	13	68	16
买买提明	387	38	387	38	198	48
买买提·吐尔迪	121	12	121	12	62	15
阿伊努尔	242	24	242	24	124	30
拉合曼	411	40	411	40	210	51
苏里坦别克（儿子）	12	1	12	1	6	1
奥斯曼·塔伊尔	96	9	96	9	49	12
买买提·玉买尔	338	33	338	33	173	42

续 表

姓 名	冬牧场	载畜量	春牧场	载畜量	夏牧场	载畜量
萨博尔	701	69	701	69	357	87
米曼	72	7	72	7	37	9
巴卡巴伊	242	24	242	24	124	30
玉买尔·斯马仪	677	67	677	67	347	84
嘉米拉	302	30	302	30	155	37
萨克·曼拜特·伊不拉因	2 517	255	2 577	255	1 789 + 1 320	319
吐尔斯阿洪	713	70	713	70	365	88
伊萨	108	10	108	10	55	13
居马洪	60	6	60	6	36	7
毛拉洪	423	42	423	42	217	52
托合提	242	24	242	24	124	30
阿马特罕	931	92	931	92	417	117
雄哈尔	72	7	72	7	50 + 37	9 + 9
木萨	302	30	302	30	135	41
哈斯木	121	12	121	12	62	15
吐尔甘迪	60	6	60		31	7
阿西木	60	6	60	6	31	7
司地克	193	19	193	19	99	24
阿不都·拉合曼	617	61	617	61	316	76
巴江	121	12	121	12	62	15
阿玛特	605	60	605	60	310	75
奥斯曼·伊麻木	568	56	568	56	291	70

续 表

姓 名	冬牧场	载畜量	春牧场	载畜量	夏牧场	载畜量
玉买尔·铁里别尔	60	6	60	6	31	7
买买提居马	1 125	111	1 125	111	576	139
木沙·乌斯曼	798	79	798	79	409	89
乌拉伊阿洪	121	12	121	12	62	15
买买提·吐尔干	169	16	169	16	86	21
苏里坦别克	229	22	229	22	159 + 117	28 + 28
阿玛特·伊明	605	60	605	60	310	75
居马什·奥斯曼	580	57	580	57	297	72
阿伊萨·奥斯曼	181	18	181	18	93	22
居马什	532	52	532	52	369 + 272	66 + 66
库尔班阿洪	1 331	132	1 331	132	924 + 682	165 + 165
江搭克	554	25	554	25	130	31
买买提·托合托	60	6	60	6	31	7
库尔班	121	12	121	12	62	15

（资料来源：黑孜苇乡草原站）

从吾依居民承包的草场质量来看，冬牧场等级基本上是六级，分布在乌宗阔勒、消落路、契阿勒克、阿鹅司、塔都不拉克、铁里克吉勒阿等处；春牧场均为七级，分布在昆提别斯、契赫勒克奥孜、江阿尔奇、克孜勒伊、契阿其克奥孜、包尔阔勒乌伊等处；夏牧场均在玉奇塔什草原，为三级，是乌恰县境内条件最好的牧场。乌恰县草场中20％以上的为缺水草场，没有一二级草场。三级草场也只有玉奇塔什，这里自从80年代以来，由于过度放牧，牲畜超载严重，造成牧草严重退化，牧场破坏厉害。2003年当地政府采取强制性的休牧措施，力求使牧场上的牧草不至于继续恶化。四五级的草场数量很少，只占到全县牧场总面积的4%左右，95%以上的牧场属于六七八级牧场。这类牧场产草量少（50斤左右），饲养价值低，草场利用率低。一方面是大部分荒漠草场本身发育不好，质量差；另一方面，长期以来只强调发展牲畜头数，忽视草场载畜量，加之放牧利用极不平衡和连年的严重干旱，草场沙化、盐碱化、蝗虫、鼠害，造成天然草场严重退化，和50年代相比，夏牧场产草量减少了30%以上，冬牧场减少了50%左右。由于草场退化，质量不高，载畜量有限，严重制约着畜牧业的进一步发展。我们在夏牧场调查时，牧民告诉我们，在夏牧场放牧的两个月时间里，每家基本上都要转场2~3次，现在的草场质量很差，"牛羊不戴上眼镜都找不到草了"。

这次草场承包，最少的一户冬牧场12亩，夏牧场6亩，最多的一户冬牧场为2517亩，夏牧场为3000亩以上。牧场面积不到100亩的（根据冬牧场数量）有9家，占全部承包户的将近20%；100~500亩的有22家，占全部承包户的将近48%；500~1000亩的有13家，占28%；1000亩以上的有3家，占6.52%。将近一半的家庭承包草场数在100~500亩之间，而这个数字的载畜量是50只以下，说明当时该村农牧民生活还不富裕，拥有的牲畜数量不多，如果结合当时承包者拥有的牲畜统计数量来看，这个问题就更清楚了。从第一次草场承包至今已经过去了将近十年，各家各户的经济、人口状况发生了一定的变化，有些家庭变化还比较大，一些家庭富裕起来，一些家庭由于各种原因成为贫困户。为了适应形势发展的需要，黑孜苇乡政府准备在2004年进行草场调整，根据村民现状和草场情况重新分配草场，具体措施还在制定当中。

(四) 牧业户情况

吾依以牧业为主，一年四季在牧场上放牧的家庭有5户，占全部家庭户数的8.3%，我们在吾依夏牧场对这几户以牧业为主的人家进行了调查，其经营情况见表4-6。

表4-6 吾依2003年以牧业为主的家庭情况（夏牧场）

姓　名	年龄	文化程度	放牧牲畜数量	代牧牲畜数量	家庭人口	配偶情况
吐尔逊·乌拉依木阿洪	31岁	初中毕业	50只羊，2匹马，1峰骆驼，10只牦牛	150只岳父家的羊（2元/只）、70只自己父亲家的羊（不收钱）	5口，3个孩子（2女1男）	玛丽凯·哈里姆，29岁，小学三年级
阿玛特罕·卡德尔（女）	53岁	小学四年级	190只羊，其中有大家畜90只。1匹马、2峰骆驼、2头毛驴	代牧牲畜数目不详	和女儿全家住在一起放牧	居玛比·库尔班（男），49岁，初中毕业
买买提居马·麻木提	56岁	小学四年级	200只羊，8头牦牛，2匹马、2峰骆驼	代牧100只羊，每只2元/月	8口人，儿子、儿媳妇、外孙	阿娜尔罕，50岁

[牧业户个案]

1. 吐尔逊·乌拉依木阿洪

吐尔逊·乌拉依木阿訇四年前在吾依当农民，四年后做了完全的牧民。认为当牧民收入上比当农民多，羊毛不用花钱买，还有大量的奶制品吃，全家一年卖 5~6 只羊，自宰 2~3 只，每年可以新增小羊 30 只左右。夏天在夏牧场放牧，每年 7 月初上山，9 月中旬转场到秋牧场，居住一个半月，再转到离吾依较近的冬牧场放牧。3 个孩子中较大的（8 岁、7 岁）在暑假上山帮助干一些力所能及的活，比如捡柴禾，照料小牦牛、照看更小的孩子等。

在吾依，还有属于自己家的 5 亩耕地，全部种的是苜蓿，作为春季羊只产羔时的饲料，还有 100 棵杨树和 20 棵杏树。上学的孩子及耕地、树木等由父母亲照顾。

2. 买买提居马·马木提

买买提居马·马木提家里的财产除了 200 只羊和 12 只大畜外，在吾依还有 300 棵杨树，10 亩地，25 棵杏树。每年 7 月初赶着牲畜上山放牧，9 月中旬前后返回秋牧场，放牧的历史已经有三十多年。每天早晨 9 点左右（北京时间，以下相同）赶着羊群上山，一直到晚上 8 点钟才下山返回毡房。羊只经过在夏牧场两个多月的育肥，小羊可以长到 50~60 公斤重，大羊则可以长到 70 公斤左右。自家宰羊 10 只左右/年。

3. 吐尔地阿洪·乌斯曼

48 岁，文盲，妻子居马罕，28 岁，小学 6 年级。2003 年全家第一次上山放牧，以前在村里当农民。村里有 4 亩地，400 棵杨树，5 棵杏树，无羊（以前曾经有过 14 只羊）。今年村委会安排他们替村里 20 多户人家放牧 30 头牛，每头 12 元/月。

4. 买买提·吐尔地

23 岁，小学三年级；妻子古丽买然，19 岁，因为经济原因初中一年级辍学，现有一个 1 岁的女儿。三口人在吾依和父母居住在一起。2003年6月底上山,为父母放牧54只羊,1匹马。自从结婚以后,每年都来山上放牧。丈夫白天上山放牧,妻子在家带小孩,做家务。女主人认为牧业生活比农业生活辛苦,需要整天不停地干活:做三顿饭、挤奶、捡柴禾、带小孩、洗衣服、做酸奶等。羊毛收入和奶制品全部归放牧者所有。秋天从夏牧场转到秋牧场之后,才卖羊。

5. 阿马特罕·卡德尔

除羊群等牲畜外,阿马特罕·卡德尔在家里还有16亩地,其中5亩种麦子,7亩种苜蓿,4亩空地,准备种冬麦。

从吾依几家以牧业为主的家庭经济情况看,普遍好于农业户。出卖羊只是他们家庭经济的主要来源,许多村民都说只有养羊,生活才可能富起来。只靠种地是不行的。从对农、牧两种生活的反映看,大多数上了年纪的人都认为夏牧场的生活更自在,生活水平高于村里的人,因为每天都可以吃到鲜奶子、酸奶子等食品,这在村里是不可能的。他们喜欢这些食品,喜欢山上无拘无束的生活和新鲜的空气。但是年轻人的反映却有所不同,他们更喜欢城市里或者村子里的生活,热闹、刺激、浪漫,而且轻松。

(五)牧业的经营方式和技术

在放牧方面,吾依村民仍然沿袭着传统的野外放牧方式,夏季在高山牧场育肥是牲畜增膘长肉的最有效途径。但是这种野外放牧已经彻底摆脱了历史上长期存在的夏肥、冬瘦、春死的恶性循环模式,经过科学的、有目的的、有计划的不断改良品种,牲畜抵御自然灾害的能力大大增加,经过兽医工作者的辛勤劳动,这里的牲畜已经有三十多年没有发生过瘟疫和大规模流行病,各种先进的科学技术已经在牧业生产中得到广泛推广和实施,牧民的养畜知识越来越多。根据牧民买买提居马·麻木提叙述,羊群在上山之前的6月份和下山之后都要进行药浴,兽医站的医生每个月都要上山给羊只打预防针,牧民只需每年每只羊交纳3元钱即可。每年9月中旬羊群从夏牧场转到秋牧场以后即开始在政府有关部门的指导和参与下进行配种。随着牧民文化水平的不断提高和科学养牧技术的普及,柯尔克孜族的牧业生产将得到前所未有的发展,农牧民的生活水平也将因此会得到根本的改善和提高。

20世纪90年代中期以后柯尔克孜人的草场退化越来越严重,主要原因是过度放牧、大量采挖草药(麻黄等)和降雨量减少引起。为了彻底改变草场退化问题,当地各级政府和有关部门采取了许多措施,进行综合治理,以求从根本上解决。首先,引导牧民退耕还草,种植苜蓿等饲草,同时号召开荒种草造林;其次,对草场进行休牧、轮牧,恢复草原的生长。2003年开始在乌恰县主要夏牧场之一玉奇塔什草原进行休牧,作为小规模休牧的实验,为以后牧场休牧积累经验。还计划在库孜洪试种1 000亩苜蓿实验田,号召牧民在条件适合的地方大量种草,进行牲畜圈养;第三,在改良牲畜品种上做文章。从牲畜品种来看,绵羊是吾依人拥有的主要畜种,其原始品种是柯尔克孜羊。该品种饲养历史悠久,耐粗放,抗寒耐热,适应荒漠草场放牧,抓膘快。其特征近似蒙古羊,全身结构紧凑,四肢细长坚实,头部较狭长,鼻梁较高,眼大耳长,尾大,多属肥臀型,有较高的繁殖成活率,毛色以黑色为主,次为褐色。1958年大批引进新疆细毛羊,改良本地柯尔克孜羊,80年代开始引进塔什库尔干大尾羊进行无系统的改良。目前纯血统的柯尔克孜羊基本上没有了。改良细毛羊是1956年开始引进的阿斯卡尼亚毛肉兼用细毛羊和新疆细毛羊与当地羊多年来进行杂交而成的,性能良好。在改良绵羊的同时,还陆续引进良种牛,如"阿斯特罗姆"、"阿拉托乌"、"新疆褐牛"、"北京黑白花"等,良种马,如"奥尔诺夫"、"阿尔登"、"伊犁"、"焉者"等品种进行改良；近年，开始引进阿尔泰种羊，陆续淘汰白色羊种，增加黑色或红色羊种的绵羊。政府鼓励农牧民自己购买优质种羊，兽医站积极向农牧民推广优质品种的牲畜，为农牧民的牲畜进行人工配种。在牲畜品种改良和防病治病方面，吾依所在的黑孜苇乡村民主要依赖兽医站和草原站的牧业科技人员。1974年黑孜苇乡开始筹建兽医站，选送有文化的农牧民子女去县兽医站培训，1980年黑孜苇乡正式成立兽医站，至今已经有4任站长。兽医站由初期成立时的2人变为今天的18名正式干部，其中中专文凭的7人，大专8人，本科3人；6名女性，4名党员。兽医站工作人员3～4人负责一个行政村，其中库拉日克行政村由沙娜古丽、肉孜阿力、买买吐逊和米日古丽4人具体负责，村里还有一名自学成才的持照医生叫吐尔地，他的任务是帮助乡兽医站的工作，由乡里每年发给他1 000元的工资。他们每年到行政村所属的牧场给牲畜打5次疫苗（2次口蹄疫疫苗，预防牛吸血虫疫苗，羊痘疫苗等），给羊群洗2次药浴，发2次打虫药，给牲畜圈消毒等。每个月至少到牧区去一次，利用给牲畜治病、防疫的机会向牧民宣传牲畜新品种，每次在牧场一般需要呆20天左右。

1987年从乡兽医站分出成立了草原站，目前草原站编制为10人。2003年夏天，哈日骞站长（任期为1990～2003年）退休后，草原站工作由普拉提副站长主管。普拉提毕业于克州农校草原专业，1998年从县草原站调到乡草原站。夏季，乡草原站办公室通常只留2人，其余工作人员都分散到各个村，每周集中一次，汇总情况，安排下周任务。打疫苗时，全体工作人员都上山，通常需要15～20天时间。9月份牲畜从夏牧场转到秋牧场后，工作人员开始在秋牧场给牲畜配种。兽医站每年9月底10月初清查牲畜数量，作为下一年征收税款的依据。根据2002年底兽医站工作人员的统计，吾依42户有牲畜的家庭一共交纳草原费总数为 1 534.8 元，合作医疗费 8 818.8 元，共计 10 353.6 元。其中最高的一户交纳草原费为 84.2 元，最少的一户交纳 3 元；牲畜合作医疗费用最高的一户为 513 元，最少的一户是 12 元。

（六）畜产品的销售情况

每年秋季，当牧群从夏牧场返回时，是牲畜最肥的季节，也是商人来牧区大量收购活畜的季节，农牧民根据一家人第二年的开支情况，比如是否有儿女结婚等重大事项，决定出售羊只的数量。一个大家庭，如果拥有 50 只以上的羊，一般年出售 10~15 只左右，作为全家第二年一年的基本开支。羊是农牧民全家的银行和钱袋。一个家庭如果没有重大开支时不会一次出售大量活畜，除了留几只过年过节时全家食用外，平时一般舍不得自宰，除非家里来了贵客。拥有 50 只左右羊的家庭，每年夏季，当羊群上夏牧场放牧时，都要留下 5~10 只在村里，以备不时之需。根据 2002 年统计数字，吾依自然村全年一共出售羊只 284 只，自宰羊只 119 只，当时的市场价是小羊 170 元左右/只，大羊 300 元/只。平均每家出售羊不到两只，自宰羊平均每家不到一只。从销售渠道上说，一般都是来自喀什、阿图什等地的商人上门根据当时的市场价格收购。羊毛大多被农牧民用来擀毡、毯，或做成冬天穿的衣服、被褥等，或者作为礼物送亲戚朋友，少数牧民将羊毛卖给上山收购的商人，他们一般是当地专门经营羊毛生意的柯尔克孜族人，这些人到夏牧场收购到羊毛以后，将其转手卖给城市里需要羊毛的商人。

三、林　业

相较于农、牧业，林业在吾依村民经济生活中占有的地位相对要低得多，但其对于村民生活的影响却也不能忽视。吾依所在的黑孜苇乡大规模植树造林开始于20世纪80年代。家家户户的庭院里都种植了大量的杨树，多者500～600棵，少者也有几十棵。1984年、1985年，随着牲畜、耕地作价到户，林木也实行了私有。1985年，吾依村所在的城关镇政府为了鼓励农户积极植树造林，保护树木，决定对集体的片林、林带、乔灌木林等实行个人承包，并为此制定了相关措施：

近年，吾依村民20世纪80年代以后种植的树木进入成材期，一些条件好的家庭陆续建造新房，这样就为这些成材树木找到了市场，一棵成年杨树可以卖到40～60元，树枝则作为柴薪使用。当家里需要用钱时，可以卖树。

第三节　个体工商户的经营情况

一、概　况

截止到2003年7月底，吾依人一共在村里开设有9家各种店铺，全部集中在行政村中部的公路两旁，见表4-7。

表4-7　吾依村个体店铺情况

店　主	民族	经营内容	开业时间	投资额（元）	流动资金（元）	月收入（大约数）（元）
阿尼帕	柯族	日用百货兼绣花、缝纫	2000年	1 000	2 000	800
买买提克里木·奥斯曼	柯族	电器元件、烟酒等	2000年	1 500	2 500～3 000	500～600

续 表

店 主	民族	经营内容	开业时间	投资额（元）	流动资金（元）	月收入（大约数）（元）
阿曼古丽·克里木	柯族	饭馆、台球桌	2003年4月			自己不清楚
买买提伊明·伊不拉音	维族	土产、日用百货、鞋帽	2003年5月	2 000	1 000	400
亚力昆·买买提伊明	维族	机动车修理铺	2003年6月	2 500～3 000		600
毛拉洪	维族	磨面榨油厂	1995年？	承包乡里的厂子		
吐尔逊·那不都拉	柯族	商店	2001年	400～500		600
塞克尼罕	维族	日用百货、蔬菜瓜果、面粉、服装鞋帽等	1993年			以前2 000元左右/月，现在1 500元/月（均为毛利）
艾尔肯伊沙	柯族	摩托车修理	2002年			700～800元/月

　　从吾依自然村几家个体户经营状况看，有这样一些特点：绝大部分开业时间都比较晚，多数在2000年以后；其次，规模都比较小，投资额一般在1 000～3 000元之间；第三，经营范围狭窄，以日用百货为主，土产、服装鞋帽为辅。从投资者

的民族属性来看，村子里3家维族都拥有自己的店铺，除了经营比较保险的日用百货外，他们在商店里还出售蔬菜、瓜果、面粉等；此外，还开设有面粉、榨油厂和机动车维修铺等，这些行业技术含量相对较高，投资额度大，风险也相对比较高。

村中小店所出售的日用百货和各种商品多数是从喀什买来，价格方面比买进价格稍高，但仅是获取薄利，因为如果价格过高的话，村民是不会光顾的，见表4-8。

表4-8 吾依塞克尼罕家小商店出售的商品价格（2003年8月初）

1. 蔬菜类	（元/公斤）	筷子	1元/包
西红柿	0.6元	打火机	1元
辣椒	1.5元	锁	8元/把
卷心菜	0.6元	方便面	0.5元/包
洋葱	1.5元	4. 文具类	
土豆	1元	碳素笔	0.5元/只
丝瓜	0.5元	文具盒	2元/个
黄瓜	0.5元	5. 日用品类	元/包、个
茄子	1元	奇强洗衣粉	2.5元
大蒜	2.1元（一串）	肥皂	2元
西瓜	0.6-0.8元	鞋油	1元
甜瓜	1元	牙刷	1元
2. 禽蛋、粮食类	（元/公斤）	水壶	11元
鸡蛋	6元	苍蝇拍	0.5元
大米	2.5-3元	勺	3元
面粉	40-45元/25公斤	扫把	6~7元
面条	2元/把	铁桶	10元
3. 杂货类	（元/公斤）	胶桶	4元

续 表

辣椒面	8元	胶盆	4元
醋	2元/瓶	6.衣服类	
美登烟	3.5元/包	帽子	5元/顶
雪莲烟	2元/包	凉鞋	2元/双
冰棍	0.5元/根	球鞋	7元/双
奶糖	8元	长统袜	2元/双
冰糖	6元	秋裤	5~6元/条
花生	6元	小孩衣服	7~8元/套
麻花、饼干	8元		

二、经营者状况

(一) 阿尼帕

以经营缝纫、手工绣花制品和商店零售业为主。今年40岁,女,柯尔克孜族,吾依人,初中毕业,丈夫买买·提卡德尔,2000年因病去世。生育有4个女儿,大女儿中专毕业,教师,二女儿初中毕业,在乌恰县宾馆工作,三女儿在读高中,小女儿在读初中。现有3口人,因为失去劳动力,1998年以后,将耕地还给村里,现无地,无羊,有400棵杨树。家电有电视机、VCD、录音机、缝纫机等。夏季做饭用煤气,冬季用煤炭。阿尼帕是吾依柯尔克孜女性中较早从事个体经营、自立自强的典型,从15岁开始出售自己的手工绣花制品,20世纪90年代初期在家里制作衣服和手工艺品出售,每年可以收入3 000~4 000元。1993~1994年绣制的一张3×2米的柯尔克孜族挂毯获得喀什贸易洽谈会同类产品第一名,并以人民币

900元的价格卖给了吉尔吉斯斯坦商人，在此期间，还曾经将自己的手工作品带到口岸出售给邻国商人，由于受骗，以后便打消了去口岸和外国人做生意的想法。2000年以前，制作的绣花织品主要卖给喀什的巴基斯坦、阿富汗等国商人。也曾经想过在喀什开店，但由于资金和人力不足，始终未能付诸实施。吾依以出售手工绣花制品养家糊口的仅此一家。

阿尼帕2000年在村口租房开一小商店，房租30元/月，面积大约10平方米左右，出售日用百货，兼做绣花制品，商店开张后，每天北京时间10点钟开门，晚上7点钟关门。一个月去喀什市农贸市场两家汉族人开设的批发点提一次货，现在商店拥有流动资金大约2 000元。绣花收入500元左右/月，商店零售物品收入300元左右/月。经济状况在村里属于中等户。

(二) 玛麦特凯热木·奥斯曼

玛麦特凯热木·奥斯曼，男，柯尔克孜族，残疾人，1972年出生，初中毕业，业余诗人。2000年在村子马路尽头自己盖了一间房子（10平方米左右），投资1 500元开了一个小商店，出售电器元件、日用百货和烟酒等，享受免税。每天10点开门，晚上12点钟关门，现在拥有固定资产8 000元，流动资金2 500~3 000元，利润500~600元/月。每年9~11月收入较高，收入维持一家人中等水平的生活。

(三) 塞克尼罕

维族，55岁，初中毕业。1966年从喀什嫁入吾依。1993年，开始在村中开起小店，经营日用百货及日常食品，是村中第一家商店。商店主要由塞克尼罕经营，每隔7~8天，就到喀什进一次货。丈夫主要负责家中的农活。

(四) 哈日别克

柯尔克孜族，男，40岁，明天小学退休工人，妻子阿曼古丽，35岁，全家5口人，城市户口。2003年4月开始租乡卫生院的2间房子（约20余平方米里外两间）开一小饭馆，房租50元/月，同时花250元买一张台球桌放在饭馆门口，玩一次收取0.5元。到饭馆来吃饭的一般是乡派出所、旁边卫生院的工作人员以及商店主等人。饭馆的菜和羊肉每隔2～3天从县上农贸市场采购一次，做饭用的煤气也从县煤气站采购，每罐煤气48元，大约可以使用一个星期。

（五）买买提伊明·伊不拉音

吾依人，男，维族，67岁，文盲，临街铺面一间，出售土产百货、鞋帽。商店2003年5月开张，商店房屋买自私人，500元。商店投资2 000元，每月去喀什市农贸市场提货一次，有固定货主。现拥有流动资金1 000元，每天早晨10点开门，晚上8点关门，每天毛利40～45元，纯利5～10元/天。此外，老人还会制作马车，两年前一直以此为生。制作一辆马车需要4天时间，木料由马车主人提供，改革开放以前，一辆马车手工费30元，现在70～100元。老人的手艺是从祖上传下来的。

（六）亚力昆·买买提伊明

是买买提伊明·伊不拉音老人的儿子，吾依人，维族，32岁，初中毕业。以前给自己家开农用车，开了8年的拖拉机，3年的卡车。2003年6月在村口马路边父亲的商店旁边用自己买的房子开了一间修理铺，投资2 500～3 000元，材料买自喀什市、乌恰县城等地，为附近村民修理摩托车、农用车等，生意非常繁忙，主人准备在适当的时候招收徒弟。现在修理铺月收入约600元左右。

（七）艾尔肯伊沙

柯尔克孜族，男，35岁，2002年在自己家里（另一条公路边）开设一个小型自行车、摩托车修理铺，修理材料买自喀什。因为距离村子商业区较远，规模略小，影响不是很大。

（八）吐尔逊·那不都拉

退休教师，男，60岁，2001年在村口租房开商店，月租金25元，收入500元左右/月。

三、经营特色

吾依柯尔克孜族妇女几乎都会绣花织毯，自己家里用的所有毡毯帷幔都出自女主人之手，改革开放以前，几乎全部自用，没有用来出售的。改革开放以后，受市场经济的影响，有个别村民开始将自己的作品用于商业目的。目前，吾依的不少家庭女主人有过出售自己手工品的经历，销路最活跃的时间是20世纪90年代初期，主要卖给吉尔吉斯斯坦的商人。现在吾依妇女利用农闲时间编织花毡帷幔等物主要有三个目的：自用，出售和作为礼物送人（婚丧嫁娶等）。从整体上看，柯尔克孜妇女普遍希望自己的手工品能拿到市场上去出售，卖个好价钱以贴补家用，而不是自用。但是由于近几年市场销路不好，这个目的还无法实现。吾依妇女在手工编织毡毯方面比较典型的除了阿尼帕外，萨伊卡丽等人也有一定的代表性。萨伊卡丽生于1977年，小学三年级，1997年嫁到吾依，丈夫是明天小学的教师，生育有一个孩子，3岁，全家为城市户口，在吾依没有地，没有羊，靠丈夫工资生活，平时编织绣花贴补家用。手工艺品大多自用，少部分为城里的干部定购。一块1.5米长，35公分宽的毯子，手工费为15元，出售价是22~23元；一块长1.2米，宽60公分的绣花帷幔零售价格为50元；一块长5米，宽2米的毯子价值400多元。一张可以挂满一整面墙壁的绣花帷幔，要卖到1 000元。编织的图案一般按照自己的设想，如果定制者需要，可以按照客人的要求制作。吾依柯尔克孜族妇女的手工编织作品继承了柯尔克孜族传统手工艺品的精华，花纹美观大方，以花卉、几何图案和动物为主，制作精湛，具有实用性和观赏性，但是由于没有打出自己的品牌，形成规模生产，至今仍然主要局限在家庭自用的小范围之内。

吾依组在磨面榨油方面也具有很强的地域和民族特点。当地几家磨面厂都是集磨面和榨油为一体，一年12个月中，以8~11月为旺季，麦子和油菜收割完毕，村民们将其整理干净以后，直接运到附近的磨面厂，将小麦加工成面粉，价格是100公斤小麦收取10元加工费；每天可以加工400~500公斤小麦，毛利40~50元；3~7月份是淡季，少有人来磨面和榨油，于是几个磨面厂相继关门，店主回家从事农牧业生产。油菜籽榨油一般不收钱，榨油以后的剩余物则归店主所有。当地柯尔克孜人不要油菜渣，因为羊只不吃。店主将其以每公斤0.7~0.8元的价格出售给城里的商人，由商人转手当作肥料出售。如果加工面粉的村民一时交不起加工费，店主允许其欠账，以后有钱时就还钱，没有钱时，可以用自己地里种植的菜籽、小麦或放牧的羊只等实物抵账。店主将抵账的小麦、菜籽磨成面、榨成油出售给县城的干部，每公斤菜籽油可以卖到7~8元。羊只可以用于自己食用，也可以出售给他人。

当地工商局、防疫站、计量局、税务局等单位各司其职，定期给店主检查身体，检查工厂的卫生状况，化验面粉和清油的质量，检查秤是否准确，收取各种税收。

吾依个体户一般除了商业外还农牧兼营，既从事个体经营，也在淡季从事其他行业，如开商店兼做绣花，开磨面厂兼做农牧业生产等。因为经营规模相对小，业务不是特别忙，所以还没有完全脱离传统的季节性生产特点。

第四节 劳动生产方式及消费行为

一、劳动生产方式
（一）劳动时间的安排

1.一年劳动时间的安排。人民公社化时期，村里的人分为两班，一个班在山上放牧，一个班在农区从事种植业。冬季主要的活路是盖羊圈、砍木头；春季剪羊毛、牦牛毛、梳山羊绒；夏季放羊；秋季积肥。实行土地承包责任制以后，冬季农业方面主要有积肥、寒冷的时候给冬麦封土等工作，牧业的主要任务是为牲畜准备饲料和草，作好产羔前期工作。开春时要给农作物浇水、施肥。到了五六月份，牲畜转场到夏牧场。七八月份收割，九十月冬播。

从事纯牧业的家庭的劳动时间具体安排如下：2～6月，在春牧场塔力布拉克放牧、产羔。其中，2～4月是产羔期。产羔期间，放羊的人每天上山时都要戴一个大带子，以便把在山上产下的小羊羔装回来。羊羔带回来后，先把它放在家中一两天，再放到专门为它准备的温室（"库皮"）里。在温室中呆三四天后，才能把它放到羊圈中。7～9月在夏牧场玉奇塔什放牧。9～11月，在康苏附近的塔提布拉克秋牧场放牧。11月到次年1月，进入冬牧场塔力底布拉克。中间除了7～9月收割和播种外，其余时间基本上都在牧场度过。每年需要给羊洗两次药浴，第一次是从春牧场转到夏牧场以前，第二次是从夏牧场转到秋牧场时。

农区家庭主要的工作是小麦、油菜和苜蓿等粮食和经济作物的耕种与收割，其劳动时间安排如下：7～8月份是麦子和油菜的收割季节，收割完毕，需要机翻土地。9月上旬播种冬麦，之后是田间管理。麦子下地一段时间后要浇水、撒肥，过去用的都是牲畜肥，现在是牲畜肥和化肥同时使用，以化肥为主。以前撒肥依靠人工操作，现在几乎都是用机器。10月中旬，还需要给麦苗浇一次水。进入冬季以后，需要给麦子封土，防止冻死。次年3月下旬，要给麦子施一次肥，大约每亩施尿素10~20公斤。4月初浇水一次，过10~20天再浇一次，再过半个月再浇一次，以后就不用再浇，直到7~8月份麦子成熟。油菜的种法与小麦有一些不同。一般是9~10月翻地，到来年4月中旬耕种。在种之前一个星期要先浇水，然后用拖拉机把地犁好，耙平，再手工撒种，然后用耙子掩土。等油菜苗长到20~25公分长的时候浇一次水，撒尿素15公斤左右，开花的时候再浇一次水，结籽时再浇一次水。油菜成熟时用手工收割，用马或者拖拉机脱粒。一般每亩可产籽200~250公斤，出油70~80公斤。苜蓿的种植时间在4月下旬。种之前要先把田里的水放满，然后把种子和沙子拌在一起，用手撒种。村民一般把苜蓿和麦子轮种。若第一年收麦子，那么第二年就不再种麦子，而改种苜蓿。种苜蓿一年可以收两次。

2. 一天的劳动安排。吾依柯尔克孜人一天的劳动因性别和季节的不同而不同。在山上放羊的男性，时间安排相对单一。平常一般都是早上9点左右赶羊上山，直到晚上8、9点钟才把羊赶回来。转场的时候早上起床要比平常早一两个小时，吃完早饭后先把毡房拆了装到牦牛或者骆驼背上，然后赶上羊，牵着骆驼上路。一般情况下，从秋牧场到冬牧场，要三天才能到。相对而言，女性的活要丰富、辛苦得多。在牧场，家庭主妇很早就要起床给牛、羊挤奶，挤完奶后给家人做饭。男人吃完后上山放羊，她们留在室内做家务，诸如收拾毡房、捣马奶子等。中午两点左右做午饭，饭后做花毡，扭线，绣花，做奶疙瘩，洗衣服。到下午七点，牛羊回来后，她们的活就更多了，先给牛挤奶，然后，要接羊羔，把它们和大羊分开拴，再后来要煮奶、收奶皮子，给家人做晚饭。饭后还要安顿好全家人，她们才能休息。不仅如此，在人手不够的情况下，她们还要上山放羊。留在农区的女性要稍好一点，但她们的一天也不轻松。在照顾好家人的一日三餐之余，她们还要下田除草，浇水，放留在家中的羊，给在田地里的人送饭，干完这些还要绣花，织毡、修补帐幔。一年四季，几乎没有空闲的时候。

（二）劳动环境

据村里的老年人介绍，在人民公社化时期，村民集体干活，集体吃住，生活、劳动条件都很差。一切都要服从集体指挥，什么时候让干活就得什么时候干。活特别重，每天天不亮就起床，要很晚才能回来，有时夜里也要出去干活。一人干一天的活，最多只能拿到0.15元，一个月下来能拿到4.5元已经算很不错的了。每个月只有16公斤粮食，吃的是包谷面、大豆粉、豌豆粉等粗粮，喝的是面汤。到远处干活时，十天宰一只牛、马等大畜，一百多人一起吃，一人仅能分到一百克左右。住的是露天广场，即使是冬天要连续干二三十天的工作，也是集体住在外面。

二、消费特点

（一）消费观念

柯尔克孜族是一个崇尚节俭的民族，在平常的生活中，他们不仅自己很注意节俭，而且还把这种观念传给下一代。许多人家的家庭教育中都有关于勤俭节约的内容。以前，柯尔克孜人的婚礼都很隆重而庞大，一场婚事办下来，要宰几十头牲畜，耗费几千甚至上万元，这使好多家庭在办完婚礼后就变穷了。近年来,随着社会的发展和政府的宣传,人们的思想观念发生了变化。在调查中,村民们普遍认为婚姻应该简办,有很多人还希望政府能进一步宣传这种思想。

(二)主要消费情况

吾依村民目前生活还不富裕,家庭开支中,最大的一笔是孩子的学费,其次是日常生活开支,如购买煤、冬炭,买菜、买肉、买衣服、日用品等,第三笔是全家的水费和电费开支。如果家里有儿女婚姻,或者有人生大病,会将家里所有的积蓄都花掉。个别家庭如果存了一些钱,会用来盖房子,为儿女的将来做准备。

吾依村的房屋有砖房也有土房,大多数房屋是1985年地震以后在政府的资助下盖起来的。近几年盖的房屋以砖房为主(一栋三间砖房大约需要2~3万元)。居民房屋布局基本相同,厨房单独一间,2~3间卧室和客厅相连。四周墙壁被帷幔遮盖,大炕占据了一间房屋4/5的面积,上面铺着自织的花毡,客厅和卧室合而为一。

柯尔克孜族历史上以肉类和奶制品为主,以前很少吃面食和蔬菜,后来,由于受周边农耕居民的影响,食用面食和蔬菜的比例加大。目前,吾依村民家庭平时一日三餐以面食为主,蔬菜吃得不多,虽然绝大多数家庭都有较大的庭院,但是种植蔬菜的为数极少,全村不到5家,而且品种单一,只有土豆、萝卜等2~3种。村里的小商店里有蔬菜出售,品种有西红柿、辣椒、芹菜、土豆、茄子、黄瓜、豇豆、卷心菜等,这些蔬菜都来自喀什的农贸市场。村子里偶尔有附近地区的汉族人推着小车来卖菜,品种较多,新鲜,价格也低,购买者一般是在村委会、乡政府或者乡卫生院等地工作的拿工资的干部,村民少有问津的。村民一日三餐基本上不吃纯炒蔬菜,蔬菜的使用量很小。夏牧场的牧民一日三餐以奶制品和馕为主,蔬菜的使用量更少。如果带来的蔬菜吃完了，基本上就不再吃蔬菜。酸奶、奶油、奶皮、面条、馕是其三餐的主要内容。村子里饭馆肉食主要购自县城市场。

瓜果使用量也不多。村子里个别家庭院里种植有少量苹果树、杏树、葡萄、桑葚和樱桃树，这些水果全部是自己家里食用。夏季村口的商店里有西瓜、甜瓜和少量葡萄出售，都来自喀什市，价格不低，经济条件较好的家庭才舍得买。一般家庭吃得极少。

过去牧民以肉、奶为主食，现在村民们自宰自食畜肉的情况也并不多。从我们统计的吾依部分家庭拥有羊只和自宰羊的数量看，村民养羊的最主要目的是为了出售，将其换成现钱，供家庭支出，特别是为儿女们交纳学费、购买嫁妆，办理婚姻大事等，自宰羊只一般都在过两个节日（库尔邦节和肉孜节）时，平时是舍不得宰羊吃的，除非家里来了贵客，比如有身份和地位的上级领导，远方的儿女亲家等。夏季吃肉一般在街上购买，但也不多，大多数家庭是一个星期一次，每次1公斤左右，说明吾依村民的生活水平还比较低。

表4-9 吾依村2003年部分家庭出售和自宰羊只数量

序 号	人 口	羊只数量	年出售羊只数量	自宰羊只数
1	5	60		2~4
2	5	15		2
3	8	45		4~5
4	9	35		1~2
5	7	66		5~6
6	8	30	10~20	5~6

续　表

序　号	人　口	羊只数量	年出售羊只数量	自宰羊只数
7	5	30	20～30	
8	4	50	30	
9	7	20	5～10	
10	5	30	15	2
11	7	15	10	
12	4	30	10～15	
13	9	200	60（有儿子结婚）	10
14	8	54		4～5
15	4	90	20	
16	10	57	10～15	1～2
17	5	50	5～6	2～3

在学生放假的日子里，村子里会看见一些穿着比较时髦的年轻人，他们都是在外地上学回来度假的大中专院校的学生。而绝大多数的村民，在穿的方面还是比较节俭，也比较朴素。妇女们喜欢从巴扎上扯来几尺布，请人做成裙子，花费不高。

第五节　经济发展趋势

一、经济体制改革现状与目标

改革开放以来，黑孜苇乡政府按照"牧业抓改良，种植业抓结构调整"的发展思路,希望发展和壮大乡村经济,搞好小城镇建设,力图将该地建设成小康社会。在牧业方面持续抓牲畜品种改良,希望将该地建成种畜基地,形成核心牲畜种群。针对当地牲畜个体小,品种单一,大畜和山羊所占比例大的问题,计划减少牲畜存栏数,淘汰部分个体小品种差的牲畜,逐步更换品种,在现有引进的麦盖提羊、多浪羊的基础上,扩大优良种畜数量,以点带面,逐步推进。利用库孜洪水库即将修建的机遇,抓好草料基地的建设,动员和鼓励农牧民参与黑孜苇草料基地的开发利用,增加牲畜数量,抓好牲畜育肥。同时,准备在黑孜苇乡里建设一座 400~500 只规模的育肥圈,作为育肥示范,以带动其他育肥户。在农业方面,准备抓蔬菜基地建设,在现有蔬菜大棚的基础上,扩大生产规模,拟再建 10~15 座,以满足乌恰县蔬菜供应的需要,同时要对蔬菜生产进行简单的包装,形成具有当地特色的无公害品牌,以求占领市场。在粮食种植业方面,减少现有冬小麦种植面积,增加大蒜、胡萝卜、土豆等经济作物的种植面积。乡政府还将大力发展第三产业作为一项重要工作,组织农村剩余劳动力外出务工,作为农牧民增收的一个重要渠道。

2002~2003 年,当地政府贯彻中央号召,将调整种植业产业结构和改善生态环境、发展牧业生产有机的结合起来,实行退耕还草还林,草场休牧、轮牧,鼓励开荒等,已经初见成效。在政府制定的中长期发展规划中,进一步加大了市场经济的成分,努力使当地社会全面融入市场经济的潮流,加大改革力度,加快了脱贫致富奔小康的步伐。

二、经济体制变迁中的措施与案例分析

案例:植树造林与开荒种树

黑孜苇乡大规模组织动员农牧民种植树木开始于20世纪

80年代初期,当时政府部门动员村民植树的一个响亮口号就是:一棵树等于一只羊(的价值)。政府希望通过大规模植树造林,将荒原变成绿洲,让农牧民尽快的富裕起来,改变这里的贫穷面貌。在树种的选择上,当地林业部门认为种植杨树比较适合当地气候和水土,所以基本上以杨树为主。经过20多年的生长,当年栽种的数万棵杨树已经长成参天大树,整个黑孜苇乡都掩映在绿树之中,整个盆地被数十万棵高大的杨树所覆盖,极大地改善了生态环境和居住环境,但是当年在树种的选择上却有漏洞,即树种过于单一,给农牧民许诺的一棵树值一只羊的价格也无法兑现,一棵生长了20年的杨树只能卖到50元左右,木材主要被农牧民用来盖房,树枝被当做柴薪。

近几年,乡、村政府动员农牧民在自己的地里大量种植杏树,无偿提供树苗,结合国家退耕还林还草政策,制定了优惠措施,吸引了广大农牧民积极参加退耕还林,2002年库拉日克村农牧民一共在自己的耕地上种植杏树5 000棵,2003年1~6月已经栽种杏树14 000棵,一共有19 000棵杏树分布于全村退耕还林的1 052亩耕地上。农民在杏树林里套种了饲草和苜蓿等。政府还为这些3~4年以后结果的杏树寻找出路,和喀什等地有关工厂签订收购杏子的合同。

发展经济、改善生态环境的另一个重要措施是开荒种树种草。有关部门为村民开荒制定了一系列优惠政策和简便的手续,吸引当地人和外地人加入到开荒的队伍中来。办理开荒程序如下:首先由村民向村委会提出书面申请,村委会同意后给乡政府开一张介绍信,乡政府同意后,由乡政府给国土资源局开张证明,农民持该证明到国土局办相关手续,国土局发给一个土地管理证,开垦的荒地可以免税4年,水费也免,4年后根据实际情况再征税。各级政府鼓励开荒,对开荒没有名额限制,外地人愿意,可以直接到国土局办理有关开荒的手续,和有关部门签订合同,期限一般是30年不变。

分析:"一棵树等于一只羊"的价格理想最终未能实现,无需否认,政府鼓励村民植树造林的初衷是不用怀疑的,想让村民富裕起来的愿望也是好的,但是,当这些林木如今已经成材,我们却听到村民对其预期价值未能实现而不免有所报怨的时候,却不能不反思,在当地经济结构调整和变迁的过程中,是否应该更多地考虑当地的实际和民族的传统。作为一个游牧民族,畜牧业一直以来在吾依村民的经济生活中举足轻重。直到今天,依然如此。因而,如何更好地发展畜牧业,对这样的问题的解决或许对牧民来说要更有用一些。当然,对于吾依村这样农牧兼营的村落来说,农、林业的发展也是不容忽视的。目前,政府根据增加经济作物的种植的思路,引导村民进行杏子树的种植,并疏通将来的产销渠道,这样的措施能否给村民带来更大的收益,也还需要拭目以待。

三、经济发展趋势

吾依村的经济发展体现出下面的一些特点和趋势:

(一)农牧兼营的经济格局仍将继续,农业和畜牧业将仍然是吾依村经济结构中的两大支撑。从2002年的统计数据可以看出,第一产业尤其是农、牧业仍是吾依村经济发展中的重要部分,农、牧收入在当年村落经济总收入中的比重占66.93%。

(二)畜牧业仍是吾依村经济中举足轻重的构成部分。作为传统的游牧民族,畜牧对于吾依村民来说一直是基础和根本。尽管吾依村目前是农牧兼营,但仍是一个以牧为主的村落,很多时候,其农业生产亦围绕畜牧而展开,村民们大量地种植苜蓿等牧草,发展农业在很大程度上亦是为了更好地发展畜牧。

（三）第三产业得到迅速发展，在吾依村经济格局中的地位将越来越突出。除了商饮业外，外出打工，从事服务业的年轻人也越来越多，显示出现代化与市场经济对当地发生的深刻影响。2002年，包括商饮在内的第三产业在该村经济总收入比重上升为29.72%，已经初步显示出第三产业逐渐增长的趋势。当然，作为一个地处边疆、传统经济方式仍发挥着主导作用的村落而言，吾依村从总体上仍然呈现出传统农、牧型村落的面貌。

第五章　社会政治

第一节　家族状况

一、家族结构

关于柯尔克孜族历史上存在过的部落及其分布问题，文献记载较少。20世纪50~60年代进行社会调查时，学者们对乌恰县柯尔克孜族历史上存在过的氏族部落情况进行过调查和了解。根据他们的调查，结合现有文献资料的记载，可知柯尔克孜族历史上曾经存在过较大的部落联盟，这种组织形式受畜牧业经济和宗法制度的影响，长时间保留在柯尔克孜族的游牧社会中。部落在早期历史发展过程中，对内维系内部的生产、生活，对外，在与其他部落、民族及国家政权交往中也起着很大的作用。在封建社会后期，柯尔克孜族的部落开始解体，分化成众多小部落，在西部天山地区过着游牧、半游牧生活。这些小的部落随着自然环境和外部政治形势的改变，其内部的社会组织不断地发生变化，形成了一些以阿寅勒为基本单位的游牧群落。由于聚居点比较分散，部落和部落之间的隶属关系越来越松散。分布在乌恰县境内的比较大的部落基普恰克和穷巴噶什，在阿图什、阿克陶等地也有分布。在大小部落和阿寅勒中都有一位被称为"阿克沙卡尔"的长老管理本部落或氏族内部的事务，调解纠纷。"阿克沙卡尔"柯尔克孜语的意思是"白胡子"，一般由民众选举产生。阿克沙卡尔不仅年纪要大，而且办事要公正，才能当选，他们在柯尔克孜民众中间具有一定的社会地位和威望。

  1884年清朝政府在新疆建省以后，柯尔克孜族地区传统的管理制度逐渐被纳入我国统一的行政管理体系。清政府在柯尔克孜族地区按照地域划分行政建制，设置比（伯克、千户长）、玉子巴什（百户长）和安里克巴什（十户长）等各级官吏进行统治。20世纪30年代后期以后，乌恰县政府在新疆省政府的支持下，号召境内柯尔克孜人定居、半定居，发展农耕文化，开办世俗教育，加剧了柯尔克孜族氏族、部落关系的解体和血缘关系的淡化。1949年中华人民共和国建立后，黑孜苇盆地柯尔克孜人进行了连续不断的社会经济改革，农耕业迅速发展起来。吾依村民的氏族、部落意识经过现代制度的熏陶已经非常模糊。特别是50年代以后出生的人对柯尔克孜族传统的氏族部落组织和血缘关系已经没有多少记忆，80年代以后出生的人对于历史上存在过的家族部落情况几乎是一无所知。

  根据吾依小队队长买买提·吐尔迪（1964年生）听自己父亲伊麻木的回忆，吾依小队的柯尔克孜族村民由"阿勒木塞依提"和"巴格兰"两个部落（氏族？）组成。但是，根据学者的研究，黑孜苇乡的柯尔克孜族主要属于穷巴噶什部落之下的玛恰赫和汗达巴孜两个小部落（参见第一章第二节"族系源流"），而其中并没有"阿勒木塞依提"和"巴格兰"之名，估计"阿勒木塞依提"和"巴格兰"可能是玛恰赫或汗达巴孜之下的两个氏族。

其中买买提·吐尔迪的父亲伊麻木所在的家族是"阿勒木塞依提"中人数最多、势力最大的家族，这个家族不断分化，演变出吾依及其周围各村落的上百个家庭。通过对其家族关系的追溯，可以了解吾依村家族结构的历史状况，还可以了解吾依村家族的分化历程以及吾依村与其他村寨之间的渊源关系，价值重大。伊麻木家族的亲属关系如下所示：

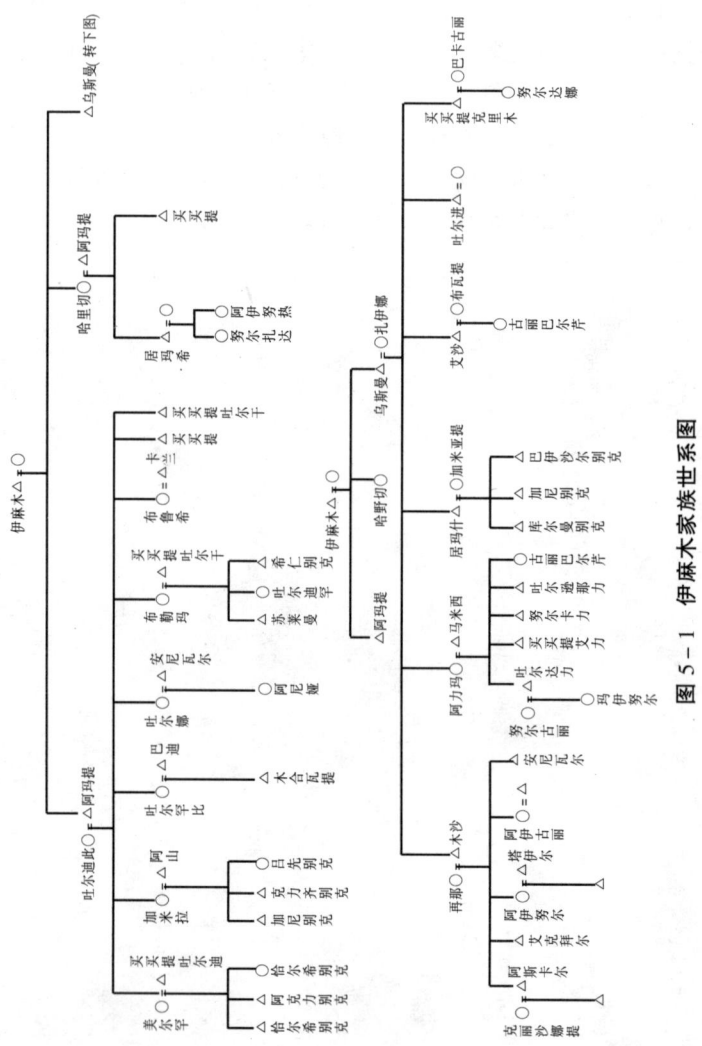

图 5-1 伊麻木家族世系图

第五章　社会政治

村民阿里木汗及其后裔则是"巴格兰"中较大的家族：

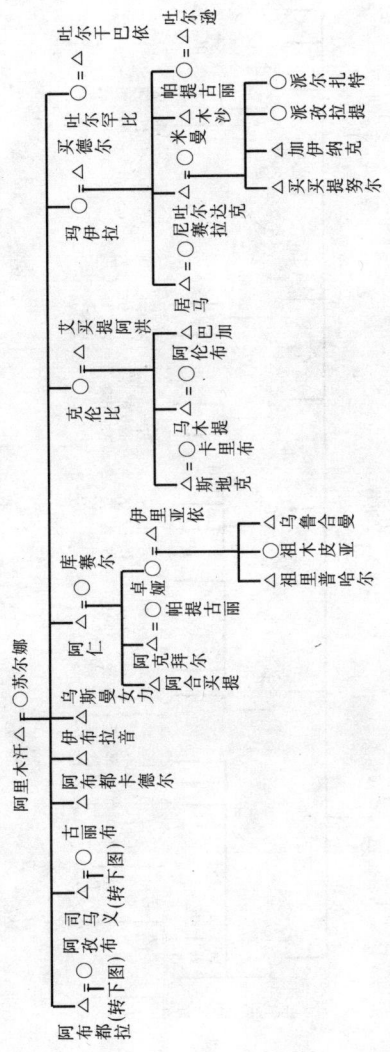

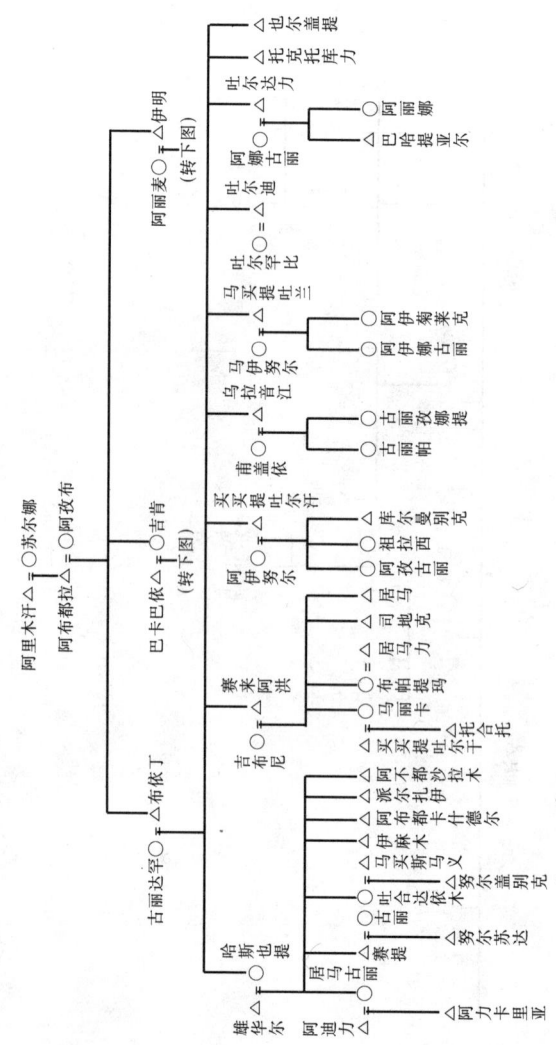

第五章 社会政治

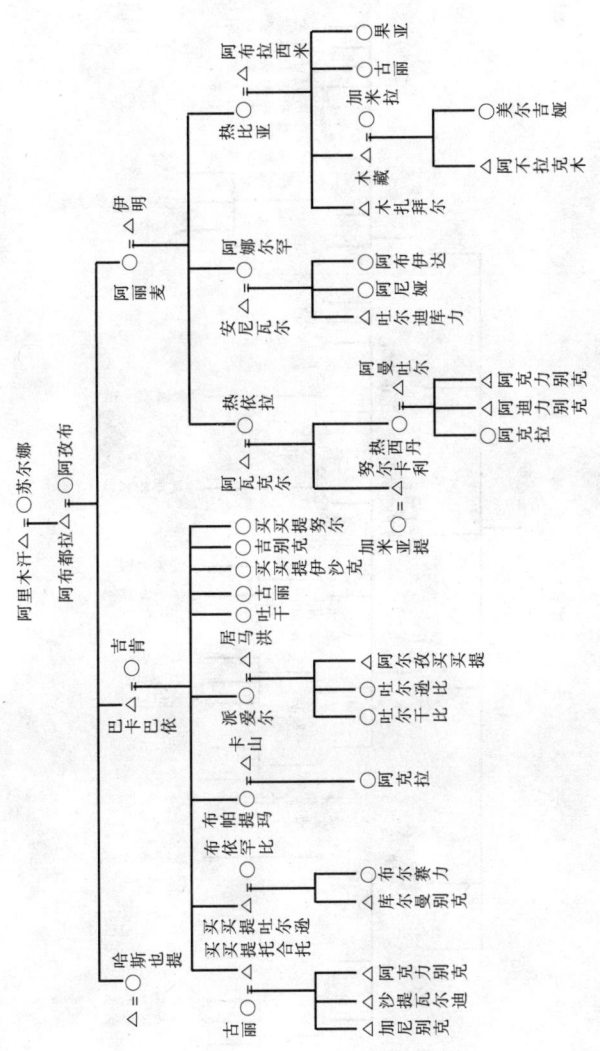

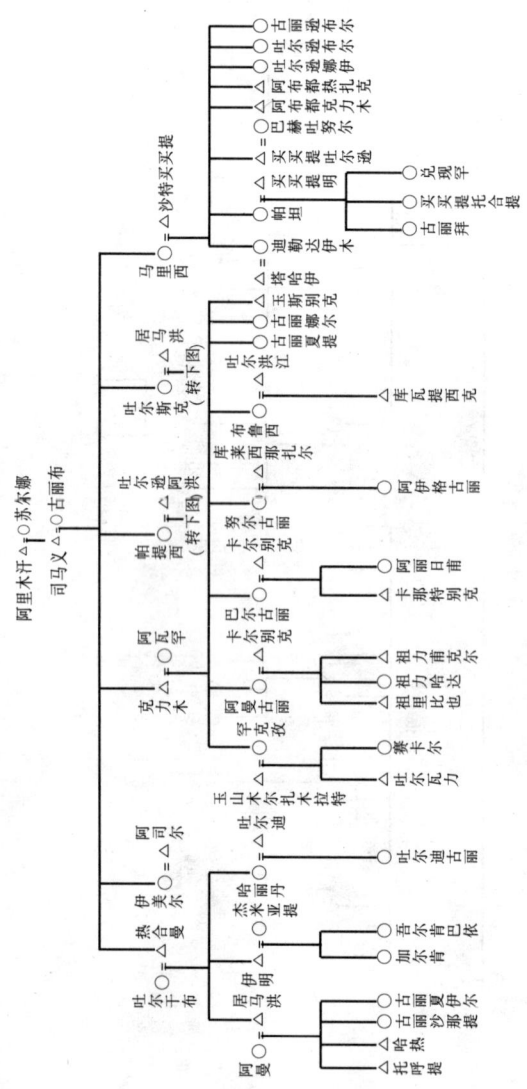

第五章 社会政治

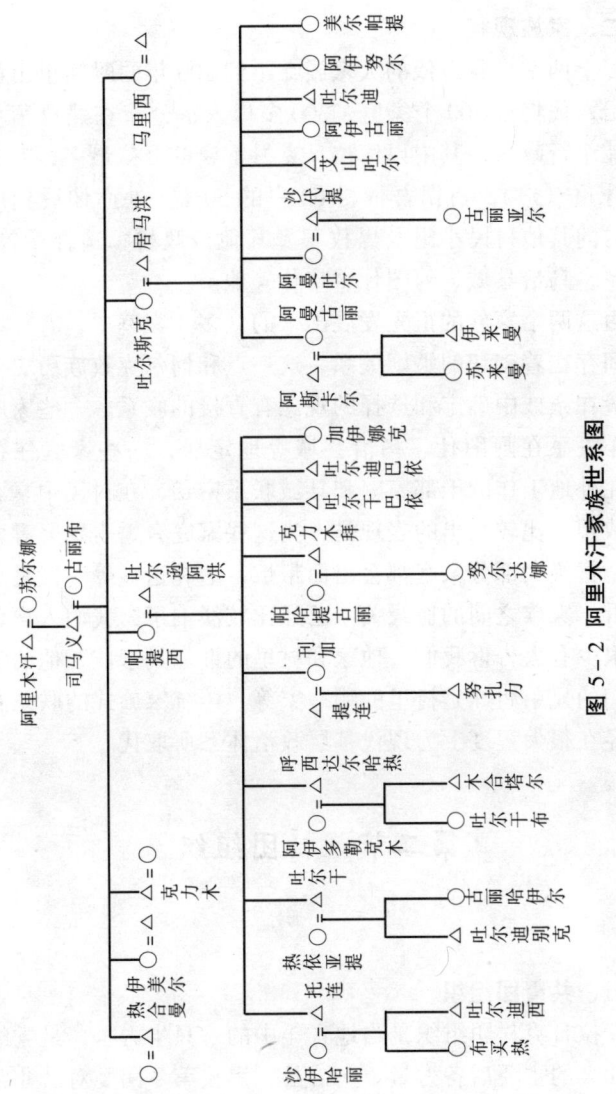

图 5-2 阿里木汗家族世系图

二、家族现状

以上两个出自吾依的大家族在不到100年的时间里由两家发展出六代将近100个家庭，300多口人，分布在黑孜苇乡下属的几个行政村，其中以库拉日克村下属的吾依最多，有大约30个家庭（户），占据吾依村60户的50%，外面伸展到库拉日克村的其他村民小组及黑孜苇乡其他行政村、乌合沙鲁乡、托云乡、乌恰县城、阿图什、喀什等地。

由这两个家族的祖先发展出来的众多小家庭中，有一些家庭之间存在着密切的婚姻关系，这一点和柯尔克孜族历史上婚姻一般在亲戚中确定和选择的观念有直接的联系。一些家庭因为工作关系在阿图什、乌恰县城等地定居，一些家庭住在吾依，在外地工作的干部家庭和县城联系密切，在村民中享有较高的威望，比较突出的表现是，当这些家庭有婚丧嫁娶等大事时，全村绝大部分家庭都会出面帮忙，送礼送钱等。但是从整体上看，家族之间的血缘关系已经比较淡泊了，我们入户调查时，很少有人告诉我们，他家和村里的谁家是亲戚，他的父母及他们的兄弟姐妹是村里的哪一家等。传统家族式的联系和管理已经在很大程度上为现代基层政治体系所取代。

第二节 社团组织

一、共青团组织

库拉日克村团组织是当地青年中的一只生力军，是党组织发展壮大的主要后备力量。乌恰县、黑孜苇乡团委对其非常重视，2003年3月制定了《乌恰县团建目标管理责任状》，由黑孜苇乡团委发放给所属各行政村团支部执行。该《责任状》包括考核办法和考核细则两部分,作为下属基层团支部实行团建的重要依据。其中考核细则部分包括:(一)领导班子建设(8分)。下面又细分为党建带团建"五带六同步"落实到位,团建纳入党建的目标体系(3分);按期换届,统一换届,民主选举(2分);坚持党性、党风、党纪教育,重视班子学习,加强班子思想、作风和制度建设,有档案、有成果(1分);协管作用发挥好,并抓好后备干部队伍建设(1分);作风扎实,重视调研,班子成员年人均调研时间不少于2日,并且至少完成1份调研报告(1分)。(二)团干部队伍建设(8分)。下面又细分为:队伍配备整齐。乡镇一级干部配备得力,村级干部三位一体配备率不少于70%,企业和学校团组织(团委、团总支、支部)配强、配齐团干部(1分);对本地区支部以上团干部培训一遍,培训率达到90%(1分);每年选送参加县市以上培训的专职团干部不低于本地区专职团干部队伍的25%(4分),注重团干部能力的培养,实施挂职锻炼工作(2分)。(三)团员队伍建设(8分),下面又细分为:重视发展团员工作,每年团员净增长率不低于3%(2分);农牧区党团比例不低于1:1.3,团青比例应高于28%(2分);重视团员意识教育,农牧区团员年制度教育评议注册率不低于95%(1分);企业和学校团组织团员制度教育评议注册率达100%(1分);推优工作制度化、经常化,农牧区和企业推优入党数不低于当年发展的28岁以下新党员的70%(2分)。(四)青少年思想政治教育(10分)。下面又细分为:针对青少年爱国主义教育有明确的工作思路、工作措施(2分);有效开展反对民族分裂主义和非法宗教活动的帮教工作(2分);充分利用青少年爱国主义教育基地,使活动有形化(看基地,看记录)(2分);开展乡村青少年文明一条街建设主题活动(2分);

地、县、乡、村都建有青年志愿者服务队并有活动；注册青年志愿者人数达青年总数的25%以上（1分）；开展青年民族统战工作有成效（1分）。（五）基础性工作（8分）。下面又细分为：三会两制一课一册制度落实好，团内统计认真翔实，准确无误，及时上报（1分）；团费严格管理，团员按月交纳团费，团组织按期足额上缴团费，账目清晰，无非正常开支（3分）。……（六）农牧区团的工作（14分）。下面细分为：乡村两级建有青少年活动基地，有科技图书站、青年之家（2分）；乡村两级团组织有稳定的经费来源，科技田（林、畜），由团组织自己经营和管理，并使其发挥科技示范作用，效果显著（3分）；三级联动，积极领办科技推广项目且有成效（6分）；植绿护有成效，建有一处以上青少年绿色文明园（1分）；乡镇每年至少举办两次乡村青年文化节、科技大集等活动……以上制度内容具体，清晰，但是对于基层团组织来说，贯彻起来还是有相当的难度，如果和库拉日克村团组织进行逐项对照，差距还是较大的。如何将制度和现实紧密联系在一起，不仅仅是库拉日克村一个团组织的事情，而是一个带有普遍性的问题。

库拉日克村现任团支部书记是柯尔克孜族青年阿布都买买提·阿尔斯坦别克，出生于1976年，中专学历，1990年加入中国共产主义青年团，2002年1月成为中国共产党预备党员，2003年3月被任命为库拉日克村团支部书记。按照团章规定，团支部书记由全体团员选举产生。程序是将全体团员按照所在自然村划分为6个小组选出各自的候选人，再召开全体团员大会，无记名投票，从候选人中选出新的团支部书记。团支部每年年底要制定出新一年的年度和月工作计划，比如组织若干次政治学习，举行几次团组织活动等，团支部登记册上都有记载。团支部在冬季农闲时不定期的组织团员进行义务劳动和学习，主要是帮助本村缺劳力户以及贫困户等有困难的家庭干农活,如给冬麦盖土以及在团支部拥有的5亩树林劳动,组织学习有关文件等。年均义务劳动10次以上,学习7~8次。全体团员每月一次团支部会议,每年进行一次民主评议,评选出当年的优秀团员。团支部的固定活动地点在村委会办公室。

2003年上半年库拉日克村团组织有51名团员(含19名超龄退团者),柯尔克孜族有45人,维吾尔族有6人。其中女团员16人。整个行政村14~28岁青年人数是270人,其中女青年150人,团员占到全村青年人总数的19%,女团员占女青年总数的10.7%。吾依自然村团员具体情况见表5-1。

表5-1 吾依自然村团员情况表

序号	姓名	性别	族别	年龄	入团时间	文化程度
1	阿罕	男	柯族	25	1996年	小学
2	塔依尔	男	柯族	24	1997年	初中
3	哈拉克西	女	柯族	26	1996年	初中
4	塔伊尔	男	柯族	23	1999年	初中
5	比孜拉	女	柯族	26	1995年	小学
6	霍加	男	柯族	23	1998年	高中
7	阿布都拉克	男	柯族	23	1997年	高中
8	伊力	男	维族	24	1999年	初中
9	吐尔迪古丽	女	柯族	23	1998年	初中
10	木沙	男	柯族	24	1999年	高中
11	夏阿	男	柯族	22	1997年	高中
12	阿伊努尔	女	柯族	21	1998年	高中
13	阿斯卡尔	男	柯族	21	1997年	高中
14	菊来克	女	柯族	25	1999年	高中
15	阿山	男	柯族	23	1998年	高中
16	加米亚提	女	柯族	25	1999年	高中
17	帕丽黛	女	柯族	23	1998年	高中
18	阿不都伟力	男	维族	22	1999年	高中

库拉日克行政村 51 名团员中，吾依自然村有 18 人，占总团员人数的 35.3%；如果除去 19 名超龄团员，吾依的团员数占团员总数的 56% 强；从年龄上看，行政村 1980 年及以后出生的有 17 人，占 32 名团员的 53%，吾依自然村 1980 年及以后出生的团员 10 名，占其中的近 59%；从文化程度上看，整个行政村 51 名团员中小学文化程度的有 14 人，占团员总数的 27% 强，吾依自然村 2 人，占团员总数的 0.04%，占小学文化程度团员总数的 14.3%；行政村初中文化程度的团员有 16 人，占团员总数的 31.4%，其中吾依自然村 5 人，占行政村初中文化程度团员总数的 31%；高中文化程度的团员共有 21 人，占团员总数的 41.2%，其中吾依自然村有 11 人，占高中文化程度团员总数的 52.4%；从年龄和文化程度的关系上看，年龄越小，受教育程度越高：1980 年及以后出生的 17 名团员中，9 名是高中生，占全部高中团员的将近 43%；从性别比例来看，51 名团员中，女性团员有 16 人，占团员总数的 31.4%，从教育程度来看，这 16 名女性团员中，受过高中教育的有 7 人，占女性团员总数的将近 44%，占全体高中团员总数的 33%；其中吾依自然村高中女性团员有 4 人，占高中女性团员总数的 57% 强；从民族成分上看，51 名团员中，柯尔克孜族 45 人，维吾尔族 6 人，柯尔克孜族团员占团员总数的 88% 强，维吾尔族占 11.8%。

吾依村的团员每月交纳团费 0.2 元，半年或者一年交一次，交到团支部书记处，由团支部书记再交给乡团委，乡团委将其中的 40% 返还给村团支部，作为"五四"青年节举行活动时购买奖品和活动的经费。当活动经费不足时，村团支部打报告，经过县林管站批准后，可以从青年林中适当的砍伐几棵树木卖掉作为补充经费。

对于团员后备力量的培养，由团支部从写入团申请书的青年中选拔。2003年上半年整个行政村一共有13人写入团申请书。团支部指定1~2名正式团员固定一个培养对象,组织他们学习团章和党的政策,动员他们和团员一起参加义务劳动。经过3~6个月考验期以后,召开全村团员大会,吸收符合条件的新团员。

从党团关系看,团支部的一些大事要和党支部联系,分工合作。党支部直接给团支部下达任务,分配工作。团员中涌现出来的先进个人是党支部重点培养的对象。超龄团员也是党支部关注的重点之一。

超龄团员退团要履行一定的手续和仪式。2003年10月份即将有19名团员光荣退团,他们需要填写离团登记表,团支部将专门召开全体团员大会,对他们的工作进行总结和表彰,鼓励他们继续努力,积极进步。对表现好的团员给予一定的物质奖励。

由于活动经费比较缺乏,库拉日克团支部订阅的报刊杂志很少,只有一份维文的《新疆青年》。

二、妇女联合会

村妇联主任是村委会领导班子的一员,作为党员,她又是党支部委员,同时还是乡计划生育宣传员,这种多重身份决定了她在村中领导层和村民心目中的重要地位。村妇女联合会平时是一个人,工作时依靠村委会、党支部和女团员以及妇女积极分子帮助和协调,村里计划生育、人口管理以及法律咨询和家庭纠纷等有关妇女方面的工作进行得有声有色,成绩显著,得到了广大女性的认同和肯定。村妇女工作以计划生育工作为龙头,带动了其他相关工作的进展。村妇联主任成为广大女性心目中可以信赖的人物。

妇联主任在平时的妇女工作中,除了繁重的计划生育宣传工作外，还和村委会、派出所、党支部有关人员一起在调解村民婚姻纠纷方面做了大量工作。村子里每年有90%左右的婚姻纠纷首先找到妇联，由妇联主任出面，召集村委会主任、副主任、党支部书记、团支部书记组成调解小组，调解成功率在70%左右。

妇联主任还负责对前来咨询的女性进行法律、婚姻、妇女保健等方面的解答和指导。

每年"三八"节，由村委会拨出一部分款项交给村妇联，村妇联在全村举办妇女知识和计划生育知识竞赛，评选出本村的三八红旗手，给予适当的物质奖励。2003年3月8日，行政村共有150名妇女参加知识竞赛，下辖6个村民小组各组成一个参赛队，每队规定3名代表参赛，吾依自然村人口较多，给了4个参赛名额。最终有9人得奖，一二等奖各奖励一个八磅暖水瓶。由于库拉日克村妇女工作做得好，妇联主任每年都被评为乡三八红旗手，还分别于1998、2001、2003年被评为乌恰县三八红旗手。

第三节　基层政治组织

一、基层党支部

吾依村没有设立基层党支部，吾依村的党员属于库拉日克村党支部。

（一）任务和职责

1. 任务

《党章》规定党支部的基本任务有八条。结合农村牧区实际，农牧区党支部的主要任务如下：（1）贯彻党的路线、方针、政策，执行上级组织的决定。团结带领群众发展生产，壮大集体经济，努力实现奔小康，建设社会主义新农村的目标任务；(2)组织党员认真学习有中国特色的社会主义的理论、时事政治和科学文化知识，提高党员队伍素质；(3)搞好党的自身建设，充分发挥党支部的战斗堡垒作用和共产党员的模范作用；(4)对要求入党的积极分子进行教育和培养，做好发展工作，扩大党员队伍；(5)密切联系群众，维护群众的正当权利，加强对共青团、妇联、民兵等群众组织的领导、宣传，教育农民群众，作好思想政治工作。

2.职责

库拉日克村党支部制定的主要职责如下：(1)贯彻执行党的路线、方针、政策和上级党组织及本村党员大会的决议；(2)讨论决定本村经济建设和社会发展中的问题。需要由村民委员会、村民会议或集体经济组织决定的事情，由村民委员会、村民会议或集体经济组织按照法律和有关规定作出决定；(3)领导和推进村级民主选举、民主决策、民主管理、民主监督，支持和保障村民依法开展自治活动。领导村民委员会、村集体经济组织和共青团、妇代会、民兵等群众组织，支持和保证这些组织依照国家法律法规及各自章程充分行使职权；(4)搞好支部委员会的自身建设，对党员进行教育、管理和监督。负责对要求入党的积极分子进行教育和培养，做好发展党员的工作；(5)负责村、组干部和村办企业管理人员的教育和监督；(6)搞好本村的社会主义精神文明建设和社会治安、计划生育工作。库拉日克行政村近几年两届党支部组织情况如下表5-2、5-3。

表 5-2　上一届党支部（2003 年 4 月份以前）人员构成

党内职务	党外职务	姓　名	民族成分	年　龄	学　历
支部书记		普拉提	柯尔克孜族	29 岁	中专
支部副书记		吐尔逊	柯尔克孜族	30 岁	高中
支部成员	村委会主任	卡那提	柯尔克孜族	43 岁	中专
支部成员		吾布里吐斯木	维吾尔族	60 岁	高中
支部成员	村妇联主任	帕提古丽	柯尔克孜族	25 岁	高中

2003 年 4 月 23 日，库拉日克村召开全村党员大会，新书记上任，和即将调走的书记交接工作，新一届党支部产生，于 25 日正式开始工作。

表 5-3　现任党支部成员（2003 年 4 月 25 日组成）

党内职务	党外职务	姓　名	民族成分	年龄	学历	入党时间
支部书记		吐尔达力	柯尔克孜族	34 岁	大专	2001 年
支部成员	村委会主任	木沙	柯尔克孜族	27 岁	中专	2001 年
支部成员	村妇联主任	帕提古丽	柯尔克孜族	23 岁	高中	1998 年
支部成员		买买提伊明	维吾尔族	43 岁	小学	1993 年
支部成员		阿布都拉伊木	柯尔克孜族	58 岁	小学	1988 年

（二）活动情况

按照有关部门的要求，结合当地的情况，黑孜苇乡党委给所属党支部制定了三会一课制度，库拉日克村党支部同样按照这一要求开展工作和活动。三会一课制度的内容主要有：（1）支部委员会每月召开一次以上，由支部书记主持，主要内容：学习党的路线、方针、政策，讨论研究重大的事情，总结部署工作，研究党员发展转正和自身建设问题；（2）党员大会每季度召开一次，由支部书记或副书记主持，主要内容：学习上级党组织的有关文件，传达会议精神，汇报支部工作情况，听取党员的意见和建议，部署工作，讨论通过党员发展、转正；（3）党小组会每季度召开一次，由党小组长主持，主要内容：学习上级组织有关文件，汇报党员个人思想和工作情况，开展批评与自我批评，酝酿党员发展、转正情况；（4）党课教育每半年进行一次。参加人员为全体党员和入党积极分子，授课重点是：新时期党在农村的方针、政策，党章、党纪、党规及党的有关知识、中国特色社会主义理论、市场经济知识和法律法规，怎样做一名合格党员等课程。

具体而言，库拉日克村党支部活动情况是：每月召开几次支部委员会议，一个月召开一次党支部会议，半年开一次民主评议会议，一年一次民主评议大会。村中农牧民党员每个月交纳0.2元的党费，一年收一次，全部上缴乡党委。党支部的活动经费从村农牧民管理费中出，这笔支出包括党支部办公经费和报刊杂志订阅费用等。

（三）党员电化教育

2002年库拉日克村党支部成立了党员电化教育领导小组和党员电教科技工程服务队，由乡一名副书记亲自挂帅，制定了党员电化教育年度工作计划（组织党员和入党积极分子观看12部电教片），组织全村党员和入党积极分子定期（每个月两次）观看电教片，目的是提高党员的政治素质，带领群众脱贫致富奔小康，团结各族群众共同走向富裕。5月下旬，乡党委和各行政村党支部书记签订了党员电化教育目标管理责任书，同时在乡里开办了为期一周的党员电教工作人员培训班，库拉日克村负责电教工作的沙日参加了此次培训。6月25日至7月7日期间，乡党委结合党员电化教育，又组织了在各下属电教站进行"七一"巡回演播，其中库拉日克村演播了《党的光辉照新疆》和《天上作证》两部片子。同月，中共黑孜苇乡委员会、乡政府联合下文，在全乡各基层党支部和党员群众中开展电教科技知识竞赛活动，全乡一共组建起6支参赛队伍，每支队伍由5人组成，其中库拉日克村有一队。竞赛内容包括观看党员电教片《党的光辉照新疆》，电教员应知应会，电教片农村版（1-3期），电教片科技致富系列（1-3期）。制定了奖励办法，设一等奖一名，奖励党员电教经费200元，二等奖一名，奖励党员电教经费150元，三等奖一名，奖励党员电教经费100元。9月，县委组织部对各基层党支部党员电化教育工作进行了专项考核，制定了详细的考核评分标准：组织领导10分，电教队伍建设18分，电教设备及电教教材16分，播放收看20分，规章制度6分，科技工程20分，其他工作10分等。

  村党支部也制定了专门的党员电教目标管理责任制，具体内容如下：(1) 基层党组织要每年研究2~3次党员电教工作；(2) 党员电教基层播放站、室要做到年初有计划，年中有自查，年终有总结；(3) 基层党组织要根据本地工作实际和上级党组织布置的工作任务，负责具体组织实施和落实党员电化教育阶段性任务；(4) 要做好日常的播放收看，座谈讨论，各类实践活动的登记记录和信息反馈；(5) 年度工作任务要分解到人，对电教工作实行分片包干抓工作责任；(6) 党员电教目标管理责任要量化考核，连同其他工作一起进行奖惩。同时，制定了严格的党员电教片播放收看制度，具体内容如下：(1) 党员电教要配合基层党组织落实党的各项政策，结合本单位的工作特色，有计划有选择的播放；(2) 在基层党校的教学工作及党员组织生活中要利用电化教育的优势，把巡回播放和固定播放有机地结合起来，充分发挥电教设备的作用；(3) 加强播放的计划性和针对性，力争做到党员每月能看二部党员电教片；(4) 在电教播放工作中，要做到播放前有准备，播放后有讨论，基层播放站须建立"二簿一册"，即：放像登记簿、信息反馈簿和党员点名册；(5) 电教工作人员要认真组织好党员电教片的观看；(6) 要及时将党员观看电教片后的建议和意见反馈给播放部门。

（四）党员情况

库拉日克村 2001～2003 年党员情况见下表：

表 5-4　库拉日克村 2001～2003 年党员情况表

年　度	党员总计	其　　中	
		35 岁以下	高中毕业
2001	34	4	3
2002	36	4	4
2003	32	5	6

2003 年库拉日克村有 32 名共产党员，其中柯尔克孜族 29 人，占总数的 90.63%，维吾尔族有 3 人。

从文化程度上看，大专 2 人，中专 2 人，高中 6 人，初中 6 人，小学 10 人，其他 6 人。从年龄构成上看，25 岁以下的 2 人，26～35 岁的 7 人，36～45 岁的 10 人，46～55 岁的 4 人，56～60 岁的 2 人，61 岁以上的 7 人。

在库拉日克村的 32 名党员中，吾依自然村有 10 名（不含

预备党员),具体情况如下表:

表 5-5 吾依自然村党员情况

姓　名	性别	年龄	文化程度	入党时间	职　业
布依罕	女	60	小学	1976 年	农民
吐尔迪比	女	57	小学	1976 年	农民
苏里坦别克	男	71	小学	1976 年	三老干部
买买提托克托	男	40	小学	1993 年	牧民
居玛什	男	46	小学	1997 年	农民
哈斯也提	女	47	小学	1993 年	农民,宣传员
布尔丁	男	63	小学	1985 年	退休干部
司地克	男	71	初中	1975 年	退休干部
吐尔逊	男	32	高中	1998 年	农民
阿布都热合曼	男	56	小学	1975 年	农民

从上表看,吾依自然村党员平均年龄 54 岁,偏大,45 岁以下的有 2 人,占全体党员人数的 20%,30 岁以下的只有 1 人;文化程度偏低,小学文化程度的有 8 人,占到 10 名党员的 80%,文化程度较高的年轻党员只有 1 人,需要补充新鲜血液。

党支部在培养新党员的工作中,近几年的培养重点是靠政策致富的农牧民积极分子,他们是全体村民的榜样。吾依入党积极分子中被重点培养的对象目前有 1 人,是吾依自然村的小队长买买提吐尔迪·艾买提,他出生于 1964 年,已经将近 40 岁,文化程度为初中,申请入党的时间是 1999 年。

二、村民委员会

(一) 现 状

库拉日克行政村是黑孜苇乡的五好村,从整体上看,它基本上做到了以下几点:拥有一个好的领导班子,好的榜样队伍,领导班子有一个好的思路,好的监督措施和好的远景目标。有一个比较完善的基层组织体系,党支部和村委会共同设立了村党员学习教育监督岗,政策宣传、民意征集岗,科技示范勤劳致富岗,村务、财务监督岗,廉正监督岗,民主监督岗,计划生育岗和社会治安维护岗。

2002年8月至9月期间,乌恰县进行了第五届村民委员会换届选举。这次选举以《中华人民共和国宪法》《中华人民共和国村民委员会组织法》和《新疆维吾尔自治区村民委员会选举办法》为依据。库拉日克村村民委员会由村民选举产生,一届任期三年。选举时间在2002年8月5日至9月8日期间进行。村民委员会选举的程序和步骤如下:首先在村民中进行广泛的动员和宣传;在投票选举日前20天(8月18日)将参加选举的选民名单张榜公布;换届选举由村民委员会(5人)主持;新一届村民委员会候选人由全体选民选举产生:由选民10人以上联名选出或者村民小组推荐,村党支部可以联合或单独推荐候选人;村民委员会主任、副主任、委员可以连选连任,初步候选人名单由村选举委员会汇总后于投票开始10日前(8月28日)张榜公布;正式候选人确定后,在选举日5天前(9月3日)张榜公布;村委会主任、副主任、委员采用差额方式选举产生,无记名投票方式进行,选举结果当众公布,并发给当选证书。新一届村民委员会组成及分工如下:

表5-6 库拉日克村民委员会成员及工作分工

姓 名	出生年月	政治面貌	学历	行政职务	工作分工
买买提木沙·买买提库尔班	1976年	中共党员	中专	村长，县人大委员	财务、教育、农业、计生、治安
吐尔达力·喀山	1966年	中共党员	中专	村党支部书记	村党支部书记，兼管牧业
库尔求巴依·库山巴依	1954年	中共党员	小学毕业	副大队长，县政协委员	协助队长管理牧业
帕提古丽·衣尔沙里（女）	1973年	中共党员	高中毕业	妇联主任	妇女工作
乌布力卡森（维吾尔族）	1937年	中共党员	小学	农民	

5名村委会委员中，柯尔克孜族4人，维吾尔族1人，平均年龄42岁。

（二）职 责

村委会负责全村的各项工作，包括经济、教育、计划生育等；上级部门对于村委会的具体工作没有明文规定，一般是通过指示、传达、开会、学习，或者上级派领导专门负责和监督村委会的日常工作。村委会成员工作各有分工，农闲时经常走家串户进行家访，随时发现问题，解决矛盾和纠纷，指导农牧民从事生产活动。每年7~9月份，村委会主任等还要上山去夏牧场看望牧民，掌握最新情况，帮助牧民解决生产生活中的困难和问题，调解纠纷。村委会的活动没有规定固定时间，村民有事情时，村委会成员随时可以解决。星期一至星期五村委会干部在村公所正常上班，农忙季节不休息，由村长和党支部书记打考勤。考勤表每个月要上交到乡政府，旷工要扣工资。村委会的所有收入和支出都要在公告栏里公布，接受群众监督。有事情时，由党支部书记和村长直接召集村委会成员开会，研究解决方法。每一名村委会成员分管一个下属村民小组。一般情况由村干部协商解决，遇到大事时，由村长和书记出面解决。当村民有违反村委会的规定行为时，要进行适当的罚款，少则5~10元，多者20~30元，比如有个别村民没有看好自己的牲畜，糟蹋了新栽的树苗，将牲畜赶到庄稼地里吃庄稼，或者牧民越界放牧引起纠纷等。罚款直接交到村会计手中，作为村委会的活动经费。

在村民委员会中，主任起着非常重要的作用。村委会主任的主要职责如下：（1）支持全村村务工作，贯彻落实上级工作部署和指示，组织实施本村经济、社会发展计划，带领群众致富奔小康；（2）做好全村生产服务、协调工作，维护集体统一经营和农户分户经营的合法权益；（3）维护全村社会治安，及时调解民事纠纷，创造良好的生产、生活秩序，促进村民团结、家庭和睦；（4）抓好精神文明建设，积极开展创建"文明村"、"文明户"、"十星户"、"五好家庭"活动，引导村民进行健康、有益的文化活动，办好全村公益事业；（5）开展拥军优属活动，做好"五保户"和"贫困户"、"困难户"工作；搞好全村计划生育工作。库拉日克村历届村长名单如下表：

表 5-7　库拉日克村历任村长（队长、主任）名单

姓　　名	任职年限
奥马尔	1966－1975
苏力坦别克	1975－1980
伊沙克	1980－1985
奥布里阿西木	1985－1988
贾尼塔克	1988－1998
卡那提	1998－2001
木沙	2002－

吾依现任小队长买买提·吐尔迪是1996年由全体村民民主选举的，其任务是协助村干部管理和领导吾依，带领群众脱贫致富。作为一名不脱产管理者，买买提·吐尔迪每年从行政村得到700元工资。

（三）电教组织及其活动

为了管好用好村里的电化器材，村委会专门设立了一个电教管理小组，成员如下：

表 5-8　2002年以前村电教管理小组成员

姓　　名	年龄	学历	村委会职务	电教组职务
吐拉特	31岁	中专	村党支部书记	组长
吐尔逊	30岁	初中	村党支部副书记	副组长
卡那特	43岁	高中	村长	成员
阔伊其巴依	45岁	小学	小队长	成员

表 5-9　2003 年村电教管理小组成员

姓　名	年　龄	学　历	村委会职务	电教组职务
卡那特	43 岁	高中	村党支部书记	组长
买买提木沙	27 岁	大专	村长	副组长
买买提吐尔迪	38 岁	小学	小队长	组员
阔伊其巴依	46 岁	小学		组员
艾尔肯	40 岁	高中		组员
买买提吐尔逊	27 岁	中专		组员

村委会利用村里的电化教育器材和乡里的电教片，组织村民观看，利用现代化教育设施，向村民宣传党的各项政策和制度，推广农业科技知识。2002 年以来，村委会和村民从乡里有关部门借阅的电教片有：《党的光辉照新疆》《蘑菇栽培技术》《棉花种植技术》《饲料加工技术》《小麦种植技术》《肉鸽、鹌鹑养殖技术》《葡萄种植技术》《蔬菜种植技术》《水稻种植技术》《民主财务管理》《种田致富》《进入市场筹集资金》《养鸡技术》《人才培训》《引进人才》等。这些电教片可以在村委会电教室播放，也可以拿回自己家里收看。通过收看，农牧民可以及时了解和掌握国家的有关政策以及农牧业方面的知识和技术，对于改变观念，脱贫致富，丰富业余生活均有较大帮助。

第四节 村建工作与村务管理

一、村建工作

库拉日克村公所拥有一间大约 30 平方米的大电教室,兼做党员电教室和村民娱乐室。其中有一台 29 英寸彩电,一台放像机,均购于 1997 年。一台 VCD 及电视柜购于 2002 年年初。电教室左边是两间里外套间,属于团支部、出纳和村治安联防队;右边的一间办公室属于村妇联,一间属于村委会。村公所有一个占地约 2 亩的院子,周围有围墙,大门面向村中的南北公路(南面直通乡政府),村公所的大门从来不上锁,村民可以自由出入。

2002 年,新一届村委会领导班子成立以后,制定了本村未来的发展规划。村委会准备在积累了一定的资金后,将行政村的商业布局进行较大的调整。在村子旁边建一个牲畜贸易市场;再将村里布局混乱的店铺进行改造,在村委会的院墙旁边盖一排砖房,将村口道路两旁的店铺全部搬迁到此,发展村里的集体经济。该计划乡政府原则上已经同意。

二、村务管理

(一)村社公共事务的决策方式

村党支部、妇联、团支部和村委会几个基层组织在政治、经济工作方面,互相协调,相互促进,在领导村民脱贫致富奔小康方面目标完全一致。因为村委会成员都是党员,而且村长等还是党支部委员,所以党支部和村委会在工作中基本上合而为一,大事情由党支部决策,村委会贯彻执行,团支部和妇联协助。

每年 3 月份由党支部出面,召集一次全体村民大会,要求村里的党员、入党积极分子、团员全部参加。会议对全村一年中涌现出来的劳动模范、妇女中的计划生育先进个人和家庭、优秀党、团员进行公开表彰、奖励,届时乡里也派有关干部参加。

选举作为村民政治参与的途径之一,同时也体现出当前村社公共事务决策方面的民主性特征。2002 年 11~12 月,库拉日克行政村全体村民参加了村人大代表的选举工作。这次选举的依据是新疆维吾尔自治区人大常委会 1997 年通过的地方《选举法》,选举程序是,先由村民选出 7 名候选人,再由村民在这 7 名候选人中间进行投票,每人最多可以投三个人的票。年满 18 岁及以上的公民都有权参加投票,吾依组有 180 人参加了这次选举。选举程序是:首先建立选举机构,抽调选举干部,培训选举工作骨干,然后对全体选民进行选举前的动员和宣传工作,划分选区,进行选民复核登记,分配代表名额。第三步是提名推荐、酝酿讨论,确定代表候选人,最后进行投票选举。库拉日克村选民通过第一轮投票,淘汰了得票最少的三个人。第二轮投票中需要淘汰 2 位,剩余 2 人当选。乡里给出的当选代表的条件是一名党员干部、一名群众,而且前者必须是柯尔克孜族,后者必须是维吾尔族。第三轮投票结束后,得票最多的是柯尔克孜族党员干部木沙和维吾尔族群众茹仙古丽,分别为 402 票和 447 票,所以他们两人最后当选为村人大代表,参加了黑孜苇乡人民代表大会。

2003 年 1 月下旬,黑孜苇乡召开第十四届人代会,全乡有 43 名代表参加,在这次人代会上,吾依籍的干部雄华尔以全票当选为乡人代会主席团主席。乡人大的主要职能是监督政府有关工作,反映民意,重点监督减轻农牧民负担、适龄儿童入学、扶贫、农牧民医疗及保健、法律法规的执行情况等。

(二) 村务公开

库拉日克村村委会制定了村务公开制度,具体内容如下:(1) 村级重大决策公开;(2) 村办企业、树木、大型农机具等承包和集体财产变卖公开;(3) 村用和村办企业招工公开;(4) 宅基地审批公开;(5) 计划生育指标分配、惩罚公开;(6) 提留、统筹、集资、摊派和集体公益事业收费和使用公开;(7) 粮食定购任务和完成情况公开;(8) 农牧业税减免、农用生产资料、农贷和救济粮款物发放公开;(9) 村经济往来公开;(10) 乡镇对村经济和农牧经济利益有关的事项的批件、通知,如村提留、乡统筹等,村干部工资、村招待费、农牧业减免的批件、通知要及时向农牧民公开。

为了彻底杜绝加重农民负担的情况,规范村级财务管理,黑孜苇乡政府于2003年年初成立了乡财务结算中心,将下属所有行政村的会计集中起来办公,统一管理全乡农牧民的各项税收款项,不允许村干部经手税款等钱币,实行严格的财务结算制度。与此相应,库拉日克村也制定了村级财务管理制度,具体内容如下:(1) 严格遵守财务管理制度规定,坚持按设置科目做账,做到账目相符、账表相符、账实相符,严禁收支不做账和乱收乱支;(2) 坚持会计和出纳分开,实行村主任一笔审批,100元以上开支必须经集体研究同意;(3) 开会、出差、接待等费用要按规定标准执行,凡超标部分由参加人自付;(4) 各种提留和涉及群众负担的项目要严格按上级文件规定提取,严禁乱提留乱摊派,增加群众负担;(5) 村级财务每季度或一年向群众张榜公布一次,接受群众监督;(6) 凡违反财务管理制度规定的,将按财经纪律对当事人进行严肃处理。

吾依农牧民近几年上缴的税收基本上根据新疆维吾尔自治区农业厅监制的"农牧民负担管理卡"上的规定,即农牧民人均承担的村提留、乡统筹不得超过年人均收入的5%（按农经部门统计口径），分项限额为公积金1.5%，公益金0.5%，管理费1%，教育附加费1%，计划生育、优抚、民兵训练、修建乡村道路等民办公助事业1%。农牧民承担的劳务每年每个劳动力义务工5~10个，劳动积累工男劳力25~30个，女劳力10~15个。

1990年吾依农民负担统计如下：生产费用42 450元，其中种植业21 562元，林牧业20 888元，管理费1 348元，其他费用23 583元。净收入104 001元，其中国家税金1 626元，村集体提留5 473元，包括公积金3 831元，公益金1 642元；农民所得96 902元，人均所得375.5元，农民承担社会负担总额7 099元，干部报酬1 500元；农民出售产品收入47 815元，其中农产品收入963元，牧业产品收入46 852元。2002年吾依居民一共上缴乡村提留统筹款7 375元，村提留4 425元，公积金644元，公益金1 548元，管理费9 481元，乡镇统筹2 950元，乡村两级办学1 770元，计划生育295元，优抚147元，民兵训练295元，乡村道路修建443元，国税10 933元（包括农牧业税3 329元，农业特产税2 865元和其他税收4 735元）。

此外，吾依村民的水电费统一由县供电公司和水电局直接征收和管理，电费一个月收一次，自来水一年收一次，灌溉用水由乡结算中心征收和管理。1997年以前水费是每人每月1元钱，1997年全村通自来水，2003年6月各家都装上了水表，开始按照水表交费；1999年全村各家装上了电表，开始按照电表收费。庭院耕地用水每亩10元/年，交纳到县水管站。

从吾依村民巴卡巴依·阿布都拉家近几年交纳各种税收的情况，大致可以看出村民上缴税收的基本构成和数额：

[2000年]

人口10人，劳动力2人，其中男劳力1人，女劳力1人，耕地7亩，播种面积（粮食）4亩，果园1个。

应上缴税款：农业税68.78元，牧业税37.50元，特产税34元，共计136.28元。

村提留：村公积金8元，公益金20元，管理费29元，合计57元。

乡统筹：教育附加费23元，民兵训练15元，合计38元。

［2001年］

村提留：公积金16元，公益金36元，管理费52元，合计104元。

乡统筹：教育附加费42元，计划生育7元，优抚4元，乡村两级道路建设10元，民兵训练7元，合计70元。

［2002年］

人口10人，劳动力2人，耕地7亩，播种面积5亩，果园1个。

村提留：公积金16元，公益金36元，管理费52元，合计104元。

乡统筹：教育附加费42元，计划生育7元，优抚4元，乡村两级道路建设10元，民兵训练7元，合计70元。

［2003年］

人口10人，劳动力2人，耕地7亩，播种面积5亩，果园1个，林地0.5亩。

村提留：公积金16元，公益金36元，管理费52元，合计104元。

乡统筹：教育附加费42元，计划生育7元，优抚4元，乡村两级道路建设10元，民兵训练7元，合计70元。

第五节 社会分层与社会保障

一、社会分层
（一）按经济收入分层
1. 概况

吾依自然村 2002 年总收入（毛收入）是 320 000 元，净收入 246 474 元，人均 1 035 元；而整个库拉日克行政村总收入是 979 280 元，人均 1 161 元，高于吾依。

表 5-10　吾依自然村 2002 年按户、人平均所得

收入（元）	户　数	人　数	所占比例户数（%）	人数（%）
670 元以下	5	20	8.3	8.4
670~872	8	32	13.33	13.45
872~900	14	70	23.33	29.41
900~1 000	15	45	25	18.91
1 000~1 100	10	48	16.67	20.17
1 100~1 200	4	12	6.67	5.04
1 200~1 500	2	6	3.33	2.52
1 500~2 000	2	5	3.33	2.1

从上表来看，吾依 60 户居民中，收入在 670~1 100 元之间的有 47 户，占到总户数的 78.33%，收入在 1 100 元以上的只有 8 户，占总户数的 13.33%，而收入在 670 元以下的也只

有5户，占总户数的8.33%，两头相加总共是13户43人，分别占总户数、总人口的21.67%和18.07%，不到全村1/4的人口和户数。也就是说，吾依村民以中等收入家庭为主，这在整个黑孜苇乡是正常和普遍的情况，但是中等户的收入与其他地区相比偏低。

2. 富裕户的状况

(1) 50岁以上家庭。买买提伊明，1935年生，文盲，维族，1959年从喀什来吾依制作木工活。居住的房屋是1985年地震以后盖的，2002年重新翻盖装修，花费3.5万元。两年前一直以制作马车为生，曾经收过三个徒弟，一个柯尔克孜族，已经去世，一个汉族，一个维族，现在乌恰县城，有时候还做。生育8个孩子，有两个是国家干部（一儿一女，都毕业于克州农校），长子在吾依开有一家摩托车修理铺，最小的儿子在吾依开饭店。家里有7亩地，45只羊。2003年老人在村口开了一家小商店，经营农具等。

库尔曼阿洪·杰那力，66岁，文盲，2个女儿，一个在县敬老院工作，一个在乌鲁木齐市读书。7.5亩地，种植5.5亩麦子，2亩油菜，全部用于自食；90只羊，年产羔40~50只，出售20只/年；50棵杨树。开支：3吨冬炭/年，120元/吨，5袋化肥（2袋尿素，3袋磷肥），农药20元，麦种1.4元/公斤，25公斤/亩。盖房子花费2万元，2002年生病在喀什住院花费9 000元。家里拥有电视、电话、收录机等。

买买提居玛·麻木提，56岁，小学四年级，妻子阿娜尔罕，50岁，生育6个孩子，已有三嫁一娶，现在家庭有8口人，包括儿子、儿媳及外孙等。经济状况：200只羊，8头牦牛，2匹马，2峰骆驼；300棵树，10亩地。2003年7月初全家上山放牧，除了自己家里的牲畜以外，还替别人代牧100只羊（2元/只·月）。收入1.5万元左右，支出：4吨煤炭/500~

600元，5袋面粉/月，2002年盖6间砖房花费3.5万元，银行无存款。自家宰羊10只左右/年，2002年因为儿子结婚，出售了60只羊。平时支出多就卖羊多。

50岁以上的富裕家庭大多以牲畜多致富，少数以个体商业、手工业致富。这种家庭富裕的根基并不牢固，很容易变成中等户。主要是年龄大了，容易生病，一旦住院，就会将家里多年的积蓄花完。

(2) 40~50岁家庭。买买提·吐尔迪，1964年生，小学四年级，生育3个孩子，二男一女，5口人。长子在伊犁卫生学校读书，次子在县城读中学，女儿在明天小学读六年级。家里有18只羊，17.5亩地，600棵树。本人是吾依小队长。

布祖拉罕·娜扎尔，47岁，小学四年级，丈夫是牧民。生育有7个儿女，其中三个女儿已经出嫁，儿子全部在吾依。家庭经济状况：10只牦牛，30只羊，1峰骆驼，1匹马。20亩地，6亩种麦子，其余种苜蓿；200棵杨树。现钱收入主要依靠出售牲畜，每年出售20只左右的羊，冬天自食5~6只，大多在亲戚朋友来时宰杀，家中拥有电视、电话、洗衣机、电熨斗、录音机、录像机。交通工具一辆摩托车、二辆自行车。读高中的女儿住在县城的姐姐家，周末回来。

阿娃克孜，女，维吾尔族，小学二年级，丈夫毛拉洪，2002年因车祸去世，生育有4个孩子，二男二女，现在和一个儿子、儿媳妇及小孙子一起生活。经济状况：50只羊，1头牛；12亩地：4亩苜蓿，3亩油菜，5亩麦子，全部自用。每年需要购买1.5吨玉米作饲料。每年出售30只羊，大约收入9 000元，承包乡里的磨面厂，已经有7~8年，每年上缴2 500元。加工100公斤小麦收10元加工费。支出：克州师范学校读书的儿子每月生活费250元，乌市商贸学校读书的女儿每月生活费350元，过年过节时还要另外多寄。两个孩子的学费是家里最大的开支。每年还需要购买化肥4袋（其中黑色化肥120元/袋，白色化肥50元/袋）。拥有电器和交通工具：小黑白电视、电话、冰箱、电熨斗、录音机、收音机、VCD、双缸洗衣机（已坏）；手扶拖拉机、一辆摩托车、一辆自行车。阿娃克孜家是吾依较早开始经营个体商业的家庭，承包了乡里的磨面厂。刚开始时，村里有人议论，一部分认为他们会很快富裕起来，一部分认为他们干不了几天就会垮台。村里磨面的人中有一半人赊账，最多的有300~400元。主人目前没有自己开办磨面厂的打算，原因是现在政府提倡退耕还林，会影响到麦子的种植，麦子少了自然会影响到磨面厂的生意。

　　托克塔洪，1958年出生，文盲，妻子塞克尼罕，初中毕业，生育有5个孩子，三男二女，大儿子在县人行工作，已成家单过，二个女儿嫁到县上，其中一个在县幼儿园工作，一个家庭妇女。另外两个儿子，一个开车，在喀什和乌什之间从事客货运输，一个在县城读中学。经济状况：12亩地（7亩苜蓿，5亩小麦，亩产200公斤，够全家一年吃），60只羊（冬季自宰2~4只），200棵杨树，20棵杏树。一个小商店（该家是吾依最早在村里开设商店的一家）开于十年前。家里以前有一辆拖拉机，后来卖掉，买了一辆农用三轮车，家用电器有24寸彩电、电话、洗衣机、冰柜、VCD、液化气灶、缝纫机等。家里的主要支出：儿子的学费，150元/年，交通费60元/月，化肥5袋/年，每袋125元。冬炭4吨/年。

　　中年富裕户家庭以头脑灵活，把握政策准确为特点，他们大多以经商致富。但是受文化程度和当地环境的影响，他们经商的形式大多以家庭经营为主，生产规模不大，投资额小，再生产能力有限。

　　（3）20~40岁家庭。加米拉，1966年生，37岁，小学三年级，1986年结婚，丈夫艾山，40岁，初中一年级。生育3

个儿子。经济状况：80只羊，1头牛，1峰骆驼；12亩地：2.5亩小麦，其余苜蓿；50棵杨树，30棵果树。家庭主要支出：半年需要购买24袋面粉，3~4袋大米，购买肉、菜等，500公斤饲料；三个孩子的学费2 000元左右/年；收入：2002年丈夫承包了乡农机站的拖拉机，用来种地和运输。家里有彩电、电话、燃气灶、摩托车、自行车（2辆）、单缸洗衣机等。女主人平时在家做家务，编织挂毯，以前曾经出售过，现在编织的人多了，便卖不出去了。家里墙上挂的、床上铺的全部都是自己织（绣）的。认为现在的年轻人有知识，思想开放，男子做家务的越来越多，是一件好事。认为应该学习汉语，不懂汉语不能适应社会的发展；计划生育政策好，孩子少，可以有条件让他们多读书，生活也好。认为柯尔克孜人了解和掌握党的政策是致富的重要原因。现在年轻人的生活水平提高了，比自己的前辈幸福。

年轻的富裕户夫妻双方大多有文化，感情和睦，依靠政策和勤劳致富。他们大多数都是小家庭，思想比较开放，见多识广，对国家富民政策坚信不移，具有一定的竞争意识。

3. 中等户的状况

玉素甫·加森，小学四年级，牧民，60岁，和妻子生育9个孩子，七男二女。四年前从乌鲁克恰提乡搬迁至此，花费4万元（分期付款）购买了吾依现在居住的2亩地大的庭院房屋，其中有600棵杨树。玉素甫·加森的前面三个儿子已经在乌鲁克恰提乡成家，当牧民，二个女儿从乌鲁克恰提乡嫁到黑孜苇乡，一个儿子参加了乡政府组织的外出打工（在阿克苏修公路），一个儿子在吾依当农民，一个儿子在黑孜苇乡明天小学当老师，最小的儿子在县城读中学。现在玉素甫、老伴和四个儿子、二个孙子（三儿子妻子去世后再婚，留下二个孙子和老人一起生活）共8口人一起生活。玉素甫·加森的父亲是乌鲁克恰提乡的宗教人士，玉素甫·加森从小跟父亲学习经文，现在是吾依小清真寺的买曾。家里有260只羊，35头牦牛，4匹马，4头牛。在吾依有14亩地，种植麦子和油菜，乌鲁克恰提乡有25亩地，由儿子照料。老人还准备开荒50亩，目前正在办理手续。2002年家里14亩地全部种植了油菜，自己家里食用。每年出售各种牲畜收入大约1万元，卖给喀什来的维族商人，从1993年底开始，家庭内部（与玉素甫·加森的哥哥间）出现纠纷，三儿子受惊吓后精神失常，花钱看病、买车跑运输等，老伴腿部受伤每年看病吃药花费较大，和哥哥的官司一打就是十年，三项共花费大约4万元。全家日常生活每年大约支出1.5万元。

库尔曼买买提·艾沙，39岁，初中二年级时因为父亲去世母亲改嫁家里无劳动力辍学。生育4个孩子，二女二男。1986年母亲去世后，收留同母异父弟弟（弟弟1岁时亲生父亲去世）。弟弟读到高三第一学期时不愿再读，目前在附近的帕米尔水泥厂打工。长女目前在乌恰县城一名柯尔克孜族开的裁缝铺里学习裁缝手艺，准备将来自己从事缝纫。长子在县城读高中，次子2002年小学五年级时，在放羊时将腿摔断辍学；小女儿读六年级。经济状况：20只羊，12亩地：8亩麦子，4亩苜蓿，300杨树。每年出售10~20棵树，5~10只羊。农闲时节去外地打工（大多在附近矿山或煤矿），长者半年，短者2~3个月，收入不定。多时600~700元，少时300元左右。家里较大的开支有两项：一项是孩子的学费，一项是给妻子看病。妻子十年前得了妇科病，住一次医院就会花掉家里2~3年的积蓄。库尔曼买买提·艾沙在县城打工时，从拆掉的旧市场里捡回一些旧的地板砖，自己琢磨后铺在家里客厅的地上，干净美观漂亮，这在吾依60户人家中是独一无二的。

阿吞比，39岁，4个孩子，1980年从外乡嫁来吾依，大儿子毕业于克州农校，待分配，二儿子毕业于克州师范学校，待分配，三儿子高中在读，女儿初中在读。丈夫八年前是县财政局干部，因病去世，家里是城市户口，依然享受丈夫的560元/月补贴。无地，有20只羊，100多棵杨树。儿子的学费来自家里卖羊的收入。女主人偶尔编织花毡出售，以前销路和价钱还可以，现在卖不出去。已经登记了困难补助。

居马·古丽达特哈，29岁，小学五年级，丈夫吐尔都·麻木提库完，34岁，小学二年级，3个孩子，二儿一女，大女儿读小学五年级，最小的儿子4岁。1991年结婚，2002年和父母分家，单独生活。家里有15只羊，7亩地，6亩种油菜，1亩种苜蓿，没有杨树，没有自己的房屋，目前居住在哥哥家。主要开支：两个孩子的学费100元/年，2吨冬炭，2袋面粉/月。平时除了种地和做家务以外，也编织帷幔、地毡等，主要是自己家使用，没有出售过。

4．贫困户的状况

（1）50岁以上的贫困家庭。

沙勒克孜，女70岁，文盲，丈夫七年前双目失明，三年前因病去世，生育7个孩子：三男四女，其中一儿一女离异。现在家里有4口人：户主、二个儿子、一个女儿。经济状况：20只羊，10亩地：5亩小麦自用，够全家食用9个月，5亩苜蓿出售，2002年收入870元。100棵杨树。主要支出：3袋面粉/月，10公斤清油/月，冬炭费2吨500元，电费9元/月。小儿子七年前开始出外打工，一年四季在石膏厂、煤矿、水泥厂等地做临时工，每个月交给母亲最多250元。家里的电器：缝纫机、电视机、二手摩托车、录音机、洗衣机（已坏）。女主人自己患病。

巴卡巴依·阿布都拉，66岁，文化程度：小学三年级，吾依人，婚姻状况：丧偶再婚。两次婚姻共有9个孩子（四女五男），其中第一次婚姻生育6个孩子（四女二男），妻子十八年前去世，很快再婚，现在的妻子当时是离婚再嫁，与前夫有3个孩子（二女一男），全部给了男方。他们结婚后生育的孩子今年已经17岁。由于常年在山上放牧，没有学校，耽误和错过了孩子们上学的年龄，9个孩子的教育情况如下：已婚的二男二女均是小学四年级，其他五个和父母一起生活的孩子中一个女儿上过二年学，一个上过三年，一个因病未读过书；二个儿子一个在县城读高中，一个读初中。两个孩子每年学杂费共计130～300元间，因为贫穷，他们没有钱坐车和住校，每天从家里徒步7公里到学校上课，午饭从家里带馕。实行家庭承包以前主人全家一直在山上为公社放牧，1985年土地和牲畜承包到户以后才下山务农，当年政府无偿资助2000元人民币，加上自己的一部分钱，购买了现在居住的房屋和院子。主人认为他们家贫困的原因是乡政府在五年前的一次政策失误。当时乡政府让村民统一种植玉米，村民从政府那里购买种子和地膜，由于当地不适合种植玉米，所以当年没有收成，欠款7000元，至今还有3200元的欠账没有还完。家电有一台很小的黑白电视机，一台小型录音机。

布娃扎尔·卡德尔，66岁，文盲，丈夫五年前去世。生育4个孩子（二儿二女），长子七年前去世，留下3个孩子，儿媳妇带走二个孙女，留下一个孙子，今年16岁，初中毕业，已去外地打工；大女儿十三年前去世，留下一个儿子，后来因病去世；二儿子今年29岁，未婚，在家务农，有时去外地打工；小女儿初中毕业，25岁，未婚，三年前去喀什打工。家里原来有10亩地，因为无劳动力，无钱购买化肥，退掉6亩，剩下4亩种草；有10只羊，300棵树。支出：1袋米/2个月，2袋面粉/月，5公斤清油/月，50元菜金/月，200元/1.5吨煤炭/年，6～12元电费/月，500元学费/年，2亩草收入250元。

2002年因为欠费被停止供应自来水和电。

(2) 40~50岁的贫困家庭。

哈丽帕，55岁，女，小学三年级。1996年丈夫病逝。6个儿女。现家庭人口4人：女主人、大女儿（离异）、小女儿（初中毕业，成绩优良，但因经济拮据不再上学）、儿子（在读大学生，预科第二年）。在读大学生、上高中女儿的学费和冬炭费、面粉、水电费等是家中的主要支出项目。收入主要是出售苜蓿、油菜和杨树、羊只。家里原来有30只羊，因丈夫生病，全部卖完。认为家里的生活比十年前差。

阿依木克孜，45岁，小学三年级文化，其丈夫生前是库拉日克行政村的村长，家里有20余只羊，生活状况一般，1996年丈夫因病去世成为一家人生活的转折。丈夫生病期间，家里的羊只全部卖掉治病用，因为缺少劳动力，儿子小学五年级辍学，婆婆如今已经80岁高龄，和阿依木克孜一家住在一起。阿依木克孜一共有4个孩子，二男二女，其中大儿子2001年结婚单过，大女儿读到初一，已出嫁，二女儿读到初二辍学，目前在家做家务，只有最小的儿子在明天小学读六年级。家里有10亩地，麦子、油菜各种一半，所产只够一家人半年食用，另外半年需要购买粮食和食用油，家里还有将近100棵树。因为生活困难，家里很少买肉，蔬菜在村口小商店里采购。五六年前，阿依木克孜开始在庭院里种植土豆（大约一分地），供全家冬天食用。女主人有时候编制手工地毯等出售，以补家用。2003年成为吾依新增加的贫困户。

买买提·吐尔迪，47岁，小学一年级，妻子迪沙罕，38岁，小学四年级，1979年结婚，生育有4个孩子（二男二女）。大儿子20岁，小学毕业，大女儿17岁，初一辍学，二女儿15岁，初一退学，小儿子13岁，小学五年级。家中无羊，有1头毛驴，250棵树，11亩地（3亩麦子，其余苜蓿）。

家庭收入情况：卖苜蓿收入500元，妻子和女儿给别人绣花收入150~200元，每年10月至次年3月到煤矿打工，收入300~500元。支出：2吨煤炭大约300元，15元左右菜金/天，电费5~8元/月，1袋米/年，10公斤清油/月，4袋面粉/月，入不敷出。贫困原因：1982年以前帮别人放羊时，羊死得太多，把自己家里的羊都赔进去造成贫困，加之分家时父母家经济状况较差，没有什么经济基础，二年前因为欠费，被停止供应自来水。

居玛洪·热赫曼，42岁，初一辍学，18岁结婚，生育3子（二儿一女），因为喝酒离婚；25岁再婚，生育1女，2002年仍然因为喝酒离婚；现在单身一人居住在村里，因为喝酒将家产卖尽，耕地也上交。无羊，无地，靠救济生活，是乡里的贫困户。

（3）20~40岁的贫困家庭。

古丽，26岁，小学五年级，因父亲去世辍学，三年前由家庭包办嫁到吾依，生育有一个2岁的儿子。经济状况：3亩地，全部种苜蓿出售，收入340元。冬季农闲时绣花出售，月收入大约20~30元，用于购买面粉。丈夫阿山，初中毕业，爱喝酒，喝醉即打妻子，夫妻经常吵架。因为喝酒，丈夫已经将家里所有值钱的东西，包括自己身上穿的毛衣都抵押掉。目前借居在别人的房子里，家徒四壁，无自来水。丈夫2003年7月去康苏铁矿打工，月收入400元。

吐尔迪买买提·库尔班，34岁，小学二年级，妻子蕉麻古丽·达特哈，29岁，小学五年级。生育有3个孩子（二儿一女），大女儿11岁，读小学五年级。2002年从父母大家庭中分出来单独生活，有15只羊，7亩耕地，其中6亩油菜，1亩苜蓿。暂住哥哥家。女主人在家做家务、绣花，有时候出售，男主人二年前是牧民，没有挣上钱，回来当了农民，勤快，不喝酒，但是由于分家时没有分到什么东西，所以现在生活比较艰难。

（二）按职业类别分层

从职业分层来看，吾依组的村民仍以农、牧民为主体。但由于受教育程度的提高，近年来逐渐出现了职业选择多元化的倾向。受过中高等教育后外出工作，外出打工或者经营个体工商业者有所增加。

1. 干部的地位

吾依本村没有脱产干部，居住在吾依的干部都在乡里或外地任职，或者以前在县城工作，妻子的户口在吾依，有耕地，退休以后返回吾依。他们有一定的社会关系，本人文化水平较高，重视子女的教育，大多有子女在外面工作，家庭经济状况一般属于中上等水平。

雄华尔，担任黑孜苇乡人民代表大会主席团主席，中专学历（克州农校毕业），53岁，妻子也是吾依人。生育5个孩子，大女儿初中毕业，已婚，农民；长子，共青团员，复员军人，高中学历，目前在家等待分配；次子2001年考上中专；小女在读高中；小儿子在县城读初中。雄华尔有一份固定的工资收入，但养活全家困难，有20只羊，9亩地，其中5亩种麦子，今年收成较好，收获2吨麦子，自用，其余地种苜蓿和草（饲料），家里缺乏劳动力，靠工资、耕地收入和牲畜收入，2002年盖了三间新房。电器设备：闭路电视、电话、电熨斗、录音机、缝纫机、燃气灶，交通工具有一辆自行车。

布依丁，乌恰县水电局退休干部，69岁。1948~1951年在喀什师范学校学习。有9个孩子，七女二男。七个女儿都已出嫁，其中一个嫁给黑孜苇乡长大的维族，现在喀什市，丈夫做生意。一个女儿原在黑孜苇水泥厂（现在叫新疆帕米尔水泥有限公司）当工人，现下岗在家，另外几个女儿也都在黑孜苇乡境内各村当农民。长子克州师范毕业，现在乌恰县团委工作，自学本科毕业，小儿子2002年入伍，在阿克陶县边防大队服役。布依丁本人是城市户口，在吾依无地，现在和吾依女儿家住在一起，耕种女儿家7.5亩地，今年一半种麦子，一半种油菜，基本自用。有66只羊，夏天（每年5~10月）雇人放牧，每月每只羊2.5元，冬天在院子里圈养。布依丁本人每月退休金1 488元，家里每年出售15~20只羊，夏天食肉和全村居民一样，在村子里的市场上购买，价格20元/公斤，冬天自宰，有150棵树。主要支出：三女儿的丈夫去世了，其孩子在喀什师范学院读书，大女儿的孩子今年考上了大学，两个孩子的学费是家里最大的开支；其次每年冬季购买煤炭，每年购买拜城产的无烟煤2吨，每吨480元，康苏产的煤炭2吨，每吨120元。家里有电视、电话等。

斯蒂克·阿玛特阿洪，74岁，小学毕业，退休干部；老伴努尔尼莎，65岁，文盲。6个孩子，三男三女，均为国家干部。其中一个大专、一个高中、二个初中学历。斯蒂克老人1952年参加工作，1975年入党，1985年退休。1982年出席新疆自治区民族团结先进集体、先进个人表彰大会。1984年被评选为乌恰县第八届人大代表。因公去过大寨、成都、乌鲁木齐市等地。家里有30只羊，3头牛，2匹马，100棵杨树，10亩地，全部种植苜蓿。退休工资1 500元。家里有电话，彩色电视机，订阅有《新疆日报》（维文版）、《新疆柯尔克孜文学》等。1985年花费1万元盖了现在居住的房子，面积130平方米。

克力木·司马义，63岁，1955年毕业于自治区邮电学校，先在巴楚县工作，后调入自治州邮电局。"文革"期间，受任副州长的叔叔阿仁牵连返回吾依务农，1980年~1990年担任黑孜苇乡副乡长、党委书记（1982年入党），1990年调入县计划委员会当主任，1993年~1997年任县机关党委书记，任上退休。参与了吾依农田规划、大规模植树造林以及农牧业改良品种等所有重要的工作，对当地历史、农牧业生产、民族风情非常了解，经常为乡、村干部做咨询。妻子阿瓦罕，56岁，小学毕业。生育有8个孩子，七女一男。男孩子是最小的孩子，2003年读高二，五个女儿已经出嫁（三个国家干部，二个务农），二个女儿在乌鲁木齐市读大学和中专。家里有50只羊，1头牛，5亩地，500棵杨树，350棵果树。居住的房子是地震以后盖的，花费1.8万元。家里订有《新疆日报》（维文版）、《克孜勒苏报》（柯文版）、《克孜勒苏文艺》等报刊。在乌恰县城还有一套房屋，有电视、冰箱、洗衣机等家电，冬天居住在县城，夏天居住在吾依。

吐尔逊阿洪·吐来克，生前在县工商局工作，1994年退休，2001年去世，67岁，妻子帕提西司马义，58岁，初中毕业，生育有8个孩子，其中四个小学肄业，二个中学肄业，一个中学在读，一个中专毕业。现家里有5口人。12亩地，6亩种苜蓿，6亩种麦子，15只羊，1匹马，150棵杨树；县工商局补助400元/月。主要支出：2~3吨冬炭，每月电费、水费、蔬菜钱等。该家曾经获得1985年县司法局颁发的"遵纪守法光荣户"和1998年县妇联颁发的"五好家庭"奖状。认为家里生活好于十年前。

从吾依出去的干部还有阿仁·阿力木汗（1919年~1995年），党员，1935年~1936年在喀什教师培训班学习，1936年~1940年在乌鲁木齐读中学，1940年~1943年担任迪化哈萨克柯尔克孜文化促进会办公室秘书、主任、副会长等职务。1944年担任民国新疆省政府参议，1946年担任乌恰县副县长、县长，参加三区革命。新疆和平解放以后，在民族军改编的第五军任职。1953年~1954年间在南疆区党委工作，

1956年~1967年间任克州副州长，1995年病逝。

吐木西买买提·卡斯木（1932年~   ）1954年参加工作，1955年入党，先后担任黑孜苇公社社长、书记，1980年担任自治州党委组织部副部长，1984年担任乌恰县常委、县长，1987年以后先后担任自治州人民检察院副检察长、检察长、党组副书记，1993年退休。

导斯凯切切依（1930年~   ）1950年入党，1954年参加工作，担任自治州粮食局科长，乌恰县粮食局局长。1981年任乌恰县县委副书记，1984年以后担任乌恰县人大主任、县政协主席等职务。

阿斯卡尔·江巴依，（1964年~   ），1981年克州师范毕业后，先后在乌恰县一小、一中任教，1985~1987年在喀什教育学院进修。1987年至1990在乌恰县教育局从事招生及自考工作，1988年加入中国共产党。1990年4月调到州教育局招生办从事招生及自学考试工作。1994年，任教委招生办副主任，1997年任招办主任，2000年2月任州文体局副局长。2002年11月任乌恰县人民政府副县长。除了干好本职工作外，1985年以来，阿斯卡尔还在《新疆柯尔克孜文学》《语言与翻译》《克孜勒苏文学》《克孜勒苏日报》等刊物上发表了不少作品，出版了自己的选集《同命人》（克孜勒苏柯文出版社，1991年）、《生命的懊悔》（新疆人民出版社，1998年）和译制本《看谁算得最快》（克孜勒苏柯文出版社，1992年）等书刊。1989年至今一直是克孜勒苏文联的会员，还兼任《克孜勒苏教育》杂志的编辑工作。

2．教师的地位

当地小学教师的工资相对比较高，收入稳定，但是如果光靠一个人的工资养活全家也很困难。一般教师家庭或者在县城，双方都是国家干部，或者在农村，一方有耕地和牲畜，这样生活才过得比较殷实。因为职业的原因，教师读的书比较多，知识面广，比一般农牧民健谈，思想开放，汉语水平较高。他们的家庭大多数都比较重视对孩子的教育，最明显的一点就是能够从有限的收入中拿出一部分给孩子买书订报。

库拉日克村明天小学共有教职工39人，平均工资（以2001年12月工资为准）1300元以上；教师全部都是上级主管部门分配而来，现职教师中有2名是吾依组的老师，一名焦西拜克，男，1975年生，大专，1997年毕业于克州师范，1999~2001年在克州电大进修。一名阿克木，男，1973年生，中专，1994年毕业于克州师范。

此外，吾依组还有两名是明天小学退休的教职工。吐尔逊·那不都拉，60岁，1964年毕业于克州师范，1990年从明天小学教师岗位上退休，养育7个孩子，其中一儿一女已成家，现在家中7口人，无地，靠每月1360元退休金生活。以前家里有8间房子，被六年前的一场洪水冲毁，被冲走的还有15只羊和4头牛，三年前花费4000多元盖了现在的2间房子。一个儿子今年考上了大学，一个儿子今年初中毕业准备读高中，另有三个女儿初中毕业后在家。2001年投资400~500元在村头租房（25元/月）开了一家小商店，月收入500~600元。家用电器有闭路电视、电话（2002年春天装）、录音机和一辆自行车。认为现在的生活好于十年前。十年前家里孩子小，愁吃愁穿，经济负担重，现在孩子们都长大了，独立了。

哈日别克，44岁，明天小学厨师，2001年退休。妻子阿曼古丽，40岁，生育有二儿一女。其中二个女儿读高中，一个儿子读初中。城市户口，有30只羊，1头牛，无地。2003年6月租乡卫生院的一间邻街房屋开了一家饭馆。丈夫退休以后做一些皮毛生意，一般在秋季从牧民手中收购皮、毛，再转手出售。家里主要支出是3个孩子的学费，1000元/半年，其次是电费，40元/月。夏天做饭用煤气，40元/罐，冬季用煤炭（3吨）。居住的房屋是2000年盖的，花费3万元。电器有闭路电视（29寸）、电话、缝纫机、录音机、冰箱、燃气灶、一辆摩托车等。

3. 宗教人士的地位

吾依没有专职宗教人士，这里的宗教人士都是兼职，没有经过专门的宗教学校培训和学习，宗教知识大多靠自学或者来自父辈家教。他们以农牧业为生，平时和其他农牧民没有任何区别，在家种地，放羊等。因为懂得宗教知识，所以在部分村民中具有特殊的地位和身份。在做礼拜、过与宗教有关的节日以及村民结婚、割礼、葬礼时，有时候会请他们去念经，祝福，他们通过主持宗教活动，从经济方面也可以得到一定的报酬。吾依村民宗教意识大多比较淡泊，少有到清真寺做礼拜的，即使在家里做礼拜的人也极少，而且大多数是老年人。年轻人几乎没有做礼拜的。

玉素甫·加森，60岁，小学四年级，牧民，四年前被吾依村民推荐为小清真寺的买曾。买曾家里虽然有260只羊和其他牲畜，但是人口多，劳动力少，家庭生活并不富裕，支出较大。买曾本人虽然没有上过太多的学，读过太多的书，但从小跟随父亲学习《古兰经》，知道的东西较多。现在每天5次礼拜都在小清真寺里做，星期五的礼拜到库拉日克村大清真寺里做，是吾依仅有的坚持在清真寺做礼拜的人。有一个儿子从8岁开始跟随他学习《古兰经》。买曾认为学习《古兰经》不是目的，重要的是行为，要遵守教规，帮助他人，不做违法的事；如果不学知识，不懂宗教和科学，就容易触犯法律，违反教义。

4. 个体工商户的地位

十年前开始，吾依的部分柯尔克孜人开始走出小家庭，从事个体商业贸易,他们开商店、饭馆和磨面坊等,或者到口岸经商,成为致富的带头人。1990年以前村子里对他们有看法,现在不一样了,认为做生意很正常,也是凭劳动生活。现在,吾依村有11户人家有人在喀什和阿图什等地做小本生意。村子里开商店的人生意一般,只能维持中等水平的生活。一些靠做生意致富的家庭成为大家学习的榜样,不少家庭希望将来经济允许时也开店铺,做生意,发家致富。特别是年轻人中经商容易致富的观念更强。吾依近几年出现了打工一族的新现象,而且得到了政府的引导,有发展的趋势。

5. 普通农牧民的地位

普通农牧民占到吾依60户238人的90%左右,是居民的主体,他们的经济地位代表了当地居民的整体水平,他们的观念代表着当地普通柯尔克孜族居民的主要思想观念。从整体上看,吾依居民在文化方面保持着柯尔克孜族传统的文化精髓,又融入了新时代的内容。他们的生活水平与改革开放以前相比有了较大的提高,但是与富裕地区相比,仍然具有相当的差距。村民的整体生活水平和文化教育程度都不高,改革开放以后出生的新一代居民,受教育程度高于他们的父辈们许多,观念也发生了较大的变化,在他们的父辈们看来,现在的年轻人头脑越来越复杂了,也越来越聪明了,但是距离柯尔克孜人的古老传统也越来越远了。电视、燃气灶、电话、摩托车、小型拖拉机和面包车已经成为部分吾依村民家里的普通物品。迄今为止,吾依60户村民中已经有12户安装了电话。摩托车是村民最常用的、最普通的交通工具。现代化的生活、生产方式与传统的风俗习惯、人际交往相结合,成为吾依普通村民社会转型时期的既普遍又典型的一种社会现象。

阿奇丽罕,女,60岁,丈夫十四年前去世后一直寡居,文盲,育有9个孩子,六男三女。儿女中有三个中专生,一名本科生。一个儿子在县城建局工作，现在已经退休，一个女儿在县工商银行工作，退休，一个女儿在县计生委工作，一个儿子在县苗圃工作，一个儿子在乡卫生院当卫生员，一个儿子在吾依当牧民，一个儿子在吾依当农民，一个女儿在县城读高中，一个儿子初二辍学在家待业。阿奇丽罕现在家里有5口人（二个儿子，一个女儿，一个儿媳妇）。家里有30只羊，1头牛，1头毛驴，10亩地，200棵杨树。10亩地一半种麦子，一半种油菜，全部自用。家里主要的现钱收入是每年出售20～30只羊。家庭支出：读高中女儿的学费500元/年，居住在县城的哥哥家；3～4袋面粉/月，2袋米，15公斤清油/月（18元/公斤），夏季购买食用肉；2 000元饲料（玉米）/年。家里每年的税费和饲料钱均有儿女帮助支付。家里有一台十多年前购买的18英寸彩电，一台单缸洗衣机已坏。

热亚提，1964年生，初一辍学，自由恋爱结婚。生育有4个儿女，其中二个在半岁以前因病夭折，成活的二个孩子都读到初中毕业。丈夫是农民，在家种地。有10亩地，6亩种苜蓿，4亩种麦子，15只羊，1头牛，100棵杨树。家里有一位65岁的奶奶，有病。丈夫和儿子近年开始出去打工，打工收入成为家里的重要收入。一般月收入500～600元，多的时候可以挣到1 000元左右，希望参加政府组织的劳务输出。女儿现在开始学习手工编织技术。家里有电视机、收音机、缝纫机等。将来有钱时，希望盖新房。

朱玛罕，1972年出生，小学三年级，丈夫比尔塔阿洪，牧民，生育有一4岁的儿子。两人自由恋爱一年后结婚，婚后感情很好，没有吵过架，遇事商量解决。丈夫抽烟但不喝酒，本村有人结婚时，丈夫会带妻子一起去参加。女主人从自己的母亲那里学会了编织花毡手艺，一年前开始织花毡出售，一个月可以挣100～150元。丈夫6月份进山替人放羊，每只羊2.5

元/月，月收入近1000元。家里有3亩地，全部种麦子，雇收割机收割，每亩地30元。200棵杨树。夫妻希望自己的儿子多读些书，将来生活比自己过得好。

新一代农牧民的生活和家庭与老一代相比发生了根本的变化。其一，老一代家庭基本上都是大家庭，儿女多，生活困难；新一代家庭多为小家庭，二三个孩子，夫妻只要勤劳，生活就有希望。其二，老一代村民受教育程度都不高，大多数只上过二三年学，新一代年轻人大多初中毕业，有一些还读到高中、中专，他们的文化素质较其父祖辈有了很大提高。其三，生活工作的环境完全不同。老一代人生活在计划经济时代，新一代生活在市场经济时代，中国开始走向世界，电视、电话、手机正在普及到乡村普通家庭，人们通过现代化的交通工具和信息网络加快了和外界的联系，大量的信息被越来越多的年轻人获得。其四，新一代有把握自己的命运和前途的能力和可能。他们对自己的未来、家庭和生活可以把握和设计，而老一辈则不能够把握和设计自己的前途和婚姻，包办婚姻和计划分配将其限制在一个很小的生活空间里。

（三）按教育程度分层

从受教育程度来看，文盲、半文盲的比例正逐步下降，受中高等教育的人也有上升趋势。但绝大多数村民仍处于受初中等教育的水平。

1. 受过大中专文化教育的村民

（1）老一辈受过高中等教育的吾依人的情况。

吐尔逊·那不都拉，1964年毕业于克州师范，1990年在明天小学教师岗位上退休，先后在乌恰县一中、托云乡小学、康西湾小学、铁列克乡小学、阿尔不拉克乡小学和库拉日克村的明天小学做教师，专业是数学，但是在二十多年的教师生涯中什么课都上过。现在全家7口人，妻子吾依人，小学毕业，育有7个孩子（三男四女）。无地，靠退休金（1 360元/月）生活，前两年在村头开了一家小商店。生活属于村里的中等水平。

阿拜都拉，小学退休会计，52岁，32年学校工作经历（1970～2001年）。1970年克州师范毕业，妻子小学毕业，农民。三男一女4个孩子，大女儿克州卫生学校毕业，现在乡卫生院工作，长子新疆职业大学毕业，现在兵团农四师工作，次子克州师范毕业（2003年7月）等待分配。小儿子2003年7月初中毕业，准备读高中。收入主要是男主人的工资，及每年出售10只羊所得。家里给孩子订购了柯文版的《新疆柯尔克孜文学》《克孜勒苏报》等，购买了维文、汉文和柯文的教学参考书及课外读物。

吾依受过大中专教育的老一辈大多是国家干部，他们思想开通，知识面广，重视子女的教育，舍得投资教育，关心党和国家有关政策、措施，希望儿女多读书。他们的经济状况在村里一般属于中上等。因为本人的文化素质较高，与外面的联系广泛，家庭中儿女的状况好于一般村民，所以在村中威望较高，受人尊重。

（2）受过高中等教育的年轻人。

吾依村受过高中等教育的年轻人近些年返回来的不多。回到家乡的大多是在克州和喀什市等南疆地区大中专毕业的学生，特别是克州境内一些中等学校的毕业生，他们也基本上在县城和乡里当干部。村子里出去的大中专学生（特别是在乌鲁木齐市和内地大中专院校毕业的学生）几乎没有返回本村务农或从事牧业生产的。可是近两年，家里出个大学生对于吾依村民来说已经不新鲜，一是这些年村子里考上大中专院校的学生比较多，二是村子里一个普通家庭供养一个大学生经济方面的压力较大，三是现在国家不包分配，毕业如果找不上工作就等于失业，村子里已经有至少 5 名克州师范毕业生在家待业，等待分配工作，还有几个已经毕业二年以上，至今在家务农，他们还没有自己出去找工作的观念和勇气。这对吾依人产生了负面影响，一些年轻人甚至认为上大学没有意思。在外面工作的大中专毕业生，对自己父母在经济生活方面帮助也不大，因为他们工作以后，在经济方面也面临着较大的压力和困难。

受过中等教育的年轻人中，伊麻木是村里年轻一代有文化有抱负，又见过世面的代表。他今年 23 岁，高中二年级时参军，在吐鲁番地区军队里服役两年，2002 年 12 月复员回家，等待安排工作。伊麻木出生在吾依一个干部家庭，父亲雄华尔从 1999 年开始担任黑孜苇乡人大主席团主席，受过中专教育，母亲是农民，有兄弟姐妹 5 人，排行第二。初中时就加入了共产主义青年团，从小羡慕军人，希望长大以后能够成为一名光荣的人民解放军。在部队期间学会了洗衣服、做饭，懂得了许多做人的道理，学了很多知识，还参加了汉语课的学习和考试，认为学习汉语非常重要和必须。当兵两年期间，增长了见识，开阔了眼界，与各民族青年朝夕相处，加深了对中国各民族、各地区经济文化、风俗习惯的了解和认识，心理上成熟了许多，做事情比村里同龄人理智。

亚合甫，1973 年生，高中毕业，与父母兄弟姐妹共 9 口人居住在一起，有五个妹妹在读书，因为经济原因，至今未婚。曾经去乌鲁木齐打过工，做过生意，业余爱好是翻译，最高兴的事情是将中文中短篇小说翻译成柯文，曾经翻译过邓小平文选、行业规章制度等内容的 8 篇东西寄到出版社，希望能够出版。自己感觉理论水平欠缺，希望以后适当的时候参加村里干部的竞选。亚合甫代表了吾依新一代农民的普遍情况，他们有知识，见过一定的世面，有抱负，有理想，但是因为没有考上大中专学校而不能够离开农村，想到外面去闯，又没有人引路，经济条件也不允许，在农村生活又不甘心，常常陷入痛苦之中，迷茫、困惑是他们常有的心态。

2. 受过小学教育的村民

吾依有一半以上家庭的主人受的是小学教育，而且只有二三年读书时间。他们大部分是十年动乱时期出生的一代，生长于大家庭中，受经济条件的限制和读书无用的影响，读的书有限。他们本性善良、勤劳，同时也保守，容易满足，是新旧两种观念的拥有者。他们一方面对社会正在发生的各种变化不容易理解，另一方面又希望自己的儿女多读书，多受教育，将来生活得比自己好。

二、社会保障

中华人民共和国建立以前，吾依村几乎没有什么社会保障。1950年以后，这里和全国各地一样，村民的社会保障事业完全由国家大包大揽，村民集体劳动，统一分配，发生自然灾害时，有政府全权负责。

人民公社化时期实行的是合作医疗，一个行政村只有一名医生，每人每年只有一元医疗费，医疗条件很差。生病时就发给几粒药，若是大病，只有第一次可以使用医疗费，以后就得自己花钱。如果集体中有一人生了大病，大家就把自己的医疗费给他。那时，重病只需花50~60元，但是医疗水平和服务质量比较落后。

现在由于经济发展了，医疗条件得到了改善，医疗技术和医疗水平都得到了提高，村里的赤脚医生定期到牧场去给村民看病，发药，乡卫生院就在村里，村子距离县城也不远，因此，不仅农区的村民们看病比较方便，就是牧场的村民也不用再为生病而发愁了。然而，村民看病虽然比以前方便了，但是大病靠自己一家的经济力量显然不行。以前实行的合作医疗和免费看病的事情随着计划经济的消失而不再存在，吾依的医疗保障制度还没有能够建立起来，一些家庭致贫的原因就是因为家里有人得了大病，靠一家的经济实力显然无法抵御大的灾难。

村里的五保户和困难户主要依靠政府和全村人照顾、帮助，老年人的养老以家庭为主。柯尔克孜族历史上具有家族和邻里之间互相帮助、扶贫济困的传统，这种美德至今仍然被吾依的柯尔克孜族群众所保持。一家有难，大家来帮，对于吾依的柯尔克孜族人来说是理所当然的。我们在入户访谈时，村民给我们讲了不少这类发生在自己身边的朴素善良的举动。比如，谁家的羊只丢失以后，大家给他送来了自己的羊。谁家有了婚丧嫁娶等大事，全村人都来自愿帮忙，如果谁家的孩子父母去世了没有人抚养，就会有其亲戚将他抚养长大。目前这种历史上流传下来的互帮互济传统在商品经济的大潮中受到了严峻的考验。一些村民向我们抱怨说，现在的人不像原来那样爱帮助人了，变得自私了，平时大家都是各顾各，很少顾及邻里和亲戚；穷人被人看不起等。

目前吾依村的社会保障具有这样几个特点：第一，老人主要依靠儿孙照顾。吾依的阿依木克孜，今年45岁，丈夫生前是库拉日克村的村长，1996年因病去世，留下4个未成年的孩子，婆婆今年80岁了，一直和他们住在一起，丈夫生病时，为了治病将家里几十只羊全部都卖掉了，因为缺乏劳动力，大儿子只念到小学五年级就辍学了。阿依木克孜的婆婆50岁守寡，含辛茹苦养育二个儿子（另两个孩子夭折），现在大儿子又去世了，另一个儿子在喀什当农民，有5个女儿，生活贫困。丈夫去世后，阿依木克孜担当起照顾婆婆的重任，虽然生活困难，但是阿依木克孜认为抚养婆婆是自己义不容辞的责任和义务，她将婆婆当做自己的亲生母亲来对待，尊重婆婆，善待婆婆，婆媳和睦相处，从来没有发生过争吵。村中也有儿女不在了，老人跟随孙子辈一起生活的。第二，村里的五保户和残疾人主要依靠政府的不定期救济和村里亲戚、邻居帮助。1987年乌恰县民政局多方筹资建成黑孜苇敬老院，收养全县12名孤寡老人，吾依有一位老人也在其中。由于资金有限，吾依的鳏寡孤独老人不可能全部享受敬老院的生活，他们主要还是依赖传统的养老方式，即由所在村的干部和自己的亲戚、邻居帮助。吾依有一位孤寡老人叫米曼比吾，今年84岁，无儿无女，以前靠村里的一位劳模，也是老人的邻居和养子照料，前几年养子去世了，现在由养子的儿子继续照料帮助老人，比如帮助购买冬炭等。平常生活开支依靠在乡卫生院工作的亲戚，政府不定期地给予一些生活补助。在村委会的努力下，县供电局现在免费给老人供电。从目前吾依老人养老的情况看，还存在一定的问题。养老保险急需建立。第三，当地民政部门在很长一段时期里主要工作是不定期给村里的贫困户、五保户和残疾人发放救济物品等。目前，县政府联合民政等部门已经着手将扶贫、计划生育和社会治安综合起来考虑，寻找从根本上解决贫困问题的办法，改变传统的"输血"方式。

表5-11 库拉日克行政村五保户、孤寡老人和残疾人情况统计

姓 名	年龄	家庭人口	住 址	2002年人均收入	备 注
玛丽木布	80	1	八村		五保户
塔古罕	70	1	八村		五保户
古外克	70	1	羊叶尔		五保户
阿希尔别克	80	1	库可都布		五保户
哈兰尼拜	30	3	库可都布	250	特困残疾人

续 表

姓 名	年龄	家庭人口	住 址	2002年人均收入	备 注
吐尔娜	55	2	八村	250	特困残疾人
阿尼帕	70	5	羊叶尔	275	同上
哈热别克	40	4	羊叶尔	150	同上
吐尔干布	34	2	吾依	150	同上
米曼比吾	83	1	吾依		五保户
居玛罕	64	1	吾依		孤寡老人
祖努尼罕	53	1	羊叶尔		同上

在拥军优属方面，从1997年开始，乡政府对农村城镇义务兵实行优惠政策，包括每年发放1 000元不等的钱，民政部门免除其全年义务工。当兵复员回来以后，一般都可以分配到行政机关工作，由农牧民变成城市户口，成为国家干部。吾依村目前有一名现役军人，一名复员军人。

在残疾人社会保障方面，吾依所在地区目前主要依靠传统的家庭保障，村委会一般将其和五保户等一起纳入贫困救济范围，实行不定期的救济。残疾人在经营个体工商业时，可以享受免税等优惠待遇。

三、贫困户及扶贫工作

(一) 贫困户的基本情况

1. 贫困人口的数量。贫困人口和家庭的数量是变数，每年都会因为一些家庭和人员的情况而改变，或者减少，或者增加，但是总的趋势是越来越少，这和国家政策的倾斜，各级政府的努力以及贫困人员自身的努力密切相关。2003年库拉日克行政村贫困户情况如下表。

表 5-12 2003年库拉日克行政村贫困户情况统计

姓　名	人口	劳动力	耕地	牲畜数量	2002年人均收入	贫困原因	住　址
哈布力江	5	1	6	4	230	劳动力少	羊叶
杰木白克	4	0	6	15	447	疾病、无劳力	库拉日克
托里浩尼	4	1	6	4	364	疾病	科克托布
阿依木克孜	5	1	10	1	418	疾病	吾依
沙提瓦尔迪	4	1	8	4	645	分家	科克托布
沙衣拉	5	1	4	3	589	疾病	库拉日克
居尼斯	3	0	5.5	4	272	无劳力	同上
吐逊江	5	2	5	4	437	分家	科克托布
巴卡巴依	6	1	7	0	201		吾依
居玛希	4	0	3	5	424	无劳力、残疾	科克托布
斯玛依力	3	2	5	4	412	疾病	八村
吐尔干巴依	5	1	6	6	332	疾病、残疾	库拉日克
哈连巴依	5	0	6	5	371	残疾、无劳力	科克托布
哈丽帕	5	0	7	6	488	无劳力	吾依
依沙马木提	7	2	13	14	644	疾病、残疾	吾依
沙勒克孜	4	1	5	5	265	疾病	吾依
阿布拉罕	7	1	10	12	650	残疾	库拉日克
肉孜比	3	1	5	6	509		同上
艾尼帕	5	0	6	3	396	疾病、无劳力	羊叶
哈孜白克	5	1	9	8	379	疾病	同上
对仙	4	1	7	10	507	分家	八村
阿加克	3	1	6	6	510		羊叶

（资料来源：黑孜苇乡政府）

在整个行政村共22户贫困户中，吾依组有5户，占贫困户总数的22.73%。

2. 贫困户的收入与开支。按照乌恰县、黑孜苇乡政府2002年有关规定，村民户年均收入低于620元即为贫困户，吾依贫困户大约有5户，近两年有增加的趋势，主要是家庭男主人去世，上学的孩子多，劳动力不足等因素造成。

[典型性个案]

贫困户哈丽帕一家的年收入情况：7亩地，其中3亩种苜蓿，全部用于出售，能生产400捆，每捆2元，大约收入800元；4亩油菜，大约可以收获菜籽110公斤/亩，一部分自食，一部分用于出售（直接出售菜籽，2002年市场价格是1公斤菜籽2元），如果按2亩地产品出售算的话，可以收入大约440元；两个女儿和儿子在外打工，收入不定，平均月收入1 000元左右；400余棵树木，每年大约出售20棵，每棵价格40~60元不等；收入总计大约3 000多元。开支情况大致如下：学费是全家最大的开支，其中女儿600元/年，儿子3 600元/学年（山东大学）；每个月买面粉2袋，每袋40元；煤炭3~4吨，每吨400~500元，电话费7~8元/月；座机费13元/月；水费48元/年，总计大约6 000元，与收入相抵，相差2 000余元。

三个已经成家的儿女也都不富裕，儿子结婚后仍然在吾依当农民，已有3个孩子。大女儿离异，三年前去阿图什打工，二女儿出嫁他乡，当牧民，他们都不能对自己的母亲和弟妹有实质性的帮助。

生活因丈夫的去世而改变，生活水平比十年前下降。

3. 确定贫困户的标准。确定贫困户的标准由村干部具体掌握，没有劳动力、没有羊的家庭一般是特困户；有少量羊只和耕地，人口较多，劳动力很少，或者有残疾、长期生病的家庭被定为贫困户。发放救济款和物品的程序有两种，一种是由村委会开会决定被救济的名单，公布一星期后，如果村民没有异议，便上报乡里，乡里审查后没有问题，报到县里，县里根据最后定下来的名单送来救济的东西；第二种是由县或乡里有关部门直接连名单和物品一起下放到村里，由村干部将其按照名单发放到个人手中。

（二）脱贫致富的途径和措施

为了增强贫困户的"造血"功能，乌恰县、黑孜苇乡有关部门多方面想办法，筹集资金，从以下几方面帮助贫困户脱贫。

1．采取流动母畜帮助脱贫。

1997年吾依一共有9户贫困户得到了政府流动扶贫羊群的实惠。2002年政府又筹集资金60多万元，购买扶贫流动母畜1984只，使户均3只流动母畜，这种做法产生了较好的效果，对农牧民尽快脱贫致富成效显著。具体做法是得到羊群者将这群羊放一年，期间新增加的羊羔全部归放牧者所有，羊群继续流动到其他贫困户家。吾依贫困户巴卡巴仪家1997年得到了政府的72只流动母畜，一年后，他家拥有了属于自己的32只羊羔。至今，他家已经有37只山羊，20只绵羊，每年可以出售4~5只大羊，8~10只小羊，经济状况得到了较大改善。但是由于历史原因以及两个孩子的学费，还是没有能够从根本上改变贫困状况，政府有关部门还在一如既往地对他家进行帮助。

2．县、乡、村有关部门对贫困户采取一帮一措施，由国家干部对贫困户实行对口支援和帮助，为此，还专门设立了"一帮一扶贫卡"，落实到人。

库拉日克村党支部2001年也开展了党员帮助贫困户的活动，由党支部指定21名党员一对一扶贫，和吾依贫困户有关的是：党员吐尔逊负责联系沙勒克孜家，斯蒂克联系阿瓦罕家，哈司也提联系比比哈德尔家。从帮扶的结果看，没有什么有效的方法和实质性的内容，对贫困户脱贫帮助不大。

3．县民政部门不定期的从经济上给予资助。

2000年春节前后，民政部门给库拉日克行政村16户贫困户发放了29袋面粉，价值1 080元，给29户每户发放了20～25公斤的玉米粒，其中吾依有6户得到这次帮助，他们是依沙麻木提、卡拉巴赫、沙勒克孜、米曼比吾、阿依木克孜和布比；2001年年初，吾依有2户人家得到了县民政部门发放的100元补贴；同年2月，县民政局给行政村10袋化肥，吾依的巴卡巴依和沙勒克孜各分得1袋；3月，县民政局给黑孜苇乡拨款6 000元，库拉日克村得到1 410元，这些钱分别发给了19户贫困户，其中吾依有4户得到数目不等的救助，他们是巴卡巴依90元，居马罕80元，多来特罕80元，米曼110元；4月，县民政局拨款1 800元扶贫，行政村28户得到这笔钱，其中吾依6户，他们是巴卡巴依80元，居马罕40元，多来特罕40元，沙勒克孜80元，克得厄买勒80元，买买提吐尔罕伊买尔80元；8月份，行政村向县民政局上报贫困户名单，全村17户，其中吾依3户：巴卡巴依、沙勒克孜、依沙麻木提。11月，县民政局发放扶贫服装，吾依无；12月，行政村34户各分得1～2袋面粉，吾依的巴卡巴依2袋，沙勒克孜2袋，多来特罕1袋，哈丽帕1袋，买买提吐尔迪1袋，阿瓦罕1袋，阿尼帕1袋，朱马洪1袋。2002年1月，给行政村18户人家发放面粉，其中吾依的哈丽帕2袋，巴卡巴依2袋，伊沙2袋，居马罕1袋；行政村上报贫困户名单30户，其中吾依8户，他们是阿尼帕、朱玛罕、巴卡巴依、哈丽帕、沙勒克孜、沙勒达特、伊沙麻木提、多勒提帕。2月，县民政局给行政村18户贫困户发放面粉，吾依有4户，他们是哈丽帕2袋，巴卡巴依2袋,伊沙2袋,来玛罕1袋。2002年8月,行政村登记60岁以上贫困户23家,吾依有4户:沙勒克孜、哈丽帕、巴卡巴依、多勒特罕。同月,县扶贫办给行政村14户发放羊只,每户4只,吾依巴卡巴依、依沙麻木提各得4只;10月,县民政局给行政村38家贫困户发放面粉,吾依比比哈德尔、居马罕、买买提吐尔迪、买买提吐尔罕、哈丽帕、库尔曼、依沙麻木提、沙勒克孜共8家各分到1袋。2003年1月,县民政局发放面粉和钱,吾依的沙勒克孜得到2袋面粉和100元钱。县农经站给行政村14家贫困户发放大米,吾依的巴卡巴依和依沙麻木提家分到大米。

财物发放是一种"古老"的救济贫困户的方法,它只能解决贫困人口一时的生活困难,但是却不能够从根本上解决贫困问题。2003年4月乌恰县有关领导在走访所属乡村扶贫工作时发现部分贫困户等、靠、要思想严重,不自谋出路想办法,而是整天坐在家里无所事事,等着上面送钱送物过日子,这是扶贫工作中值得深思的问题。

4. 给贫困户提供贷款,帮助他们解决发展中的资金问题。此项工作开始于1998年,贷款的款项来自县农业银行。贷款过程如下:立项,写出可行性报告,乡里有关部门调查核实,财产担保(2002年以前大多由乡政府做担保,以后由贷款人自家的财产担保),贷款数额3万元以下不等。2002年12月,乌恰县农行在全县范围内针对农牧民实行过一次大规模的贷款,仅库拉日克村就有124户家庭受益,占总户数的62%,吾依有57%的农户受益,获得贷款的不仅仅是村中的贫困户。这次贷款主要目的是帮助广大农牧民进行牲畜育肥,为他们脱贫致富奔小康创造条件,铺平道路。从实施以后的情况看,具有一定的积极作用,广大农牧民利用这笔贷款购买优质品种的牲畜,扩大牧业再生产,解决了一部分家庭和人口因为资金缺乏而无法致富的困难。具体情况见下表。

表5-13 县农行给吾依村民的贷款情况统计

姓 名	民 族	出生时间	贷款数目
苏里坦别克·马提	柯尔克孜族	1931年	1 000元
买买提·乌买尔	同上	1950年	1 000元
买买提·吐尔迪	同上	1963年	4 000元
热皮亚伊明	同上	1952年	1 000元
比吾祖热哈里·那扎尔	同上	1956年	2 000元
居马洪·热合曼	同上	1962年	1 000元
伊沙克麻木提	同上	1934年	2 000元
阿尼帕·白地力	同上	1964年	1 500元
托伊其·木沙	同上	1972年	600元
沙比尔·麻木提	同上	1962年	400元
吐尔逊·阿依买卖提罕	同上	1975年	1 800元
阿马提汗·哈德尔	同上	1950年	3 000元
阿布都热合曼·于斯克	同上	1957年	2 200元
吐尔达洪·乌斯曼	同上	1956年	700元
巴卡巴依·阿布迪里达	同上	1938年	3 200元
塔依尔·玉买尔	同上	1979年	3 000元
托合塔洪	同上	1943年	1 500元
居马洪·杰尼阿力	同上	1945年	1 500元
居玛西·乌斯曼	同上	1962年	1 800元
阿山·吾阔木阿力	同上	1962年	2 000元

续　表

姓　名	民　族	出生时间	贷款数目
阿伊沙·乌斯曼	柯尔克孜族	1964 年	700 元
古力加马力·伊沙克	同上	1972 年	5 000 元
阿娜尔罕·塔西买买提	同上	1955 年	500 元
霍加·沙特瓦尔地	同上	1981 年	1 500 元
阿里吞比吾·乌斯曼	同上	1964 年	500 元
买买提伊明	维吾尔族	1949 年	1 000 元
乌苏加森	柯尔克孜族	1943 年	3 000 元
阿山·乌斯曼	同上	1964 年	300 元
托里干·阿布都哈德尔	同上	1943 年	2 000 元
马丹·乌斯曼	同上	1966 年	1 500 元
塔伊尔·蒋塔克	同上	1980 年	4 000 元
古里尼沙·居玛西	同上	1967 年	300 元
孜热比吾·阿布迪热劳力	同上	1920 年	600 元
哈尔白克·麻木提	同上	1960 年	500 元

（资料来源：乌恰县农业银行）

34 户得到贷款的家庭中，有 1 户维吾尔族家庭，其余全部是柯尔克孜族家庭，占吾依 34 户贷款家庭的 97％以上。总数将近 60 000 元的贷款虽然数目不大，但是对于县农行来说，也需要下很大的决心，因为他们面临着贷款收不回来或不能按期收回的危险，对于农牧民来说，也要承担一定程度的风险，迈出这一步是极不容易的，需要勇气，更需要面对传统观念的挑战。

5.将解决贫困户脱贫问题置于解决"三农"问题中加以综合考虑。2002年开始,乌恰县有关部门加大了农村劳务输出力度,规范劳务输出程序,加快贫困人口脱贫致富的步伐。2003年年初,乌恰县人民政府成立了劳务输出领导小组,办公室设在县扶贫办。同时,各乡镇也成立了相应的组织。县政府提出了"出走一个人,节约一份口粮,学会一门手艺,挣回一笔钱,美容一家人"的口号,县劳务输出办公室于同年3月制定了严格的《劳务输出管理人员管理办法》,内容包括:

(1)劳务输出管理人员被确定后,必须和原单位工作脱钩,主要工作是负责劳务输出人员的管理工作;(2)劳务输出管理人员对自带队分到的劳动任务,不得以任何原因为借口,必须保质保量按时完成;(3)管理人员对县财政统一购买的生活用品,必须逐一登记,交接清楚;(4)劳务输出管理人员必须带头遵守各项规章制度,严格要求自己,不得擅自离开工作岗位,如遇到特殊情况,确实需要请假者,提出申请劳务输出领导小组同意后,安排好工作方可离开工地。不得酗酒,不得参加赌博等危害社会活动,对待劳务输出民工要一视同仁,不得打击或偏袒。如对工作不负责,造成一定不良影响的管理人员,给予批评教育,造成重大影响者将责令立即返回原地,停发工资,不予安排工作;(5)管理人员吃住都要同民工在一起,不得向承包单位提各种过分的要求,伙食费自理,不得向民工摊派;(6)为民工做饭的后勤人员由各乡镇(场)自行解决;(7)对管理人员,县财政不给予任何补足,但对在管理民工工作结束后,管理工作表现突出的给予一定的奖励;(8)因工作需要,每个队一名管理人员每月可以报销50元电话费,话费报销由各乡镇场自行解决;(9)管理人员往返路费和民工享受同等待遇;(10)在劳动任务确定之后,管理人员要认真负责地组织农民劳动,如因管理不善,造成农民擅自离开工地,影响工程进度,乡要组织本乡干部顶替,确保任务按时完成,如有经济损失各乡自负;(11)年底考核内容主要是劳务输出工作情况,对出现的不遵守各项规章制度,不能保质保量按时完成工作任务,影响社会治安等严重问题的劳务输出管理人员,停发工资,不予安排工作。对表现好的同志,县委组织部将作为后备干部培养,优先重用。

从以上内容看,县有关部门对该项工作非常重视。2003年7月3日,县人民政府召开了上半年扶贫开发、劳务输出工作会议,对2003年上半年扶贫开发、劳务输出工作做了阶段性总结,安排部署了下半年的工作,重点是进一步加大劳务输出力度,确保农牧民增收。作为配套措施,政府为外出务工的农牧民制定了一系列优惠政策,如保留外出务工人员的草场承包权,建立合理的草场流转利益机制,为农村劳动力转移创造良好的环境。外出务工的农牧民对自己承包的土地和草场可以采取转包、转让、租赁等形式进行流转;在扶贫资金上适当向他们倾斜,使外出务工人员有适当的启动资金;适当减免外出劳务人员的积累、义务工;保障劳务输出人员的合法权益;通过对务工人员进行短期的法律及其他方面的培训,向他们讲解《劳动法》《工会法》《流动人员就业管理条例》等法律法规,提高劳务输出人员加强保护自身权益的意识。这些优惠政策的制定和实施,在一定程度上解除了外出务工者的后顾之忧,提高了务工人员在村民中的地位，有利于引导农村剩余劳动力的有序转移，减少农村社会问题和就业压力。在具体实施过程中做了以下工作：2003年3月对各乡村的劳务输出人员进行培训，使其转变思想观念。组织680名人员参加植树造林劳动14天，平均工资430元，高收入的774元，共计收入27.3万元；利用对口帮扶优势，依托自治区高速公路管理局，为乌恰县提供了为农牧民外出打工的宿营地的工程。县委县政府为第一批外出修路的454名农牧民垫付前期费用30万元，用于农牧民的路费、人身保险、生活费的启动资金，县委、县政府的做法在全县引起了很大的反响，消除了处在观望和犹豫中的部分农牧民的顾虑。在314国道改建扩建工程中，在全县7个乡、场中组织454名柯尔克孜族农牧民，在库尔勒至阿克苏11个工程点上从事路面平整，铺沥青、涵洞填土等工作，每天收入30元左右，月均收入900余元。

从2003年开始由政府有关部门牵头，主动走出去为当地待业青年和贫困家庭联系集体出去打工。年初组织一批人去阿克苏等地修路，黑孜苇乡共有20人参加，包括3名维吾尔族，17名柯尔克孜族，全部是男性，他们组成一个劳务输出组，一名干部带队，并且配备一名伙食员。其中吾依有8人参加。有关部门还通过各种关系多方联络、接洽，积极为农牧民外出或者就地打工争取机会，引导农村剩余劳动力进城务工，或者向小城镇集中，从事第二三产业；或者在农闲季节组织农牧民从事季节性打工。2003年上半年，乌恰县委、县政府通过本县兵团调干的在职干部，争取到了到兵团农六师101团采摘棉花的创收机会，计划向生产建设兵团输出农民拾棉花2500人次，并对这一部分外出民工采取和修路民工一样的管理办法。目前，乌恰县外出打工——积累资本——投资家乡建设的新格局已经初步形成。

2003年7～8月份，扶贫办在全县宣传、动员村民报名去北疆农场采摘棉花，截止到6月初，库拉日克村已经有22人报名参加，其中吾依有8人报名，名单如下表。

表5-14 2003年吾依摘棉花劳务输出人员报名名单

姓　　名	性　别	年　龄	家庭住址
古丽	女	19	吾依
珠坎	女	23	吾依
艾尼莎	女	25	吾依
古丽仙	女	17	吾依
阿依沙罕	女	19	吾依
布尔玛罕	女	23	吾依
阿依木巧克	女	18	吾依
布瓦沙丽	女	20	吾依

（资料来源：乌恰县扶贫办公室）

2003年7月，乌恰县在所属各乡设立扶贫开发工作站，由工作站提出国家和县下达贫困地区扶贫开发的专项资金和物质分配方案，根据各地扶贫资金管理办法，制定贯彻实施细则；监督检查本地区扶贫资金、物质管理使用情况；建立健全所属乡村贫困户、特困户档案，做好每个季度的统计调查工作；开展扶贫宣传，会同有关部门组织贫困农牧民实用技术培训，动员社会各界力量献爱心，帮扶济困；积极配合上级部门组织的劳务输出工作，做好宣传动员和登记造册等。通过建立扶贫站，加强基层扶贫工作管理的力度。

第六章 婚姻家庭

第一节 婚 姻

一、婚姻制度的变迁

受伊斯兰教的影响,过去柯尔克孜族中曾存在过一夫多妻的现象,但主要限于牧主、氏族部落头人、伊斯兰教上层人士或一些无子女家庭。中华人民共和国成立前,吾依的柯尔克孜族也曾实行过一夫多妻制,但并不普遍。村中布依丁老人的父亲有三个妻子,叔叔有四个妻子。中华人民共和国成立后,这种不合理的婚姻制度被取缔。对于当时仍有几个妻子的人,只允许保留第一个妻子,其余的要求离婚。此后,柯尔克孜族就一直实行一夫一妻制。

二、通婚规则及范围

(一) 通婚规则

据报告人木萨·吾斯曼和阿赛丽·乌拉依介绍,过去柯尔克孜族中存在着姑表婚和姨表婚。他们有这样的观念,即认为亲戚间好说话，有问题也好解决，亲戚间通婚对子女比较好。两兄妹的子女通婚是很美满的婚姻，因此，在包办婚姻时代，他们寻找配偶的范围首先是近亲，然后是远亲，再后才是通过熟人介绍。现在，人们的观念已经发生了转变，虽然仍有在熟人、亲戚当中选择配偶的习俗，但大多数人已经感觉到亲戚间通婚的弊端：首先是近亲结婚对下一代不利；其次，夫妻间的矛盾也会影响到亲戚关系；最后，还有一些人认为亲戚间通婚不但不能扩大亲戚集团，反而会使亲属集团缩小，因此，他们也不赞成亲戚间通婚。

（二）传统婚俗

吾依村的柯尔克孜族曾有过"腰亲家"（指腹为婚）、定"娃娃亲"、"转房"等婚姻习俗。据村中的老人介绍，所谓腰亲家，就是如果两个人的关系很亲近，他们在保持这种关系的同时还想在未来成为亲家，他们就会事先约定，如果两家生了一男一女的话，将来就让他们结婚。这样，这两个有约定的人就成为亲家并相互送礼，这种亲家就叫"腰亲家"，因为柯尔克孜族传统上有句谚语："孩子在男人的腰里，女人在路上。"也就是说，只要男人的腰有力气就可以有孩子。如果两人的妻子确实生了一男一女，等他们长大以后就要让他们结婚。如果他们的妻子生了两个男孩或两个女孩，这些孩子将成为朋友。这种习俗发展到后来，虽然不是指腹为婚，但朋友的儿女在长大后往往更容易因为父辈的亲密关系而结成夫妻。村民热合曼·司马义老人家的长子就属于这种情况。据热合曼老人介绍，他的大儿子居马洪·热合曼今年42岁，18岁时由热合曼做主，娶了热合曼好朋友的女儿，但是婚后并不幸福，后来还是离婚了。娃娃亲就是幼年定婚，即在孩子还小的时候，就由父母为他们定下亲事。按照伊斯兰教的观念，男的13岁即算成年，女的9岁就算成年，因而，过去吾依的村民结婚都较早,女性十四五岁就结婚,而其中很多人还在是小孩的时候就已结下了娃娃亲。

过去,吾依的村民也实行过"转房"制,即兄终弟及,哥哥死了,弟弟可以娶嫂子。现在,这些婚姻习俗在吾依村多数已经不存在了,缔结婚姻也主要通过成年男女自由恋爱的方式进行。

(三)通婚地域及范围

吾依村民的通婚范围多局限于本村或本乡境内,很少有远距离的通婚。在抽样调查的37人中,有17人是与吾依本村的人通婚,占总数的45.95%。在黑孜苇乡境内联姻的有28人,占总数的75.68%。嫁出的女性20人中有4人嫁到外乡,占女性总数的20%。男性12人中,娶自外乡的有1人,占男性总数的8.33%。通婚的地域范围,最远者是老乌恰乡,即乌鲁克恰提乡,离吾依组约170公里。

表6-1 吾依村民通婚地域抽样统计表

序号	性别	年龄	族别	丈夫或妻子的族别	联姻地域
1	女	39	柯	柯	嫁在吾依本村
2	女	63	柯	柯	嫁在吾依本村
3	女	31	柯	柯	嫁在吾依本村
4	女	20	柯	柯	嫁在吾依本村
5	女	20	柯	柯	嫁在吾依本村
6	女	27	柯	柯	嫁在吾依本村
7	女	23	柯	柯	嫁在吾依本村
8	女	33	柯	柯	嫁在吾依本村
9	女	32	柯	柯	嫁到本乡
10	女	30	柯	柯	嫁到本乡
11	女	28	柯	柯	嫁到本乡

续表

序 号	性 别	年 龄	族 别	丈夫或妻子的族别	联姻地域
12	女	26	柯	柯	嫁到本乡
13	女	24	柯	柯	嫁到本乡
14	女	19	柯	柯	嫁到三大队
15	女	28	柯	柯	嫁到羊场
16	女	30	维	维	嫁到县城
17	女	26	柯	柯	嫁到巴音库鲁提乡
18	女	42	柯	柯	嫁到托云乡
19	女	27	柯	柯	嫁到托云乡
20	女	31	柯	维	嫁到喀什
21	女	76	柯	柯	自库拉日克小组嫁入
22	女	26	柯	柯	自羊场嫁入
23	女	39	柯	柯	自吾合沙鲁乡嫁入
24	女	39	柯	柯	自老乌恰乡嫁入
25	女	55	维	维	自喀什嫁入
26	男	65	柯	柯	娶自吾依本村
27	男	45	柯	柯	娶自吾依本村
28	男	31	柯	柯	娶自吾依本村
29	男	22	柯	柯	娶自吾依本村
30	男	31	柯	柯	娶自吾依本村
31	男	47	柯	柯	娶自吾依本村
32	男	25	柯	柯	娶自吾依本村
33	男	39	柯	柯	娶自吾依本村
34	男	60	柯	柯	娶自吾依本村
35	男	34	柯	柯	娶自库拉日克小组
36	男	29	柯	柯	娶自康西湾村
37	男	66	柯	柯	娶自老乌恰乡

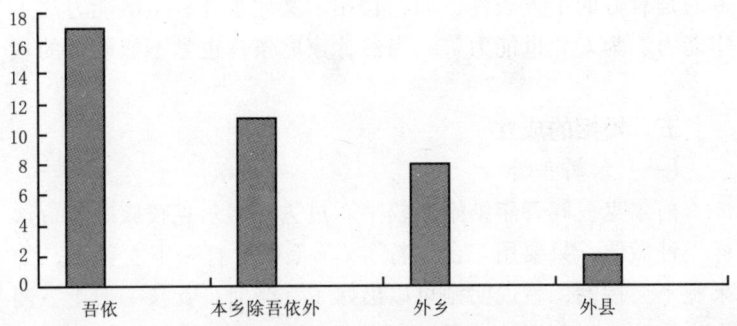

图 6-1 吾依村民通婚区域柱形图

三、择偶方式

以前,柯尔克孜族的婚姻都是父母包办,青年男女只有到结婚当天才能见到自己的丈夫(妻子)。结婚后,即便有不和,也只能认命,而不能反抗,更不能说离婚。村中年纪稍大者的婚姻基本上都是父母包办的,如朱玛罕老人的第一次婚姻,阿拜都拉、库尔曼阿洪·杰那力等人的婚姻都如此。随着社会的进步,父母包办的婚姻已经不多,现在,绝大多数年轻人都是自由恋爱,父母不作过多的干涉。

四、婚配条件

在父母包办婚姻的时代,父母为儿女选择配偶更多的是看重对方父母及子女的人品。认为父母的人品好,其子女的人品也会好。对方自身的个人条件也会作为考虑的因素之一。但对对方的家庭条件考虑的相对要少。据报告人阿拜都拉介绍,包办婚姻男方要看女方父母的性格,喜欢老实、柔和、温柔、能干、懂事的女孩,不太注重女方的外貌和经济情况。随着时代的发展、社会的变化以及受教育程度的提高,人们的思想观念也发生了巨大的变化。现在的青年男女选择对象时，考虑的更多的是对方的个人条件，如，长相、文化程度、生活能力、工作能力、为人处世能力等。当然，家庭条件也是不能忽视的。

五、婚姻的成立

(一) 结婚年龄

柯尔克孜族青年结婚比较早。过去，柯尔克孜族中流行这样一种做法，只要用"台别特"（羊毛帽）打一下女孩子，如果她不会摔倒，就说明她可以出嫁了。当时，女孩一般十三四岁，男孩十五六岁就结婚。

表6-2 吾依村民初婚年龄抽样统计表

序号	初婚年龄（岁）		结婚时间（年）	序号	初婚年龄（岁）		结婚时间（年）
	丈夫	妻子			丈夫	妻子	
1	28	19	1957	10	21	17	1981
2	28	16	1959	11	26	17	1982
3	20	14	1962	12	22	20	1997
4	28	18	1963	13	27	22	1985
5	21	18	1966	14	23	20	1986
6	24	18	1971	15	22	17	1991
7	35	20	1972	16	20	18	1992
8	27	21	1978	17	25	23	2000
9	21	16	1980	18	26	23	2002

从上表可以看出，吾依村的妇女一直以来结婚的年龄都是偏小的，这种情况一直延续到近年来才逐渐有所改变。直到目

前，一般也是20出头就要结婚，24~25岁结婚的情况几乎没有。但基本上都是达到国家法定婚龄才结婚。而男子方面，相较于女子，初婚的年龄就普遍要大得多，有的甚至可以算得上是晚婚。

（二）对婚姻关系成立的认定

以前，吾依村民普遍认为结婚仪式是婚姻成立的标志。中华人民共和国成立后，村民结婚首要的就是要"领证"，如果没领结婚证，在法律上就不能算结婚。但是，光有证，不举行仪式也算不上真正意义上的结婚。在吾依村民的眼中，结婚仪式和登记领结婚证同等重要。

（三）对离异再婚及丧偶再婚的看法

近年来，吾依村的离婚率颇高，村中常有离婚后回到娘家居住的女性，也有很多离婚、再婚的男子。村民们普遍认为现在的年轻人离婚率太高，离异再婚对下一代不利。年轻人结婚应慎重，婚前就应该谈好。丧偶再婚是迫不得已的事，是希望有个伴。

六、婚姻礼仪

柯尔克孜族的婚姻要经历求亲、定亲、结婚几个阶段。

（一）求　亲

男方家看好女方后，首先让媒人和男方的长辈到女方家去提亲。去的时候要带上一只宰好的羊和馕、博尔沙克、方糖等食品作为礼物，以表明他们的心意。女方家要宰羊接待。如果女方家同意了，就要择日举行定亲仪式。

（二）定　亲

定亲仪式略小于婚礼，但也非常隆重。一般要组织一个庞大的相亲队伍，由男方的母亲、介绍人及有威望的老者、女眷们组成，由男方带去一定数量的羊、聘礼，并给姑娘一身新衣，特别要戴一对银耳环，作为定亲信物由婆婆给未来的儿媳妇戴上，把带来的衣服鞋帽给姑娘穿戴整齐，并在额前亲一下，然后再由相亲团的女眷们逐一在姑娘面上亲一下，说些吉利、祝福的话。戴耳环的仪式男性不能参加。与此同时，还要把男方带来的羊宰掉，隆重款待亲戚朋友和左邻右舍，并把带来的礼品，按亲疏辈分送给亲戚，然后双方协商迎娶的日期。

按照柯尔克孜族以前的传统，要定亲一年后才可以结婚。一年之内不能让男方的亲戚见到女方，若女方在公共场合遇到男方的亲戚必须躲避，男方也同样要遵循这种习俗。柯尔克孜人认为躲避是一种好习俗，它是对双方亲戚的一种尊重。现在，除少部分农村外，大多数地区都已没有此习俗了。

（三）聘礼与嫁妆

1. 聘礼。柯尔克孜族婚嫁有纳聘的习俗。《太平寰宇记·黠吉斯传》载，唐代柯尔克孜人"婚嫁纳羊马以为聘，富者或千计"。以畜牧为主的柯尔克孜人，牲畜就是其主要财富。所以，柯尔克孜人的聘礼中牲畜占很大的比重，最多的可达到100只。到现在，人们仍依据家庭条件，送给女方几只到十几只羊作为聘礼。此外，还要送衣服、布匹及其他一些物品，聘礼多以"九"为单位。

1956年以前，聘礼很少给现金，而以物品居多。男方家要给女方家马、骆驼、牛、羊和布匹。富裕户是牲畜"五个九"，即九匹马、九只骆驼、九头牛、九只山羊、九只绵羊，再加布匹等"三个九"：九块布料（一般每块2.2~2.5米，够做一套衣服），亲家的衣服、大衣等九样，女方的梳洗用具九件。贫穷家庭一般给六七只羊，再给女方父母买上一件大衣即可。人民公社时期，牲畜、草场收归国有，干活拿工分，因此，聘礼由给物品变为支付现金。现在，不仅要给现金（一般7 000~8 000元，多的达到二三万），还要根据条件送数量不等的羊和马及衣服。结婚前一天,男方家要把羊、马、米、油、胡萝卜等一些物品送到女方家,还要在马的脖子上缠一圈白棉布,以示纯洁和祝福。

不管聘礼的样式发生怎样的变化,按柯尔克孜人的传统,有几样东西是必备的。它们是:给女方父母的一套衣服,新娘的一套衣服以及一只活羊。

2. 嫁妆。柯尔克孜女子出嫁,嫁妆是很多的。不但要给与男方家所给数量相当的布匹,还要给帷幔、花毡、地毯、枕头、被褥、箱子、窗帘等。富裕一点的家庭要给男方家一套生活必需品,如电视、自行车、燃气灶、碗、水壶等,有的还会给新郎买一辆摩托。这些幔、毡、毯、枕头等都是新娘千针万线缝制的。嫁妆要在娶亲队伍离开女方家之前当着众亲友的面清点给男方家。在清点完嫁妆后,女方家要给一匹马让新娘骑,一只骆驼驮东西回去。1956年后,马和骆驼已不再给,其他照旧。

如同聘礼一样,嫁妆中也有一些是必备的:两床被子、一个花毡,有条件的再给新郎一顶帽子(羊毛做的台别特帽)。

(四)婚礼过程

吾依柯尔克孜族的婚礼多在羊肥马壮的秋季举行。婚礼先在女方家举行,具体过程如下:

结婚前一天,女方家要宰羊,请亲友、邻居来吃饭,邀请他们第二天来参加婚礼。结婚当天,亲友一早就到来。父辈的近亲一般带羊、毡子、被子,邻居、朋友条件稍好的也带毡子、毛毯,有的也送钱(20元到50元不等),条件不好的则尽其所能,有什么就带什么。客人到来后,先请到房中喝茶、吃馕和博尔沙克。接近中午,男方家的父母及亲友赶着羊,驮着东西来到女方家。在离女方家一定距离的地方排成队前进,走在最前面的是女性长者,接其后是年轻妇女,再后面是男性长者,最后是中年男性。在男方家亲友到来的时候,女方家的亲友也在院中分男左女右排成过道型的两排迎接。在男方亲友进门时,女方家有一个人站在门口向他们身上撒面粉,以示欢迎和祝福。女性先进门,进门后与迎接的女方家女性亲友握手,然后才是男性进门,同样与迎接的女方男性亲友握手问候。进屋后,男女分开坐在不同的屋子里,洗手、喝茶、吃点心。吃完点心后,要喝酸奶稀饭,最后吃抓饭。

饭后,要举行"吃马后腿"仪式。在双方亲友中选约20个尊贵的男客人集中在一块吃马后腿肉,所选的一般是老人、领导和年轻者中有名望的人。马后腿肉是最嫩最好吃的肉,因而这个仪式也表现了对老人的尊重。

整个早上,新娘都要坐在自己的房中不能出来,由女伴陪着。午饭后母亲、嫂嫂、姐妹、朋友及其他女性亲眷来与之告别。告别时要唱哭嫁歌,大意是诉说母女、姐妹、朋友之情,并向新娘表示祝贺,为他们未来的生活祝福。在这个过程中,男方家的女眷要到房中看新娘。进房的时候要依次亲吻新娘及在场女宾们的脸颊。然后坐下吃东西,此时,新娘的母亲要拿出为新郎母亲做的衣服给她穿上。从始至终,新娘都在低头哭泣。

在以前,饭后要举行"赛马"、"叼羊"、"马上拾金"、"角力"等活动,男女双方的亲戚都参加。赢家会得到女方家给的一份礼品。现在,这些活动已不再举行。

下午,新郎和他的迎亲队伍才到。他们不能直接到新娘家,而是到新娘嫂嫂的房子。小伙子们排成一排,边走边唱,一人弹库姆孜,一人拉手风琴。一路弹唱着走进嫂嫂家的门,进大门时要唱着鞠躬三次,进屋门前先要唱歌,大家唱完后再由弹库姆孜的人边弹边唱,唱完后鞠躬进屋,接受嫂嫂的盛情款待。他们唱的大意是:"你们这里有姑娘吗?有的话,我来做女婿……"。

　　新郎新娘要到晚上才能见面。晚上要举行一个盛大的舞会，首先是新郎新娘登场跳"会面舞"。新郎新娘两人面对面，和着歌声的节奏翩翩起舞，向右转360°，张开双臂手拉手，胸部向前凑一下；然后向左转360°，手拉手，胸部向前凑一下。他们重复这个动作，唱完会面歌，新婚夫妇的会面舞才告结束。接下来是男女青年的邀请舞。在这里，他们不光是庆贺别人的新婚，也是为自己的婚姻做准备。舞会一直要进行到深夜。随着社会的发展，传统的舞会发生了日新月异的变化。现代柯尔克孜族婚礼中的舞会已不在毡房前举行，而是转移到了县城的舞厅。在新娘家吃过下午饭以后，双方的亲友便和新郎新娘一起到县城的舞厅去跳舞。舞会分两场，跳完第一场以后要返回新娘家吃羊肉，吃完羊肉后，年轻人继续去跳舞，年老的亲友则留在女方家休息。入夜时分，舞会才会结束。

　　第二天一早，娶亲队伍才从女方家出发。清早起床后，活动分两边进行。这边是母亲和姐妹正忙着给新娘梳辫子，把原来的四十根小辫扎成两根大辫子，并在辫子上缠上表示纯洁和祝福的白棉花。那边则忙着款待迎亲队伍，吃完东西后，新娘的嫂子要给新郎及其朋友一份礼物。传统的是一人一块手帕，现在一般给一块布料或是一件衬衣外加一块手帕。在新人离开新娘家以前，还要举行一个摔羊肺的仪式。由一位老者手拿切开的两半肺同时向新婚夫妇头上摔去，既表示将病患、苦恼和邪气驱走，同时也是对新人未来生活的祝福。仪式完毕，便是双方母亲清点嫁妆。此前，女方母亲要给远道的亲戚送礼（男方家的回家后再送）。点好嫁妆后，迎亲队伍准备出发。这时，女方亲戚中会有一个男性长者故意摔倒在嫁妆上，不让男家取走嫁妆。只有男家给他送礼（一般是一件大衣），他才会起身。此后，会有一女性把祝福的糖块和点心撒向客人。一切就绪，盖着盖头的新娘由未来的婆婆接出门，哭着被众人扶上车（马），嫂嫂或亲姐妹中的一个要陪同她到男方家。

"拦路"习俗：当娶亲队伍经过阿寅勒时，前面会有一群年轻人拉着毛绳横于路上，挡住去路，迎亲长者给他们送上礼物，他们予以放行。同时，村民们还要拿出马奶酒来招待新郎、新娘，并向新人祝福。还有人在路上点起火堆，请新郎、新娘跳过，以祝福平安和幸福。这是历史上抢亲遗留下来的习俗，以绳拦路本来是对抢亲者的拦截，以后演变成拦路送亲的古朴民风。实行定居后，这一古老的习俗已经简化了。跳火堆等一些情节已经消失，但拦路仍然存在，只是方式由拉绳变成了关门。

进门：新娘到男方家，在离毡房约50米远的地方就要下车（马），由陪同前去的人搀扶着沿铺好的毡子走进毡房。进房的时候要鞠躬三次，陪同的人先鞠躬，然后，她再扶新娘鞠躬。进房时，要拿一块酥油让新娘吃下，以表示她此后就是这个大家庭的一员了。进门后坐到正对门一间屋子中已挂好的帘子后面。这时，婆婆或是新郎的嫂子会在新娘的衣角放一块重的石头或石盐，有的也会放上一把十字镐，以期她日后性格稳重一点。当天男方家要宰羊接待。

第二天一早，新娘要在家人起床之前就起床打扫屋子和庭院。待公、婆起床后，要给他们鞠躬，每天都须如此，直到公婆满意为止。短的三四天，长的可达一年。以前还有新媳妇出进只能正面对着公婆的禁忌，现在则相对自由。

陪同来的人1～2天后就回去。走的时候男方家要给她穿上一套新衣，并为她准备一些食物。结婚3～7天后，新娘家中的女性亲人要来看望她，并将她以前穿的衣服、用的东西带过来，还要给她买一套新衣服，带一些布料。男方家要宰羊接待。亲人看完她回去后的第二天或过三四天，新娘要和丈夫、公公、婆婆一起到娘家去。娘家同样要盛情款待。

（五）婚宴的消费习俗

吾依柯尔克孜人的婚礼非常盛大而隆重，在婚宴上不仅要吃羊肉、马肉、馕、千层饼、油锅子、朱普卡，喝马奶子、羊奶、酸奶，还要吃瓜果、糖果、饼干等小食品。因此，婚姻的消费非常高。过去，富裕户办一场婚事需要如下开销：马2匹，羊15~20只，面粉200公斤，马奶100公斤，酸奶50公斤，奶皮20公斤。其中，酸奶和奶皮是夏天用，冬天则用黄油10~20公斤，奶疙瘩40~50公斤。除此之外，还有一些水果和零食。一场婚事下来，差不多要花2~3万元。后来，许多人由于结婚大操大办，婚后出现返贫现象，加上政府的大力宣传，人们逐渐意识到了节俭的重要性。因此，现在的婚姻相对节俭了一些，即便是富裕户也只宰1匹马，10只羊，比以前少了一半。而且，还有许多夫妇积极响应政府的号召，举行简单而有意义的集体婚礼。在调查中，80%以上的人都认为婚礼应该简办，而且还希望政府能加大这一思想的宣传力度。

（六）婚礼中的礼物交换

结婚当天，男方家到女方家来的时候，要把他们给女方家的羊赶过来。饭后男方母亲及其他女性亲友去看女孩时，要给女孩戴上金耳环、项链、戒指和手镯，并把带来的布匹、头巾给她，新娘的母亲也要还赠一些布匹、头巾等礼物给对方。

除了男女双方的礼物交换，前来道贺的亲友们也会带布料、被子、毡子等生活用品。

（七）婚礼中的娱乐活动

过去，在柯尔克孜族的婚礼上要举行赛马、叼羊、角力、马上拾金等传统的娱乐活动和一个盛大的舞会。今天吾依村的柯尔克孜族婚礼中，这些传统的游艺活动已不再举行，但舞会仍然举办。有条件的家庭还会请玛纳斯奇、即兴诗人以及一些民间歌手、乐手等前来表演助兴。歌手、乐手们拉着手风琴，弹着库姆孜，为婚礼增添了不少欢乐的气氛。而新郎和他的伙伴们进新娘嫂嫂家门时，也要边弹边唱地进入。

（八）婚礼中的宗教活动

结婚当晚要举行一个"尼卡"仪式。这个仪式很重要，柯尔克孜人包括吾依村民认为，如果没有举行"尼卡"仪式，即便领了结婚证也不能算成亲。仪式由宗教人士"毛拉"主持，参加者有双方父亲、新郎新娘及伴郎伴娘。因为彼此还没有见过对方父亲，为表示尊重，请伴郎伴娘来到双方父亲和毛拉面前，代替新郎新娘传话。毛拉先问二人是否愿意结合，待二人回答后，还要告诫新郎一些事情，如"不能把妻子单独留在房里6个月"，"狗不叫的地方不能住……"，并希望他们能和和美美地过一辈子。过去的"尼卡"仪式在新人同房前举行。在仪式上要把泡过盐水的馕让新郎新娘吃下，意即婚姻牢固，吃完后二人就是夫妻，可以同房。

除了"尼卡"，新人出发前举行的摔羊肺仪式也具有宗教性质。

七、婚后的居住模式

柯尔克孜族实行的是妻从夫居的居住模式，没有"入赘"的情况。即使家中只有女儿没有儿子，这些女儿也都会出嫁，而且婚后不会和女方的父母一起居住。结婚以后，新婚夫妇过去多仍和男方的父母一块居住。以前多是在毡房内挂一块帘子隔开，有条件的也会为他们另建一座毡房。现在，在农区住房条件相对宽裕，父母和子女各有各的房间。还有很多家庭，较大的儿子婚后通常分开单独过，只留幼子与父母同住。

八、族际通婚

吾依村民与他族通婚的人数很少。以前几乎没有,现在,也有与汉族(主要是农场的汉族)、维吾尔族通婚的,但数量很少,而且大部分都是在外工作的。在我们抽样调查的53个人中,37个已婚者的配偶都是柯尔克孜族。

在吾依村,本民族、本地通婚相当普遍,这从买买提居马·马木提一家儿女的婚配情况可见一斑。

买买提居马·马木提,56岁,上过小学四年。他的爱人叫阿娜尔罕,现年50岁。两人都是吾依村人,生有2男4女,3个女儿和1个儿子已成家。其中,最大一个是女儿,叫萨代特,31岁,上到小学三年,嫁在吾依,有一男一女;二女儿,奇莲,28岁,小学毕业,嫁在羊场,有一男一女;老三是儿子,托合托霍焦,22岁,初中毕业,在吾依娶妻,生有一子;老四是女儿,对谢罕,20岁,儿时因身体不好没上学,现在已经结婚,嫁在吾依;五儿子和六女儿尚未婚配。

随着民族交流的不断增多,柯尔克孜族与其他民族的通婚也在增加。族际通婚是有成效的,它不但会促进柯尔克孜族与其他民族间的相互了解,而且,也会促进民族的团结与繁荣。

表6-3 吾依村择年婚姻状况统计表

项目 户数 年度	总户数	族际通婚形式				婚后居处模式	
		与本民族通婚	与汉族通婚	与其他民族通婚	与境外人员通婚	从夫居	入赘
1990	30	25	0	1	0	20	0
2002	37	30	0	1	1	29	0

九、婚姻的解除

调查结果显示,吾依村的离婚率是比较高的。在抽样调查的39户人家中,家中有人离过一次婚的有5家,家中有两人离过婚的有2家,还有一家是户主个人离过两次婚。更有村民反映村中有一人结婚13次,这种说法当然有些夸大其词,但也从一个侧面反映出了离婚率高是吾依村的一大现象。

(一)离婚的原因

首先,夫妻感情不和是导致许多人离婚的一大原因,这一方面是由于父母包办婚姻造成的,另一方面是因为双方在婚前对对方了解不深所致。其次,吾依村的部分年轻人很爱喝酒,因此,不顾家,酒后和老婆吵架、打老婆是村里离婚率高的重要原因。最后,离婚还有一个重要的原因就是妻子不能生育,没有子女。在许多时候,前面两种原因往往又是混合在一起的。如村民古丽的婚姻就是这样。

古丽,26岁,小学文化,是从吾合沙鲁乡嫁到吾依村。三年前结的婚,婚姻由父母包办,在结婚前,她从未见过现在的丈夫。婚后丈夫经常喝醉,不但把她做手艺赚来的钱都拿去喝酒了,而且在没钱时还把身上的毛衣都押到酒店当酒钱。喝醉了就回来和她吵架、打她。现在他们几乎是家徒四壁,连住都是借别人的房子,但丈夫的习气仍然没有改变。面对这样的丈夫和家庭,她失去了生活的希望,她想离婚,但丈夫不同意,她的父母也反对。对于这种命运,她惟一的反抗方式就是回娘家(乡里的妇联也建议她这样做),但回去后,婆家仍会去接她回来。前一段,她回家了5个月,就在见到调查组的前一天,才被婆婆接回来。虽然如此,婆家的人对她的态度还是一如既往,丝毫没有转变。她表示自己别无选择,只能听从命运的安排。

表 6-4 离婚原因分类表

N = 10	夫妻感情不和	不能生育	丈夫喝酒、不顾家	其他
频数	5	1	3	1
百分比	50%	10%	30%	1%

(二) 离婚的方式

若夫妻不和想要离婚，村中年纪大一点的人会来相劝，晓之以理。劝慰不成，便由村里和乡里的干部来调解。调解2~3次仍不行就交给法院判决。法院裁定后分财产，然后民政局发离婚证，宣告二人的婚姻结束。

吾依村有好几个出嫁离婚后回娘家居住的女性，有的还带回所生的孩子。离婚后的女子回到家，父亲要为她举行一个仪式：宰一只羊，并请邻居来参加。取出羊肺往她的头上摔两下，然后扔掉，意即女儿以后就不用再过烦恼、困苦的日子了。

(三) 对家产的分割

家产的分割因提出离婚方的不同而不同。男方提出离婚，女方不仅可以带回嫁妆，而且还可以多分一些家产，甚至连房子也可以要。过去，丈夫提出离婚，还需给妻子半年的生活费。若离婚由女方提出，则她不但要返还男方聘礼，而且她的嫁妆也不能带回去，家庭的财产男方分得较多，女方较少，有时甚至分不到财产。

(四) 对子女的抚养

若离婚双方共有3个孩子，一般情况下，男方两个，女方一个。两个孩子的，夫妻一人一个；不管是几个小孩，如女方丧失抚养能力，则可全部由男方抚养。尚处于哺乳期的孩子由女方领去抚养，长大后还给男方，抚养期内男方要定期给女方生活补贴。离婚后女方带回家的孩子仍维持原来的姓氏。

（五）离婚对个人生活的影响

柯尔克孜族传统认为婚姻是神圣的，离婚是不好的事。早些时候，人们对离婚很不理解，认为都是女性的错，是女性不遵守传统道德的结果。所以，离婚的人会受到歧视，生活的压力很大。近些年来，这种看法已有所改观，许多人都认为离婚是别人的私事，他人不应该干涉，对离婚的态度也有了改变。虽然如此，离婚还是或多或少地对双方的生活产生了不好的影响，因而，多数村民仍认为不是万不得已，最好不要离婚。

（六）再婚、复婚的状况

离婚或丧偶的人中，男性再婚的比例要高于女性。一般来说，40岁以上离婚或丧偶女性再婚的不多，一般自己一个人艰难的支撑家庭，养活儿女。在吾依村，就有好几个三四十岁的妇女单身承担起抚养子女、照顾家庭的重担。问及不再婚的原因，有的说怕别人看不起自己的儿女，会欺负他们，有的说怕婆家的亲戚看不起自己。

比起再婚的来说，吾依村复婚的人数相对要少得多。复婚也要举行一个小型仪式：要宰一只羊，把关系好一些的亲戚请来，男方要为女方买一套衣服。待领过结婚证，举行完"尼卡"仪式后，夫妻就可以开始新的生活了。

十、性行为

柯尔克孜族不允许发生婚前性行为。旧时，在柯尔克孜族的婚礼上曾经有一个"晾被"仪式，即在新郎新娘同房的第二天一早，要把被子拿到众亲友面前让大家看，如若可以就娶走；但如果没过关，新郎家当即收回聘礼，走人。这个女孩自此就会遭到众人的唾骂，受人歧视，一辈子都在人前抬不起头，并且，也没有人再愿意跟她结婚。现在的吾依村民已不再举行"晾被"仪式，但贞节的观念仍然很重，婚前性行为还是为众人所恶。

第二节 家 庭

一、家庭结构
（一）传统家庭结构

从家庭发展的历史来看，柯尔克孜族中曾广泛存在过传统的大家庭，这种家庭形式曾长期存在于柯尔克孜族的历史发展过程当中。基于游牧的生产特点，传统的柯尔克孜族是生活在一个大家庭内的。所谓的大家庭，指的是以血缘关系为基础的部落群体。这种家庭的特点是几代同堂，孩子众多，妇女结婚和生育时间很长，一般都是从14~15岁开始，一直持续到50岁左右。随着社会的发展，原来的以血缘为基础的部落逐渐分化、瓦解，形成了以父母及未婚子女组成的小家庭。所有家庭都被组织在一个"阿寅勒"（牧村）下，明显带有氏族社会的色彩。在"阿寅勒"内部，所有家庭都一起进行生产劳动，相互协和，保持着比较亲密的生产关系。财产不再公有，而归个体家庭所有。男女在分工上比较明确，男子从事放牧、耕地、割草等活动，妇女则在家中做家务及织毯、擀毡、挤奶等活动。男子绝不操持家务，女子也不参与男子的社会事务。男性长者在家庭中有比较大的权威，由他主持日常生产，决定子女终身大事；妇女在家庭中地位比较低，说话声音不能太大，没有权力继承遗产，不得提出离婚。20世纪80年代以后，柯尔克孜族延续了千年的大家庭根基进一步发生动摇，小家庭迅速增加，成为家庭发展的新趋势。现在，柯尔克孜族家庭正处于这两种家庭的过渡时期，小家庭的数量已经超过了大家庭的数量,大家庭这种形式虽然已经不多,但是还继续存在。

(二)吾依村家庭结构

目前吾依柯尔克孜族家庭具有这样几个特点:1.传统的大家庭。这种家庭由祖孙三代直系亲属组成,虽然家庭形式已经过时,但是受传统观念的影响和发展的惯性,在吾依仍然有一定的市场,还会继续存在一段时期;2.过渡型家庭,介于传统大家庭和现代小家庭之间。即成家的儿女陆续分出去单过,未成家的儿女或者离婚的儿女仍然和父母在一起生活,人口比较多。这类家庭的男女主人多出生于"文革"前或"文革"时期的大家庭中,童年经济生活和文化生活贫乏,没有受良好教育的条件,但较之父辈要稍好一些,文化程度以小学为主;3.现代化小家庭,人口在4口左右。这种家庭男女主人多是改革开放以后出生的一代,以受教育程度较高,经济生活较好为特征;4.老年人和孙子辈组合起来的家庭。这种家庭在吾依家庭户数中占到不小的比例。孙子辈大多数是在外地工作的子女,特别是离婚子女留下的。出现这种家庭既有历史传统影响的因素,也是市场经济发展中激烈竞争在家庭方面的反映。柯尔克孜族历史上就有老人养大孙子、孙女的习俗,特别是第一个孙子或孙女。大儿子在生育后须将一个儿女送给父母抚养,并改变原有称谓,称亲生父母为哥哥姐姐,称祖父母为爸爸妈妈,以表示对祖父母的亲热。改革开放以后,生存的压力越来越大,儿女在外工作非常不容易,年老的父母总想对儿女有所帮助,带孩子就是其中最主要的一种方式。此外,吾依柯尔克孜族家庭中离婚现象比较严重,有几个家庭甚至有几兄妹都离婚的现象。离婚以后,子女在离婚双方中间进行分配,一般是女孩子归母亲,男孩子归父亲。离婚的年轻人和中年人多数会很快再婚,不少孩子便理所当然的留给了自己年迈的父母。

吾依众多家庭中，60~70年代组建的家庭以大家庭为主，大多数孩子都在5个以上，以6~9个孩子比较普遍，这一代孩子现在绝大多数已经成家，一般拥有3~4个孩子，人口基数比较大。80~90年代组建的家庭以小家庭为主，儿子结婚以后从大家庭中分出来单过已经成为吾依柯尔克孜家庭发展的大趋势。女人出嫁后就离开娘家和丈夫一起居住，儿子在分得一部分财产后也得离开父母独立成家。柯尔克孜族历史上实行幼子继承制，村中目前在继嗣方面仍基本遵循着这一传统的规则，父母一般和最小的儿子一起居住。

当然，目前吾依村的柯尔克孜族家庭仍以父母和他们的一个已婚儿子核心家庭组成的所谓主干家庭居多，一般是由祖父母、父母及未婚子女组成三代家庭。据不完全统计，在吾依村，以核心家庭和主干家庭最多，分别占调查家庭总数的38.63%和43.18%。而过去那种扩大式大家庭，在村中已经很少见，核心家庭的上升将是未来吾依村民家庭结构发展的一个趋势。此外，由于离婚、丧偶因素的影响，村中也存在少量的单亲家庭。在吾依，离婚率相对较高，在调查中，就发现很多家庭都有离婚、再婚的情况。一些家庭中，已经出嫁的女儿离婚后又回到娘家居住，有的还将孩子也一同带回。有的家庭，兄弟姐妹中不止一人离过婚。

表6-5 2003年吾依村部分家庭结构统计表

家庭类型 N=44	户数	比例（%）
核心家庭	17	38.64
主干家庭	19	43.18
扩大式家庭	4	9.09
单亲家庭	4	9.09
合计	44	100

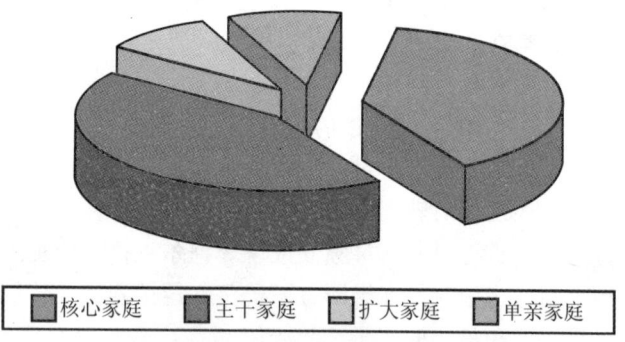

□ 核心家庭　■ 主干家庭　▨ 扩大家庭　■ 单亲家庭

图6-2　吾依2003年家庭结构抽样图

在吾依村，除了上述家庭类型外，还有少数比较特殊的家庭构成：

个案一：库尔曼·买买提艾沙

库尔曼·买买提艾沙，男，今年39岁，柯尔克孜族。初中二年级辍学，原因是父亲去世，母亲再嫁，家里无人干活。19岁那年（1983年）由家长包办和本村女子结婚，婚后与母亲及继父一起生活，生育了二男二女4个孩子。母亲于1986年去世，之前继父已经去世，留下一个年仅6岁的同母异父弟弟。从此，库尔曼·买买提艾沙除了照顾自己的家庭外，还承担起抚养照顾弟弟的重任。弟弟和他们一起生活，至今已有17年，弟弟读到高三第一学期结束时不愿继续上学。对于与弟弟一起生活，他和妻子均没有意见，相处得也很好。他表示到弟弟结婚的时候，要为弟弟准备房子，至少也要花上五六千元钱。

个案二：帕提西·司马义

帕提西·司马义，女，58岁，柯尔克孜族。有四男四女8个孩子。有二个儿子已经成家，三个女儿已经出嫁。现有二儿一女尚未婚配。大儿子39岁，6年前离婚，与前妻生了一个女儿。大儿子三年前再婚，后妻也是吾依人。现在，大儿子在县工商局当临时工。大儿子与前妻的女儿和帕提西·司马义一起生活。因而，帕提西·司马义家里现在有5口人，两个儿子，一个女儿和一个孙女。

二、家庭关系

柯尔克孜人向来以家庭关系和睦著称，吾依村也是如此。村民们信奉尊老爱幼的优良传统，家庭成员之间都互相爱护，宽厚待人。父子、兄弟、婆媳、妯娌之间很少有吵闹、争斗。我们在入户调查中发现，有许多家庭自成立以来，父妻间没有发生过争吵，父子间没有发生过矛盾，婆媳间没有发生过斗嘴，家庭关系十分和谐。父母与子女的关系可用"父慈子孝"一句话来概括，父母总是尽自己最大的努力为子女创造好的生活条件，而儿女对父母也十分孝顺，不会轻易违抗父母的意志。家庭中，兄弟姐妹之间也是谦恭有礼，遇事互相忍让，兄弟姐妹为争财产或由于利益冲突而争斗之事，在吾依村几乎见不到。祖辈与孙辈的关系则更加显得亲密无间。村中的小孩多由爷爷奶奶带大，与爷爷奶奶格外地亲，而爷爷奶奶对他们也是爱护有加。

在村中，家庭里尤为突出的是亲如姐妹的妯娌关系及亲如母女的婆媳关系。兄弟各自成家后，妯娌之间交往仍然十分频繁。由于挤奶、擀毡、剪羊毛等工作都需要几个人一起协作，所以妯娌间的相帮互助就成了自然。在共同的劳动中，又更加深了妯娌间的感情，让他们亲如姐妹。在家中，公婆称自己的儿媳妇为"克孜"，意为女儿，而亲密的婆媳关系更胜母女，不仅减少了婆婆虐待儿媳的情况，也无儿媳不善待婆婆的。此外，儿媳对丈夫兄弟或前妻遗留下来的孩子也十分疼爱，关心他们的生活起居直到成人。柯尔克孜人自古有"嫂嫂便是娘"的说法，充分地说明了嫂嫂的温柔贤慧。岳父母与女婿的关系多数情况下也是相处极好，岳父母一般将女婿当成亲生儿子对待，而女婿对岳父母也会恭敬孝顺。逢年过节，女婿会和妻子一起回娘家探望岳父母，平时也会帮岳父母家干活做事。

　　柯尔克孜族家庭关系的另一方面是父系家长制在家庭生活中的影响。家长在家里享有绝对的权威，一家人都必须服从。子女必须服从父母，不听话的子女被视为不肖；从夫妻关系方面来说，由于受传统男尊女卑等观念的影响，还表现出在家庭生活中男子地位高于女子的迹象，妻子必须服从丈夫，作为一家之长的男性长者，受到更多的尊重。当然，近些年，由于各种原因使得村中的家庭关系发生了一些改变。如观念的变化导致妇女地位的上升，越来越多的村民特别是女性村民渴望一种平等的夫妻关系，在家庭中，遇事夫妻互相商量的情况也越来越多，尽管拍板定案的仍然多为男性。部分青年男子开始干家务活，减轻妻子的压力。但是村中也有比较突出的家庭问题，如离婚，究其原因大部分因为男人喝酒所致，由于生活得不到改善，而自己又不想劳动，于是村中少数男子产生了怨言，转而到酒精中麻醉自己，回到家中又拿老婆出气，长年累月造成家庭境况更加恶化，家庭关系更显紧张，最终导致家庭破裂。

三、家庭功能

　　吾依村柯尔克孜族家庭的功能可分为外部和内部两大功能。对外主要指的是家庭作为一个基本生产单位的功能，对内则指养儿育女、赡养老人及分割财产的功能。

　　(一) 外部生产功能

　　吾依组多数柯尔克孜族的生产方式是夏天到高山草原放牧，冬天在村中耕种。这样的生产方式决定了柯尔克孜族家庭必须在夏窝子和冬窝子两个地方迁移，于是家庭中一部分成员（多数是青年人）便过着逐水草而居的生活，只有冬天才回到村中和家人一起生活。不管是去夏牧场放牧还是在村中进行农业耕作，家庭都是一个相对完整的生产单位。各种劳动一般都是由家庭成员分工协作来完成。

（二）内部功能

1. 教育功能。儿女出生后，家庭便成了他们的栖居之地。父母和爷爷奶奶不仅在家庭中教育孩子应该遵守的礼节伦理，本民族的优良传统及历史，还教孩子各种生产技能、家务活动。家庭成了儿女学习知识的课堂及生产技能的演练场，一直到儿女成家并分家独立生活为止。

2. 赡养功能。柯尔克孜族有尊老敬老的传统。吾依组的村民，在父母老了以后，子女必须要对他们进行赡养，不能让他们干重活，而且要为他们供奉最好的吃食，否则将会遭到全体村民的一致谴责。

3. 财产继承与分割功能。吾依组村民的家庭还具有分割财产的功能。儿子成家时，父亲要为其置办房子，分给其部分财产；小儿子成家后则和父母一起居住，并分得父母大部分的财产，承担赡养老人的义务。已出嫁的女儿没有继承权。若父亲死后财产仍未分配，则由大儿子主持分配，原则仍是幼子分得大部分。如幼子尚小则分给大儿子，但大儿子要负责操办弟弟们的婚礼，为他们买田置房。原有分配过的财产不再重新分配，所有儿子均能分到父亲的财产。

四、家庭规模

柯尔克孜族现有家庭是大家庭分化后的结果，目前，吾依村民的平均人口一般在5口人左右。在实行计划生育以前，一对夫妻所生儿女甚多，即使有的儿女由于生病、意外或其他原因夭折、死亡,但家庭人口依然较多。到当地开始实行计划生育政策以来,一对夫妻生三个孩子,与以前相比,家庭人口已有了很大的减少。加上计划生育政策要求两胎之间的时间间隔要在3年以上,也在一定程度上有效控制了人口的过快增长。

此外,由于现在吾依组的多数家庭在儿子成家后就与父母分开过,只留幼子与父母一起生活并负责父母的赡养,因而,传统的大家庭也逐渐为一些核心家庭所取代,家庭规模有越来越小的趋势。由于传统生育习俗的影响,尽管多数村民已经不再认为"多子多福",相反很多中老年人更深刻地体会到了"儿多母苦"的含义,但人们仍倾向于认为孩子以生2~3个为好,很少有村民选择生育独子,更没有人选择不生孩子。显然,传统的观念依然在村民的思想中占据着重要地位,加上农村养老模式的限制,村民实际上很难做出生育独生子女或不生孩子的极端选择。

表6-6 吾依部分村民家庭规模统计表

丈 夫		妻 子		现家庭人口	所生子女数				备 注
					总数	儿子		女儿	
姓名	年龄	姓名	年龄			已婚	未婚	已嫁	未嫁	
		阿巴罕	76	4	4	3		1		丈夫已逝
斯蒂克·阿玛特阿洪	74	乌尔丽沙	65		5	3		2		
苏力坦别克	72	布罕吐尔地阿洪	60	5	5	3		2		
		沙热克兹	70	4	7	2	1	4		丈夫已逝,大儿分开过,离异女儿在家

续 表

丈夫		妻子		现家庭人口	所生子女数					备注
					总数	儿子		女儿		
姓名	年龄	姓名	年龄			已婚	未婚	已嫁	未嫁	
		阿奇利汗	60	5	9	5	1	1		丈夫已逝
吐逊纳卜杜拉	60	吐尔昆	54	7	7	1	2	1	3	已婚儿子分开过
托合塔洪	58	塞柯尼汗	55	4	5	1	2	2		大儿分开过
		哈丽帕	55	4	6	1	1	2	2	丈夫已逝，大儿分开过
雄华尔	53	喀兹克		6	5		3	1	1	
		阿万克兹	47	5	4	1	1	1	1	丈夫已逝
买买提吐尔地	47	帝沙汗	38	6	4		2		2	
哈日别克	45	阿曼古丽·克力木	40	5	3		1		2	
爱山	40	加米拉	37	5	3					
		阿吞比	39	5	4		3		1	丈夫已逝
买买提卡德尔		阿尼帕	39	5	4				4	丈夫已逝
托尔杜玛买提·库班	34	居玛古丽·达特罕	29	5	3		2		1	
比尔塔阿洪		朱玛罕	31	3	1		1			
阿克木		萨伊卡利	26	3	1		1			

从上面的村民家庭抽样中可以看出，吾依村民的家庭规模多在5口人左右。虽然老一辈人生育的儿女较多，但由于儿子成婚后一般分开过，女儿出嫁后也从夫居，因而，一般就是和一个已婚儿子或未婚儿女生活，家庭的规模并不是太大。

五、亲属称谓

人一出生就处于亲属关系网的包围之中，亲属称谓就是指亲属之间的称呼，它不仅标示着一种生物学意义上的血缘关系，更包含着许多社会权利和义务，也反映出所属社会的某些文化特征。

表6-7 吾依村民亲属称谓对照表

亲属关系	汉语称谓	柯语称谓	备 注
父亲之父	祖父	穷阿塔	泛指祖辈
父亲之母	祖母	穷叶涅	泛指祖辈
母亲之父	外祖父	塔亚塔	
母亲之母	外祖母	塔叶涅	
父亲	父亲	阿塔	
母亲	母亲	艾乃、阿帕	
丈夫之父	公公	阿塔	
丈夫之母	婆婆	艾乃、阿帕	
父亲之兄	伯父	阿巴	
父亲之弟	叔父	阿巴	
父亲之兄之妻	伯母	京额	
父亲之弟之妻	婶母	京额	

续 表

亲属关系	汉语称谓	柯语称谓	备 注
母亲之兄弟	舅父	塔嘎	
母亲之兄弟之妻	舅妈	塔依京额	
父亲之姐妹	姑妈	艾捷	
父亲之姐妹之夫	姑父	杰孜地	
母亲之姐妹	姨妈	塔依捷	
母亲之姐妹之夫	姨父	塔依杰孜地	
丈夫	丈夫	库约	
妻子	妻子	阔鲁库土	
儿子	儿	巴拉木	
儿子之妻	儿媳	克林	
女儿	女	克孜木	

六、家庭的变迁及未来发展趋势

作为社会构成的基本单位，家庭的变化在一定程度上反映出社会的变迁。吾依村家庭的变迁主要体现在以下方面：（1）家庭结构有所变化，从过去的大家庭逐渐分化、演变，向主干家庭式三代人构成的家庭过渡。目前还出现了一些核心家庭，而这样的小家庭当会成为今后发展的一个趋势。（2）从家庭规模而言，规模有变小的趋势。由于国家计划生育政策的实施，加上村民生育选择的变化和家庭的分化等多种原因，导致了家庭规模的缩小。（3）从家庭关系上看，更趋民主和平等。这一点，特别体现在夫妻关系上，过去一切都是丈夫说了算，现在遇事一般都要互相商量决定，而且村中还出现了一些"怕老婆"的人，从一个侧面反映出男女两性在家庭关系中地位的一些变化。过去那种家长制的作风也有所改变，对男性家长的绝对服从已不像过去那么严重。相反，在调查中，有时还会听到一些男性老人多多少少的黯然神伤，感叹现在的有些年轻人不再听老人的话，对老人的劝告置之不理，老人过去的权威不复存在。年轻人在社会公共活动和家庭中的决策力有所提高。(4) 从家庭功能上说，传统的婚姻功能、生育功能、教育功能和赡养功能等依然存在，而且发挥着重要作用。婚姻、生育、赡养等依然是家庭所面临的主要任务和问题，也是家庭之所以成为家庭的组成部分。当然，家庭的教育功能也在现代学校教育介入之后显得没有以前那么重要，在调查中，发现有的家庭中，父母由于忙于劳动或其他事情，有时对儿女的学习也无暇顾及。

第三节 业余生活与交往方式

一、业余生活方式

（一）闲暇活动的内容

以前，在农牧事的闲暇，吾依村民会进行一些传统的游艺竞技活动，如叼羊、赛马、马上拾物等，作为生活的调剂和补充。现在吾依村的柯尔克孜族村民中，20多岁以上的人多数都有参加上述活动的经历，老一辈则直接就是在这些竞技活动中成长和走过来的。现在，尽管村中并不组织这样的活动，但村民在节日、民族运动会等场合有时也会去参加县里有关部门组织的比赛。

叼羊是柯尔克孜族青壮年特别热爱的一种体育活动。它既是力的较量,又是智慧的竞争,更是对牧民驯马技术高低的一次检阅。叼羊经常在婚礼及一些重大的节庆时举行。叼羊活动,首先把一只羊割去头,取掉内脏,然后在食盐水里泡上一两个小时,使其肉变得结实。然后叼羊骑手分成两组,多者六七人,少者三四人。首先在赛场附近挖一米五左右的小坑,作为优胜者扔羊的地点。开始时,裁判将羊扔在地上,口令一响,各个骑手像离弦的箭,飞速冲向羊羔,于是一场激烈的角逐开始了。有的骑手如山鹰取兔,从天而降,有的骑手似猛虎捕食,猛扑过来,大家奋力争夺。有的似海底捞月,倒挂马背;有的骑手驰马如同流星赶月一般,穷追不舍。前边的骑手突然将马勒住,使追赶的骑手们措手不及,向前冲去,而他已拨转马头,逃之夭夭,或将羊羔从飞快的马上抛给另一个骑手,似篮球运动员高空传球一样出奇取胜。这一个个惊险的场面,使观众惊叹不已。

  关于叼羊游戏,柯尔克孜中还流传着一个动人的传说:相传在柯尔克孜族英雄玛纳斯与卡勒玛克人战斗时,他率领的四十名英雄在与敌人肉搏时,发现敌人用海底捞月之法,掠去牛羊财物;用镫里藏身之术,砍杀士兵和群众;用飞马传递之技,抢掠妇女与儿童。为了克敌制胜,玛纳斯就将自己的四十名勇士分作两队,用一只羊羔,训练破敌之法。他们有攻有守,有争有夺,经过四十多个昼夜的训练,终于练出了超过敌人的本领,将敌人抢到手的财物又夺了回来,取得了胜利。从那时起,为了纪念战争的胜利和玛纳斯的聪明才智,人们就将这一练兵之术,逐渐发展成为今天的叼羊游戏。

  叼羊的优胜者,是草原上最受人尊敬和羡慕的人。叼羊赛结束后,草原上最有威望的"阿克沙卡尔"要把无头的羊羔在众人的欢呼和鼓掌下,赠给胜者。据说,谁要能吃上一口这只羊羔身上的肉,谁就可以得到四十名勇士的智慧和力量。叼羊的胜利者，像凯旋的英雄一样，他的亲人和子女都以拥抱、赠礼物表示祝贺。若胜利者是一位未婚的青年，还会得到姑娘们的青睐，甚至会得到一块姑娘亲手绣制的精巧的丝手帕。

角力。柯尔克孜族的角力活动种类很多，常见的有角力和马上角力，在角力中还分男子角力、女子角力、少年角力和老年角力。角力的人数不限，但比赛双方的人数必须相等。游戏开始时，双方各有两人同时参加，且一人要骑在另一人的肩上，双方走近时骑在脖子上的人各抓住对方的双手拉扯，但不能抓对方的脖子和头，只能用手拉、扯、扭。经过反复的较量，把对方从头上拉下来者算赢。

马上角力有几种比赛形式：一种是分组赛，就是将参加马上角力的人分成人数相等的两队，比赛时一人对一人，以获胜人数多的一对为优胜，这种赛法，每人只可进行一次比赛。另一种是选拔赛，先是两人进行角力，获胜者可与第三人比赛，最后选出一名无敌的力士来。柯尔克孜人的马上角力，历史悠久，早在唐代，柯尔克孜人就有角力的活动。这种马上角力，起初只是青年士兵们练兵的操练活动，为的是能够在战场上与敌人马上拼搏。后来，这种角力成为一些青年人裁决难以解决的事情的一种方式。慢慢地马上角力这种检验游牧民族的马术和体力、智慧的综合性活动，就变成了柯尔克孜人全民族的民间体育游戏活动，而且由青年男子，发展到少年女子、老年妇人在内的男女老幼都喜欢的民间活动。

飞马拾物。飞马拾物是柯尔克孜族比较流行的民间体育项目之一。参加游戏的人，一般是骑术很高的青少年。先在草地上挖一个坑，将一块银元放在坑内（无银元可用一朵小花或其他东西代替）。参加游戏的人，骑马站在离小坑约一百米外的地方，当主持人发布开始的命令后，骑手们策马向小坑冲去，在飞奔的马上将坑内的银元拾起。

这种比赛，一般分为组赛和个人赛两种。分组赛以拾得多者为胜。个人赛是两人同时从起跑线上出发去拾银元，抢到者为胜。这一活动特别强调时间和速度，即要求在规定的时间和速度内完成，特别是在拾物时不能减慢速度，所以称为"飞马拾物"。如减慢速度即取消比赛资格。若从马上掉下来，还允许重拾一次。飞马拾物的活动，是检验一个骑手的骑术和勇气的体育活动。①

(二) 游艺活动的变化发展

随着生活方式和社会的不断发展变化，电视、电话、VCD等一些高科技产品走进了现代柯尔克孜人家庭，它们丰富了柯尔克孜人的生活，但同时，它们对传统游艺活动的影响也是不容忽视的。现在，飞马拾物、荡秋千、奥尔达等活动在吾依村民中已经不再多见，只有叼羊活动还因政府每年会组织而得以流传。

如今，吾依的村民们比较多的休闲方式是看电视、聊天、听广播，一些文化水平稍高的人则会在这些活动之余，看看报刊、杂志。年轻人在闲暇时则会去找找同学、朋友，或者是到县上的舞厅去跳跳舞。在山上放羊的偶尔也会几家人聚在一起，举行一场小小的马奶子节，唱一唱柯尔克孜族的传统民歌。

二、交往方式

(一) 血缘性交往

在吾依村民的人际交往中，血缘性交往占了很大的比重。村民们很看重亲戚关系，连为儿女挑选对象也喜欢在亲戚中选

---

① 国家民委民族问题五种丛书之一，中国少数民族社会历史调查资料丛刊《柯尔克孜族风俗习惯》，第 63~68 页，新疆人民出版社，1986 年。

择，或者是通过亲戚介绍。不仅如此，吾依村里许多人家的儿女都是娶嫁在本村，整个村子形成了一个巨大的亲属圈。这个亲属圈的存在使得原本就比较浓重的血缘性交往更加浓重了。村中亲戚间互相帮忙的情况屡见不鲜，还有好几家帮已经嫁出去的女儿或帮去世的兄长抚养小孩。

即便配偶不是本地的人家，双方亲戚间的关系也很密切。布娃扎尔·卡德尔的丈夫是吉尔吉斯斯坦过来的侨民，1989年，丈夫的弟弟、妹妹来看过他们，五年前丈夫去世了，但他的妹妹仍过来看望她；她也希望有机会的话到吉尔吉斯斯坦去看看那边的亲戚。村里祖籍喀什的几家维吾尔族人家与他们在那里的亲戚的关系也很好，他们经常来往，互相帮助，互致问候。

（二）地域性交往

吾依村民间的邻里关系一直都很不错，几乎没有邻居间吵架的现象。大家平常会在一起吹吹牛，聊聊天；干活的时候劳动力多的还会帮助劳动力少的，要是谁家夫妻吵架了，村里还会有热心人去劝说。在牧场上，村民间这种和睦的关系就更加突出。为了便于拆卸，大家住的几乎都是简易毡房，能容纳的人不多，因此，如果家里来的客人比较多的话，住就成了一大难题。这个时候，邻里关系就发挥了很大的作用。在柯尔克孜人的牧场上，你家来了客人到我家住的情况时时发生。这不仅是柯尔克孜人好客的表现，同时也是他们邻里关系融洽的明证。

在村际交往中，吾依村的村民与库拉日克行政村下属的冬小队、羊叶尔小队、库拉日克小队的村民交往比较多，有不少人家是儿女亲家。与附近羊叶尔农场的汉族居民也有很多交往，在过传统节日的时候还会互相到家中拜访、看望。

(三) 业缘性交往

吾依村民中,上过高中、大学的人与他们的同学交往要多一些。而当过兵的人又与他们的战友,或村里其他当过兵的人更谈得来,交往也相应地要比别人多。从事过其他行业的人也与这一行业的人联系较多,如努尔买买提·买买提阿力曾经做过司机,而且还是个足球迷,因此,他跟他的司机朋友们关系很密切,同时,与其他爱好足球的人也谈得来。一些出外做生意的村民,与在外面认识的或一同出去做生意的朋友间交往要多一些。

村里业缘性交往最典型的表现恐怕要数村中那些心灵手巧的妇女们了。因为大家绣花织毡,因此,便会经常在一起交流经验,切磋技艺。有什么新的花样,大家还会相互传着看,并积极向会绣的人学习,而会绣的人也会把自己的手艺教给大家。就是在这样的交流与学习中,越来越多的女孩学会了刺绣,柯尔克孜族传统的织绣工艺也才得以不断发展壮大。

(四) 人际关系的协调

吾依村民间人际关系的调节更主要依靠的是一种对传统美德和民族品质的认同。村民们普遍认为建立良好的人际关系最重要的是真诚,其次就是要能够互相理解,互相支持,互相帮助。再次就是亲友有错误要当面指出,不要在背后说别人的闲话。村民们就是在传统道德品质的标准下进行着自我与他人间关系的协调。过去,村民间有了矛盾,还会有长者出面协调,现在,这种情况也不多见了。有的时候,可能会由村或乡里的调解委员会等部门进行调解,但这样的情况也并不经常发生,更多的时候,村民仍是在一种友好、和谐的气氛中进行着人际间的交往合作。

第七章 法　　律

第一节　禁忌与习惯法

一、禁　忌

(一) 宗教禁忌

柯尔克孜族在长期的历史发展中形成了很多与游牧生产、生活相适应的原始宗教禁忌和习惯法，在信仰伊斯兰教后又加入了大量伊斯兰教禁忌的内容。随着柯尔克孜族由游牧生活方式向定居的改变，有一些禁忌与习惯法也发生了改变。

1. 原始宗教及相关的禁忌

有由于太阳崇拜而引发的禁忌，如毡房门一定要向东，不能向着太阳大小便等。

在距离吾依村约两公里远的地方有一柯语称为"库克托别"的朝拜圣地，有水从山顶渗出，顺着山沟流下，在山下百米处形成一处水面。对这处圣地，也有一些禁忌，如不能在圣地洗脚，不允许乱动山顶泉水附近的东西等，至今被吾依及其附近的柯尔克孜村民遵守。

吾依附近羊叶尔小组有一位柯尔克孜族女萨满,她在为人算命时有诸多禁忌,如不给异教徒算命,算命前要净身,算命时旁人不能在帐篷附近大声喧哗等。

2. 伊斯兰教的禁忌

所有吾依的柯尔克孜村民都认为自己是穆斯林。因而在饮食方面遵守着一些相关的禁忌,如不吃猪肉,不吃自然死亡的动物的肉,不吃动物的血等。

(二) 日常生活习俗中的禁忌

1. 家庭禁忌

所有家庭成员进门时不能站在门坎上,出毡房时都要退着出去。妇女一般不能穿裤子,只能穿裙子,在招待客人时家里的妇女不能参加宴席。女婿不能直呼岳父岳母的名字,儿媳也不呼公公、婆婆的名字。新媳妇在新婚的一年中要尽量躲避自己的公公。在公婆或丈夫与外人谈话时,只能俯首静听,不能插话,不能唱歌和高声谈笑。以前认为星期四和星期五上午出门不吉利,星期六出门会比较顺利,单日、主麻日不宜出门,主麻日不能搬家,如果非搬家不可,就一定要往水的上游搬,不能往下游搬,认为水能冲走福气等。现在,关于出门的禁忌有的已不再遵循。

2. 丧葬禁忌

死者的直系亲属不能去向亲戚朋友报丧,只能由邻居或朋友去。如果去世的为男性就由男性为其净身,去世的为女性就由女性为其净身,来参加悼念的女性去安慰女性,男性安慰男性。在出殡时女性不能去墓地,男性亲属不管是冬天还是夏天都要穿黑色的厚大衣。所有参加葬礼的男性都必须戴帽子(以前都要戴本民族帽子,现在只要是帽子即可。有一次村长去参加一场葬礼,因没戴帽子就借了调查组成员的一顶棒球帽前去)。在死者去世后的四十天里家里禁止一切娱乐活动,不能喝酒,也不能去别人家。四十天中男性不能刮胡子,女性不能装扮,要穿黑衣,戴白头巾。

3. 做客的禁忌

在柯尔克孜人家里做客时很有讲究,要严守一系列的禁忌。进门要按男左女右的规矩就座;吃饭前客人洗手时千万不能甩手上的水,要用手巾擦干;坐要盘腿打坐,忌双脚露在外面;吃饭的时候,忌男客人直接从女主人手中接东西;主人请客人吃东西,客人忌将食物吃尽,要剩下一点退还给主人,以示主人招待丰盛;客人吃饭时,他人不能进屋或向屋里窥探;忌客人随意掀开主人家厨房和新房的布帘子看。

如果骑马到柯尔克孜人家里做客,忌驱马快步直逼毡房门口和羊圈前,要放慢速度缓步来到屋侧;当主人出来迎接时,客人需要先将马鞭挂在马鞍上,切忌提着马鞭走进人群或者进入室内。当主人牵来一只羔羊请客人过目准备宰杀时,客人忌过分劝阻和拒绝,只能说明原因,事情紧急需要离去,要表示盛情已经领了,羊只已经收下了,只是暂时寄存在主人的羊群中,请为代牧等。

二、习惯法

柯尔克孜族在长期的游牧生活中形成了解决各种问题的习惯法。新中国成立前由各个部落的首领组成一个比的法庭,依据习惯法,解决部落之间的争执。在本部落内部一般由享有威望的老人即阿克萨卡尔主持解决部落内部成员之间的争执,一般是损坏什么东西就赔什么东西,杀人偿命,偷盗砍手等。中华人民共和国建立以后,柯尔克孜族也被纳入了国家现行法律的体系之中,但习惯法仍在生活的各个方面起作用,特别是在处理牧场纠纷时还是多依据习惯法,只不过主持人由阿克萨卡尔变成了各级干部。

(一) 继 嗣

从继嗣规则上来说，吾依组的柯尔克孜族采用的是父系继嗣制，血亲之间的关系依父亲一方而确立。与此相关，婚后实行的是从夫居的居住原则。

吾依村的柯尔克孜族居民和大多数游牧民族一样采用幼子继承制，父母与幼子居住，幼子承担养老的职责，同时可以分得较多的财产。以前已婚的儿子结婚后大多数不和父母分居，少数有经济能力的家庭或者多子女家庭另立帐篷分居。分家时完全由父母做主，分给什么就要什么，儿女没有说话的权利。父母的房子和耕地留给最小的儿子，其他的财产平分。如果父亲还没来得及给儿女分家就去世，就由长子主持，先把父亲生前所欠的债还完，然后再分割剩下的财产。兄弟姐妹一般不会有疑义。如果有疑义，就请村长来分割。分家时请两个老者在场做证，口头达成协议即可，吾依至今没有发生过因为分家闹到乡里去的例子。例如，吾依的年轻夫妻居马古丽·达特哈一家，丈夫是家里的老大，公公婆婆家本来就不富裕，没分家时和公、婆一起在山上放羊。2002年分家时公公只给了他们15只羊和7亩地，没有房子，下山后借住亲戚家。分家完全由公公主持，她和丈夫也没有什么怨言。

柯尔克孜族没有父母在几个儿子家轮流赡养的情况，分家后父母一般和小儿子一起住，由小儿子赡养父母，其余儿子、女儿有义务不定期来探望父母。父母去世后由小儿子继承父母的房子、土地，出嫁的女儿不能回来分遗产，未出嫁的女儿可以分给一份。吾依村只有一户人家的小儿子和父母分开过，男主人叫乌拉伊姆阿洪，现在73岁，曾结过3次婚，有4个儿女，三女一男，是儿子主动要求与其分开的。现在儿子在山上放羊，很少回家，孙女由爷爷照顾，在村小学上学。老人的30只羊也由儿子放牧。虽然居住分开了，但耕地还由儿子代种，实际上还是由儿子照顾老人。对于不赡养老人的人，村里对该人会有很大的舆论压力，在村里还没有出现虐待或者不赡养老人的情况。

此外，柯尔克孜族还流行着过继制度。一般来说，子女特别是长子可以将所生小孩中的一个送给父母抚养，这个小孩称爷爷为爸爸，称奶奶为妈妈，称亲生父亲为哥哥，称亲生母亲为姐姐。如是外孙，就称父亲为姐夫，称妈妈为姐姐，这种习俗现在在柯尔克孜族中还很普遍。我们调查组雇用的翻译就是一例，他从小就被父母送给爷爷、奶奶抚养，虽然一直在汉族学校读书，现在已经上中专了，也知道过继这回事，但仍然叫父母为哥哥、姐姐，称爷爷、奶奶为爸爸、妈妈。吾依村的村民中也不乏这样的例子。

(二) 债权制度

柯尔克孜族一直有互帮互助的传统，在吾依村，20世纪五六十年代曾有过互助组织，后来，互助组的作用越来越小，现在基本上不存在了。村民急需用钱时就向私人借，本村人之间的借钱对象多为亲戚朋友，这种借钱的行为全部是口头协议，不立字据，不用证人，居民之间依靠彼此的信赖，同时也依靠传统上形成的习惯性处理方式来规约，缺乏现代意义的法律程序和手段。村民之间借钱的数额一般比较小，没有大额借贷，更没有高利贷。之后卖羊还债，没有利息。

吾依村的阿娃克孜承包了村中的磨坊，2002年丈夫因车祸去世。丈夫生前管理磨坊时，村里有一些人磨面交不起钱，就欠账，多的欠了300～400元，当时丈夫只记下了所欠款项的数字，没有让欠账者签名，现在丈夫去世了，阿娃克孜接管磨坊，也不知道都有哪些人欠钱，全靠欠款者自觉来还账。还有一种还款方式就是以物抵债。比如有的村民磨面粉时如果没有现钱，可以用地里的油菜籽或小麦折合成市场价格抵给债主。这类债权债务关系没有任何书面记载,全凭当事人双方口头协议。以上所述说明吾依村民在处理债与债务关系的时候,更多依靠的是传统的习惯法而不是现代法律。

现在村民到信用社贷款则与民间的借贷不同,需要有担保人。一般要求两个拿工资的人做担保,如果没有工资就用活羊担保,没有活羊用房屋、树木和耕地等财产抵押,由亲戚朋友担保也可以。

(三)生产制度及生活关系的处理

吾依村民以半农半牧为主,既种粮食又兼放牧。村中的几百亩耕地全部是水浇地,水是农业发展所必不可少的。多少年来,村里在用水方面形成了一套严密的制度,全乡配备一名副书记专门负责协调各村的用水。这一套制度实际也是基于传统习惯法中处理问题的规则而制定出来的,如规定哪家的田在水渠的上游,就先由哪家浇地,而地处下游者必须等上一家浇好后才可以浇。这样的先后原则其实与民间很多问题的处理有相通之处。

村中牧场的转包、代牧现象等也同样表现出与传统习惯法相关联。吾依村民每户承包的草场可以转包出去,给羊多草场少的家庭使用,中间转包的费用由当事人双方协商,一般也都为口头协议。在牧业方面历史上存在着代牧现象,以前是为别的村子,甚至为喀什农耕区的人代牧,近几年随着草场载畜量过大、草场退化严重,不再为外地区的人代牧,现在代牧的都是本村的牲畜。如果家里劳动力不够,可将牲畜给在山上放牧的家庭代牧,一只羊一个月代牧费2~2.5元,如果是亲戚只收2元,羊毛、羊奶都归代牧者所有,如果出现疾病、狼害等不可抗拒的灾害,代牧者需要将死去的牲畜的皮带回来交给主人,就不用赔偿损失,如果放牧时不尽心,将代牧的牲畜丢失,则需要赔偿同样大小和品种的牲畜,这是柯尔克孜族牧民长期牧业活动中形成的约定俗成的习惯法。

在生活关系的处理方面，吾依村民也形成了许多传统的习惯法。以前，村中很少有偷盗和抢劫发生，村里偶然有打架、吵嘴的事情，请一位老者出面调解，让双方当事人互相道歉，由打人者宰一只羊请客，再送给被打者一件衣服赔礼道歉，大家就算和好，成为朋友。如果怀疑某人偷盗，由老人出面解决。如果本人承认偷盗了，就宰羊赔礼。夫妻之间如果丈夫变心了，看上了别的女人，就根据其妻在男方家呆的时间的长短来赔给女方东西，此外，其原配妻子以后生活所需的牛、羊全部由前夫负责，由前夫一次付清。如果是妻子变心了，他们结婚时所宰杀的全部牛羊等牲畜以及男方送的聘礼，全部都要按照原数赔偿给男方。

第二节　村规民约

一、村规民约的内容

1949年以后，国家陆续制定和颁布了一些法律法规，将柯尔克孜族的婚姻、教育、草场、森林、宗教、社会管理等方面纳入了统一的管理，吾依柯尔克孜族传统习惯法中的大部分内容都不再发生作用，但是一些国家法律法规内容没有涉及的，或者规定不具体的方面仍然遵循传统的习惯法来解决，村民们的日常生产和生活当中仍长时期保留着传统的习惯法或者约定俗成的一些内容，是村民解决实际问题的重要参照。改革开放以后，在市场经济的冲击下，人们的日常生产生活越来越多地和法律法规发生关系，昔日的习惯法逐渐让位于各种法律法规，但是在一些法律法规涉及不到的、比较细小、具体的领

第七章 法　律

域仍然离不开习惯法，所不同的是这些习惯法已经被有关政府部门纳入了地方法规的轨道，越来越具有现代法律的意义。为了更有效地管理和调解居民日常生产生活当中经常遇到的、容易发生争议和纠纷的事件，库拉日克行政村参照上级有关部门制定的规章制度，结合本村的实际及传统习惯法的一些内容，制定了自己的村规民约，在现实生活中起着约束村民、解决纠纷的作用。吾依村民的生活和行为也被置于这些村规民约的规范和制约下。

放水管理制度

为了使村委会的工作能有序地开展，鉴于放水管理混乱，没有形成严格的措施及管理规定，导致部分社员意见多。为使村放水秩序井然，达到管理规范化，避免偷水、抢水等现象发生，特制定本规定，望全体社员自觉遵守。

1. 各队应维修好水渠，在水不紧张的情况下，水安排在哪一片，就在哪一片放，在水紧张时，按时间放水，不能乱挖和抢水，如违反造成经济损失者，后果自负，并且村委会处以每亩地50元的罚款，在通知到放水的不去放水，则等到下一轮放水时放水或每亩地交50元，专门安排放水。

2. 放水时按先后顺序，各队水安排在什么地方放水，就在什么地方放水，不许乱挖乱抢，如违反同上处理。

3. 在园子放水，所有园子的放水个人都自觉地去放水。如果安排在自留地上放水，听到预知后，不管白天或晚上都去放水，超过时间水放不上，后果自负。

4. 各家地头放空水的口子,各家自行负责。谁家地头上的口子冲坏,由谁家负责,如冲坏他人的庄稼、公路、林带,则按实际经济损失赔偿。

5. 对各队派出看水口子的人员,在沿路看各水口子的人员,谁的水口子跑水,冲坏庄稼、公路、林带的,因跑水而误浇农民的地。按实际跑水情况,按情节大小进行处罚,最低处罚300元。

6. 在浇水期间,各队队长必须通知到各家各户。社员找不到小队长的则按失职处理,扣半个月工资。

牲畜管理制度

鉴于牲畜对树木、庄稼损坏严重,又没有相应的管理规定,使牲畜管理处于失控状态。为使我村牲畜管理有章可循,达到管理规范化,减少牲畜对庄稼、树木的损害,特制定本规定。

1. 严禁牲畜进入林带。大畜进入林带,罚款每匹(头)100元;小畜罚款每匹(头)50元。如群众举报当场抓住者,情况属实,奖励罚款金额的一半。

2. 从开春到苜蓿打完,严禁大畜小畜进入田间地头,如违反罚款同上,大畜进入田间地头,必须拴好,如损坏庄稼或树木,罚款同上。

3. 庄稼收完后,牲畜进入田间地头,必须在自家地里放牧,如在他人家地里放牧,罚款同上。

4. 本村的牲畜都要按兽医站的有关规定进行药浴、打预防针,如不配合罚款每匹(头)50元;小畜每只20元。

义务工管理制度

库拉日克村义务工由于从前没有定出规章制度，全凭村干部口头上调配。存在出工的次数不明确，出工的质量好坏都一样，造成农民的意见很大，对农业生产有影响。在这种情况下，制定本管理制度，望全体社员自觉遵守和维护。

1. 由村里统一印制义务工牌，下发给每个小队长，每位农民出去修水渠、压水、挖水渠等事情，由队长以每亩地出一个义务工，每次给出工者一个义务工牌。年底由队长合计出每人种了多少地，出了几次工，给农民一个明白账。

2. 根据地亩总数摊下来的义务工，以实际种的亩数出工。

3. 对有些出工不出力，妇女不下水，学生代出等现象，由小队长根据情况，在义务工牌上注明，只算半个工或不算工。

4. 对抗拒不出工者，第一次罚款30元，第二次停止向其耕地浇水，第三次报乡政府，收回其承包土地。

5. 由县上、乡上布置下的义务工，由村两委班子讨论制定完成计划。

6. 对有特殊情况不出工者，每次交30元现金，由别人代出。

收费管理制度

按时交纳国家税费是每个社员的义务，也是支持社会经济的脉搏，建立和完善我村的收费管理制度势在必行，制定本管理制度，望全体社员自觉遵守和维护。

1. 凡在库拉日克村有土地的社员，必须按照国家的收费标准按时交纳国家的一系列税费。

2. 除正规地以外的土地（碱地、园子、自留地）按大小亩数和正规地大小亩数一样收取水费。

3. 对于不按时交纳水费的，村委会和小队长有权停止放水。

4. 如不按时交纳国家的税费，按照国家承包土地合同第七条的规定执行（承包方应按合同约定，完成本承包期内每年的农业生产任务，向国家交售农产品，缴纳税收，向发包方上交村提留、乡统筹和农村义务工、劳动积工，如无正当理由即违约，则依法查处）。

5. 经库拉日克村党支部、村委会研究决定，对不按时交纳国家税费的处理决定，参照国家承包土地合同第七条规定执行，来年开春停止放水，情节严重的勒令收回其土地。

以上村规民约涉及村民生产生活的几个重要方面，针对性强。由于是在当地长期生产生活实践中总结出来的，约定俗成，村民比较熟悉，对其内容也没有疑义，乐于遵守。以上村规民约的内容以传统习惯法为基础，融入了部分现代法律法规的内容，由村一级政府机构制定和公布，并且作为其执行者和调节者，所有村民都是它的监督人，使其具有了法律的效力。它扎根于传统民间习惯法，又高于习惯法。

二、村寨争议及解决方式

柯尔克孜族是一个友善、豁达和乐观的民族，吾依村居民之间的争议不多，并且基本上都能在村子里得到解决，很少引发官司。解放前村民之间发生争议，都由宗教法官哈孜和村中长老阿克萨卡尔解决，现在多由村干部来调解。

（一）村民争议的原因及处理

1. 家庭内部争议的原因：通过对该村的调查，发现村里离婚率比较高，单亲家庭比例也比较高。家庭内部矛盾和离婚的原因主要有以下几个方面：（1）丈夫酗酒，不顾家，而且殴打妻子；（2）夫妇双方为父母包办婚姻，婚后感情不和，出现纠纷；（3）婆媳矛盾，柯族一般都十分孝敬老人，如果媳妇不孝敬老人很容易与丈夫出现矛盾；（4）家庭经济状况差，使夫妻之间出现争吵离婚。

2. 村与村之间的纠纷多由草场的划分和牲畜越界吃草引起。草场纠纷每年都有，经常发生，一般是邻近的牧民在别人的牧场上放牧引起。纠纷发生后，当事人双方一般请村、乡一级干部出面调停，未发生过族际纠纷和大规模械斗事件。

我们在夏牧场调查的时候就碰上一起这样的事件，该村某一户牧民的羊因为越界到邻村农场的草场吃草而被农场的人扣留，总数200多只。牧场主人听说我们上山了，就找到陪同我们上山的村长木沙反映情况，请求处理。木沙听完汇报后，连夜和羊的主人骑马翻山去农场交涉，最后以罚款一只羊为代价将这件纠纷解决了，牧民的羊也要了回来。所有这一切均为口头协议，双方都会遵照执行，没有疑义。如果涉及草场纠纷双方无法解决，或者一方有疑异时，就请求上一级政府出面解决。鉴于吾依的夏牧场距离村子有近二百公里，牧业纠纷又经常发生，所以乡、村的主要干部每个月都要上山一次，以便随时了解情况，就近解决争端。

3. 村民之间的矛盾、纠纷多由喝酒和灌溉用水等一些琐事引起，因为村公所就在旁边，村干部随时就可以帮村民解决问题，故极少酿成恶性事件。

(二) 村民争端的解决

1. 协商解决。当事人双方本着平等、自愿和合法原则自行解决争议。

2. 村委会调解。库拉日克行政村有一个5人组成的村民调解委员会，成员由村支书、村长、妇联主任等组成，一般按习惯法和村规民约进行口头调解，不收调解费。吾依村民大部分的纠纷都依靠村委会调解。

3. 上级人民政府调解。当事人如果对村委会的调解不服，可以到乡政府司法所申请调解，但这样的情况不多见，我们在乡司法所见到的调解记录多为乡司法所驻村干部碰到的纠纷记录，也有人主动找到乡里请求帮助的，大多为家庭纠纷，如丈夫喝酒不顾家打老婆，老婆到乡政府请求帮助。这样的纠纷我们在乡政府见到了3起。根据乡司法所的记录，从2003年1月~6月，乡司法所共调解纠纷32起，纠纷内容涉及滋事闹事、酗酒斗殴、放水浇地、劳务费分配不当、偷割牧草、偷摘菜、羊群啃吃树苗、狗伤人、开玩笑不当等。其中，库拉日克村有6起，占总数的18.75%。其中，涉及吾依村民的有3起。下面是我们在乡司法所见到的一份调解纠纷的业务登记。

时间：2002年9月11日
事由：打架
甲方：买买提·木萨　　乙方：吐尔都别克
调解日期：2002年9月12日
经过：2002年9月11日下午两个人在村中小饭

馆喝酒喝多了,开始发生语言争执,然后甲方用拳头将乙方额头部打伤流血,缝了2针,乙方到大队部告状,由驻村干部进行了调解,甲方负担乙方医疗费135元,甲方表示认同,乙方也表示认同,调解成功。

如果乡司法所调解不成功,就移交乡派出所进行处理,2003年1月~6月乡司法所调解的32起纠纷中,有4起调解不成交由派出所处理。如下面吾依村民买买吐逊和库尔班江之间的纠纷就是其中之一:

事由:因酗酒而斗殴
调解人:汪奎
甲方:买买吐逊　　　乙方:库尔班江
受理日期:2003年5月18　调解日期:2003年5月18
结果:未调解成
情况:18日下午,甲方在库拉日克村养路段小商店里喝酒,乙方到该商店里购买商品,甲方故意进行滋事。
过程:经调解员商议,该纠纷属酒后滋事纠纷,所以,我所联系乡派出所,对甲方进行醒酒后再处理。
调解不成处理方式:交由派出所。

第三节　治保调解与诉讼

一、治保调解

库拉日克村的治保调解工作由村委会主任木沙和书记吐尔达力负责，乡一级调解和治保工作由司法所和派出所负责。

村治保会任务如下：负责库拉日克行政村范围内6个自然村的各种村民纠纷；协助派出所、司法所做好对帮教分子的帮教任务；负责村子安全、治保工作。吾依村有2个帮教对象，其中一人正在服刑，一人已经刑满出狱，在家务农。这两个都是年轻人，需要各个方面的帮助与关心。

乡派出所将全区划分为4个片区，库拉日克村属于第一片区，专门有一位责任区民警负责，不定期到各村治保会安排、检查和指导工作，给群众讲解防火防盗知识，进行法制宣传，向村治保组定时通报治安状况。

根据黑孜苇乡派出所记录，吾依所在的黑孜苇乡2002年一共发生了6起治安案件，其中3起偷窃，2起交通事故，1起抢劫；2003年上半年发生6起治安案件，其中打架斗殴4起，侮辱他人1起，赌博1起。比2002年同期发案率下降4起，结案率提高36.6%。

为了保证社会安定，最大限度地减少发案率，为村民的生产和生活创造一个安定祥和的氛围，库拉日克村在2003年1月组建了一支全部由柯尔克孜族男性团员参加的村治安联防队，作用是控制本村各类纠纷的发生，减少诉讼，方便、迅速就地解决简单的民事纠纷。

表7-1 库拉日克村治安联防队员名单

姓 名	年 龄	文化程度	住 址
阿依力奇	27	初中	吾依
吐乌达力	25	初中	吾依
买买提·吐哈托	22	初中	吾依
哈日	27	高中	羊叶
木札显木	29	初中	库克托别
塔依尔	29	初中	吾依

(资料来源：黑孜苇乡派出所)

二、诉 讼

诉讼是解决争议的最后一道防线。乌恰县法院在1990～2003年上半年期间共受理库拉日克村各类民事案件38起，详见下表：

表7-2 库拉日克村1990～2003年上半年民事案件类型表

单位：件

案件类型	数 量	占总数38起的比例	其中，调解	其中，判决
婚姻案件	18	47.38%	11	7
债务案件	8	21.05%	3	5
买卖合同案件	7	18.42%	1	6
承揽	2	5.26	0	1（已执行）
抚养	2	5.26	1	1件（已执行）
继承	1	2.63	0	0

从以上12年间法院受理的库拉日克村38起民事案件中分析，婚姻方面案件最多，它从一个侧面反映了当地柯尔克孜族村民在市场经济大潮中家庭婚姻观念发生的巨大变化，再一次证明了传统大家庭已趋于解体，丈夫一个人说了算的时代正在成为历史。其次，和经济有关的债务、买卖合同案件居第二位，远远高于其他案件，反映了柯尔克孜族传统观念与现代社会的不适应与矛盾。一些传统的观念，比如借钱依靠彼此的信任，不用打借条等类似的方式已经不能够适应现代社会的发展。家庭婚姻和经济纠纷两类案件相加，占据库拉日克村12年法院受理民事案件的将近87%，成为当地柯尔克孜族主要矛盾和问题的中心。

中华人民共和国建立以来，吾依和全国各地一样开始贯彻落实国家、自治区和自治州制定的各种法律、法规和规章制度。改革开放以后，中国走上了依法治国的道路，各种有关法律法规纷纷出台，其中与吾依柯尔克孜人关系密切的有《婚姻法》《教育法》《农业法》《新疆维吾尔自治区人口与计划生育条例》《草原法》《饲料加工法》等法律，以及《公畜管理职责》《牲畜检疫管理职责》《草原防火职责》等法规。

中国的法制建设走过了一段不平凡的道路。在法制被践踏的岁月，吾依人也深受其害。吾依的木沙·玉素甫老人（1998年77岁时去世）出生于中亚吉尔吉斯斯坦，12岁时随父亲来吾依定居，家里的亲属都在吉国。十年动乱时期受中苏关系恶化的影响，思念亲人而无法联络，不能正常探亲，于是在1962年和另外七个人结伴而行，试图偷越国境去邻国看望亲人，结果被抓，判刑18年。中苏关系解冻以后出狱，平反，被当地政府作为华侨对待，和亲人也取得了联系，实现了互相来往。吾依村第二例刑事案件发生在1993年。一对年轻夫妻在中吉口岸做生意时，丈夫因为偷盗被判刑8年入狱，婚姻破裂，儿子被媳妇带走。因为在狱中表现较好，被提前一年半释放，现在和母亲一起生活。第三例刑事案件也发生在90年代，吾依一名不到20岁的年轻人，因为家庭贫困，本人又没有读过多少书，在社会上无所事事，喝酒闹事，触犯了刑律，被送到劳教所劳动改造。

根据吾依干部和村民反映，吾依在90年代中期以前，社会秩序不好，年轻人喝酒厉害，经常借酒闹事，有一段时间因为秩序太乱，村民竟然不敢从村口商店门口过，需要绕道而行。村里当时有7~8个年轻人经常在这里酗酒，借酒闹事，使得家庭不和，村民人人对其侧目而视，成为过街老鼠。社会治安事件发生率高也主要在这段时间。后来在政府、派出所等部门联合管理下，秩序才恢复正常。经过各级部门综合治理，年轻人喝酒的现象大大减少。

吾依这些年发生的第四件较大的涉及刑事的案件是买曾玉素甫加森的家庭纠纷。案件发生在十年前，由玉素甫加森和其亲哥哥两家的家庭矛盾引发，最后发展成一起恶性伤人案件。1993年12月的一天晚上，玉素甫加森的哥哥拿着一支枪冲进了弟弟家，将玉素甫加森的妻子和一个儿子打伤，由此引发了一场长达十年的官司。玉素甫加森认为事件发生的原因是因为哥哥嫉妒自己的财富以及父亲对自己的偏爱。他认为哥哥是穆斯林的叛徒，喝酒、偷盗、骗人钱财等恶习都有，让人无法忍受。哥哥做出这样的恶性伤人案件，应该重判，但是法院的判决很轻，所以，玉素甫加森不服，十年来一直在上告。他认为总有一天会让哥哥得到应有的惩罚。

第四节 普法工作与村民法律意识

一、普法工作

吾依村民的法律知识主要来自三个渠道：各级政府的宣传；电视、报纸等新闻媒体的宣传；发生在自己日常生活生产中的各种和法律法规有关系的合约、责任书以及规章制度等。当地各级政府对普法工作非常重视，每年都组织各种形式的宣讲团或用小品、歌唱等群众喜闻乐见的形式进行普法宣传工作，收到了较好的效果。其中群众最清楚的法律法规是和他们关系密切的计划生育、婚姻等有关的条款。

自从计划生育在吾依实行以来，已经有十几年的历史了，每一个面临结婚生育的年轻人都要了解和掌握相关内容，这同时也是他们的父母和亲戚朋友所关心的问题。乡、村分管计划生育的干部对此也非常关注，不定期的上门进行咨询服务，送药、送宣传品，向他们讲解政府有关的规定和国家计划生育政策，交代注意事项，逐家逐户进行登记。20世纪90年代初期以来，吾依村民对计划生育政策从初期的反感、抵触到现在的理解、欢迎，自觉执行，中间经历了艰难的思想观念的转变历程，这本身便是他们对国家计划生育相关法律条款精神的理解贯彻的一个过程。吾依村民对计划生育法律法规的理解、贯彻是和国家婚姻法的贯彻执行紧密相连，不可分割的。吾依柯尔克孜族历史上实行早婚、早育，女子一般14～15岁出嫁，男子一般17～18岁结婚。认为生育多少孩子是"胡大"的意思，孩子是胡大给的，给多少就应该要多少。计划生育政策的实施对这种传统婚姻和生育观念无疑是巨大的挑战，也是现代法律观念和传统习惯法的剧烈碰撞。经过十几年艰苦细致的工作，计划生育法和婚姻法意识终于深入吾依柯尔克孜族村民的心中，使得新旧法律的转型得以顺利完成。

二、村民的法律意识

（一）吾依村民对计划生育法的认知

我们访问的所有家庭，在问及计划生育方面的问题时都知道只能生3胎，并且两胎之间的间隔要在3年以上。许多家庭还认为只生2个小孩就可以了，小孩少了负担也轻，对孩子的成长更有利，说明村民对计划生育政策认识较好，相对于实行计划生育前柯族人"孩子是胡大给的，给几个要几个"的生育观念，村民的生育观会也有了很大改变。

吾依村民近几年在计划生育法的实施中，没有一例超生或计划外生育。但是千年传统观念并不容易一下子彻底铲除，我们入户时发现女孩子早婚现象在个别家庭依然存在，只不过披上了一层合法的外衣。

（二）村民对《婚姻法》的认知

1. 在调查当中，问及村民结婚时是否有结婚证这一问题时，中年以下的都说有，岁数大一些的有些没有，这可能和近几年计划生育的普及有关，因为没有结婚证是不会给夫妇发准生证的。

2. 在问及什么算是结婚的标志时，村民都说既要按照传统实行说亲，定亲，送聘礼，举行结婚仪式，同时又要到相关部门领取结婚证，缺一个都不行。而年轻人则都知道领取结婚证是婚姻确立的标志，并都按照有关规定执行。

领了结婚证就算正式夫妻，没领就不算正式结婚，如果不领就举行婚礼会受到政府的惩罚。在柯族传统中也是不允许的，但只领证不举行仪式也不算正式结婚。

(三) 村民对土地、草场等相关法律的认知

对于处于由游牧走向定居的柯尔克孜人来说,牧场仍然和田地一样重要,牲畜的多少是衡量一个家庭富裕程度的重要标志。牧场划分主要是根据历史上各部落的游牧地、游牧路线划分,自治州草原站也在草场的划分中起一定作用。在高山草场,草场与草场之间的边界,一般都是就地取材,用石块垒成半米至一米高不等的石墙加以区分,作为不同村子之间牧场的标志。

近年来,草场经营、使用方面的问题也被纳入了现代法律的轨道,如1984年土地包产到户后,土地由家庭承包,发给土地承包合同书,每家耕地之间的界限划分比较清楚。在草场划分中,每户村民与草原站也都签订了承包合同。在1994年黑孜苇乡草场第二次承包时乡政府和各户村民签订了《草场承包合同》,具体内容如下:

> 为了固定草场的使用权属,理顺国家和牧户之间的关系,做到责、权、利分明,使草场得到有效保护、利用和建设,更好地发挥其效益,现就草场承包有关事项签订如下合同:
> 双方权利义务
> (一) 发包方:
> 1. 发包方和草场监理所(或站)一起对承包方草场依法监督管理,并按规定征收草场使用费。
> 2. 发包方和草原监理所(站),对草场的年度产值、效益、经营状况、养畜情况、载畜量,负责核实、记载,建立草场分户承包经营档案。
> 3. 如承包方因过度放牧,经营不善,管护不好而使草场植被严重退化或造成大面积破坏的,限期恢

复草场生产力,并由草原监理部门追究经济责任,甚至依法收回草场使用权。

4.承包方拖欠草原使用费2年以上,发包方可收回草场使用权。

5.如遇到不可抗拒的自然灾害而造成牧草或牲畜严重减产死亡,可报县主管部门批准,相应减免使用费。

(二)承包方:

1.可自主经营,支配承包草场上的草产品、畜产品和草场上的可利用资源,可在确保草地生产发展的前提下,种植饲草饲料或部分经济作物,开展多种经营。

2.在承包期内经发包方同意,草场使用权可依法继包、转包或与他人有偿调剂,但不得变卖、毁坏和改作与畜牧业无关之用途。

3.全面履行承包合同,接受发包方和草原监理所(站)的监督,以草定畜,合理利用和保护草场及畜牧业设施和按合同规定按期交纳年度草场使用费。

本合同适用于天然草牧场、打草场、改良草场和人工草料地。

本合同自签字之日起生效。

该合同已经是现代意义上的具有法律效益的合同,它反映的是吾依柯尔克孜村民与政府之间的责任、权利和义务。

除此之外,由于村民对草原问题本身很重视,当问及对《草原法》的认知时,多数村民知道有这样一部法律,但内容不太清楚。草场是牧民的生计之所在,所以每个牧民自发的有保护草场的概念,近一两年有大批人到草场挖中草药给草场带来很大破坏,牧民碰到这种情况都会主动报告草原站或政府。

(四)村民对其他相关法律法规的认知

改革开放以后,我国强调依法治国,颁布了众多涉及村民生产生活各个方面的法律法规和地方红头文件,村民整天都在和法律法规发生关系。家里的房屋有房产证,土地有土地使用证,财产继承要有遗嘱。孩子出生要有出生证和户口证明,学生有学生证,居民有身份证等等,所有这些都和相关法律法规及规章制度有关系。可以说,村民的大小事情几乎都要多多少少牵扯到法律法规,形势让吾依村民们不得不学习法律,不得不去懂得法律,因为法盲在这个社会是没有办法生存下去的,农民和牧民也一样要学法和懂法。

在经济生活方面,吾依村民更是和有关法律法规结下了不解之缘。从20世纪80年代中期的分田地、分牲畜、承包草场开始,村民和乡、村部门不断的签订有法律效益的合同书、责任书等,使他们的法律意识在具体事件的参与中不断得到强化。同时,为了维护村民个体的利益,有关部门也越来越多地采取法律的形式和所属下级政府以及村民签订各种书面协议。比如,我们在吾依时就发现村民每户都有一本政府发放的《农牧民负担管理卡》,上面清楚的告诉农牧民哪些是他们应该承担的义务,他们每年应该向政府交纳多少税收等,使农牧民一目了然,有效的遏制了政府方面违法违规行为,减轻了农牧民的负担,制止了乱收费、乱摊派等现象。

新疆维吾尔自治区农业厅监制的农牧民负担管理卡

(1) 凡按规定由农牧民承担的费用和劳务,均填入本卡,超过规定的农牧民有权拒绝。

(2) 农牧民人均承担的村提留乡统筹不得超过人

均纯收入的5%（按农经部门统计），分项限额为公积金1.5%，公益金0.5%，管理费1%，教育附加费1%，计划生育、优抚、民兵训练、修建乡村道路等民办公益事业1%，农牧民承担的劳务每年每个劳动力义务5~10个，劳动力积累工男劳力25~30个，女劳力10~15个。

另外，2003年5月，村委会还和吾依村民签订了《退耕还林工程项目责任书》，也以书面合约的方式对双方在退耕还林方面的权利义务做了明确规定：

退耕还林工程项目责任书

为了落实好国家退耕还林的各项政策，本村特与退耕农户签订此责任书：

一、_____村_____组农户_____有退耕还林_____亩（其中：退耕地还林_____亩、宜林荒山荒地造林_____亩），位于_____。

二、其项目工程与栽植、管理等操作规程，必须严格按照《乌恰县2003年退耕还林工程作业设计》和《各乡（镇、场）村工程具体规划》来进行。

三、村委会在行政方面必须大力指导与扶持（以土地实际来组织工程规划）。

四、工程以国家退耕还林政策来兑现。按国家标准，试点示范县每退耕地还林1亩，国家将给予退耕农户补助100公斤粮食（每公斤粮食折合价为1.4元），20元教育补助费。

五、退耕农户必须保证苗木成活率达85%以上，对死亡的树木应及时补栽（标准规定：乔木根部成活，而地上部成活不足 1 米的不视为成活植株）。

六、林业主管部门每年进行两次检查验收，检验苗木的成活率，各退耕农户按照退耕还林检查验收标准享受国家补助政策。

七、本责任书由村委会与退耕农户签订。

八、本责任书一式三份，乡、村委会、退耕农户各一份。

九、本责任书自签订之日起生效。

库拉日克村村长　木沙　　　村民　×××

2003 年 5 月

在移风易俗方面，当地政府还针对柯尔克孜族婚礼大操大办给一般家庭造成的沉重负担，制定了一些措施，规定婚礼时，客人不能超过 50 人，如果超过规定人数，要进行罚款等。并专门成立了由各个部门成员组成的专项治理小组对此进行监督。但从执行的情况看，简单地依靠罚款和行政处罚并不能从根本上解决问题。

吾依村民获取法律法规及政策知识的主要方式是通过广播电视等新闻媒体。吾依家庭电视普及率将近 100％，有 1/3 的家庭安装了闭路电视，可以收看到许多频道的节目，村民在闲暇时间，特别是晚上主要的活动就是收看电视节目。从电视上，村民可以了解到国家和自治区的有关政策、法律和法规的颁布、执行情况以及相关内容的解释。对一些案例的宣判、分析和讲解，对国内外法律、法规的介绍，使村民们大开眼界。在以牧业为主的家庭里，无论牧场的海拔有多高，路途有多远，他们的帐篷里都有一架小型无线电收音机，随时收听电台的广播。我们在夏牧场的牧民帐篷时，发现每家都有一个小收音机。每天晚上，当牧民全家回到帐篷时，家里的收音机一直开着，牧民可以收听到他们喜欢的节目，当然也包括法律方面的节目。

除了广播电视等媒体外，吾依一部分村民是从自身所做违法事件中受到惩罚而对相关法律具有了切身的认识和体会，也使广大村民从身边发生的违法犯罪事件中亲身感受和了解到法律的严肃性和不容侵犯性。如由于一直从事畜牧业的需要和历史传统，大部分牧民以前都拥有枪支用以防止狼吃羊，同时可以打猎贴补家用，但在1996年国家为了维护社会治安、保护野生动物，对牧民的枪支进行了收缴，广大牧民积极响应将枪上缴，有一户全村最好的猎手没有缴枪偷偷打猎被罚款了5 000元。

而各级政府的宣传也是吾依村民获取法律法规知识的途径之一。政府和村民之间就是这样互相呼应，使有关法律法规得到了宣传和普及，使这些法律法规起到了其应有的作用和效果。从目前情况看，吾依柯尔克孜族村民在法律方面已经完成了从传统习惯法向现代法律的转型。但是在法律意识方面和全国的许多地方一样，正处于强化时期。吾依村民从20世纪80年代以来，法律意识已经有了很大的提高，特别是在家庭婚姻和经济来往方面，以前基本上是以习惯法为准，现在开始和有关法律发生密切的联系，法律观念越来越强。越来越多的村民意识到了法律在生产生活中的重要性，开始运用法律的武器保护自己的合法权益。

三、社会治安综合治理
2000年以来乌恰县有关部门从下面三个方面重点抓社会治安综合治理。

（一）以计划生育为中心的综合治理工作

包括宣传部门和计划生育干部对相关法律法规和政策进行

各种形式的宣传，各级妇联、派出所从人口方面对计划生育的严格管理和统计，乡、县医疗卫生部门对育龄妇女在生殖健康、妇女保健以及新生儿的计划免疫、防病治病方面的一条龙免费服务，乡派出所、司法所及村治安联防队从流动人口方面进行的管理，几个单位从不同的侧面着手，齐抓共管，将违法犯罪活动降到最低点。

（二）以流动人口管理为中心的社会治理活动

2003年5～6月间，有关部门在乌恰县范围内集中进行了一次清理整顿出租房屋规范流动人口的专项活动。活动分两个阶段进行：(1)从2003年5月20日至6月15日，重点清理出租房屋为中心的流动人口落脚点，由公安部门牵头，人事、劳动、社会保障、民政、教育、计划生育、房屋管理、工商、城建等部门派人参加，村委会配合，以村委会为单位，采取逐户核对清理的方式，全面摸清出租房屋（包括公房和私房）租住人员的登记和领证情况，通过检验居民身份证、暂住证、婚育证等身份证件，对暂住人口进行全面清查，对未按有关规定办理暂住户口登记、暂住证、婚育证的流动人口，责令其限期补办。对无合法有效证件、无固定住所、无正当生活来源的"三无"人员及流浪乞讨人员，公安、民政部门要及时收容遣送。(2)从6月15日至6月25日是整改规范阶段。针对第一阶段查出的工作中的漏洞和问题，研究制定落实各项整改措施，建立健全工作责任制，进一步规范管理，巩固清理整顿的成果。在综合治安治理工作下一步的安排中，当地各级党委和政府作出了"发挥整体优势，推动综合治理，开展法制教育，增强守法意识"的决定，在县公安局设立了专门的清理整顿出租房屋规范流动人口管理办公室，由县公安局副局长担任办公室主任，县政法委副书记任副主任，成员由城关镇派出所所长、康苏镇派出所所长、黑孜苇乡派出所所长、县人事局、城建局、工商局、土地局、计生委、司法局等部门人员参加。

（三）以引导、安排社会剩余劳动力为中心的社会治安综合治理活动

2002年开始，乌恰县党委、政府将扶贫工作与安排农村剩余劳力、改输血为造血的方式结合起来，尝试从根本上解决农牧民贫困问题，领导农牧民脱贫致富奔小康。2003年1月中旬，县人民政府成立了乌恰县劳务输出领导小组，组长由县人民政府常务副县长担任，由县人大、组织部、人民政府、政协、公安局、交通局、劳动就业保险管理局、扶贫办、人事劳动社会保障局、民政局、农林局等部门人员参加。在各乡镇成立了相应的组织，由主管农村、扶贫工作的一名副乡长担任组长，一名懂双语的干部任副组长，制定了严格的劳务输出管理人员管理办法。2003年7月，县人民政府召开了2003年上半年扶贫开发、劳务输出工作会议，参加者有县劳动就业保险局、人事劳动社会保障局、财政局、统计局、扶贫办、公安局、交通局、农林局、科学技术教育局、农业银行、人民银行等多家单位。县党委、政府将发展经济、转移农村剩余劳力和脱贫致富与社会治安通盘考虑，从根本上解决问题，这条思路和方法无疑是正确的。在组织的劳务输出队伍中，也不忘组织他们学习有关的法律法规，如2002年开始，乌恰县政府部门通过对务工人员进行短期的法律及其他方面的培训，向他们讲解《劳动法》《工会法》和《流动人员就业管理条例》等法律法规，加强劳务输出人员保护自身权益的意识和遵纪守法意识。

通过上述方式，从外部环境方面整治了社会治安，减少了犯罪隐患。吾依村的社会治安情况也在这样的大环境下得到了更好地改善。

第八章 文　　化

第一节　语言文字

一、民族语言系属和特点

柯尔克孜语属阿尔泰语系突厥语族东匈语支克普恰克语组。吾依组全村60户人家中只有3户是维吾尔族，加上吾依组周围的村寨多是柯族聚居区，因而，平常交流都是使用柯尔克孜语，甚至和周围农场的汉族居民交流的时候，依然使用的是柯语。因为当地的汉族也早已在柯尔克孜族的影响下学会了一口流利的柯语。

吾依村民使用的柯尔克孜语，虽属突厥语族，但与其他操突厥语民族的语言比较，有自己独有的特点：其一，由于历史原因或文化交流的存在，其词汇具有多源性，外来语成分中，汉、蒙古、阿拉伯、波斯语、伊朗语借词占一定比例，同时还有不少俄语、英语借词。如"maʃina"（汽车、机器）是俄语借词，"qam"（生的）是伊朗语借词，"din"（宗教）和"namaz"礼拜是阿拉伯语借词，"nojon"（先生、官）是蒙古语借词。其二，吾依组村民使用的柯尔克孜语中汉语借词亦很多，其中至今还保留着相当数量的古汉语成分，1949年新中国成立以后，汉语借词在当地柯尔克孜语中更多。如"gowujuən"（国务院）。其三，吾依组村民语言中关于畜牧业方面的词汇非常丰富。由于传统上以畜牧作为主要的生计方式，形成了语言表现方面对畜牧业词汇的明显倾斜。光是牛、马、羊等就有不同的词来表示不同年龄、不同特征的同类牲畜，如牛就有：uj（牛）、buqa（公牛）、inək（母牛）、topoz（牦牛）、torpdq（约一岁的牛）、tajantʃa（二岁牛）、qunandgen（三岁母牛）等；马就有：at～dgelqe（马）、bəə（母马）、qulun（驹）、taj（二岁马）、qunan（三岁公马）、bajtal（三岁母马）、beʃte（四岁马）、aʃej（五岁马）等。关于牧场、奶食品的词也很多。例如：ʃibər（草地）、dgazdoo 春场、dgajloo（夏场）、kyzdoo（秋场）、qeʃtoo（冬场）、ajran（酸奶）、tʃalap（稀酸奶）、qurut（奶疙瘩）等。

二、方言及单语、双语、多语使用情况

我国柯尔克孜语分为南部方言和北部方言。乌恰县的黑孜苇等地包括本次调查的吾依组属于北部方言区。

柯尔克孜语在乌恰县既作为日常生活用语也是行政用语。吾依组的村民绝大部分使用单一民族语柯语，少数人使用双语或多语。村中的很多村民不会讲汉语，我们在调查工作中遇到的最大的问题就是没有人听懂汉语，因而不能不借助翻译进行工作。吾依村中的几家商店和饭馆都没有牌子，即使有，也是用柯尔克孜语写的。

使用双语的情况又分两种，一是使用本民族语兼汉语。乌恰县的部分柯尔克孜族在使用本民族语的同时，也使用一些汉语。库拉日克村村公所的牌子、村务公开栏和村中的多种规章

制度都使用柯尔克孜语和汉语两种文字。在吾依组，同样有少数村民可以使用汉语，但在这些人中，汉语水平高者较少，多数只懂少数几句汉语。此外，汉族干部不会说柯尔克孜语，民族干部不会说汉语也成为制约乡村干部更好地开展工作的问题之一。吾依村的干部日常工作使用柯尔克孜语，在乡、村干部中也只有少数人会说汉语。很多乡、村干部虽然在乌鲁木齐和喀什等地的高中等学校学习过，但未能很好地掌握汉语和汉字。由于民族干部不会说汉语，无法把老百姓的话告诉政府，由于汉族干部不会说柯尔克孜语，听不到老百姓的心声和苦乐。因而，如何在当地培养更多本民族语和汉语的双语使用者，也是影响当地发展的一个重要问题。当然，越来越多的村民认为，不论是对个人还是对整个柯尔克孜族而言，要想获得更好地发展，在继续使用和发展本民族语的同时，还应该学习汉语。近几年来，还有一些吾依村民将孩子送到汉语学校学习知识。二是使用本民族语兼其他少数民族语。吾依组的村民绝大部分是柯尔克孜族，在 60 户人家中只有 3 户是维吾尔族。尽管如此，由于语言的相近，吾依村民有时也通用或兼用维吾尔语、乌兹别克语等。村民在收看电视节目的时候，多数都是看少数民族语（维吾尔语和哈萨克语）的电视节目。

使用多语的情况则主要是使用本民族语的同时，还会汉语及另外的少数民族语言，比如懂汉语，同时懂维语或乌兹别克语等。又或者是懂本民族语的同时，懂两种以上的其他少数民族语言。

三、民族母语的习得途径及使用范围

吾依组的柯尔克孜族村民学习母语的途径首先是通过家庭教养，然后是在学校。从一生下来开始，村民就处于母语的氛围之中，在耳濡目染中逐渐习得民族母语。到上学后，学校中

教师授课使用的是柯语,教材也是翻译成柯文的,因而,民族母语的习得更表现为一种自然而然的过程。

吾依村民民族母语的使用范围也是比较广阔的,在生活交往和工作诸方面都缺少不了民族母语。当然,在不同的年龄层次中,掌握和使用柯语的情况也不尽相同。一般来说,村民中,儿童只掌握与游戏和饮食有关的少量的词汇,年轻人掌握与生活和工作有关的大量词汇,老年人掌握的词汇则更加丰富。性别差异在语言使用方面也有所表现,男性多掌握与生产方式(包括牧业和农业等)有关的大量词汇,而女性掌握着更多与家庭生活和民间手工业相关的词汇。不同职业掌握语言的情况也不同,农牧民掌握与农业和种植业、牧业和狩猎有关的词汇要多一些,乡村干部、退休干部掌握与国家的各种方针政策和党的民族政策有关的词汇要多于其他方面。不同文化程度掌握语言的程度也不同,大学生掌握与各种现代科学知识相关的大量词汇,中学生掌握的词汇相对少一些,没有上过学的老年人只掌握与游牧生活有关的少量词汇。

在民族母语的使用方面,从年龄层次上来说,中老年人使用民族母语的频率要高于年轻人,因为很多中老年人不懂汉语,只能用母语交流。而年轻人则由于汉语水平的提高,使用汉语的场合和频度也有所增加,其使用民族母语的频率较之老年人要小一些。从性别差异方面而言,男性由于受教育程度相对较高,对外交往的范围也更广,较之妇女普遍有更高的汉语水平,使用汉语的时候也更多。从职业结构上来看,乡村干部、退休干部、学生等由于身份的不同,较之一般的农牧民有更多的机会使用汉语,而普通村民则使用民族母语的时候要更多一些。也就是说每一个人与自己的生活圈子相适应,掌握着侧重点各有不同的词汇,其对民族母语的使用程度和范围也略有不同。

四、民族文字

吾依组的村民，日常使用的多是柯尔克孜文。村民中，绝大多数的人特别是男性都懂柯尔克孜文，一般都会看、会写，一般的文化、资料及书面协议等都多数是使用柯文。根据相关的文字记载，柯尔克孜族的文字发展，可以分为古代岩画文和鄂尔浑—叶尼塞塔拉斯文、近代察哈台文及现代柯尔克孜文三个时期。现代柯尔克孜文的产生和发展则是从20世纪20年代开始的。中华人民共和国成立后，于1954年7月14日建立了克孜勒苏柯尔克孜自治州，并立即成立了州语文研究会，经过反复研究，通过了以阿拉伯文字母为基础的我国柯尔克孜文方案。"文化大革命"期间，以阿拉伯文字母为基础的柯尔克孜文一度被停止使用。1979年正式恢复使用柯尔克孜文。1983年9月23日，新疆维吾尔自治区民族语言文字工作委员会又公布了《柯尔克孜文正字法》，对柯尔克孜文字母表中的字母顺序根据字形又作了调整。

表8–1　柯尔克孜文字母表

NO	字　母	标　音	NO	字　母	标　音
1	ا	a	16	م	m
2	ب	b	17	و	o
3	پ	p	18	ا	ø
4	ن	n	19	ذ	u
5	ت	t	20	ژ	ü
6	ج	ʤ	21	ۆ	v
7	چ	ʧ	22	س	s

续表

NO	字母	标音	NO	字母	标音
8	ح	x	23	ش	ʃ
9	ف	f	24	د	d
10	ق	q	25	ر	r
11	ع	ʀ	26	ز	z
12	ك	k	27	ة	ə
13	ض	g	28	ى	e
14	ث	ŋ	29	ئ	i
15	ل	l	30	ي	j

  吾依的村民现在使用的就是经过调整的这套文字方案。

  柯文也是吾依村小学教材所用的文字。克州柯族中小学使用由新疆教育出版社柯尔克孜文编辑部翻译和编辑出版的教材。语文教材请新疆的柯族专家学者编辑出版，其他教材翻译全国统一教材。吾依村儿童所上的明天小学同样使用上述教材。

  用柯尔克孜语出版的报刊杂志有《克孜勒苏报》（克孜勒苏报社）、《新疆柯尔克孜文学》（新疆文联与作家协会）、《语言与翻译》（新疆语言工作委员会）、《克孜勒苏文学》（克州文联）等。吾依村民特别是退休干部、教师等喜欢订的有《克孜勒苏报》《克孜勒苏文学》等。

第二节　文学艺术

一、民间文学

柯尔克孜族虽然只有 16 万人口，却拥有异常丰富的民间文学蕴藏量。这样丰富浩繁的民间文学，是在长期的历史发展中，由柯尔克孜人民集体创作，并通过口耳相传流传下来的。它沉积了每一个历史时代的东西，保留了历史上的许多社会现象，与现今的柯尔克孜族生活一起构筑了一幅立体的生活图画，是柯尔克孜族文化的一个重要组成部分。从内容上来说，柯尔克孜族民间文学涉及社会生活的各个方面，通过形象、生动的语言，以不同的形式反映了柯尔克孜族的社会生活和民族性格以及柯尔克孜族的审美观念和艺术情趣。在给人艺术享受的同时，又传授了传统的柯尔克孜文化知识，可谓是一部柯尔克孜族生活的百科全书。

作为民俗文化的组成部分，民间文学不但具有传统性的一面，也具有变异性的一面。它会随着社会的发展而不断地发生变化，汲取新的营养，并在不同的时空中体现出不同的特色。基于这样的考虑，我们将调查重点放在了吾依村流传的民间文学作品上，而非从已有文献资料出发，对柯尔克孜族民间文学作地毯式的全面调查。从收集的资料看，吾依村柯尔克孜民间文学可以分为神话、史诗、民间传说、民间故事、歌谣、谚语等几个方面。从内容看，不仅涉及人类起源、民族族源、村落历史等宏观问题，也涉及生产生活、婚姻家庭等具体问题，可谓包罗万象。

（一）神　话[①]

在调查地，我们收集到一则关于人类起源的神话。这则神话中既有原初的因素，又加入了宗教信仰的色彩，同时也带有游牧民族的特色，体现了吾依村民信仰层面多元因素综合作用在民间文学领域的一种整合和变异。

> 所有的穆斯林都认为世界是真主（安拉）创造的。真主（安拉）创世之初，造了7个空间无限的别依西（天堂）、6个多佐克（地狱）以及宇宙中的所有天体。在创造了这一切后，他感到应该有生物，于是便用泥土做了一男一女两个人，男的叫阿达姆·阿莱克萨姆，女的叫阿瓦·依涅。造人之后，真主（安拉）要求天上所有的神都要尊重人类，因为人类是真主的创造物。有一个叫阿日俄若的神，他是为真主办事的7个神的教师，不听从真主的命令。他说他是真主用光做成的，为什么要尊重那些用泥土做成的人类。真主发怒了，将他贬下凡间并称他为夏依旦（魔）。此时他对真主提了两个要求，一是每当有一个人类诞生时要有一个魔诞生，二是魔要生活在人的肉和皮中间，人看不到魔。真主答应了，从此魔就下到了凡间生活并与人类结仇。为了报复人类，让人类也到凡间来受苦，魔就想了一个诡计来诱骗人类犯错。他来到天庭，对看守天庭之门的龙说他以前住在天庭，能不能呼几口气让他闻闻天上的味道。龙答应了，趁着龙喷气的时候，魔钻进了龙的身体并进入了

[①] 后述神话、史诗、民间传说、民间故事的记录者为调查组员，翻译者为艾力、扎伊尔、阿迪力，整理者朱刚。

天庭。天庭种着麦子,但真主不准人吃。魔便变成了神的样子去诱惑人类吃麦子,他对人类说麦子味道很好,人是可以吃的,只是真主不想让人吃罢了。人类经不住诱惑就吃了麦子,吃完以后就想排泄,而在这之前人既不吃东西也不排泄。于是人就跑到一棵无花果树下排泄,排出粪便后害怕被真主知道就到处找地方藏。但实在是找不到藏的地方,就只好抹在自己身上。于是,人身上沾有粪便的地方就长出了体毛,真主一看便明白了,在给了人类一些麦种、一峰骆驼后便将人类贬下了凡间。

从此人类便在凡间生活,并与野生动物为伍。不久后,两个凡人生下一对双胞胎儿子,一对双胞胎女儿,父亲便让大儿子和小女儿成亲,小儿子和大女儿成亲以繁衍后代。渐渐地,人多了起来,形成了部落。而在与野生动物为伍的过程中,人学着动物的吼叫发展出自己的语言,人类之间也有了沟通的工具。由于最早从天上下来的人知道真主的存在,就教育子女要信仰真主,宗教也随之产生了。

(讲述者:哈斯木·玛木提,男,柯尔克孜族,57岁)

(二) 英雄史诗《玛纳斯》

《玛纳斯》是一部规模宏伟、色彩瑰丽的巨制,是柯尔克孜族丰富的民间文学宝库中的一件无价之宝,与藏族的《格萨尔王》,蒙古族的《江格尔》一起被称为我国民间的三大史诗,被誉为民间文学的奇葩异宝。

《玛纳斯》主要歌颂了柯尔克孜族的英雄汗王玛纳斯一家八代,为了统一分散的柯尔克孜部落,团结其他民族和部落,

第八章 文 化

共同反抗异族奴役的英雄业绩。全诗共分八部，长达二十多万行。各部的名称分别为：第一部《玛纳斯》、第二部《赛麦台特》、第三部《赛依台壳》、第四部《凯耐尼木》、第五部《赛依特》、第六部《阿斯勒巴恰——别克巴检》、第七部《索木碧莱克》、第八部《奇格台依》，各部分别以主人公的名称来命名。

《玛纳斯》的演唱者称为玛纳斯奇；一般的玛纳斯奇能演唱其中的一至二部。能演唱三部以上的称为大玛纳斯奇，最著名的居素甫·玛玛依大师能演唱全部八部。

克孜勒苏州的乌恰、阿合奇、阿克陶、阿图什四个县是《玛纳斯》的主要流传地区，玛纳斯奇云集。据20世纪60年代初的调查统计，当时共有88位玛纳斯奇活跃于城镇牧区，为柯尔克孜民众演唱《玛纳斯》。① 在我们的调查地黑孜苇乡也曾经产生过一位著名的玛纳斯奇艾什玛特·玛木别特朱素甫。还有一位与他同时代的奥斯曼·玛特也是黑孜苇乡人，他演唱的《赛麦台依》唱本别有特色，有许多情节是其他《玛纳斯》唱本中所没有的。1964年普查时，曾记录了他的唱本共9 754行。

艾什玛特·玛木别特朱素甫是一位大玛纳斯奇，1880年出生，黑孜苇乡阿克布拉克村人。1961年新疆开展《玛纳斯》普查工作时，普查组的工作人员曾经记录过他的演唱，还给他颁发过荣誉证书。据说，艾什玛特能演唱七部《玛纳斯》，但遗憾的是，只记录下他演唱的《玛纳斯》和《赛麦台依》，他就与世长辞了。艾什玛特·玛木别特的父亲本身就是一位玛纳斯奇，艾什玛特没有进过学校，但从小就跟着父亲学习了一些文化知识，他从11岁起，开始跟着父亲学唱《玛纳斯》。此

---

① 郎樱：《玛纳斯论》第24页，内蒙古大学出版社，1999年版。

外,他的演唱也受到了著名的玛纳斯奇艾山拜克的影响。16岁那年他正式开始了民间艺人演唱生涯,此后的几十年中他游吟四方,不仅为中国的柯尔克孜民众演唱,还常常到吉尔吉斯为当地民众演唱《玛纳斯》。他的演唱受到群众的热烈欢迎,据亲友回忆,一次艾什玛特被邀请到一个很大的毡房中去演唱《玛纳斯》,毡房里的听众挤得满满的,闻讯赶来的乡亲们进不去毡房就站在毡房外面听歌手演唱,来的人越来越多,前拥后挤,以致发生了挤塌毡房的事件。

此次调查,我们访问了艾什玛特的孙女,一位名叫古丽孙·艾什玛特的女玛纳斯奇,她能演唱第二部《赛麦台依》及第一部《玛纳斯》第三部《赛依台克》的部分片段。古丽孙,1947年生,曾任黑孜苇乡阿克布拉克村妇代会主任,多次被黑孜苇乡党委、人民政府评为先进工作者、优秀妇女工作者,1998年被新疆自治区妇联评为"三八红旗手"。

据古丽孙·艾什玛特介绍,她演唱的《玛纳斯》是跟爷爷学的,从小耳濡目染听着爷爷演唱,渐渐地也就会唱了。因而,与一般的玛纳斯奇多称自己为"神授"或"梦授"获得演唱《玛纳斯》的才能不同,古丽孙是以家传熏陶的方式习得此演唱才能。每当村里有婚礼、丧礼、庆典时便会请她去唱,一般是在晚上。她本人称能连续演唱七天七夜。在1991年以前,古丽孙·艾什玛特演唱的场合主要是本村及周围村寨的婚礼、节日等,1992年8月,她以玛纳斯奇的身份到乌鲁木齐演唱,当时她演唱的是《玛纳斯》的第二部,唱了半个小时。同年,从乌鲁木齐回来后,又在阿合奇县举行了玛纳斯演唱会,当时乌恰县包括她在内共去了4位玛纳斯奇去演唱,并录了音。此后,不论是乡里还是县里,只要有比赛,有表演,都会请她去唱。古丽孙·艾什玛特的儿女现在大多也能唱上几段,她的孙女,一个5岁的小女孩巴合提古丽亦在家庭的熏陶下亦能流利

第八章 文　化

地唱上10分钟左右，十分令人惊异。

　　从演唱的技巧上来说，古丽孙的演唱声音洪亮，吐字清晰，尽管没有任何乐器伴奏，但由于演唱时根据内容情节的变化而有舒有张、有急有缓，形成了较为鲜明的节奏感，曲调曲折而优美。她有时节奏急促、铿锵有力，让听者仿佛看到史诗中的众英雄策马奔腾，有时节奏舒缓，柔美动人，使得整个演唱既扣人心弦又遐想无限。

　　我们记录了古丽孙演唱的《赛麦台依》的部分内容，并将她的演唱做了录音。记录的内容主要讲述的是玛纳斯之子赛麦台依与仙女阿依曲莱克之间曲折爱情故事的一部分。阿依曲莱克是阿昆汗的公主，是玛纳斯之子第二代英雄汗王赛麦台依指腹为婚的未婚妻，是柯尔克孜妇女世代崇拜的典型，在民间流传着许多她的故事、传说和歌谣。经过认真对照，发现这部分与艾什玛特·玛木别特1961年演唱的版本（北京学者侯尔瑞翻译，收录于中国文联出版社出版的《柯尔克孜民间文学精品选》第二集）是相同的，这也说明尽管在玛纳斯的传承过程中存在演唱者本人的创作、变异，但其基本的核心结构、情节是一直保留下来的。特别是像古丽孙·艾什玛特这样家承形式习得演唱技能的人，其所唱版本中的稳定性更是大于变异性。据古丽孙介绍，她在学习演唱《玛纳斯》的时候，也不是一字一句地死记硬背，而是首先记住主要的故事情节，牢记史诗中各种人物的关系，记住各种固定的叙述模式和套语。当然，或许也有天赋方面的因素，古丽孙为我们演唱的唱本可以说与其祖父当年的演唱毫无二致，这也让我们感到十分惊奇。古丽孙·艾什玛特的演唱主要得自家传，因而，她的演唱也保持了其爷爷唱本中保留古老文化成分较多，语言较为朴实无华，大量使用程式化套语等民间口承文学的表现手法等特点。①

(三) 民间传说

1. 关于柯尔克孜族来源的传说。关于柯尔克孜族族源的传说一直以来流传着很多个版本,虽然大多都以40个姑娘为核心,但在不同的版本中仍有不同的延伸和变异。当然,不同的版本大都有40个姑娘喝了河水怀孕而发展成为后来的柯尔克孜族的情节。在调查中,我们收集到的是这样的版本:

> 很久以前,有个年轻的小伙子爱上了一个姑娘。为了博得姑娘的芳心,小伙子便经常帮助姑娘干活,久而久之两人便产生了感情。有人嫉妒他俩,就跑到汗王那里告状,说他们乱搞男女关系,伤风败俗。汗王大怒,不问青红皂白就将两人杀了。汗王的后花园里有一条小河,自从二人被杀后就冒出许多白色的气泡,并有声音喊着:"冤枉啊","冤枉啊"。汗王的40个女儿感到十分好奇,不约而同地都喝了河里的水,之后便都怀孕了。汗王得知40个女儿都有了身孕,一怒之下便将她们全部赶进深山。40个姑娘从此便在那里生儿育女、繁衍后代,久而久之,就形成了柯尔克孜族。"柯尔"在柯尔克孜语中是40的意思,"克孜"是姑娘的意思,合起来就是40个姑娘。
>
> (讲述者:莱丽芈·奥姆希,女,柯尔克孜族,52岁)

2. 关于库拉日克村建寨的传说。在村中,流传着一个关

---

① 详细内容参见贺继宏主编《柯尔克孜民间文学精品选》(第二集)第251~273页,侯尔瑞翻译,中国文联出版社,2003年版。

于村落形成的传说。该传说情节曲折动人，但只有少数老年人知道，我们的报告人哈斯木·玛木提说这个故事是他的祖父玛尔扎讲述给他的。

以前吾依村的柯尔克孜先民居住在北疆，同哈萨克族一起生活。当时柯尔克孜族最大的首领叫阿热克，他有一个英俊能干的儿子叫艾尔米克，对当地所有的姑娘都看不上，十分渴望寻找一位美丽贤慧的姑娘作妻子。有一天，从吉尔吉斯那边来了一个商人。艾尔米克就问他吉尔吉斯那边有没有能够配得上自己的姑娘，那商人回答说我告诉你的话你给我什么好处，艾尔米克给了他40匹马，商人就说吉尔吉斯有个首领的女儿叫克热比克齐，长得十分美丽，看不上所有吉尔吉斯的小伙子。艾尔米克心动了，第二天带上40个勇士就去了吉尔吉斯。到了克热比克齐家，按照当时的传统，他们要做一个星期的客之后才能说明来意。于是7天之后，艾尔米克向克热比克齐的父亲说他想娶他的女儿。姑娘的父亲说，他的女儿很珍贵，需要很多的彩礼才能娶到。艾尔米克答应了。谁知第二天姑娘的父亲又说，他的女儿不是任何彩礼能够交换的，除非艾尔米克答应来吉尔吉斯居住才能娶他女儿。为了娶到心爱的姑娘，艾尔米克也答应了。之后，老丈人为他俩操办了隆重的婚礼，给了他们一块地让他们生活。

一年后，在一次宴会上，艾尔米克问乡亲们自己的妻子漂不漂亮，大多数人都发出了溢美之词，有的人却说她的鼻孔太大了。于是，艾尔米克便请来了神医，给他妻子的鼻子做了手术。于是，克热比克齐更漂亮了，人人都发出了赞叹。但是，当地以前曾被克热比克齐拒绝过的人将消息传到克热比克齐父亲耳朵里时，却变成艾尔米克将他妻子的鼻子割掉了。老人暴跳如雷，自己珍若性命的女儿竟然遭此虐待，于是便带领部队向艾尔米克开战。战争开始后，双方都死了很多人。艾尔米克的40名勇士也折损大半。到最后，艾尔米克也战死沙场，他的妻子被其父带了回去。

战争结束后，艾尔米克40勇士中幸存的勇士离开了吉尔吉斯，但他们无颜回乡，就停留在了库拉日克这个地方。

当时的库拉日克地方属于塞得汗国，国王叫阿布得力西提汗。他有个手下汗古巴提，与阿热克有亲戚关系，念及旧情便将库拉日克这个地方给了这些从吉尔吉斯回来的人。一段时间后，渐渐形成了村子，村民居住区域也逐渐扩大到了整个黑孜苇盆地。

（讲述者：哈斯木·玛木提，男，柯尔克孜族，57岁）

(四) 民间故事

1. 狼孩的故事。在调查中，我们收集到一则关于人与狼成亲的故事。狼是突厥语民族的图腾，人与狼合是突厥语民族中一个古老的神话母题，这个主题也因而在汉文史籍中多次出现。村中流传的这则故事中的仙女和父母并非真的是狼，但从故事中我们依然可以看到柯尔克孜族先民对于狼的崇拜和信仰。事实上，在今天的村民身上我们也可以看到这种古老的图腾崇拜的遗迹，比如不少村民在脖子上挂着狼拐骨，认为可以护佑自己。

第八章 文　化

很久很久以前，有个富有的地主的牛羊多得数不清，但每天都会被狼吃掉 40 只。为了消除狼害，地主和村民们一起组织了打狼队，准备将狼群消灭。他们翻山越岭四处寻找狼群，却怎么也找不到。终于有一天，他们捕到一只老母狼。就在人们准备将它打死的时候，老母狼突然说起人话来。它说它有一个长得十分漂亮的女儿，它要将她嫁给地主的儿子，吃掉的羊是它向地主要的彩礼，并且还没吃够。地主的儿子听后十分神往，便将老母狼放了。同行者都嘲笑他是个疯子，竟然相信狼的话。但小伙子不管众人的嘲笑，仍跟着老母狼走了。

走了很长的路，他们遇到了一群狼，狼群想把小伙子吃掉，但老母狼不允许，狼群就不敢吃，小伙子安全地从狼群中走过。又走了一段路，他们遇到了一群狮子，狮子也想吃小伙子，但老母狼仍安全地保护他走出了狮群。他们继续走，又遇到了一群老虎，由于有老母狼的存在，小伙子也安全通过。最后，当爬上一座山的山顶时，小伙子的眼前出现了一片草原，草原上有很多毡房，有好多人在那里生活。老母狼将他领到了一座白毡房前，对他说这就是他的家，他可以住在里面，并允诺过一段时间后让他与自己的女儿成亲。就这样，小伙子在草原上住了下来，但他一直没能见到那位美丽的姑娘，直至成亲那天，人们也不允许他看。婚礼结束后，小伙子准备回家时，人们给他牵来了一只小狼并告诉他这就是他的新娘。小伙子懊恼万分，但说过的话不能反悔，只好牵着小狼回了家。

一路上，他们遇上来时碰到的狼群、狮群、虎群，虽然这回没了老母狼，但也居然得以安全通过。回到家之后，小伙子对亲戚朋友叙说了经过，说自己已和一只狼成了亲。所有人都表示反对，但小伙子坚持自己当初的决定，以狼为妻，同住一个毡房终身不变。就这样日子一天天地过去，他们住的毡房在一天晚上突然变得很亮，那只狼也变成了一个很美很美的仙女。小伙子诧异得连话也说不出来，怔怔地看着仙女，仙女对他说，她和她的父母为了不引起人们的注意，就穿了狼皮扮成了狼的模样。小伙子听后十分高兴，老母狼当初的许诺成了现实。

二人幸福地生活了一段时间后，小伙子娶了仙女的消息也慢慢传开了。国王听说此事，便想将仙女从小伙子身边抢过来。他派了一只鹰躲在二人的毡房里，然后自己亲自上小伙子家索要。当仙女走出来将鹰还给国王的时候，国王一眼便看上了仙女，并下定决心要将小伙子除去。于是他给小伙子出了难题，如果小伙子完成了就不杀他。国王说在他穷阿塔（祖辈）的那个年代时丢失过一匹黄色的马，让他把那匹马找回来。小伙子束手无策，便问仙女该怎么办。仙女给了他一根绳子，让他把那根绳子挂在山口上，到了晚上那匹黄马就会回来闻那根绳子，到时候就用绳子把马套住。小伙子依言套住了马，这时便有千万匹马出来跟着那匹黄马，小伙子将所有的马都送给了国王。国王见难不住他，又出了一个难题。国王说以前在他穷阿塔骑马过河的时候将一块马头大的金子掉在水里，被冲进了大海，让他找到那块金子。小伙子回到家，仙女给了他一块手绢，让他抓住手绢的一角，

第八章 文　化

然后把手绢放到海里。小伙子照做了，这时就有好多的鱼过来咬那块手绢。其中有条鱼对小伙子说，它是龙王，如果把手绢给它，有什么愿望它都能满足。小伙子说他想找块马头大的金子，龙王便出动所有的虾兵蟹将来找，但还是找不到。最后一条鱼对龙王说有条150多岁的鱼没来，因为它睡着了叫不醒。他们就到了那条鱼那儿找，老鱼听说龙王来了忙起身相迎，而金子就在它的身下。

　　国王见又难不住小伙子，想了想又给他出了一个难题。国王曾为自己的穷阿塔杀过一匹马，他让小伙子找到那匹马的骨头并让马复活。小伙子又去问仙女，但这回连仙女也无计可施，便让他去找那只老母狼。小伙子于是就去找老母狼，诉说了事情的原委。老母狼给他做了一个摇篮，让他把国王穷阿塔的骸骨放在里面摇，边摇边唱摇篮曲，说一天后，国王的穷阿塔就可以复活，就可以问他马骨的所在。小伙子依法将老国王复活，老国王一复活便抱怨说他生前没好好地活，怎么死后也不让他安生，问小伙子要干什么。小伙子说了要求后，老国王便告诉他马骨是在一个山窝里。找到马骨后，小伙子又用摇篮将马复活。但这只马只有三条腿，另外一条后腿被国王吃了。小伙子将三脚马给了国王，这时天空中突然出现了一片云，把国王卷走了。善有善报，恶有恶报，小伙子和仙女从此幸福地生活了下去。

　　（讲述者：莱丽罕·奥姆希，女，柯尔克孜族，52岁）

2. 加尼什和巴依西。我们在调查中收集到的《加尼什和巴依西》是散文体的故事，在柯尔克孜族民间还流传着其叙事长诗体，称《加芮什与巴依什》，故事情节大同小异。

古代有个叫巴依江的国王，娶了40个老婆，但都没有生育。在40岁那年他又娶了一个老婆，不久之后生下一对双胞胎儿子，一个取名叫巴依西，另一个取名叫加呢什。

兄弟俩长大后，从西方飞来了一白一蓝两只鸽子，白鸽叫阿依乔勒绊（月亮），蓝鸽叫昆乔勒绊（太阳）。它们看见巴依西和加尼什后就变成了两个美丽的姑娘，于是，巴依西和阿依乔勒绊，加尼什和昆乔勒绊便分别结成了夫妻。

在西方，有一个叫西依姆路提的国王，听说阿依乔勒绊和昆乔勒绊貌若天仙，便垂涎于二人的美色并意图霸占她们。于是他广发告示，说如果谁抓住了加尼什和巴依西，就赐给他荣华富贵。一个叫杰利马央的巫婆揭了榜，对国王说她一定能抓住两兄弟。巫婆有个9岁的孙子，一番交待后巫婆将他送进了加尼什和巴依西住的宫殿里伺机行动。那小孩在宫殿里当了9年的仆人后，渐渐地得到了二人的信任。有一次，两兄弟带着小孩一起去打猎，小孩对兄弟俩说你们打猎的地方太小了，我知道有个叫阿拉湖的地方，那才是真正的猎场。二人听后，便决定第二天上阿拉湖去。这天晚上，巴依西之妻阿依乔勒绊做了个恶梦，梦到两兄弟此行凶多吉少，于是劝说自己的丈夫不要去，但巴依西听不进去。阿依乔勒绊又去告诉公公，让他阻止两兄弟的阿拉湖之行。这时小孩却对国王说，你是至高无上的君主，如果你听信女人的话你的

第八章 文　化

王国一定会倒大霉，请不要听她胡说八道。国王一听便不管兄弟俩了，任由他们去打猎。看到木已成舟，阿依乔勒绊已无能为力，便对丈夫说此行来回要走6天的路，如果6天内回不来，6年内一定要回来；如果仍回不来，便说明两兄弟已遭不测。

两兄弟出发了。到了阿拉湖，他们尽情驰骋，打了好多猎物，高兴之余就在阿拉湖里洗了个澡。这时，那小孩偷偷将他们的马和战袍都取走了，并召来了军队。一番交锋后，加尼什身受40处刀伤倒在了血泊之中，而巴依西则被抓了去。所幸的是，加尼什并没有死，他挣扎着爬到一个山洞养伤。山洞里有只老鼠，看到加尼什躺在地上一动不动便过来咬他。加尼什一把抓住老鼠，心想连你也来欺负我，便将老鼠的后腿拗断了。老鼠受了伤，慢慢地爬到山洞里吃了一根草后腿立刻就好了。加尼什感到很奇怪，也跟着吃了一根草，之后他的伤也全都好了。他走出山洞想找他的哥哥及身边的40个勇士，但这时尸体已经模糊难辨，分不清谁是谁了。悲恸之余，他已无脸面回家，决定将死者埋葬后在此守墓一生。

西依姆路提抓住了巴依西后，下令将其斩首，但有个老人对他说谁杀死巴依西谁就将断子绝孙。西依姆路提历来对这个老人的话深信不疑，便将巴依西关在大牢里。他有个独生女儿，一见到巴依西便为其倾倒，想偷偷将巴依西放掉。但由于害怕被巫婆知道后告发自己，就想方设法使巫婆不能说话。于是公主便装病，令巫婆来为她治病。在治病时，公主说了一句话，并要求巫婆重复那句话。巫婆说完后，公主就说她和自己说的不一样，一定是舌头上长了个东西，让她把舌头伸出来看看。当巫婆伸出舌头时，公主便一口将她的舌头咬掉了。在巫婆不能说话后，公主就偷偷地放了巴依西。

巴依西重获自由，便到阿拉湖找自己的兄弟，两人一起回了家，而此时离他们出门已有9年时光。王宫中，王位已被仆人阿克伏力和达勒瓦兹篡夺，两人不仅霸占了阿依乔勒绊和昆乔勒绊，还准备吊死加尼什和巴依西的儿子。两兄弟及时赶回，杀死篡位者夺回了王位，从此安安乐乐地生活了下去。

（讲述者：莱丽罕·奥姆希，女，柯尔克孜族，52岁）

3. 库尔曼白克。《库尔曼白克》原是柯尔克孜族一首著名的叙事长诗，在民间广为流传，形成了各种版本，库拉日克村流传的是一种故事梗概加少量唱段的版本，其文如下：

从前，有个地主，在40岁那年生了一个儿子叫库尔曼白克。他特别宠爱库尔曼白克，派7个奶妈、40个仆人来侍候他。库尔曼白克12岁的时候，蒙古人同柯尔克孜人发生了战争，并侵占了柯尔克孜人的土地。库尔曼白克便率领勇士们同侵略者作战，很小年纪就取得了赫赫战功。

库尔曼白克的父亲是一个胆小怕事的人，面对强大的蒙古人他选择了投降，和库尔曼白克为敌。他扣住了库尔曼白克的武器、战袍及和库尔曼白克同一天出生的战马，并责怪库尔曼白克整天打打杀杀，不遵父训。在库尔曼白克娶了一个叫阿依阿那西的突厥人作妻子后，他又责怪他不娶本地人而娶外地人，不合礼法。婚后一年了，父子都各不相见。为了索要战马、战袍及武器，库尔曼白克派了40个勇士去父亲那儿，但却被囚禁了。为了帮助丈夫，阿依阿那西去求公公。她这样唱道：

亲爱的公公，请把战马还给库尔曼白克，他和蒙古人打仗，为柯尔克孜人谋幸福，他打胜了把战利品都给您。

亲爱的公公，请把战马还给库尔曼白克，他和蒙古人打仗，为柯尔克孜人谋幸福，他打胜了把战利品都给您。

亲爱的公公，请把战马还给库尔曼白克，他和蒙古人打仗，为柯尔克孜人谋幸福，他打胜了把战利品都给您。

公公听了这样唱道：

阿依阿那西，请不要像母狗一样在我的门口叫唤。我骑上了那匹马，就不再是60岁的老头，而是7岁勇敢的男孩，能在陡峭的山中逮住黄羊。

我穿上那件战袍，就不再是60岁的老头，而是7岁勇敢的男孩，能在陡峭的山中逮住羚羊。

我拿上那把猎枪，就不再是60岁的老头，而是7岁勇敢的男孩，能在陡峭的山中逮住山羊。

听到这些，阿依阿那西只好回去了。后来蒙古人来攻打库尔曼白克，他没有战马只好骑着战马的小马驹去打仗。小马驹很幼小，在爬过两座山后脊椎骨就断了。库尔曼白克此时已经进退不能，并且疲累不堪。不幸的是他的军队中出了个内奸，向蒙古人告了密。蒙古大军随后而至，他们唱道：

库尔曼白克，要不要把你的头像割羊头一样割下来，要不要我们踏着你的鲜血走出去。

库尔曼白克回答：

我是一个穆斯林的儿子，不是你们任意杀戮、随便欺负的。

蒙古人被他的英雄气息震慑住了，英雄惜英雄，一些人不愿意杀他，便想了一个办法，拿支枪插在他的肝上任由他流血，看天意让他生还是让他死。蒙古人走后，库尔曼白克还是活了下来，他挣扎着爬到路边向路过的人求救。这时路边来了一个人，他是库尔曼白克的朋友，一个叫阿克汉白克的维吾尔族小伙子。他随身带了60匹马、60峰骆驼的金子，正要赶去庆祝库尔曼白克的儿子的诞生。阿克汉白克一开始并没有认出满身黄土，浑身鲜血的库尔曼白克。库尔曼白克对他说你过来，我是一个穆斯林的儿子，你给我做个礼拜把我埋了吧。阿克汉白克听了之后就下马走到他的跟前，库尔曼白克立刻就认出了自己的朋友，他唱道：

亲爱的兄弟，尊敬的兄弟，每当你打胜仗时会叫我来做客，难道你忘记了吗？我现在身受重伤躺在地上，难道你认不出我来了吗？

阿克汉白克唱道：

我在天堂有2个兄弟，世上有72个兄弟，你是哪个？请说出名字。

库尔曼白克唱道：

我是库尔曼白克，我违背了天意，受到了惩罚。

阿克汉白克一听，立刻将他救了起来并将他送回家。为了给他治病，阿克汉白克从西方请了个俄罗斯男医生，从东方请了个汉族女医生。俄罗斯男医生说他活不了了,而汉族女医生则说有救。可在医治了三年之后,库尔曼白克还是不治而亡。

(讲述者:莱丽罕·奥姆希,女,柯尔克孜族,52岁)

4. 阿力甫波佐依·苏利坦的故事。

康尼柏皇帝有一万只羊,一万头牛,一万匹马,五千只羊羔和七千峰骆驼,牲畜多得连草原都装不下。皇帝年轻时一直无子,年纪大了才有了阿力甫波佐依。阿力甫波佐依长大后,有一天梦到西方有位漂亮的姑娘,名叫奎曼巧克(黄玉项链),便对父亲说他受到上帝的启示要与她结为夫妇,要去西方找她。父亲对他说那你骑着神马去吧,于是阿力甫波佐依便开始了前往西方的漫漫长路。

走了40天石子路、40天沙漠、40天山路后,在他的面前一座壁立千仞的高山挡住了去路。阿力甫问神马怎样才能过去,神马说这座山是一个巫婆施法术变的,用魔法可以通过。于是它对着河水念了一段经,河水便向着山冲去,将山从中间冲开了一条路,阿力甫就从此通过。又走了40天石子路、40天沙漠、40天山路,他来到了蜘蛛王国,那儿有一只蜘蛛王具有通天晓地的本领。神马就对他说可以向蜘蛛王询问奎曼巧克的住处,于是他们便去找蜘蛛王并给它送了40只羊羔,40袋马奶。蜘蛛王对阿力甫说奎曼巧克是个仙女,她家门口有只会吃人的大狗,千万不能被它发现否则会有危险。辞别了蜘蛛王,阿力甫接着赶路。又是40天石子路、40天沙漠、40天山路的路程,他终于找到了奎曼巧克的家,白毡房外,那只大狗正在打盹，神马就带着他无声无息地飞了过去。白毡房里，空无一人，奎曼巧克听说阿力甫来了便飞上了天，因为她从来不轻易让凡人见到。于是，阿力甫便在毡里等奎曼巧克。从此以后，他每天外出打猎喂奎曼巧克家的狗和鹰，割草喂马，久而久之，狗、鹰、马都对阿力甫产生了好感。它们都会魔法，狗能咬死所有坏人，鹰能认出所有的坏人，马能带人到任何地方去。它们就带阿力甫上天找到了奎曼巧克。

但她仍不愿见他，让马带他走，马说我肚子饿的时候是阿力甫喂我吃草，我要听他的话；让鹰来啄他，鹰说我肚子饿的时候是阿甫喂我吃肉，我要听他的话；让狗来咬他，狗说我肚子饿的时候是阿力甫喂我食物，我要听他的话。看到自己的三个家畜都站在阿力甫一边，奎曼巧克就对他说如果在7天内能数清天上的星星，7天内能数清地上的草根，她就嫁给他。在神马的帮助下，阿力甫数清了天上的星星及地上的草根，而且这时奎曼巧克家中一件上天赐予的法宝上也显示出让两人结婚的信息。奎曼巧克再无怀疑，便和阿力甫成了亲。两人就在奎曼巧克的家中生活。

有一天，在阿力甫外出打猎时，奎曼巧克在家门口看到一个老妪骑着只狗乱跑，她感到很奇怪，就过去问发生了什么事。老妪是一个巫婆变的，受一个皇帝指使来将她夺走。巫婆骗她说，地上的皇帝们为了得到她都去攻打康尼柏皇帝，使得生灵涂炭血流成河。奎曼巧克不信，跟着巫婆去看，巫婆便趁机抓住了她。阿力甫回家后不见妻子，就拿上箭外出找她。

在路边他看到那个巫婆骑着狗乱跑，也过去问发生了什么事。巫婆对他说，你是怎么当丈夫的，你的妻子掉到井里面淹死了。霎时间，阿力甫万念俱灭。他跟着巫婆到了一口井前，丝毫没有注意到身上的箭发出的危险的警示。那箭是他以前在山上认识的三个神送给他的，他们说如果有危险那只箭就会变弯，那时就要多加小心，如有必要他们会来帮助他的。就在阿力甫伤心欲绝毫无防备的时候，巫婆一把将他推到了井里。那三位神获悉阿力甫之死后，就把他从井里救出并施魔法将他复活。然后又找到奎曼巧克，杀死巫婆将她救出。两人经此大难，一见面就相拥而泣，但在回家的路上，灾难再次降临到了二人的身上。阿力甫在树林中遇到一个小女孩，那小女孩哭着对他说自己的姐夫不见了，她迷了路回不了家。阿力甫便将小女孩背在背上，准备将她带出树林。突然那小女孩变成了一只蜘蛛，并一口将阿力甫吃掉。吃了阿力甫，蜘蛛却变得越来越大，后来大得顶天立地。奎曼巧克想将他救出，但不知道他在蜘蛛身体里的哪个部分。这时一只小鸟飞过来对她说阿力甫在蜘蛛的小指指尖里，奎曼巧克便一刀将蜘蛛小指砍掉救出了阿力甫，蜘蛛立刻就回复了原形。经历了两次大难，两人的感情愈加深厚，从此便幸福地生活了下去。

（讲述者：莱丽罕·奥姆希，女，柯尔克孜族，52岁）

（五）歌　谣

民歌是柯称克孜族人人耳熟能详的一种文艺形式，不分男女老幼皆能演唱。民歌的内容广泛，可以说它是柯尔克孜族劳动生产的歌,生产习俗的歌,社会发展的歌。民歌在柯尔克孜人的生活中占有重要的地位,是他们的音乐天才与生活体验的完美结合,下面将我们在村中收集的民歌逐一介绍。

1. 哭嫁歌:①

我是一个年轻的姑娘,
为什么让我嫁给一个比我爸爸还大的老头,
为什么不让我和心爱的人在一起。
我哭得眼睛都肿了,
让我嫁给他还不如让我去死。
我的父母啊!
你们为什么要把我卖给地主,
是不是因为家里穷收了很多地主的东西,
所以要拿我做交换,
我狠心的父母啊!

(演唱者:莱丽哈·奥姆希,女,柯尔克孜族,52岁)

2. 劝嫁歌:

姐姐哟,你的辫子有五条,
你的眉毛很黑,
请五个人来念经,
父亲要把你嫁出。
姐姐哟,你的辫子有十条,
你的眉毛很黑,

---

① 哭嫁歌、劝嫁歌的翻译者艾莱提·托洪巴依。

请十个人来念经,
父亲要把你嫁出。
在毡房里烧火做饭,
不要弄得到处烟雾弥漫。
听到一千句不好听的话,
要用微笑把他们来原谅。
在毡房里烧火做饭,
不要把家里四处弄脏。
听到一千句别人的坏话,
不要轻易相信到处去传。
你像山上跑的红狐狸一样,
你要成为爱人永远的伙伴。
你要像山上跑的绿狐狸一样,
你要永远在爱人的身旁。
给你的脖子挂上白玉项链,
我们把你交给伯克的儿子。
给你的辫子绑上白银,
我们把你交给可汗的儿子。

(演唱者:莱丽哈·奥姆希,女,柯尔克孜族,52岁)

3. 哭丧歌:[①]
(1) 女儿悼念父亲的歌:

羊圈外做事安静的我,
今天,是你让我放声哭泣,父亲!

---

① 下述五首哭丧歌的翻译者为艾莱提·托洪巴依。

阿寅勒中干活安静的我,
今天,是你让我放声哭泣,父亲!
你是我长满麻黄草的山沟,
你是我天上的月亮。
长满麻黄草的山沟不见了,
天上的月亮不见了。
你是我长满巴勒吉尔安草的山沟,
你是我天上的月亮。
长满巴勒吉尔安草的山沟不见了,
天上的月亮不见了。
你是我脖子上挂的护身符,
你是我比树干还高的塔,
过去没有珍惜这座塔的宝贵。
直到这世界消失,
我会一直怀念你。
你是我脖子上挂的护身符,
你是我比城墙还高的塔,
过去没有珍惜这座塔的宝贵。
直到这世界消失,
我会永远记住你。
小鸟在哭泣,
没有了别克父亲,
女儿可怜。
小鸟在哭泣,
没有了汗王父亲,
女儿可怜。

(歌词提供者、演唱者:莱丽罕·奥姆希,女,柯尔克孜族,52岁)

(2) 女儿悼念母亲的歌：

在小白骆驼毛上，
镶白玉制作的切皮坎大衣，
是妈妈做的大衣，
远在安集延市场有名。
巴依，玛纳普爱穿它，
所有的人都喜欢。
安集延还有五个小山坡，
妈妈带着金辫饰，铜戒指。
在小蓝骆驼毛上，
镶蓝玉制作的切皮坎大衣，
是妈妈做的大衣，
远在库拉萨市场有名。
库拉萨有五个小山坡，
妈妈带着银辫饰，铜戒指。
你是我的右手的力量，
你是我的有首都的城市。
你是我五手指的力量，
你是我高尚的力量。
你的个子比门还高，
你的眉毛比仙女还美。

（歌词提供者、演唱者：莱丽罕·奥姆希，女，柯尔克孜族，52岁）

(3) 妻子悼念丈夫的歌：

骑灰色骏马的是你,
戴灰色辫饰的是我,
灰色的骏马不能再走,
灰色的辫饰不能再戴。
骑棕红色骏马的是你,
戴棕红色辫饰的是我,
棕红色的骏马不能再走,
棕红色的辫饰不能再戴。
不会想念儿女吗?
不会想念妻子吗?
儿女不会想念你吗?
妻子不会想念你吗?
毡房上的鸟窝壳断了,
爱人你那么年轻走了伤我心。
毡房上的克列盖断了,
爱人你那么年轻走了伤我心。
没有娶媳妇、没有嫁女儿,
爱人你那么年轻走了伤我心。

(歌词提供者、演唱者:莱丽罕·奥姆希,女,柯尔克孜族,52岁)

(4) 儿媳妇悼念婆婆的歌:

住在白色的宫殿,
穿着豹皮大衣,
住在蓝色的宫殿,
穿着蓝色皮衣。
天堂之门有五道,

希望五道门都能向你敞开,
向你的脸上洒满阳光。
天堂之门有六道,
希望六道门都能为你打开,
向你的脸上洒满月光。

(歌词提供者、演唱者:莱丽罕·奥姆希,女,柯尔克孜族,52岁)

(5) 儿媳悼念公公的歌:

给我穿华丽的衣服,
比儿子还喜欢。
给我穿红色的衣服,
比女儿还爱护。

(歌词提供者、演唱者:莱丽罕·奥姆希,女,柯尔克孜族,52岁)

(六) 谚　语

柯尔克孜族是一个幽默、风趣、智慧的民族,我们在吾依时收集到一些流传在民间的富有意义的谚语。

(1) 不能因为自己的孩子坏,就拿到街上卖;不能因为自己的妻子坏,就到外面睡;不能因为自己的亲戚坏,就拿枪打死他。

(2) 人不能懒惰小气,要勤快大度。

(3) 多听有知识的人的教诲,要遵照他说的去办。

(4) 四个人如果团结,任何事情都能够办到,但是如果六个人不团结,眼前的肉也会被人抢走。

二、作家文学

柯尔克孜族虽然很早就产生了文字，但是在文学领域，在民众中占主导地位同时也影响巨大的依然是以口耳相传为主要传承方式的民间文学。诸如《玛纳斯》这样的鸿篇巨制，也都是以口头的形式流传在民间。尽管这样的伟大作品后来被记录下来，但书面的形式仍不是其流传的主要方式。在吾依村，我们发现了丰富的民间文学作品，从神话、史诗到民间故事传说、歌谣，无所不有。而这些丰富的民间文学作品和浓郁的民间文学氛围恰恰成为了当地作家文人成长的沃土。吾依村的玛麦特凯热木·奥斯曼，无疑就是在汲取民间文学土壤中的营养的基础上成长起来的新一代诗人。

玛麦特凯热木·奥斯曼 1972 年出生于吾依村一牧民之家，初中学历。自幼喜欢《玛纳斯》等柯尔克孜族文学作品，13 岁起开始文学创作。他虽双腿残疾但身残志坚，初中毕业后在老师的帮助下又自学了高中所有的课程，读了很多文学作品，包括翻译成柯尔克孜文的鲁迅的作品以及部分吉尔吉斯斯坦作家的作品，吉尔吉斯作家钦吉斯·艾特玛托夫的小说对他影响也比较大。1986 年开始在报刊上发表作品，部分被译为俄文及维文，《克孜勒苏报》（汉文版）曾发表了他的《老师》和《学校》两首诗；1989 年克孜勒苏州柯尔克孜文出版社出版的诗集《青年的理想》一书收录了他的 89 首诗；1993 年吉尔吉斯斯坦的《红领巾报》登载了他的 3 首诗；2003 年 5 月新疆人民出版社出版的《阿肯之声》收录了他的 25 首诗；另有部分诗收录在新疆人民出版社出版的《柯尔克孜作家》一书中。他本人现任新疆作家协会及克孜勒苏州作家协会会员。

他的诗在柯尔克孜族青年中的影响很大，他的成功也成为吾依村民包括其他许多柯尔克孜族人学习的榜样。他的诗歌的主要特点是能表现新思想、新观点，有创新意识，贴近生活，把人类的命运看做自己的命运，通过描写普通老百姓的真实生活来反映新的思想。之所以在吾依村能出现这样的民间诗人，部分地是因为柯尔克孜族有产生文学天才的沃土，加上吾依所处的黑孜苇乡是民间文学艺术家荟萃云集的地方，曾产生了许多有影响的玛纳斯奇、即兴诗人和民间故事讲述家等。深厚的传统文化积淀给了他无形的熏陶和浸润，英雄史诗和丰富的民间故事传说，都是他吸取营养的重要源泉。还有部分的原因是由于教育的进步使过去的口头创作变成了现在的书面创作，他在学校受到的教育以及自学的内容都无疑为他的创作奠定了基础。正是传统民间文化及现代教育二者的共同作用，才诞生出玛麦特凯热木·奥斯曼这样新时代的诗人。

玛麦特凯热木·奥斯曼诗三首

（一）白桦树

你在哪里，我的白桦树，
你的故乡已变成沙海。
从生命的山谷里寻找不到，
像海洋一样晃荡的身影。

云朵飘移的为什么不是时候，
泉水为什么不睁开干涸的眼睛。
白桦树你为什么僵硬地站着，
不拍打冬天的冰花。

这里曾是美丽的白桦谷，
不知多少次被掠夺。
茫茫的雪，迷路的我，

到哪里为你的伤痛找到疗法。

命运如此变幻莫测,
我为看不到白桦林而苦恼。
忧愁地游荡在光秃秃的白桦谷,
白桦树啊,渴望你发出的簌簌声。①

(二)你离开的那一天
你离开的那一天,
太阳第一次从宇宙消失,
酷热的夏日我感到寒冷。
泪水洗刷为你写的诗,
渴望在梦中见到你。

你离开的那一天,
我的天空弥漫着悲伤,
很想从地球上消失。
埋怨命运,埋怨上天,
我该向谁去倾诉。

你离开的那一天,
天下冰雹,雪崩冲走了我的毡房,
在我心间刮起冬天的寒风。
初次在路边小店喝酒,
欠下了店主的酒钱。

---

① 原发表在《克孜勒苏文学》(柯尔克孜文) 1994 年第 1 期,汉译:阿依巧尔盘·朱马巴依。

第八章 文　化

你离开的那一天，
世界的悲伤加重了，
哭泣找不到方向。
你离开的那一天，
牧村的小伙儿失恋了。①

（三）黑孜苇的春天多起风
沙子侵入我的陋室，
黑孜苇的春天多起风。
灰尘从窗户吹进，
憔悴的我，找不到办法。

熬过漫长冰冷的冬天，
春天的风沙让我难受。
呼啸的春天，让世界发怒，
自然你为什么那么无情。

贫穷的世界，贫穷的我，
颤抖的感觉，无助的生命。
我用报纸、塑料遮挡风沙，
黑孜苇的春天多起风。

像那破碎的心灵，
屋里的洞补不尽。

---

① 原发表在《新疆柯尔克孜文学》（柯尔克孜文）1997年第4期，汉译：阿依巧尔盘·朱马巴依。

自然也视我为异己，
黑孜苇的春天多起风。①

三、乐 器

(一) 库姆孜

吾依组村民几乎每一户家中的墙上都挂着一把库姆孜，这是柯尔克孜族的一种传统民间乐器。库姆孜的材质多用木头制成，又以杏木为佳。现在也有一种铁制的"托木耳库姆孜"，但在吾依村中所见到的仍多为木制。库姆孜的长度一般在60厘米至1米左右，琴箱稍扁，近似梨形，颈细长。在古代以羊肠为弦，近代则用丝弦，琴轸并列一侧，是三弦拨弹乐器。

库姆孜是柯尔克孜语"考吾孜"的音变，"考吾孜"一词的含义为美丽的乐器，早在汉史《席上腐谈》中就有汉宣帝竟宁元年（公元前33年）王昭君曾将库姆孜带回长安，问其名，昭君回答"浑不似"的记载，据说唐朝时库姆孜还曾东传至日本。②据《大清会典图》载，清乾隆平定回部叛乱之后，柯尔克孜人朝贡给清廷

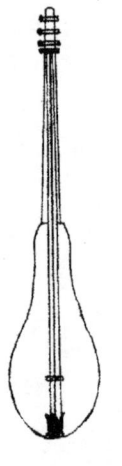

图 8-1 传统乐器库姆孜

---

① 原发表在《新疆柯尔克孜文学》（柯尔克孜文）1997年第4期，汉译：阿依巧尔盘·朱马巴依。
② 《中国民族民间器乐曲集成》（新疆卷下）第1 195页，中国ISBN中心，1996年版。

的礼品中，就有两种库姆孜琴，一种是三弦库姆孜，长63厘米，琴首扁平；另一种四弦库姆孜，长63.33厘米。故宫博物院藏画中，清乾隆年间的《塞宴四事图》之一的蒙古乐队演奏的《什榜》乐曲，其中就使用了柯尔克孜族四根弦的蒙革库姆孜。库姆孜琴随着成吉思汗南征的脚步，还进入了我国云南等地。①

库姆孜在柯尔克孜族地区广为流传，只要有柯尔克孜人，就能听到库姆孜的琴声。而作为一种历史的见证，库姆孜琴也陪伴着柯尔克孜族从叶尼塞河走到帕米尔高原，从旧社会走到新社会。库姆孜在柯尔克孜人生活中占有很重要的地位，正如柯尔克孜族俗语所云："陪伴你生和死的，是一把库姆孜琴"。孩子出生时，人们要弹起库姆孜琴表示祝贺；老人去世时，人们要奏库姆孜、唱起歌来以示哀悼。此外，在婚礼、宴会等重要的场合，如果没有库姆孜琴，就不称其为柯尔克孜的婚礼、宴会。在高山牧场间，在无语的畜群面前，一把库姆孜更是陪伴牧人孤寂生活的重要伴侣。柯尔克孜人将全部的感情都倾注在库姆孜上，通过琴声可以洞悉柯尔克孜人的喜、怒、哀、乐，了解他们独特的民族特性。

从调查来看，吾依村中有部分人能弹奏库姆孜琴，大部分为男性。从弹奏的形式来说，可以分为独奏、对奏、二重奏、合奏、弹唱、弹舞和伴奏等多种。从演奏技法上看，可分为五指同时下击和上弹，单指勾、挑弹、轮指八种。不同的表现题材有不同的技法要求，如表现两军交战时激烈的战争场面，使用五指弹击出的和声效果，令人情绪激昂；而表现对人的思念或喜爱，则用单指挑、勾、弹，营造出一种如泣如诉的音响效

---

① 贺继宏、张光汉编著：《柯尔克孜族风情录》第197页，四川民族出版社，1998年版。

果,给人无限的想象空间。至于演奏曲目,主要包括传说曲、叙事曲、劝导曲及表现对人的赞美等内容。在调查中,我们不止一次地听到了村民的弹奏。以下是我们收集的库姆孜曲目:1.阿克巴喀依(女孩名);2.萨仁吉希凯(女孩名);3.奥祖果曲木(特别的美人);4.纳斯依哈特(遗言);5.木勒木勒木(女孩名);6.我的星星;7.想念妈妈;8.跟谁;9.依比尔阿特(劝告);10.英雄玛纳斯;11.库尔曼白克英雄。①

(二) 奥库姆孜

奥库姆孜也是吾依村中的传统民族乐器之一。奥库姆孜是一种含在嘴里吹奏的口琴,又叫"口弦",一般由女性来演奏。演奏时,将它抵于门齿之间,用手指拨动簧柄呼吸而发音。音量大小决定于口形大小及运气的强弱。奥库姆孜分为独奏和合奏。独奏是由妇女演奏单独的曲目,以古黄乐曲为主,也可即兴弹奏,最著名的曲目是《康巴尔汗》;合奏是由一男子弹奏库姆孜,一女子弹奏奥库姆孜与之相和,这是村民中常见的一种演奏形式,多在节日、婚礼等重大场合举行,以达到增加喜庆气氛的效果。

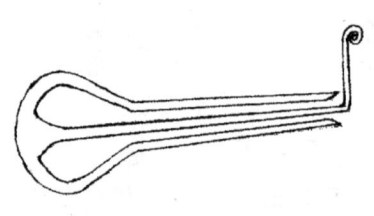

图 8-2 民族乐器奥库姆孜

奥库姆孜的音量一般较小,音域也不是太宽,但音色动听,在一呼一吸之间即可奏出婉转缠绵、别具风格的乐曲,给人一种特别的感受。

---

① 弹奏者,买买提艾沙·阿合玛提,男,柯尔克孜族,15岁。

第三节 民族心理

一、淳朴热情、勤劳勇敢、坚忍不拔的民族性格

每一个民族都会在长期的历史发展过程中熏陶、沉淀下一些不易改变的、稳定的特质，这些东西也往往成为其民族性格的集中表现。从吾依村的柯尔克孜族村民身上来看，无疑具有淳朴善良而又勤劳勇敢的民族性格。

吾依村的每一个村民，无论是白发老者、青壮年还是孩子，不管是男性还是女性，都显得十分淳朴而又热情。在调查过程中，所有村民都无一例外地热情、积极配合我们的调查。即使在自己很忙的时候，也会耐心地听完我们的问题，给我们做出解答。还有一点也给了我们极深的印象，进入吾依村调查，没有出现太多在其他很多地区调查初始遇到的戒备和警惕心理，可以说，我们的调查从一开始就没有遇到来自村民的抗力。这一方面与有关部门的帮助和村民对我们的信任有关，另一方面也与村民自身淳朴友善的民族性格不无关系。

吾依村民的淳朴热情也体现在他们对待客人的态度上，不管是亲戚朋友，还是陌生来客，只要走进主人家，就都会受到热情的招待。主人会拿出各种各样的食品请客人品尝，陪客人聊天，还会邀请客人多停留几天。调查组员在村中同样受到了村民的热情招待，在夏牧场上，牧民们还多次宰羊来款待我们。有时，一顿早餐也要在各家轮流吃过来，主人才会满意。如此淳厚之风，实在罕见。村民的淳朴同样表现在待人接物的宽厚和包容方面，根据问卷统计，共有88.47%的人认为自己对待他人是比较宽厚的，有5.77%的人比较同意这样的说法，总共有 94.24% 的村民以宽厚、宽容、富于同情心的方式处理与他人的关系，这样的数据并非村民自己的自吹自擂，而是他们一种确确实实的生活态度。

表 8-2　你认为自己对人宽厚，有同情心吗？

N = 52	完全不同意	不太同意	说不清	比较同意	完全同意
频数	1	1	1	3	46
%	1.92%	1.92%	1.92%	5.77%	88.47%

在吾依村民身上同样也体现出勤劳勇敢的民族特点。从男子来说，放牧、打草、转场、搬迁及村中田里的农活都是由他们来完成的。而在柯族女子的身上，勤劳更是显露无遗。早上，她们最早起床，为放牧者和全家准备早餐，挤奶，之后是擀毡、织毯、做家务，每天都有做不完的事情，每天都在不停地劳作当中度过。在问卷调查，多数村民都认为自己是能吃苦的人，事实上，村民的勤劳已经反映在他们每天的生活当中。

表 8-3　你是一个能吃苦、不浪费的人吗？

N = 52	完全不同意	不太同意	说不清	比较同意	完全同意
频数	4	0	1	1	46
%	7.69%	0	1.92%	1.92%	88.47%

作为一个传统的游牧民族，村民从先祖那里秉承而来的特有的勇敢已经内化为他们身上的一种气质。不管是多高的山，只要有草的地方，他们就可以爬到，长久地在大山里奔爬，他们早就练就了满身的坚忍。不管遇到多大的困难，都会勇敢直

面，去战胜它、解决它。不管是多么的繁忙，也没有对生活的抱怨，也并不觉得生活多么的辛苦。在村民们默默地、平和地承受着生活带给他们的艰辛的时候，他们也因了身上的那份坚忍和坦然而获得了更多心灵的满足与回报。

用吾依组退休干部克力木·司马义的话来说，柯族是一个爱祖国、爱土地、爱劳动、能吃苦，遵守国家法律，热情好客，能和所有民族团结相处，能满足于自己的生活，不欺骗别人的老实的民族。

当然，不管是哪个民族，可能都会存在一些性格上的弱点，而不管在哪一个民族中，也可能有少数人身上并不具备多数人所具有的优点。在吾依村，我们也发现有极少数的村民有一些诸如酗酒，酒醉后斗殴、殴打老婆等情况，但这样的人毕竟是少数，且绝大多数的村民对这样的行为是持否定态度的。

二、深厚的民族感情

吾依的村民对自己的民族存在着深厚的感情，在他们的内心深处有着对本民族的热爱和自豪，也充满着对本民族成员的信任和眷念。

吾依村民深厚的民族感情首先表现在他们对本民族语言的认同和使用方面。在村里，柯语几乎就是村民们交流所使用的惟一语言。如果同是柯尔克孜族，村民间交谈时必定是用柯语而不是其他语言。甚至村民在与周围如水泥厂、羊叶尔农场的汉族居民交往的时候，也同样是使用柯语。当地的汉族居民因长期与柯尔克孜族生活在一起已经完全学会了柯语，并习惯了用柯语作为交流的工具。当地村民中会讲汉语者很少，而且这少数会讲的人当中汉语水平也不是很高，有的只会几句简单的对话。在当地的学校中，教师授课也是用柯语，学生只是每周上几次汉语课，双语教学是最近才开始推广的一项工作。因而，可以说，在吾依村，作为母语的柯语在村民的生活中占据着无可替代的位置。下表的数据可以说明这一点：

表8-4 愿意在公开场合使用柯语的情况

N=52	总是这样	经常这样	不一定	不常这样	从不这样
频数	39	8	1	1	3
%	75%	15.4%	1.9%	1.9%	5.8%

在上表中，有90.4%的人在公开场合愿意使用柯语而且经常使用柯语进行交流，而只有5.8%的人从不这样。事实上，如果是在两个柯族人之间不说柯语，会被认为是不可思议的，对于村民来说，讲柯语是自然而然的事情，没有理由在能用的场合却不用柯语来交谈。

吾依村民深厚的民族感情也体现在他们对民族传统服饰的态度上。尽管年轻一代平常已经身着汉装，传统的民族服饰只是在特殊的场合才出现，但是作为柯尔克孜族标志的白毡帽却仍在村民生活中具有重要位置，村中的每一个男子都至少有一顶白毡帽。中老年男性村民在平常也总是戴着白毡帽，而青年人虽然平时不戴，将白毡帽好好地收藏起来，但是到节日、婚礼等场合，却也必定会戴上白毡帽。不论走到哪里，只要见到白毡帽就知道是柯尔克孜族人，只要见到白毡帽，相互之间就会充满了亲近感。尽管年轻一代多不着传统服装，但绝大多数的村民仍将穿传统服装看做是一个展示自己民族的机会，这也说明在村民心目中，对传统服装及其所代表的民族传统文化依然具有一种无形的认同感和亲近感。据问卷统计，共有76.9%的村民将穿柯族服装视为展示本民族文化的一个机会。当然，也有一部分人不这样认为，这和当前穿传统民族服装者日益减少及民族服装的汉化不无关系。

表8-5 认为穿柯族服装是一个展示本民族的机会

N=52	总是这样	经常这样	不一定	不常这样	从不这样
频数	36	4	6	2	4
%	69.2%	7.7%	11.5%	3.9%	7.7%

村民的民族感情还体现在人们心目中普遍存在着一种对本民族聚居的眷念感。柯尔克孜族主要聚居在克孜勒苏柯尔克孜自治州,相对的聚集逐渐培养了人们对聚居地的依恋和情感上的紧密关系。吾依组的村民就存在一种对聚居地的眷念,当然这并不是像传统农耕民族那样表现为一种乡土情结,而更多体现为与邻里的亲密关系和对聚居在周围的人们的一种强烈依赖之感。很多村民表示,自己的儿女即使出外上学,也希望他们毕业后能回到当地工作。事实也如此,很多柯尔克孜族人不管走得多远,最后还是在回到了故乡的时候似乎才获得了极大的安宁。而村民通婚的地域范围也很有局限,很少有与外乡外族通婚的,绝大多数的村民仍选择在本村范围内通婚联姻。这些都说明聚居地对村民具有一种无形的牵引力。这样的观念和现象,不能用农耕民族如汉族那样安土重迁之类的词语来概括,因为柯尔克孜族原本就是一个游牧民族,本来就是在迁徙流动中走过来的,因而,我们只能将之理解为是对本民族聚居的一种依恋情结。

吾依村民民族感情的另一个表现就是村民对本民族成员极大的信任感。村民之间具有良好的信任关系,没有猜疑,没有防范,有的更多的是相互信任和放心。在问卷调查中,关于"你觉得你们村的大多数人不相信他人,背后说坏话"这个问题，有84.6%的人持完全不同意的意见，有11.5%的人不太同意这样的说法，也就是说总共有96.1%的人认为村中的大多数人是相信他人、对其他村民存在信任感的，而且多数也认为村民没有在其他人背后说坏话的习惯。在调查对象中，没有一个人赞同村民间互不信任的说法。这样的信任关系是相互的，这一点我们从"你对柯族人几乎谈不到有什么忠诚可言"这一问题的答案中也可窥见一斑。在这个问题中，共有82.7%的人不同意这样的说法，仅有5.8%的人比较同意这样的说法，3.8%的人完全同意这样的说法，也就是说绝大多数的村民对本族人是具有忠诚感的。

表8-6 你觉得你们村的大多数人不相信他人，背后说坏话吗？

N＝52	完全不同意	不太同意	说不清	比较同意	完全同意
频数	44	6	2	0	0
%	84.6%	11.5%	3.9%	0	0

表8-7 你对柯族人几乎谈不到有什么忠诚可言

N＝52	完全不同意	不太同意	说不清	比较同意	完全同意
频数	42	1	4	3	2
%	80.8%	1.9%	7.7%	5.8%	3.8%

最后，村民的民族感情还体现为一种强烈的民族自尊心和自豪感。这也可以从问卷调查的统计情况中反映出来。共有94.2%的被访村民为自己是一名柯尔克孜族的成员而感到骄傲，而只有极少数的人不是这样。有92.3%的人经常对其他民族的朋友说柯尔克孜族是一个优秀民族，表现出对本民族极

大的自豪感。当然,村中一些年轻人在对本民族怀有深厚感情的同时,也由于视野的开阔而对本民族的发展多了一些更理性的思考。如曾在外当兵的小伙子依玛木就认为柯尔克孜族的发展还不够,因为他在外当兵时发现还有人没有听说过柯尔克孜族,这可能与柯尔克孜族和其他许多戍守祖国边疆的民族一样处于祖国的一隅有关,当然,依玛木也认为要改变柯尔克孜族的命运,使整个民族获得更好地发展,还要靠本民族的年轻人多学习、多努力。

表8-8 你为自己是一个柯族人的成员而感到骄傲吗?

N=52	完全不同意	不太同意	说不清	比较同意	完全同意
频数	1	0	2	1	48
%	1.9%	0	3.9%	1.9%	92.3%

表8-9 你常对其他民族的朋友说柯族是一个优秀民族

N=52	完全不同意	不太同意	说不清	比较同意	完全同意
频数	1	2	1	4	44
%	1.9%	3.9%	1.9%	7.7%	84.6%

表8-10 你常常对别人说你是一个柯族人

N=52	完全不同意	不太同意	说不清	比较同意	完全同意
频数	0	0	1	4	47
%	0	0	1.9%	7.7%	90.4%

由于对本民族怀有极大的自豪感和自尊心,村民也就会在

自己的各种言行中首先考虑到本民族的外界形象和名誉问题。问卷反映，共有94.3%的人不管在做任何事情的时候，都会考虑到会不会影响到柯族人的名声，而只有1.9%的人完全不考虑到民族的声誉。

表8-11 你做任何事情都会考虑是不是会影响到柯族人的名声

N=52	完全不同意	不太同意	说不清	比较同意	完全同意
频数	1	1	1	3	46
%	1.9%	1.9%	1.9%	5.8%	88.5%

不仅在做事情的时候顾及本民族的名誉，而且还有90.4%的人经常会主动地向别的民族介绍或宣传柯尔克孜族人的优点，这也是一种发自内心的对本民族热爱之情的流露。

表8-12 你会主动向别的民族介绍或宣传柯族人的优点
或澄清别人的误解

N=52	总是这样	经常这样	不一定	不常这样	从不这样
频数	40	7	3	0	2
%	76.9%	13.5%	5.8%	0	3.8%

在调查对象中，多数村民不仅自己会主动宣传柯族的优点，而且在听到别的民族的人对柯族人的批评时有88.5%的人会感到非常愤怒，我们姑且不论这样的批评的正确与否，却可以看出村民对自己的民族确实有极大的自尊心。当然，也有一些村民可能属于较为理性者，认为对外界的批评也不能一概否定，而是要进行分析和取舍。

表 8-13　当听到别的民族的人批评柯族人时你会非常愤怒

N=52	完全不同意	不太同意	说不清	比较同意	完全同意
频数	4	1	1	1	45
%	7.7%	1.9%	1.9%	1.9%	86.6%

吾依村民深厚的民族感情还体现在他们把对本民族的感情升华为与其他兄弟民族的和睦相处及对祖国大家庭的热爱之心上。柯尔克孜族生活在祖国的边疆和边境上，一直勤恳、忠诚地为祖国戍守边境，其对祖国的深厚感情由来已久。吾依组的村民不仅本民族内部成员间能和睦相处，互帮互助，就是和其他民族之间也同样如此。村民与维吾尔族、乌孜别克族、汉族等兄弟民族间团结和睦，极少发生纠纷、吵闹、械斗等事，绝大多数的情况下都能和平共处。与此同时，村民也将对本民族的感情上升为对中华民族及祖国大家庭的深厚热爱。据问卷反映，几乎所有的村民都将祖国置于一个神圣的位置，在"你热爱祖国、孝敬长辈吗"这个问题中，共有98.1%的人选择了肯定的答案，而只有1.9%的人选择了说不清，选择否定答案的人则为零。村民对祖国的热爱还表现在将对本民族的情感升华为对整个中华民族的情感，在调查中，共有82.7%的人认为柯尔克孜族是应该和中华民族联系在一起的，而认为不一定的只占15.4%。这也充分说明祖国大家庭在村民心目中所具有的重要地位。

表 8-14　你热爱祖国、孝敬长辈吗？

N=52	完全不同意	不太同意	说不清	比较同意	完全同意
频数	0	0	1	2	49
%	0	0	1.9%	3.9%	94.2%

表 8-15 你认为柯族不一定要和中华民族联系在一起

N=52	完全不同意	不太同意	说不清	比较同意	完全同意
频数	43	0	1	0	8
%	82.7%	0	1.9%	0	15.4%

第四节 文化心理素质

一、强烈的民族文化认同意识

吾依村民的民族认同意识还表现为对本民族传统文化的认同。许多村民在言谈中时常流露出一种对柯尔克孜族历史与文化的自豪之情和对传统的眷念与珍视。村子里有知识的人、退休干部、经验丰富的老人在村民之中常常受到极大的尊重，并往往成为村民教育下一代的楷模和年轻人学习的榜样。

村民对本民族传统文化的认同还体现在他们对传统文化包括衣食住行、传统节日、民俗礼仪的传承和展演上。比如前述对传统服饰白毡帽的认同，见到白毡帽就知道是柯尔克孜族人，相互间就会产生强烈的认同感。此外，每一个民俗礼仪场合都是传统文化获得展示的极佳舞台，也是村民进行文化认同的一个机会。同时，参加节日、宗教等活动，特别是每个礼拜五到清真寺做礼拜和到肉孜节、库尔邦节等节日时到清真寺参加宗教仪式本身就是维系村落民众的纽带之一，这些都使得村民对传统文化的认同不断得以加深。

二、开放的民族文化心态

吾依村特殊的地理位置使得她在某种程度上处于多元文化

第八章 文　化

的共同辐射下，因此在文化上具有开放性和多元性特征。

首先，吾依村离县城仅七八公里，处于新县城辐射范围内，且离地震前老县城的所在地，原来的经济文化中心仅几步之遥，具有较为特殊的地理位置。村庄这样的地域特征使得她与其他许多村庄相比更具有接受外来文化的基础和条件。

其次，在吾依村的周围还居住着汉族、维吾尔、乌兹别克等多个民族，由于毗邻而居或交错杂居所带来的民族之间的交往接触同样也会引起各民族文化之间的交流和接触。在与其他民族的接触过程中，很可能会发生相互之间文化因子的借取、吸纳等，这就使得其整个文化系统更具有了开放性的特征。在当地，语言的接触就是很明显的例子，柯语和维语、乌兹别克语等有大量相通的地方，柯尔克孜语中还有汉语、蒙古语、波斯语、阿拉伯语、俄语和英语的借词。村民文化心态的开放也表现在村民对汉语的接受和学习上。村中的小学，从三年级开始学习汉语，而村中的年轻一代也主动地学习汉语。很多村民认为不懂汉语，今后工作都会难找，所以父辈们也非常支持儿女学好汉语。文化交流表现在服装上，则村民的服装中，特别是女性所着的裙装，和维族妇女很相似。

最后，村民具有开放的文化心态除了与村落地理特征有关外，也与其传统的经济方式有关。作为一个游牧民族，长期地逐水草而居的生活方式使得其文化深深地打上了流动性的烙印，也为其文化心态的开放态势奠定了基础。

吾依村民开放的文化心态还表现在他们对外来文化和外来事物所持的宽容态度上。即使是陌生人来到村中，也会受到村民的热情招待。而对陌生人及其他们身上的异文化，也并不采取排斥的态度。这一点，调查组从进驻村中就开始感觉到了。村民们乐于和外来者打交道，进行交流，并传递和交换相互间的文化信息。

第五节　信息传播方式

一、传统的信息传播方式

从历史发展的角度来看，吾依柯尔克孜族村民的信息传播方式经历了从非文字的原始信息传递方式，到以文字为主要传播方式，再到现代传媒介入并发挥重大影响等几个阶段。按照文化人类学的观点，人类有史以来的文化可分为无文字社会的文化和文字社会的文化。所谓无文字社会就是没有文字（即书面语言）的民族或文化生存的社会。有时无文字文化也被称为口承文化，因为，在文字产生前的漫长岁月中，非文字的口头传承方式无疑占有重要的地位。虽然在柯尔克孜族早期生活过的叶尼塞河流域、阿尔泰山脉、塔拉斯河流域发现了大量实物，证明柯尔克孜族当时就使用了岩画文，[①] 但这也只能算是前文字的高级阶段，即图画字或象形字的阶段。因而，口传心授长期以来仍是他们传承生产生活经验和历史文化的最重要也是最普遍的方式。

有学者认为，只有表音字的出现才标志着文字的正式开始，而早在表音字出现以前，人类就产生了传情达意、传播生产生活经验、传承本民族历史文化的许多方式和手段。如通过实物来记数，用物件来表意，或者结绳记事、刻木为契。此外，服饰、语言、体态、声光等都是常见的信息传播方式。而这些传播方式，在吾依村民的生活中亦曾经发生过重要作用，

---

① 贺继宏、张光汉主编：《中国柯尔克孜族百科全书》第186页，新疆人民出版社，1998年版。

第八章 文　化

其中的许多方式如语言、体态、服饰等则至今仍在文字传播之外具有举足轻重的地位。语言作为交流工具在人们生活中具有的重要地位是显而易见的，而除此之外，在牧场上，特别是被高山切割的草场上，歌声和口哨声就是最好的传播方式。由于传得较远，因而非常适合于在山上放牧的牧民间远距离的打招呼和传情达意。此外，库姆孜琴声、服饰、舞蹈等也不同程度地成为村民信息传播的媒介。这些媒介当中包含了生产生活的经验，包含了民族传统的历史文化，具有丰富而广阔的文化内涵。

作为记录和传达有声语言的书面书写符号，文字常常被视为人类文明史中的一个里程碑。文字符号的发明彻底突破了语言交流的时空限制，以书面记载的形式传承文化，也增加了传承过程中的精确性。据中外文献记载，柯尔克孜族是操突厥语的民族中最先创立文字的民族。从公元5世纪到公元10世纪期间，柯尔克孜族使用的是鄂尔浑—叶尼塞塔拉斯文字，中世纪时期，柯尔克孜族主要使用以阿拉伯字母为基础的察哈台文。现代柯尔克孜文字的产生是从20世纪20年代开始的，1911年将察哈台文重新制定为符合柯尔克孜语音特点、书写方便的现代柯尔克孜文字母。现在使用的中国柯尔克孜族文字方案是1955年由克孜勒苏柯尔克孜自治州制定，由当时新疆省人民政府（1955年）388号令正式批准的。① 从文字产生到现在，其在信息传播中的地位就一直处于重要位置。直到今天，吾依村民中，柯文也是信息传播的一大方式，从乡政府到村政府，档案、文件、通知等材料几乎都是汉、柯文共用的。村里的小学在教授课程的时候，也是以柯语和柯文为主要媒

---

① 贺继宏、张光汉主编：《中国柯尔克孜族百科全书》第187页，新疆人民出版社，1998年版。

介，可以说，柯文仍是村民交流传播的一个重要方式。当然，除了柯文之外，汉语和汉文也同样是村民与外界交流的一个重要渠道，其作为官方语言所具有的强势地位也使得我们在谈到信息交流传播的时候不能不提到这一点。

二、现代传媒的介入及影响

（一）现代传媒在当地的介入

现代传媒是现代传播格局和网络形成的基础，其介入使得吾依村民的信息传播方式与原来发生了质的改变。吾依村现代传播方式的发展无疑是以整个乌恰县甚至克州的现代传播格局的形成为基础和依托的。1956年，克孜勒苏报社成立，该社出版汉、柯尔克孜、维吾尔三种文字的报纸。乌恰县于1953年建立收音站，开始利用干电池收音机接收新疆人民广播电台每天两次播放的节目，并进行记录，油印后下发。1964年～1969年，收音站改为广播站，架设线路，安装了高音喇叭，开始广播柯尔克孜语节目。此后，各乡陆续建立了乡广播室，播放柯尔克孜语节目。每天三次，每次约2～3小时。县广播站除转播新疆人民广播电台的柯语节目外，还自办柯尔克孜语新闻、专题和文艺节目等。新疆人民广播电台柯尔克孜语广播于1982年6月28日正式播出，节目内容涉及新闻、生活、法律、科技等。1983年建成的中波转播台阿图什8 108台和1984年建成1986年正式转播节目的阿合奇8 109台，每天转播新疆人民广播电台的柯尔克孜语节目，其覆盖半径为40公里。克孜勒苏自治州的电视事业从1981年开始起步，1981年建立了克孜勒苏电视台，到1996年建成电视台1座，电视录像转播台、差转台4座，拥有电视台发射设备13部，电视广播人口总覆盖率达85％。从1985年10月起，克孜勒苏电视台开始自办新闻节目，从1986年6月开始，又增办柯尔克孜语新闻节目。1992年1月开始译制柯尔克孜语电视文艺节目。① 以上的这些举措无疑为辖区内包括吾依村在内的很多村庄现代信息传播格局的形成起到了至关重要的作用。正是在这样的基础上,现代信息传媒逐渐进入吾依村,并开始在村民生活中发挥着越来越重要的作用,也使得村中的现代信息传播格局基本得以形成。

1967年,吾依的村民第一次见到了收音机,当时是一位乡干部将收音机带到牧区去的,他将之藏在衣服口袋里,牧民听见声音还以为是谁在说话。到今天,在夏牧场上放牧的人家,每家的毡房里都有一架小型无线电收音机,随时可以收听电台的各种广播节目。1985年,吾依村有了第一台电视机,当时苏力坦别克家有了第一台黑白电视,全村的村民都挤到他家去看。今天,吾依村几乎家家都有了电视。1999年,吾依村中安装了第一批电话。现在,吾依60户村民中已经有12户安装了电话。村中的信息传播方式越来越多样化,村民接近外界信息的途径也越来越多元。用村民形象化的说法就是,1976年毛主席逝世,村民在收音机中听到了这个消息,大家都伤心得哭了。而邓小平同志1997年去世时,村民是通过电视得知这个消息的。

(二) 现代传媒对村民的影响

现代传媒的介入,极大地改变了村民的传统生活方式,它使得村民的生活完全被覆盖于现代传媒所营造的强大网络之中,受到其辐射、影响和左右。首先它改变了村民的娱乐生活方式,在闲暇时间过去常见的赛马、叼羊、马上角力等竞技娱乐在很大程度上被听收音、看电视、看电影等取而代之。其次

---

① 参见贺继宏、张光汉主编《中国柯尔克孜族百科全书》第419、447、21、499页,新疆人民出版社,1998年版。

它使得村民与外界的距离越来越短,使得村民所接受的外界信息和与外界的交流越来越多。大到国家政策,小到生活小事,都能在最短的时间内达于村落的每一个角落。而电话、手机等现代通讯设施也使得人们之间的沟通更加方便、快捷,而无需像过去那样步行、骑马然后面对面地进行交流。现代传媒的力量是巨大的,而这种巨大却又往往是无形的,它其实更多地体现为一种对村民生活方式的改变,它带给人们的是一种全新的生活空间和一种全新的生活体验。

当然,不容忽视的是现代传媒的进入在一定程度上也造成了对村中传统民族文化的冲击。

首先,由于电视等现代传媒的普及,以往村民之间通过面对面地交流、接触来获取外界信息的传统方式有所改变,人们只需打开电视就可以尽知天下事,因而人与人之间交往、走动的频率降低,村民间那种集体的娱乐活动、集会也较之以前大大减少,这对传统的人际关系和邻里关系都是一种冲击。难怪在调查中,很多村民特别是年长者常常感叹村中的人际关系没有以前那么亲密了,人们之间的关系也不像以前那么淳朴了。

其次,现代传媒对传统民族文化的冲击还表现在许多传统民族文化事象的衰落乃至消失。报纸杂志、广播电视等传媒所负载的大量外界信息,使得村民在越来越了解外部世界的同时也不断地反观自身,重新审视自我的文化,并在这样的对比、反观中做出一系列的调整。而商业化、现代化等浪潮的冲击也使得许多传统文化事象丧失了原来的生存土壤,现在,在吾依村民中,尽管还活跃着少数的即兴诗人、库木孜奇等,但与过去相比,人人会弹会唱,会歌会舞的场面已不复存在。特别是年轻人,服饰变了,观念变了,在他们身上所承载的文化也变了。其实,不变是不可能的,变迁才是永恒的主题,重要的是村民们在不断的选择中如何在面对现实发展与承传自身传统之间找到一个比较好的结合点。而事实上，吾依村的现状在很大程度上也代表着大多数柯尔克孜族村寨的今天，或许还在更大程度上代表着更多柯尔克孜族村寨的明天。

第六节　文化设施、文化事业及文娱活动

一、文化设施及文化事业的发展

柯尔克孜族是一个历史悠久的民族，秦汉时期，柯尔克孜族的名称已出现在我国史书上。与此相关，柯尔克孜族与中原汉文化的交流也很早就拉开了序幕。汉代，汉将李陵投降匈奴后其封地就在匈奴右地的坚昆地区。据考古发现，在当时坚昆的居住地有一座中原汉式宫殿建筑，宫殿的瓦当上还有汉字铭文，可见汉文化对柯尔克孜族文化的影响很早就开始了。唐代，柯尔克孜族被称为"黠戛斯"，"黠戛斯汗国"被正式划入唐朝的版图，黠戛斯与中原地区的交往也更加密切，其受到汉文化的影响更大，在政治、经济、文化等方面均有了很大发展。

中华人民共和国成立以前，乌恰地区没有现代学校教育体系，在共产党人倡导下各地成立的"哈柯文化促进协会"是推动牧区民族文化事业发展的重要机构。1936年，乌恰地区设有柯文会分支机构，工作人员大多是乌恰的柯尔克孜族。柯文会在创办学校、开展文化娱乐活动和文化宣传方面发挥了较大的作用，在群众中产生了较大影响。

中华人民共和国成立后，全国的文化事业都迈入了一个崭新的阶段。克孜勒苏自治州及乌恰县的文化服务设施不断得以建立和健全，当地的地方文化事业也越来越得到了长足的发

展。发展到今天,无论是在硬件设施还是文化事业管理方面都有了极大的进步。

在广播电视方面,1995年建立了乌恰县电视台,当时只有12个频道。为了使农牧民收看到更高质量的电视节目,有关部门制定了有线电视网的扩容增频工作规划,到2002年已增至40个频道。电视覆盖率达85%,广播覆盖率为87%。目前,有关部门正在实施"村村通广播、乡乡通电视"工程。在有线电视网的完善方面,县城至黑孜苇乡、羊场、水泥厂、康苏镇的并网工程已于2003年3月24日交付使用,包括吾依村民在内,有线电视用户可以收看到40个清晰的电视频道,有线电视用户也由原来的1 300户增加到2 142户,有线电视的覆盖率达45%。而家里没有安装闭路的,晚上只能收看到两个频道的节目:喀什电视台的节目和新疆自治区的维语频道。较之于才开通有线电视的吉根乡等地,吾依村民由于仅距县城约七公里的地理优势而能收看到更多频道的电视节目,因而获取的信息更广阔,其通过电视这一媒体所获得的文化生活体验也相对更丰富一些。

在报刊杂志及出版业方面,地方性的文艺事业也不断得以发展壮大。1992年,《克孜勒苏文艺》作为文学艺术类内部刊物开始编辑发行,该刊为柯尔克孜文版,主要刊发克孜勒苏柯尔克孜自治州的柯尔克孜族作者创作的小说、散文、报告文学、诗歌、评论等文学作品及书法、美术、摄影、音乐等艺术作品,也刊载介绍在自治州有影响的汉、维吾尔族作家的文艺作品。

随着地方报纸、广播电台、电视台等文化设施的建立,当地的文化事业开始以与原来大为不同的面貌飞速发展。通过上述媒体,村民不仅接受了文化信息,而且这些媒体本身也成为了他们文娱活动中的一个重要方面。

第八章 文 化

吾依组所属的库拉日克村的文化娱乐设施也得到了一定的建设和加强,较之以前有了很大的发展。

表8-16 库拉日克村2003年文化娱乐设施情况表　　单位:个

名　称	数　量	建立时间	名　称	数　量	建立时间
图书室	1	2003年	歌舞厅	1	1997年
电视室	1	1997年	有线电视网	1	1989年
棋牌室	1	1986年	闭路电视网	1	2003年
球类活动室	0		广播	0	
会议室	2	1986年	篮球场	0	

但是这些设施还有待进一步完善,其使用率也还有待进一步的提升。比如村公所虽然也设有文化室,但由于各方面的原因,并没有开展过多的文娱活动。即使是乡里的文化站,目前也只有1名工作人员。

二、文化娱乐生活

1947年底,迪化市的柯尔克孜族知识分子和文艺工作者建立了柯尔克孜业余剧团,当时叫哈萨克、柯尔克孜业余剧团,专门编、演哈、柯族歌剧,从组建到1949年新疆和平解放,该剧团用哈萨克语演出了《吉别克姑娘》《黑眼睛的姑娘与斯仁木》《秀尕》《如力普尔》等4部歌剧。1956年8月,克孜勒苏自治州文工团成立,主要表演柯尔克孜族群众喜闻乐见的柯尔克孜族歌舞、相声、小品等,向国内外展示柯尔克孜族文化艺术。1993年,改称克孜勒苏自治州歌舞团。1966年2月9日,成立了乌恰县乌兰牧骑队,1972年改称乌恰县文化工作队,把为基层牧民演出、教文化、放电影作为主要任务。1978年改称乌恰县文工团。这些部门的成立,使包括吾依组在内的广大农牧地区的文化生活大大丰富起来。

近年来,乌恰县文化体育广播电视局在丰富农牧民地区文化生活方面也做了大量的工作。以2003年为例,该局就从文工团汇演、送图书下乡、到农牧区放映电影、举办有关的文化娱乐活动和民族传统体育娱乐项目等方面着手来丰富广大民众的文化生活。

表8-17 2003年上半年县文体广电局组织的文艺活动情况表

项目	场次	观众人数
县文工团下乡演出情况	30余	8 000余人
下乡放映电影情况	20	3 600人

表8-18 2001至2003年县文体广电局组织的文艺活动情况表

项目	场次	观众人数
县文工团下乡演出情况	184场	每场300~600人
下乡放映电影情况	300	每场250~300人
与乡、农民组织举办的民运会情况	30余次	每次700~1 000人
县图书馆送文化下乡活动送图书下乡	约1 100册	

县文工团每年约有2~3次会来到吾依组所属的库拉日克村演出,演出的时间多为5~8月份农闲季节。此外,县里还有三下乡的活动,2002年就有人来到库拉日克村的学校来传播文化、进行慰问演出。

此外,根据上级有关部门的布置和安排,县人民政府领导有关部门在2003年7月份起在全县开展"百日广场文化活动",也是目前当地文化娱乐方面较为重要的一项工作。为了进一步满足广大群众日益增长的文化需要,促进当地的精神文化建设,结合乌恰县的实际情况,成立了乌恰县百日广场文化活动领导小组,由县委书记任组长,吾依组所在的黑孜苇乡党委书记也是领导小组的成员之一。领导小组下设办公室,设在县文化体育广播电视局。百日广场文化活动由县委宣传部、工、青、妇、县文体广电局组织协调,时间从7月14日开始,到10月15日结束,活动期间,由县里的各单位、各乡镇在每周的周一和周五晚上9点至12点组织、准备好节目后在县城的广场处搭台进行表演。吾依组所在的黑孜苇乡的文艺演出共有两场,一场在7月18日,另一场在9月12日。县党委办公室还对活动期间的具体要求作了如下规定:

1. 县直各单位系统要高度重视此项活动,精心组织,精心安排,由文化部门和各有关单位牵头,共同组织好当天的百日广场文化活动。

2. 活动主题要鲜明突出,内容健康向上,形式活泼多样,为各族群众喜闻乐见,活动组织要严密扎实,充分满足我县各界群众参加文化活动的需求。

3. 各单位在组织活动时必须要有完整的记录,使活动有条不紊地开展,并及时上报活动情况,同时要特别注意活动期间的安全工作,确保参加活动人员和观众的安全。

这项工作结束后,县委将进行总结,对这次活动开展好的单位进行表彰,对差的单位进行批评,并将结果作为年底精神文明建设考核的内容之一。

2003年7月3日

上述规定说明，县委县政府对丰富群众文化娱乐生活这项工作是很重视的，也精心地做了许多组织和安排工作。事实上，广大民众包括吾依组的村民对这样的活动是拍手欢迎的，也很希望能多有这样的活动，来为他们的生活增添一些乐趣。因而，尽管离县城的距离不远不近，且活动的时间是在晚上，但仍有很多村民进城来观看表演。由于很多村民都有摩托车作为交通工具，进一趟县城还是挺方便的，特别是青年人，晚上有很多都是三五成群去县城玩。也有一些村民到县城后，看完节目就住在县城的亲戚朋友家。

成立于2002年的乡文化广播站也着手组织一些群众喜闻乐见的文娱活动。一般在5月份的时候，乡里和各村的工作人员会将各村中有文艺细胞的村民组织起来，准备好节目后到各个村中巡回表演，这样的活动每年至少有一两次。节目有民族歌舞、小品等，小品的内容多围绕各种国家政策，向农牧民进行宣传，如围绕三个代表、纳税、计划生育等编排节目。

有了报纸、广播、电视、录像，村民的文化生活变得更加多彩起来。以订阅报刊杂志为例，吾依组所属库拉日克村村公所2003年订阅的报刊有：《新疆日报》（维文版）、《克孜勒苏报》（柯文版）、《新疆柯尔克孜文学》等。村民中则自己订阅报刊杂志者不太多，仅有一些退休回家的知识分子、干部等会订阅，如村中的退休干部斯蒂克·阿玛特阿洪就订阅了《新疆日报》（维文版）和《新疆柯尔克孜文学》等报刊杂志。另一位退休干部克力木·司马义则订阅了《新疆日报》（维文版）、《克孜勒苏报》（柯文版）和《新疆柯尔克孜文学》等。而更多的村民则选择到村公所借阅等方式来了解信息。当然，也有很多村民不太喜欢看报刊杂志，却更喜欢以电视这一更直观的传媒来获取信息和打发休闲时光。

过去，生活在牧场上的牧民多进行赛马、马上角力、叼

第八章 文　化

羊、攻占皇宫等传统体育娱乐活动，现在，在节日等场合，有时也会组织上述娱乐活动，但举行的频度已大不如前。村里会组织村民去参加县、乡各级部门组织的传统体育活动如民运会，还有节日期间的文艺汇演等。如每年的五一劳动节、国庆节时，乡里会在各村的队伍中选出一个队去参加县里组织的叼羊、赛马等活动。村民们除了看电视等来娱乐外，还会将打扑克、下棋等作为主要的文化娱乐方式，村民中不论是年老者还是年轻者，多数都喜欢打扑克牌。

事实上，不管是生活在村子里的村民，还是在山上放牧的牧民，一天中的很多时间都是花在劳动上的。据村民所言，一年中除了节日外难得有真正的休息时间，即使没有大事，也会不停地干各种琐事，每天晚上到吃完晚饭，往往已经是10点、11点了，劳累了整天后，也没有多少精力再进行其他的娱乐，最多在家里看一会电视就想睡觉休息了。

第九章 风　　俗

第一节　风俗习惯

一、日常生活习俗

（一）传统日常生活习俗的特征与变迁

日常生活习俗包括了各民族衣、食、住、行等方面的民风民俗，这些方面都是与人们的生活最为紧密相关也最能体现民族文化的外显特征。透过日常生活习俗，无疑可以看到民族文化的许多内涵和特质。

吾依村民衣、食、住等传统日常生活习俗的特征主要表现为以下几点：

1. 村民的传统日常生活习俗与本民族的传统生计方式紧密相关。生态环境与一定的生产技术相结合，产生了不同的生计方式，这是民族文化中最基础的组成成分之一，它不仅为整个文化系统的运作提供了物质基础，也在很大程度上影响和规约着与之相关的文化系统的发展方向。在吾依组村民这里，我们就可以看到，其传统日常生活的各个方面不论是衣服饮食还是居住房屋都受到传统生计方式的制约和影响。从服饰方面来说，其材质多取自牲畜的皮毛，作为民族标志的白毡帽也多系羊毛制成，冬夏皆着长统马靴，这些都表明了其传统服饰与柯尔克孜族传统上的游牧生计方式紧密相关。从饮食方面而言，以畜肉和奶、各种奶制品为主食的饮食特色就是对游牧生活方式的最好诠释。说到住屋，传统的毡房无疑就是为了适应游牧生活频繁搬迁的特点而产生的。直到现在，在牧场上的牧民仍居住在毡房中。因而，村民的衣、食、住等日常生活习俗无一不是深深地打上了游牧生活的烙印。

2. 村中传统的日常生活习俗也与村民的经济发展水平有密切关系。经济发展水平是影响人们生活的一个重要因素，村民的衣食住行无疑与经济发展水平有重要的关联。从传统的角度来看，由于经济水平还比较低，村民的生活也是比较艰苦的。衣、食、住都相对比较简单，从衣着方面来说，很多时候是重实用不重美观，对服装的挑选余地也远没有现在这么大，而对于很多人来说，一套衣服往往要穿破了才算完成其使命。从饮食方面而言，尽管可以吃肉、喝奶，但更多的时候忙于放牧、劳动的人们早餐随便吃点馕，午餐也很多时候是在山上吃馕度过，是比较简易的。从住方面来看，由于经常搬迁，有的毡房搭建得较简易，毡房内又要做饭，又要睡觉休息，又摆放着很多东西，显得拥挤且不便，并不是十分的舒适。加上自然条件的恶劣，科学技术的不发达，遇到自然灾害或其他破坏力时防范和抵抗力都很弱，也制约了经济的发展。在这样的情况下，要想在衣、食、住等生活方面过于讲究也是不现实的。因而，传统日常生活的简朴也是与当时的经济发展水平有关的。

3. 村民传统的日常生活习俗还表现出具有相对的规范性，即衣、食、住、行均有一定的规矩礼仪。从穿着衣物的式样到男女老少穿戴时不同的讲究和要求，从用餐前的洗手仪式到就坐的规则，再到用餐时的各种礼仪和进食的顺序，从毡房的建盖到室内居住的规则，所有这些都有传统可循，有规矩可依。这与柯尔克孜族讲究礼仪规范的传统特点不无关系。

(二) 现行日常生活习俗的基本特征

任何事物都不可能是一成不变的，民族文化也是在发展中不断地发生着变迁。而民族的民风民俗也总是在代代相沿的传承中又不时发生着种种或显或隐、或巨或微的变化。就吾依的村民而言，其日常生活习俗无疑也在继承着传统的同时发生着这样那样的变化，体现出与传统日常生活习俗既有相似也有不同的特征。

吾依村民现行日常生活习俗表现出的基本特点主要有三：

一是各种日常生活习俗渐趋多样化，可供选择的余地有所增大。这主要是受到变化了的外界环境的影响所致，当然也有随着与外界交往和交流的增加而受到其他民族影响的因素。从衣、食、住等方面来看，当地村民受外界的影响都比较突出，服饰方面受到了维族的影响，也受到了汉族的影响，目前仅有老年人保持着一些传统的民族服装，而多数年轻人则明显地受汉族影响更大，平时都穿汉族服装。从饮食方面来看，除了传统的肉、奶制品外，由于农业的发展，还以面为主食，开始吃蔬菜、炒菜和米饭等。从住的方面来看，随着生活方式的改变，不再是单一的游牧经济，而是游牧与农耕兼具，加上政府的提倡和引导，居住的方式也不再是单一的毡房，在村中形成了定居点，村中的定居房屋比起牧场上的毡房来说更牢固、更稳定，建造所需花费也更大。这样，从衣、食、住等方面都使得人们的选择趋于多样化。

二是随着经济水平的提高，人们的衣、食、住、行都有了较大改变。不仅选择的余地增大，而且各方面的生活质量都有所提升，衣服除了保暖防寒的实用功能外，还注重其审美功能，对于年轻人尤其如此。食物方面不再只是追求吃饱，还追求吃好。住房也不再是简陋的，而是考虑到私密性、舒适性，讲究住房和院落要宽敞，有的村民虽然旧房子已经够住，但只要家中经济条件允许就想再添新房。这些方面的改变，无疑都是以经济生活水平的提高为基础的。

三是有的日常生活习俗渐趋消亡。传承性是民俗的一大特征，传统民俗一经形成，便往往具有很强的生命力，在历史发展的长河中代代相沿，传习不止。但是，传承性并非民俗的惟一特征，许许多多的民俗事象依然在不断地发生着改变，体现出变异性的特点。如传统的服饰，有的已经不再保留，特别是青年人和小孩的服饰，与过去相比发生了很大变化。而许多传统服饰，仅在节日或婚丧等重要场合才会被穿戴。饮食方面，尽管村民仍喜食肉、奶制品，但已从过去的以肉、奶制品为主食向以面食为主转变。从住的方面来说，除了在夏牧场上的人们依然搭建毡房外，村中的民居都不再是传统的样式，而变成了平顶屋。随之而来，居住的规则等也发生了一定的变化。此外，一些繁琐的仪礼也有简化的趋势。所有这些都说明，传统民俗的变迁是一个大的趋势，当然，对于民俗变迁消亡的正反两方面的意义还需要更多的探讨。

（三）饮食习俗

1. 主食结构和种类

（1）肉、奶制品

作为民族文化的一个重要组成部分，饮食文化是与一个民族的生产生活方式、生存环境和宗教信仰等方面紧密相关的，吾依组柯尔克孜族的饮食也是如此。作为一个历史上一直以游牧为主要生计方式，至今畜牧在其生产生活中仍占居主导地位的民族，其饮食文化也深深地打上了畜牧文化的烙印。过去，吾依村民的饮食是与畜牧紧密相连的。他们以孳养的畜群的肉和奶、乳为主食，一日三餐基本不离这些主食。肉食又主要以羊、牛肉为主，此外还有马、骆驼、牦牛的肉和乳也是重要的食品，其中又以马肉、马肠和羊羔肉为最佳食品。一般只有在婚礼或重大活动时才会宰马，马后腿肉也只能由那些男性长者食用。

现在，在吾依村，除了节日、婚丧嫁娶及举行各种仪式活动外，平常村民们并不会经常宰牛杀羊，日常所需肉食，一般在集市上购买，有时村口的桥头也会有人宰杀羊只来出售。

奶主要有羊奶、牛奶和马奶、骆驼奶等，是牧民的理想饮品，同时，多余的奶常被加工成各种各样的奶制品，如奶皮子、奶酪、酸奶、酸奶疙瘩等。尽管夏秋季节，绝大部分的羊只是在山上放牧，但吾依村民家中，一般每家都会有几只羊，留在家中放养，有的人家家中还养了马、骆驼等，因而，可以供应家中日常所需奶品。

（2）面食

新中国成立以后，由于柯尔克孜族地区逐渐发展了农副业，吾依组的村民也逐渐开始进行较为粗放的农业耕种，逐渐发展为以面为主食。面食的花样也越来越多，有馕、面条、面片等，分拌面、炒面、烩面、纳仁等多种。现在，吾依组的村民仍以面为主食，辅以奶和肉，但很少吃蔬菜，蔬菜的种类也很少。

2. 副食结构和种类

库拉日克村吾依组的村民过去以肉和奶制品为主食，现在则以面为主食。由于以面为主食，现在的副食主要有肉、各种奶制品和蔬菜，有时也食大米。蔬菜主要有土豆、胡萝卜、番茄、豆角、洋葱、青椒等。柯尔克孜族信仰伊斯兰教，忌食猪、狗、驴、骡肉和未经宰杀而死亡的畜肉，也忌食鹰和乌鸦等禽肉，也从来不吃动物的血，但是对于动物的内脏不忌，认为羊肺可以驱邪,吃羊肺时先在里面灌奶或酥油,然后再煮食。

食用油方面,主要有植物油和动物油两大类,植物油主要是自种的油菜榨出的油菜籽油,或者是从县城、巴扎买回来的其他植物油,当地村民称之为"清油"。动物油主要有牛、羊等畜养动物的油。村民的食用油一般是用于煎制博尔萨克等油炸食品,有时也用之炒菜,但由于当地蔬菜种类少,也较少吃蔬菜,因而炒制的时候并不多。

3. 烹饪方法

就肉食而言,有煮食、烤食、腌制后食用等多种烹饪方法。一般来说,吃羊肉、马肉、牛肉等多为分成大块后煮食,佐料主要为盐。用清水加盐煮出的羊肉汤鲜味美,是待客的上好食品。

烤食的情况主要有以下两种,一是一人在宰羊,另一人恰好经过他的房子,主人要请路过的客人品尝羊肉,就切下一块烤给客人食用,一般给客人烤的是羊脖子上的肉;另一种情况是夏天由于天气较热,肉存放的时间不长,这时可把羊油先放入锅中加热,然后将切成片的肉片放入锅中翻炒,撒上盐巴,既可炒好就食用,也可装起来保存两三个月后再慢慢食用。这种烹饪方法应该说是炒,不过,在吾依的村民看来,炒和烤就是一回事,二者没有区别。

腌制肉食也主要是在肉吃不完的情况下,为了延长其保存期限而做的一种处置方法。主要的程序就是加盐,密封后存放。如腊马肠等食品就是如此制作。

除了上述方式外,还有蒸吃、煎吃等烹饪方法。蒸吃主要是将肉切成片,夹于馍馍中间。煎也是将肉夹在面的中间,如煎饼,煎肉馕等。煎肉馕用一种专门的平底锅,煎时先在锅里放一点油,将平底锅置于炭火上,将事先蒸过一下的肉馕放入锅中，将锅盖好，使其两面均处于炭火的加热下，即可煎熟肉馕。

4. 民族风味食品

吾依村民有很多独具特色的柯尔克孜族风味食品。随便走进哪家，主人都会热情地请客人上座，面前铺一块大餐布，客人皆盘腿围坐在餐布周围。然后主人端上各种各样好吃的风味食品，摆满餐布，让客人品尝。这里的风味食品有馕、纳仁、卡特玛、窝馕、沙勒阔勒、库鲁提苏依阿希、博尔沙克、手抓饭、酸奶、马奶酒、孢孜酒等，数不胜数。

（1）肉食类

1）肖奴帕：即手抓肉，又叫大块肉。是吾依村民招待尊贵客人的一种珍贵食品。其做法是将一只整羊分成大块煮熟，再根据一定的礼仪请客人食用。有尊贵的客人来，主人就选一只羊拉到毡房或住房门口，请客人过目，客人则要捧起两手在脸鼻上抹一下，口念"噢咪"，意为求主恩准。之后，主人就将羊宰掉，砍下羊头，剥掉羊皮，将羊肉根据规矩分成数块，分为肋骨、脊骨、大腿、小腿、羊肝、羊尾等部分，拿到锅里煮。羊头则先在火上烧烤，去掉毛，然后再煮。煮熟后，就可根据礼仪分而食之。这种煮大块羊肉需在水还冷时就将肉下锅，煮出来的肉香而不腻，嫩而不烂。牧民外出放牧、行路也会带上煮过的大块肉作为干粮。

2）库尔玛：是一种在锅里烤出来的羊肉块。做法是先将羊肉切成一寸见方的肉块，放入烧热的锅内，用大火烧烤，同时，用铁铲在锅内不停地快速翻动肉块。烤熟后在上面撒上盐、孜然、辣椒等佐料再食用。

3）楚楚克：即马肠。马肉和马肠是吾依村民最喜欢吃的食品之一，马肠有腊马肠和灌马肠两种。一般是挑选膘肥体壮的马宰杀，然后将马肠取出，洗净，将马的肋条切成条肉，连同肋骨一起撒上盐、胡椒粉等佐料,灌进马肠内,再将肠的两头用畜筋扎紧,挂在屋里风干即成腊马肠。灌马肠则是将马肠洗净后,灌入事先切碎的肉块和大米及其他佐料,再放入水中煮熟,吃时切成段食用即可。

4)别西巴尔玛克:也叫"波特阔",将煮好的肉切成片,在上面浇上羊肉汤,然后用手抓着吃。原来生活在山上的牧民经常吃这种食品,现在已经很少吃了。

(2)面食类

1)馕:馕是柯尔克孜族、维吾尔族、哈萨克族等民族共有的一种面制食品。将面和好后,做成圆饼状,放入内壁为圆形的馕坑里,在饼上和坑的内壁抹上一些香油,然后将饼贴于馕坑内壁,坑里放入炭火,进行烘烤,馕就可做成。有的在馕表面还撒一层芝麻,使之更加香脆可口。这样做成的馕,质地较硬,保存时间很长,几个月都不会坏,是牧民放牧、行路中的好食品。过去,生活在牧场上时,没有馕坑,牧民就用锅来做馕,程序是:先将面发好、揉好,将锅烤热,然后翻过来,撒上盐,将馕贴在锅上,再翻过来,放在炭火上烤。现在,定居在村中的吾依村民依然家家都常备很多的馕,村民早餐基本上是吃点馕,喝点茶,每到一家,村民为客人端上来的食品中也总少不了馕。

2)窝馕:将和好的面擀成大薄饼,在其上抹上酥油或奶皮子,把薄饼卷成长条,再盘成圆形,放在蒸笼内蒸熟,然后再撒上砂糖,即可做成。窝馕吃起来酥软可口,香甜溢人,深受老幼喜爱。

3)纳仁:纳仁是一种肉片面,就是将肉片和面片拌在一起食用,过去都是用手抓食,故又叫"手抓肉片面",现在多用勺或筷子分食。一般是3~4个人为一组,共食一盘,每人只吃自己面前的那份。过去,这种肉片面在柯尔克孜人中只在节日或招待客人时才食用，现在在吾依村民家中，一般在吃完煮食的大块手抓羊肉之后就会吃纳仁。吃完煮羊肉，主人就端上纳仁，盘子中装着煮好的自制面条，上面浇上一些羊肉汤，上面放上羊肉或马肉、洋葱、辣椒、胡萝卜等佐料，拌匀之后即可食用。

4) 鸠皮卡：把和好的面团切成数等份，再将之擀成数张薄片，上面均匀地抹上酥油或奶皮子，再一张张地叠起来，放在锅内文火烙烤成桔黄色即可。或者将面擀好后放入锅里烤，做好后再抹上酥油或奶皮子，再折叠起来，折成圆形或扇形。这是一种外酥里软，香味浓郁的食品，是待客的上等佳肴。

5) 博尔沙克：即油炸面块，是一种三角形或长方形的油炸食物，在婚礼上或平常待客用。先将面发好，揉好，切成菱形，然后放入油中炸制，以前是用酥油，现在多用清油。

6) 库鲁提苏依阿希：即酸奶面条。用鲜酸奶加水烧开后下面条，吃时既有酸味又有奶香味，吃了可以开胃，是村民特别是在牧场上放牧的牧民经常吃的食品。如果没有新鲜酸奶，也可以将酸奶疙瘩放在水中泡软，搅拌成糊状，加水，烧开后下面条即可。

(3) 米饭类

1) 坡罗：即手抓饭。手抓饭也是吾依村民一种重要的食品。平常村民们并不常做抓饭，在婚礼等重要场合却总是缺不了抓饭。一般是将宰杀好的羊肉或马肉切成大块，加在米饭中，此外还要加入胡萝卜及葡萄干、杏干等干果和米饭一起焖熟，吃的时候再将肉切成小块，吃起来非常可口。

2) 西仁古鲁齐：即酥油羹。这种食品的做法是先将大米煮成半熟，再加入鲜奶一起煮，等大米和鲜奶煮成稠粥，再加入熔化了的酥油，这种粥既有米香，又有奶香和酥油的香味，不仅口感好而且味道令人回味无穷。

3）霍尔达西：即酸奶稀饭。是在稀饭中加酸奶和盐，食之别具风味。

（4）奶制品类

1）卡依玛克：即奶皮子。将新鲜羊奶或牛奶等挤回后，煮熟，此时即可饮用，如若不饮就放入容器中，进行发酵，早上放进去，大约到晚上就会结出一层奶皮子，若时间长一点，则奶皮子也相应地会厚一些。奶皮子可以放入茶中或直接涂抹在馕上吃，还可以加工成酥油等食品。吃不完的奶皮子还可放入容器中继续搅，使之变稠，加入水，然后再挤，使奶和油分开，挤出的放入锅里再煮，化成酥油，酥油可装入羊肚子中贮存。羊肚子事先用盐水洗净，晒干，就成为贮存酥油的容器。酥油色泽呈金黄色，比奶皮子更纯，因而存放的时间更长。酥油可以放入茶中饮用或单食，也可以在做其他食品时作为配料。

2）皮西达克：柯语还可称"炎吉凯"，即奶酪。将挤出的鲜奶放入锅里煮，煮的时间稍长一些，把其中的水份蒸发掉，煮的过程中还要加入羊羔的胃里还未消化的东西，作为发酵的引子。奶酪的营养较丰富，据村民所述，吃一块烟盒大小的奶酪就相当于吃了一个馕。

3）库鲁提：即酸奶疙瘩。喝不完的酸奶可以加工成酸奶疙瘩、酸奶酪等。将酸奶放入一个干净的可渗水的布袋子，提起来，下面放一个盆接着渗出的水，盆里放一块石头，让渗出的水滴在石头上，避免直接接触盆，否则其酸性会将盆的铁质腐坏。然后将没有水份的酸奶放入一个大锅或大盆中，加上盐，搅动，直到其成为稠状为止，大约需要1个小时，这时就可将之捏成小团，放在四角架空的芨芨草席上，晒干，酸奶疙瘩就做成了。晒干后的酸奶疙瘩，可以长期存放，三五年都不会变质霉坏。这是牧民冬春季的主要食物，也是牧民馈赠亲友或待客的小点心。

（5）饮品类

1）阿依然：即酸奶。吾依组村民的酸奶主要是羊奶、牛奶，山上的牧民则还有牦牛奶、马奶等，是以新鲜奶为原料，煮沸后加入乳酸杆菌发酵而成。一般说来，放入容器中包严，不接触空气，约10个小时就可自然发酵成酸奶。酸奶不仅味美可口，而且富含多种氨基酸、矿物质、乳酸、乳糖、维生素、酵母等，有助消化的功能，是村民必备的食品，既可增进食欲，又可对肉类和鲜奶等热性食物加以调节和平衡。酸奶可当做生津止渴的饮料来饮用，也可以加入面条做成酸奶面条，有多种吃法。

2）苏特恰依：即奶茶。吾依的村民非常喜欢喝奶茶，他们说只要有奶，就会煮奶茶喝。村民还常说："无茶则病"，"宁可一日无食，不可一日无茶"。原先生活在牧场上时，奶茶的作用很多，一是帮助肉食品的消化，二是驱寒解渴，三是由于牧场上居民点相距较远，出门办事前吃饱肚子喝足奶茶则可以较长时间耐饿耐渴。现在，即使是定居在村子中，村民仍保留着喜喝奶茶的传统。奶茶的做法是先在锅里或铜壶里将水煮开，然后加入茶叶，这里喜欢喝的是砖茶，故先要将茶捣碎。再加入奶（可以是鲜奶也可以是奶皮子）、盐即可，饮之味道香浓。经过煮沸的砖茶，如果不加奶，村民们喜欢饮前先在碗中放一两块冰糖或方糖。

3）柯末子：即马奶酒，亦称"马奶子"。盛夏的六月底、七月初是草丰水足、长膘育肥的好季节，也是马产奶最多的时节，这时，也就是产马奶子的季节。喂养着马的人家，一天要挤奶5次左右，每隔一两个小时挤一次，每次挤出1斤左右，据村民说刚挤出的马奶有治肺结核的功能。将挤出的奶倒入特制的羊皮口袋中，用一个头为四方形的木棒加以搅动，使马奶产生高温,迅速发酵,一般隔两个小时搅一次,每次搅一个小时左右。木棒柯语叫"比西慨克",多用桦树做成。在牧场上生活的村民,由于山上的气温较低,为了保证马奶发酵,到夜里还要用大衣将羊皮口袋包起来,以保持温度。一般来说,头一天放进去的奶,第二天上午就可以变成马奶酒。制作马奶酒的羊皮口袋是特制的,一般是用4~5岁的山羊皮,去毛,拿到一个专门的坑里,用一种叫做阿依哥勒奇嘎的草,将其外皮熏上7~10天。熏好后,用马尾上的毛绑扎好羊皮口袋四条腿的地方,羊皮口袋就做成了。这样的羊皮口袋只能用一年,一年后就要再熏一次。熏得好的羊皮口袋,里面装的马奶酒可以放一个星期不会坏。发酵好的马奶子首先要让家里的孩子品尝一下,然后让亲戚朋友品尝。马奶酒只在夏天才有,冬天没有马奶,也就没有马奶子酒。

马奶酒呈乳白色,"味似甘露,香凝醴泉",带有酸味和奶香味,酒性较温和,也不像白酒那样辛辣,含酒精度约10度左右,但后劲很足,饮得过猛或过量,也会使人醉倒。马奶酒是一种清凉的饮料,可以去热止渴,有消暑的作用,还可以开胃健脾,增进食量。马奶酒中也含有丰富的蛋白质、糖和矿物质,对慢性肠胃病有一定的疗效。柯尔克孜族人喜欢喝马奶酒,他们常说"好马吃千斤草,行万里路;人能喝四十袋马奶酒,才能称其为英雄。"当地还有一个关于马奶酒的传说,传说在克亚孜地方,有一个小孩在母亲肚子里怀了十二个月,生下来后就可以喝四碗马奶酒。当他长到十岁时,就可喝四十袋马奶酒,而且力大无比,四十头牦牛也拉不动他。四岁的骆驼,他也可以举起来在原地上转四十圈,当地人把他叫做帕力旺,即大力士。因而,现在村民还常将能喝多少马奶酒作为衡量一个人体质、胆量的标准之一。

4)波佐:即孢孜酒。孢孜酒是村民过去最喜欢喝的自制饮品，尤其是在冬天，吃完肉后，村民喜欢喝上一点孢孜酒，而在夏天里，吃完肉人们更喜欢喝马奶子酒。当然，孢孜酒一年四季均可以饮用，不像马奶子酒那样季节性较强。

孢孜酒的做法如下：把小糜磨成粉，加水，放入锅中煮，煮到很稠的时候，将之倒入木缸或木盆，再加入自制的酵母（将小麦放进一布袋，加热水，放置两天左右小麦发芽，将发芽的小麦晒干磨成粉，即成酵母）。将酵母加入木缸中，经过约一天一夜，再放入一个特制的大缸中，加上热水，进行过滤，过滤后成粥汁状，再放入锅中用文火煮沸，即制成可以饮用的孢孜酒了。这样酿制出来的孢孜酒酒精度约14°，但据村民说喝三碗就会醉倒。

5. 饮食器具的种类、质地和用途

在吾依村民家中，常见的餐具有盆、盘、碗、碟、勺等。盆主要用于盛放煮熟了的大块羊肉、酸奶等。盘主要有两种形制，一为圆形浅底盘，多用于盛放馕，一个盘里可以装很多个馕。圆形浅底盘在分食煮全羊时也是最常用的器皿，主人家把分好的羊肝、羊油、羊排骨、羊肉等都装在一个浅底盘里，让客人依次轮流食用。最后吃纳仁的时候，也多盛放于圆形浅底盘中，三四个人围着一盘共同享用。吃手抓饭的时候，也会用到圆形浅底盘，也和吃纳仁一样，三四人一组共食一盘。另一种是长方形浅底盘，多用于盛放装着各式干果的小碗、小碟。

当地村民家中的碗有大小之别，大碗用于吃酸奶面条或是喝羊肉汤、酸奶、马奶子等，小碗主要用于喝茶，还有一种更小的碗用于盛放各种各样的干果，如葡萄干、杏干、蜜枣、白果、巴达木及各种小点心，当然这些东西也可用小碟子来盛放，这些小碗或小碟一般还要放在一个更大的四方形浅底盘中。

碟主要用于盛放各种切好的瓜果，如西瓜、甜瓜等，此外，在吃煮制的大块羊肉时，也可以将自己分到的肉放于自己面前的碟子里。

勺主要是用来吃较稠的酸奶、酸奶稀饭、舀奶皮子等。过去，吃纳仁、手抓饭均用手直接抓食，现在也有的人家开始用勺或者筷子吃。筷子是20世纪80年代后才进入吾依村民家里的。上述这些器皿的质地有铜、铁、钢、瓷、木等多种，过去生活在牧场上的柯族人用的都是木制的盆、盘、碗、勺，因为木制的东西不易摔坏，携带也轻便，适于经常转场搬迁的游牧生活。过去，木盆、木盘、木碗和木勺多数都是自制的，木材多用桦树、杨树等。大的木盆可装下一只整羊，其制法是将一截圆木锯成两半，掏空后即成一个口大底小的大木盆，既可用于盛放煮熟的整羊，也可以用来和面。木盘多为椭圆形，木勺种类很多，大小都有。直到现在，我们在吾依组村民家里仍发现村民很喜欢使用这一类的木制器具。

柯尔克孜族的用具中，除了木制品外，皮制品也很多。过去，牧民还经常用动物的皮做成各种容器，如皮袋、皮桶、皮碗、皮壶等。皮袋子，冬天可以用来装肉。夏天制作马奶子酒的羊皮口袋，也是用羊皮制成的。

主要的炊具则有锅、壶、盆等。炊具的材质以铜制品为多，铜锅用于煮、炒、烤制各种食品，铜壶主要用于烧茶、烧水，除了铜壶外也有锡壶。

除了上述的饮食器具外，在吾依组的村民中还经常用到的一个饮食工具就是用于分割羊肉、马肉的小刀。这样的小刀几乎每人都随身携带着一把，材质多数是钢。在吃煮大块羊肉时，分配羊肉要用到它，吃羊头、羊尾及其他羊肉时也要用到它。婚礼上，男性长者吃马肉时也要用到它，可以说，这是每个柯尔克孜人必备的物品。过去，很多牧民家庭无专用的菜刀，切肉、切面、切菜都是用匕首或随身的小刀代替。

6. 食物的分配方式

吾依的柯尔克孜族村民中，分配食物的工作多由家中的主妇来承担。一日三餐多由主妇来准备，做好饭后，由主妇将食物盛给众人。除了在吃羊肉时由男主人来分外，其余多由女主人来分配。家中讨了媳妇的，即使由媳妇做饭，做好后也由婆婆来分，直到婆婆老得动不了时，才由媳妇来分。

主妇做好饭后，要先请家中的男主人品尝，并先由男主人动手开始吃，然后其他人才可以动手。从老大、老二，按顺序依次轮流下来，小孩是最晚吃的。

如果有客人来，客人进屋坐下，洗过手后，主人先铺上餐布，然后，主妇就将一盘盘、一碟碟的食物端上来摆放在餐布上，之后主妇将馕掰开成几瓣，分给客人食用。当然，这些工作也可以由家中较年轻的男性来做。

7. 进餐的时间和数量

吾依的村民多为一日食三餐。一般是早上吃奶制品，多以鲜牛奶佐以其他食物。午餐也较简单，一般吃馕和奶制品。晚餐吃得较丰盛，多数时候要吃肉。在夏牧场上放牧的牧民则多数只吃一日两餐，早上很早就起床，大约7点半左右，主妇起来挤奶、做早饭，放牧者起来清点羊只，准备赶羊上山。8点半左右，吃早点，之后放牧者带上一点馕、一些酸奶或马奶子就赶着羊群去山上放牧。中午不回家，就在山上吃点带的干粮在野外食用。晚上要把羊只赶回来，清点好，拴好，然后才能吃饭，这时通常已经是晚上10点甚至11点了。由于乌恰县是地处我国最西部的地区，因而日落时间较晚，一般来说，晚上11点左右天才黑下来。在村里的村民，一般早上10点到10点半吃早餐，中午2点至3点吃午餐，晚餐吃得较晚，一般晚上11点至12点左右才吃晚餐。

8. 进餐的礼俗

柯尔克孜族是一个讲究礼仪的民族，因而，在进餐当中也有很多需要注意的细节和礼仪。在吾依组村民这里同样有很多进餐的讲究。

在进餐前要洗手。洗手有专门的盆和铜壶，有专门擦手的毛巾。如果有客人来，要让家中最小的男孩为客人倒洗手水，水要倒三次，洗时客人双手置于盆上方，洗后水流入盆中。洗手者不能甩、拭手上的水，而必须要用专用的毛巾擦干。洗手时也轮流着来，毛巾则依次传递下去。如果是女性客人，就由家中的女孩来倒洗手水。第一次洗手时是由老到小，由最尊贵的客人倒起，而吃完以后洗手时，则是反过来，由小到老。

等到全家人或所有客人都坐好后，才可以盛饭，等到老人动手后，其他人才可以动手开始吃。

吃饭时，必须要铺上餐布，所有人盘腿围着餐布而坐，不能将腿伸朝前方，要将脚压在腿下，也不能坐得歪来倒去。

在吃东西的时候，每个人应该拿自己面前的东西，不应将手伸得很远去别人的面前拿。三四个人一起吃一盘纳仁、吃一盘手抓饭，每个人应吃自己面前的一份，不能挑、拣。

吃馕的时候，应用手掰着吃，不能用嘴直接咬吃。吃酸奶、马奶酒等有时是每人一碗，也有的时候是先递给位于中间的最长者或最尊贵的客人，然后再依次递给其他人食用。

吃煮大块羊肉，必须按照程序和礼仪来进行，一般由家中的男性主人来分割肉块，分几轮进行食用，每一轮都先递给坐在中间的长者食用。第一轮吃羊肝和羊尾巴油，各取羊肝和羊尾巴油一块，夹在一起吃，这样吃起来，肝不会太干，羊尾巴油也不油腻，口感非常的好。第二轮吃羊排骨，一人拿一根，不能挑拣。第三轮吃羊脊椎骨，也是每人一块。第四轮吃的是各部分的肉，有羊头、羊尾、羊后腿等，按照客人的地位分别拿一块相应的肉吃。羊头一般由最尊贵的男性客人食用，羊尾由最尊贵的女性客人食用。吃羊头的人只能吃右半部，要将左半部还回主人。吃其他部分的肉一般也不能吃光，而要留一些给主人家的小孩，或者带回给自家的小孩吃。

吃出来的瓜果皮核、骨头等东西放在自己面前的餐布上或自己面前的盘子里，不能乱扔。

吃饭的时候不能大声说话，不能乱说乱动，吃东西时不能发出大的声音，否则不礼貌。当然，在喝酒时，则不仅可以说笑，还可以唱着歌敬酒，敬酒者双手捧一碗酒，笑容满面地唱着祝酒歌，这时客人或者接过酒碗一饮而尽，或者也要唱着歌将酒碗转敬给其他人代劳。

客人去做客，最好将饭吃完，以示对主人特别是辛苦准备食物的女主人的尊敬。

盐和其他食品自古被柯尔克孜人视为最神圣的物品，对之十分珍爱、崇敬。至今，吾依村民仍遵从不能从盐和任何食品上踩过，也不能从餐布上跨过的禁忌。犯忌者，被认为是一种极大的罪过。我们多次在村民家中用餐，都看到他们总是在客人吃完饭后，小心地将餐布包好，尽量避免将食物的碎屑等掉在地上被人踩到。

吃完每一餐饭，所有人要双手合十在鼻子和脸上抹一下，口念"奥咪"，意为求主恩准、感谢真主。

9. 饮食习俗的变化

过去，生活在牧场上的柯尔克孜族没有种植小麦，也不吃面，而以畜肉和畜奶为主食。后来，转变为半农半牧的柯尔克孜族逐步发展了农业，逐渐演变为以面为主食。在吾依村，现在每家的田地基本保持了人均2亩的水平，这些地除了一部分种植苜蓿外，多用于种植小麦，所产多为自家食用。

从饮料上来说，过去在牧场上喝马奶酒、喝酸奶的情况都是极普遍的,现在,村里的村民如果在家里没有喂马,那也就没有马奶酒可喝。过去,遵照伊斯兰教的教义,穆斯林是不饮酒的。新中国成立后,一些年轻人开始喝酒,一方面是宗教的禁忌弱化了,另一方面也是由于经济发展了,除了维持生活外有钱买酒喝了。过去,村里没有开设商店,酒也没有现在多。所以,新中国成立后,很长时间内村民喝的是孢孜酒。后来,村里有了商店,高粱酒、大麦酒、西凤酒等都是村民常喝的酒。现在,喝孢孜酒的情况比以前少多了,因为现在村里有商店,去县城或喀什买东西也比较方便,村民更多是喝容易购买的各种白酒,如伊犁特曲、伊犁大曲等。啤酒是1985年以后才进入村中的,而且多为年轻人所喜欢,中老年人并不喜欢喝。20世纪60年代至70年代以来,吐鲁番等地的葡萄酒、樱桃酒等果酒也开始出现在村民的餐桌上,不过,对于大多数的村民而言,最有劲、喝起来最舒服的还是过去的孢孜酒和马奶酒。

从食物的种类来说,现在也比过去更为丰盛。过去最常见的食物就是肉和奶制品,现在除了这些外,还有面、蔬菜、水果,食物种类渐趋多样化,饮食结构也更趋合理。

从饮食的器具上而言,过去多为木制,现在则各种材料、形质的都有。除了木制的外,还有铜、铁、瓷、锡、铝、钢等。从形状上说,也是各式各样,大大小小,一应俱全。

饮食进餐方面的礼仪,则过去的传统一直到现在有很多都还保留着,有很多讲究,充分显示了柯尔克孜族重礼仪的特点。

(四)服饰习俗

服饰是各民族文化的直接表征之一,其样式和材质等均与民族生存的自然环境、民族的经济生活等紧密相关。吾依村柯尔克孜族生活的地区,冬夏和昼夜温差大,特别是在牧场上,昼夜温差更大，因而，反映在服饰上，夏装短小轻快，冬装厚重保暖。由于柯尔克孜族一直以畜牧业为主要的生计方式，因而，其服饰也多取材于牲畜的皮毛，在冬天和夜晚有良好的保暖功能，且很多老人一年四季皆着靴子，也是保留了其游牧民族的传统特点。皮制服饰多用羊羔皮或老羊皮，有时也用狼皮、狐狸皮和水獭皮等为材料。

1. 吾依村男子服饰

村中的男子，通常一年四季都戴一顶叫做"卡尔帕克"或"哈尔帕克"的白毡帽，这是目前保留的服饰中最能体现传统特色也最富有柯尔克孜族民族特色的东西，它已经成为柯尔克孜族的民族标志，具有区分柯尔克孜族和其他民族的作用。他们将白毡帽视为"圣帽"，平时不戴时要挂在高处或放在被褥、枕头上，不能随便抛、扔或用脚踩，也不能用毡帽开玩笑。卡尔帕克的材料多取自由白色羊毛或羊绒擀成的毛毡，帽里的下沿镶一道黑布和黑平绒，卷沿上翻，从顶到边也有四条黑绒。黑与白两种色彩的相间显得十分醒目，给人一种强烈的视觉效果。有的白毡帽在前面绘有柯尔克孜族的传统图案，更显精致。帽顶则以珠子和缨穗作为装饰，既美观又具有方便提取的作用。当然，有的帽顶也可以不作任何装饰，则显得简洁明了。从形状上说，还有圆尖顶和四方顶的区别。卡尔帕克有开口和不开口两种，开口的又有前开口和前后均开口两种。关于"卡尔帕克"的来源，在传说中还与玛纳斯与卡勒玛克人的战争联系在一起，据说是玛纳斯为了使自己的部众的帽子与卡勒玛克人有明显的区别而决定改革服饰，现在柯尔克孜族戴的白毡帽是由玛纳斯的妻子卡尼凯依设计出来的。

到了冬天，有的村民也会戴一种叫"台维台依"的皮帽，帽子为高顶卷檐状，顶呈方形或圆形，多用水獭皮、狐狸皮或羊羔皮制成，并用金丝绒或黑条绒来装饰表面，顶部则饰以串珠和缨穗。

从衣服来看,夏天,过去男子上身多着一件白色直领或无领衬衫,在领子及袖口处均绣有花纹图案。其外穿一件叫做"袷袢"的翻领短大衣,用白布或驼绒制成,领上镶有黑丝绒。在袷袢外束有皮的或布的腰带。腰带一般长约3~4尺,宽约1尺,老年男性多用黑色或蓝色腰带,青年人则多用紫红色。从花纹上说,青年男子的图案较繁复,老年人的则较简单。比较富有者常在腰带上饰以金银珠宝以显示富有,经济条件不宽余的则比较简单,只在上面绣以山水图案并在上面挂一把小刀。柯尔克孜族村民的腰带不仅是一种服装的装饰,它还可以起到御寒及携带物品的作用,出门前,吃的、用的都可以绑在腰带里。到了冬天,天气寒冷,则可以在袷袢外面再穿上棉制或羊皮大衣。有一种叫"阿何托恩"的羊皮大衣,十分宽大,衣长及脚,需用4~5只白羊的皮才能制成,重达5公斤左右,保暖性十分好。"阿何托恩"的领子多用羊羔皮或水獭皮、狐狸皮做成。用黑丝绒作边。在吾依村民中,更为普遍地穿着的则是用白布作面,内充棉花的棉衣。男子下身着蓝、黑等色条绒、平绒或其他布做成的宽腿长裤,老人冬季喜欢穿保暖的皮裤。

至于鞋子,过去无论冬夏皆穿一种叫"乔勒克"的自制皮靴子。乔勒克帮、底一体,长及膝盖,柔软结实且轻便舒适,一年四季皆能穿着,尤适于爬山和长途跋涉。乔勒克一般用马皮或牛皮做成,先去毛,然后用含硝、碱的土在皮上反复揉搓,使皮柔软,再用细麻绳或细皮条缝制而成。鞋子里面夏天一般穿布袜,冬天则穿毛袜。现在,除了一些老年男子仍喜穿乔勒克外,多数年轻人平常皆穿皮鞋、旅游鞋等。

现在,吾依村男子的服饰有较强的汉化倾向。除了部分老年男性保留着一些传统的服饰特色外,多数男性都改穿汉族服装，只有白毡帽还较多保留在村民的生活当中。

2. 吾依村妇女服饰

妇女的服饰比男子显得更繁复一些。已婚妇女一般缠头巾，头巾为丝巾或布匹，颜色多为红色或蓝色。缠法有两种，一种是将丝巾直接包于头上，另一种是先戴一顶帽子，再缠头巾于其上。老年妇女缠一种叫"伊利吉克"的白布头巾，是先戴上一种叫"塔克亚"的类似维吾尔族花帽的帽子，其外缠上白布。伊利吉克的后部要略微长一些，并且缝成一个叫"汇鲁求克"的袋子，用来装发辫。过去，未婚女子不缠包头而戴帽子，所戴多为一种红色的圆顶花帽，帽顶饰以串珠、缨穗及羽毛，显示出一种少女独有的青春气息。现在，未婚女子有的既不缠头也不戴帽。从发式上看，女性多扎辫子，未婚少女梳许多小辫，而已婚妇女改梳两只长辫。多数妇女在辫子上绑上链子、珠宝、贝壳等装饰，有的甚至还绑上钥匙。

女性身上多穿长袖连衣裙或长裙，长裙有带褶和不带褶之分，又有筒裙和收腰裙之别。材质方面多以花布制成，也有一些是用丝绸制成。裙外要罩一件金丝绒或平绒坎肩，前胸两侧镶有两排圆形或菱形的银质胸饰，用银片、铜片、珍珠或贝壳等作扣子，边上用丝线绣有各种花纹图案，给人五光十色的感觉。裙子下面，则穿裤子或袜子，夏天穿单裤着及膝布袜，冬天穿毛裤着及膝毛袜。妇女的长筒袜除了保温防寒外，还充当着钱包的特殊用途。一般将钱散装或包好后放于袜内，用松紧带系于膝盖，到用时直接打开来取，既简便又安全，充分体现了当地妇女的智慧用心。就服装的色彩而言，年轻女子喜穿红、绿、紫等颜色，中老年妇女则喜穿蓝、灰等深色衣服。年轻妇女还喜欢戴各种饰物，如项链、耳环、手镯、戒指等，加上发辫上的各种饰物，走起路来叮当作响，别有风韵。很多妇女为了追求美观还去镶上金牙，她们认为除了好看外镶金牙还有治疗心脏病和哮喘的作用。当地的妇女有时还披披肩，披肩有丝织或毛绒织成，冬季或风大时可包于头上，春秋季则可披于肩上，显得美观大方。在喜庆和节日场合，则多披白纱披肩。

表9-1 柯尔克孜族传统服装简表

	穿着位置	名　称	特　征
男子服装	头部	白毡帽（卡尔帕克）	毛毡制成，白底黑边，前绘传统图案
		皮帽台维台依	水獭皮、狐狸皮或羊羔皮制成，高顶卷檐，金丝绒或黑条绒来装饰表面。
	上身	衬衫、短大衣（袷袢）、腰带、羊皮大衣	白色直领或无领衬衫，在领子及袖口处均绣有花纹图案。其外穿袷袢，用白布或驼绒制成，领上镶有黑丝绒。腰带一般长约3～4尺，宽约1尺，老年男性多用黑色或蓝色腰带，青年人则多用紫红色。寒冷时可在袷袢外面再穿上棉制或羊皮大衣。
	下身	长裤、皮裤	蓝、黑等色条绒、平绒或其他布制成的宽腿长裤，老人冬季喜欢穿保暖的皮裤。
	脚	皮靴乔勒克	一般用马皮或牛皮做成，帮、底一体，长及膝盖，柔软结实，适于爬山和长途跋涉。

续 表

女子服装	头部	白布头巾伊利吉克、圆顶花帽	白布头巾伊利吉克多为中老年妇女戴，未婚女子多戴红色圆顶花帽。
	身上	长裙、长统袜、披肩	有长袖连衣裙或长裙，下穿长统袜或裤子，还可披戴披肩。
	脚	靴子、皮鞋或胶鞋	过去多穿靴子，现在多穿皮鞋或胶鞋。

3．吾依村民服饰的变化

随着村民对外交往和联系的增加，也随着人们经济生活水平的提高，村民的服装已经趋于多样化。尤其是青年人，他们的服饰已与汉族无异，只是在节日或重要场合才穿戴具有柯族特色的服装，而这对于男性而言在很多时候也仅仅体现在一顶白毡帽上。部分老年男子仍头戴卡尔帕克或台维台依，脚穿乔勒克，也有的已经改戴礼帽、军帽。还有部分老人保留着穿靴的传统，也有的改穿皮鞋。已婚的妇女们仍缠头巾，这些头巾大多是到喀什买来的，也有部分是从土耳其、俄罗斯进口的，身上则多穿和维吾尔族相似的连衣裙，脚穿长统丝袜及皮鞋、胶鞋。而青年女子已很少有戴花帽的，服装也趋于汉化。

（五）居住习俗

吾依村的经济生活主要由农业和牧业两部分构成，农、牧的不同导致了村民们住所的差异。在农区及牧区定居的"阿寅勒"中，村民们主要居住的是土木结构的平顶屋；而在牧场人们则更多地选择拆卸比较方便的毡房。

以前，柯尔克孜人的定居点多选择在土地肥沃、取材（主要是建房用的土块）方便、离水源近的干地。现在，村里通了自来水，水源已不再成为问题，但土地肥沃与否则不仅仅为村民所关心，政府规划时也将它作为一个考虑的重点。吾依村旁肥沃的农田就是明显的证据。

吾依村的居民建筑主要分布于乡村公路两边，自西向东，平行分布。公路两侧有两排笔直的杨树，杨树的里侧是水渠，水渠再向内才是居民的住房。房屋全是坐北朝南，而且不论路上，还是路下，大门都朝着公路方向开。柯尔克孜人还有门、窗不能朝西的禁忌，所以，村民们的门、窗大多朝东方和南方。这一方面是为了避风，但更重要的原因还在于柯尔克孜人的宗教信仰。一说，正房的门、窗朝南也是出于防震的需要，因为据说地震都自西而来。

柯尔克孜人喜欢在房前屋后种树，因此，村子周围的环境相当优美。路边的杨树、庭院中的果树，还有村旁的麦田，把整个村庄掩映得如诗如画，营造出人与自然相契相融的和谐空间。

1. 吾依村的平顶屋

村民们居住的平顶屋在柯尔克孜语中统称为"塔木"，一般多为土木结构，条件稍好的则建成砖木结构。墙壁上用土块或砖块砌成，高约2米多。屋顶以横木为梁，上面钉上细小的椽子，再在椽子上盖上苇席，然后覆以柴草，并用草泥敷顶。泥顶一般要敷三层，先敷第一层，晾干，然后再以同样的工序敷第二、第三层。屋顶为平顶，无瓦，前后安有木制的流水渡槽。以前室内四壁及顶篷也用草泥涂抹，现在，由于生活水平的提高，许多人家已经改用水泥、沙灰粉刷墙壁。

柯尔克孜人建造房屋并不择日，只要一切准备就绪就开始动工。在建房过程中要举行一些仪式。最初是在打地基的时候，要宰一只羊，放血于地基四角，然后把羊肉煮了分给大家吃。等房屋完全建好，人搬进去住时也要宰羊请客。

因为干旱少雨，房屋不需太多修缮，只需定期检查屋顶即可。用作横梁或椽子的杨木和松木，只要房顶不漏雨，一般可以用五六十年。

虽然农区的房屋布局与毡房大不相同，但室内装饰仍保留了原有的特色：室内都搭有土炕，炕上铺着层层花毡和坐褥，壁上挂着挂毯和帐幔，门上有门帘，窗上也挂有窗帘。这些帐幔、壁挂、门帘都是家庭主妇精心制作的。此外，柯尔克孜人还把他们的被褥、枕头整齐地叠在一起，放于炕上靠后的墙边，形成五彩缤纷的花墙，多的可达一人之高。不仅显示了主人的富有，而且也为他们的居室增添了一道亮丽的风景。除了这些别具一格的装饰品，随着社会的不断发展，电视、电话、沙发、挂钟以及其他一些现代家居用品也走进了柯尔克孜人的居室。

吾依村的传统房屋多为一明两暗之三间，中间一室较明亮，左右两室相对要暗一些。现在，大多数人家房屋的通风、采光条件都有了改进。不仅中间一屋的门、窗大有改观，就是原来较暗的两间房的窗户的数量也增多了，使得整个房间明亮不少。

柯尔克孜人房屋的功能区分比较清楚。传统三间分出了厨房和卧室。现在，柯尔克孜人的房屋增多了，房间的功能也日益完善了。以路上坐北朝南的住房为例，进大门的左边是果园（巴荷），果园后面是房屋，房屋后面有羊圈（萨曼哈那）和草料室（霍若）。住房一般有四间，其中，储藏室（卡扎那克）、卧室（加塔克吾依）和客厅（客卧：米曼哈那）居于平行位置。而厨房（阿西哈那）则与储藏室相连，建于它的正前方。（详见下图：斯蒂克·阿马特阿洪家的房屋布局）

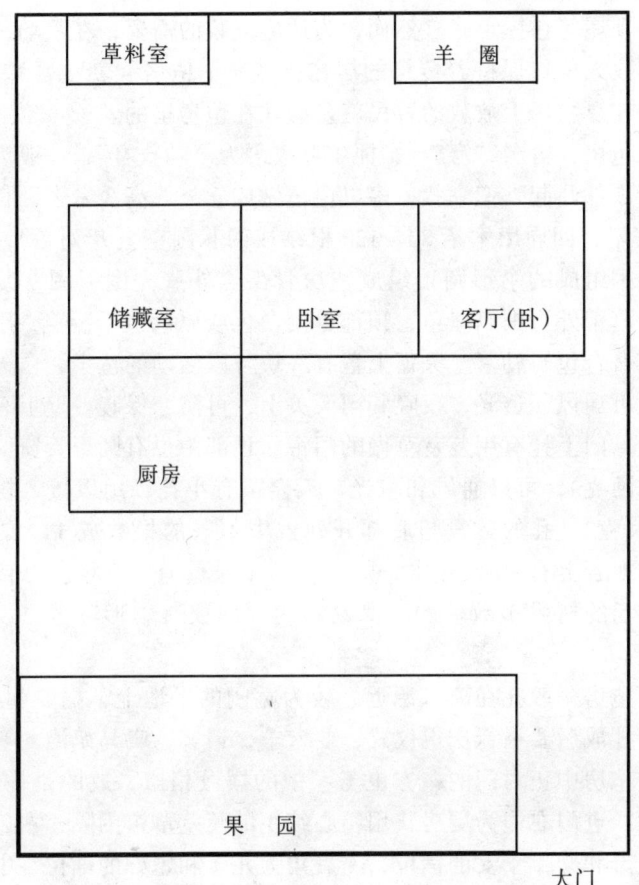

图9-1 吾依村民住房平面布局图

2. 传统毡房

历史上,以游牧为生的柯尔克孜族过着逐水草而居的生活,并创造了与游牧生计相适应的毡房这一居住形式。向定居半定居的居住方式转变后,逐渐形成了相对固定的居所,发展了平顶屋等住屋形式。然而，为适应放牧的需要，在牧场，柯尔克孜人依然保持着传统的居住方式——毡房（勃孜吾）。吾依村在夏牧场上放牧的牧民就是居住在毡房里的。

毡房，古名"穹庐"，柯尔克孜语为"勃孜吾"，一般为圆形，顶部凸起，似伞状，多以白毡做成。一般高3米多，直径3～4米，四周用木条80～120根结成网状圆壁（开列盖），与用椽木组成的伞形圆顶组成毡房骨架。外壁先围一圈茇茇草帘，草帘外再围以厚毡，顶部也用白色或原色毡子覆盖，用毛绳（吾合包）勒紧。天窗上盖有一块可以活动的毡子，白天打开，可通风、透光，夜晚和雨天关上，可防寒保暖。壁上有木框门，门上挂有用茇茇草做的门帘。顶部中央有圆形天窗（昌格尔阿克），可以通风和采光。天窗留有小孔，用以接入椽子（乌窝克），孔的数量与底部开列盖中木条的根数成1:2的比例。如若上有80根椽木，则底部的木条就有160根。吾依村在牧场的村民多数住的是简易毡房，即仅有伞形部分，没有底座。

毡房一般扎在离水源近、较为宽阔的平地上，门要朝东。毡房扎成后要举行庆祝仪式，要宰羊，请客，喝马奶酒。

毡房中正对门的一方也与家中的摆设相似，放的是枕头、被褥，进门右边为厨房，用精心编织的茇茇草帘围隔，右后角是父母和幼年子女的铺位，左后角为儿子和媳妇的铺位，中间为客人的铺位。不仅铺位有规定，坐的地方也有严格的划分，一般男客坐在进门的左边，女客坐右边，从中间按尊卑、长幼顺序依次往两边排。

毡房中的厨房实际上是储藏室，做饭在毡房正中。以前柯尔克孜人使用的是三角铁锅架，常常弄得满屋生烟，现在改用炉子，烟可以通过烟囱从天窗中排除，这样一来，毡房内的环境就得到了较大的改善。

二、人生礼仪习俗

(一) 传统人生礼仪的特征与变迁

人生礼仪是一个人一生中不同阶段的过渡仪式，它标志着一个人从人生旅程的一个阶段过渡到另一个阶段，实现了从一种社会状况向另一种社会状况的转变，人生礼仪也就是两个阶段之间的中介点，民俗学家范·热纳将之称为"通过仪礼"或"生命仪礼"。从出生到成年，到婚礼，再到丧礼，走完了一个轮回，而各个阶段的人生礼仪无疑就是每个人一生中最为重要且难忘的时刻。因而，在这样的时候，往往会有一些独特的活动，来作为纪念和标志。同时，人生礼仪不仅是人从一个阶段向另一个阶段过渡的标志，它还表示获得不同的社会认可，在不同的阶段被赋予不同的社会角色和社会期待。

柯尔克孜族同样具有隆重的人生礼仪。从出生时候的诞生礼到割礼，再到婚礼，再到寿礼、葬礼，每一种礼仪都有特定的程序和文化内涵。从特征上来说，吾依村传统的人生礼仪具有仪式性、神圣性、宗教性、规范性等特点。作为一种过渡仪式，人生礼仪的仪式性就不必多说了，不管是诞生礼、割礼还是婚礼、葬礼都有一定的仪式活动相伴随。神圣性则表现在村民们在举行各种人生礼仪的仪式活动时是认真、虔诚的，他们对这些仪式的功能是深信不疑的。比如，举行诞生礼，既是对生子的庆贺，同时，人们也认为相应的仪式活动能驱邪求吉，为婴儿带来福祉。婚礼则是每个人一生中最重要的礼仪之一。而举行葬礼，人们也认为能使死者的灵魂得到安宁。从宗教性上来说，柯尔克孜族是一个信仰伊斯兰教的民族，因而，很多礼仪活动中都带有宗教色彩，很多仪式活动必须由阿訇来主持，如割礼、丧礼等。就规范性而言，表现在两个方面，一是各种人生礼仪的活动内容和程序都是基本固定的，有规范可循；二是各种人生礼仪活动对于受礼的人和社会来说都具有一种规范的功能，就受礼者而言，经过了一定的人生礼仪仪式后，他（她）就获得了相应的权利，也必须承担相应的责任和义务，如举行了婚礼之后，夫妻双方就应该对配偶负责和忠诚，承担相应的家庭责任。就社会而言，也是有规范功能的，那就是社会必须赋予受礼者应该获得的权利。如举行了成年礼后，就表示获得了社会交往的权利，这种权利是社会赋予并认可的。

当然，随着社会的发展和时代的变迁，传统人生礼仪习俗也发生了许多的变化。过去的一些信仰现在渐趋淡化，如过去的孕期和产期的各种禁忌，现在有的已不再严格遵守。一些人生礼仪中的宗教色彩也逐渐削弱，一些过去必须由阿訇等宗教人士主持的活动现在也不一定如此了。而且，诸如葬礼之类，在很大程度上与其说是为了使死者的灵魂获得安宁还不如说是让生者的心理获得一种安慰和平衡，很多村民特别是年轻人不再相信天堂地狱的说法，也不相信人死后灵魂的存在，因而，过去的信仰基础已悄然发生了变化。

（二）诞生礼

诞生礼是人的一生开端的标志，是婴儿从生物学意义上的人向社会学意义上的人转变的表征。这里的诞生礼不仅指婴儿出生后的一系列庆贺活动，还包括了婴儿诞生前及后来成长过程中的一些仪式活动，因而从这个意义上说，诞生礼也是一个较长时间的连续过程，大体包括了求子、孕期习俗、庆贺生子等内容。

1. 求子嗣

吾依村的柯尔克孜族，如果久婚不孕，就会举行一些求子嗣的活动。一种方法是直接请达罕或毛拉来念经，村民认为这样做之后就有可能怀孕。另一种方法是在每个星期三一大早的时候，让不孕者用舌头舔一下狼胆，连续舔三个星期，即总共舔三次。在村民的传统观念中，星期三是个好日子，因而要在这一天舔。再有一种方法就是到康西湾村旁山上的一眼泉边去祈子，不孕的妇女去泉水旁先做一下礼拜，然后将手伸进泉水中捞物来进行测试，一共捞三次，捞上虫子等有生命的东西表示会怀孕，捞上竹子等无生命的东西表示不会怀孕，妇女在捞时心里就许愿求子。如果第一次捞上虫子等，就可不用再捞第二次，如果第一次捞的是竹子，第二次捞的是虫子，第三次可不用再捞，如果前两次都捞上来竹子等物，只要第三次捞上来虫子也可，即三次当中只要有一次捞上来虫子等物即表示会怀孕，如果三次都捞上来竹子等无生命的东西则表示不会怀孕。去那里求子的人家，有的会在那儿宰羊祭祀，有的在那儿做"博尔沙克"等油炸食品，在那里吃了以后再回来。一般是不孕妇女在婆婆、丈夫和亲戚、邻居的陪同下去祈子。除此之外，吾依的村民有时也去水泥厂旁叫库克托布的圣地去求子。求的过程和上述捞物法一样。

有的人家，如果全生了男孩或全生了女孩，也会请达罕来念经，祈求生下其他性别的孩子。有的将达罕请到家中，有的则到达罕家中请他念。

村民还有这样的观念，认为吃饭的时候吃得好一点，常吃些肉、鸡蛋等有营养的食物，就会生男孩，如果经常吃稀饭等营养不好就会生女孩，他们认为食物的营养高低直接影响到母腹中的婴儿成形为男还是女。

2. 孕期礼俗

吾依的村民在孕期没有太多的礼俗和禁忌，只要求怀孕妇女在孕期要经常活动，不能只躺下睡觉。但此期间只能干轻活，不干重活。怀孕期间，不能吃骆驼肉，如果要吃，也只能和丈夫一起吃。如果是外面有人请她的丈夫吃骆驼肉，她的丈夫必须带一点回来给妻子吃。村民认为，如果怀孕的妇女或她的丈夫单独吃了骆驼肉，就会 12 个月后才生小孩。在服饰方面，没有特殊的规定，只要穿得宽松一点就行。产妇生产前，母亲、婆婆等长者并没有太多的产前经验教育，只是要求她多活动即可。

3. 产房隔绝禁忌

吾依的柯尔克孜族，在孕妇生产前，就会挑选一间较好的、布置得较舒适的房子，作为预备的产房。这时，其他无关的人员一般就不允许进这间房子了。在生小孩时，产妇的母亲、婆婆、姐妹等女性可以进产房，一般是产妇说让谁进去就谁进去。而包括丈夫在内的任何男人均不得进入产房，只能在外面等候。到生下小孩后，丈夫及来看她的亲朋都可以进产房。现在，多数产妇是到医院进行生产，生完后再回家休养，因而，产房的隔绝禁忌也就不存在了。

4. 婴儿降生之礼

（1）接生。吾依村民在家中生产的，选好一间较好的房子作为产房后，有的是在产房中躺着生，有的是先站着，到快生的时候蹲着生。过去多请村里的接生婆来接生，接生婆多为年纪稍大、经验丰富、自己生育的小孩较多的女性担任。接生完后，给接生者一条裙子作为报酬。

如果遇上难产，过去的处理方法是由产妇的男性亲属如丈夫或父亲往天空中打一枪，或者换一个地方生，即从一间房子挪到另一间房子。现在，则多马上送医院，或者直接就到医院生产。

过去婴儿生下后，脐带用刀、刀片割断。胎盘由产妇的女性亲属拿到外面较远的地方掩埋。婴儿一出生，先要洗干净，然后象征性地给婴儿吃一点"萨尔玛依"即酥油。三天后让他吃用面粉加上酥油、糖熬成的面糊糊。

第九章 风　俗

(2) 产后事宜。过去，产妇生下婴儿的第三四天就起床下地干自己的活。有的老人回忆说，过去在牧场上，有的在转场途中生小孩，在生产的当天住一晚上，第二天就要继续骑马行路。现在生产后要休息40天左右，有的则要休息50~60天。

产妇生下孩子后，夏天可开门窗，冬天则不开门窗，且鼻、口要掩蒙起来，躺着休息。产妇的腰用毛线织成的土毡绑起来，要绑一个礼拜左右。

产妇的饮食方面，刚生下小孩的三四天内只吃稀饭和糊糊等流质食品，到四五天后吃点馍馍等食品，到七天的时候家里会宰只羊让她吃，补充营养。

按照柯尔克孜族的传统，吾依村产妇在生育第一胎时要在娘家生育，所以生第一胎时，丈夫有时住在丈母娘家，有时回自己家，只是不时去看一下产妇，予以照顾，晚上回自己家住，有的路远没办法才住在女方家。如果产妇的亲生母亲已去世，娘家也没有姐妹，则也可以在丈夫家生产，由丈夫家里的人来照顾她。到第二三胎则在夫家、娘家生产均可。产妇的衣服及婴儿的尿布由产妇的母亲、姐妹来洗，丈夫、婆婆等人不洗。当然，这其中也有传统观念的影响，据有的村民说，柯尔克孜族女方家的人可以洗男方家的东西，男方家的人则不能洗女方家的东西，因而，产妇的东西也就由女方的亲属来洗涤。

如果不幸生下畸形儿，一般是请达罕来念经，但不管生下什么样的畸形儿或残疾儿，都会将之抚养下去。

(3) 婴儿降生后的礼仪。婴儿出生后，一般在其枕下或枕旁放一把刀，据说有避邪的功能，可让婴儿不害怕，不做梦。婴儿生下来，由他的外婆手工做一件衣服给他穿，到6个月后才穿正式的衣服。婴儿生下三四天后洗一次澡，一般7天左右，婴儿的肚脐眼就会掉了，之后就可将婴儿放入摇篮睡觉。婴儿生下40天后才可以理发，并且过去要由曾经打过狼的人

（表示勇敢）来为之理发，现在则由产妇的兄弟或者其丈夫的兄弟理均可，但不能由女人来理。除此之外，还有一系列相关的仪式：

取名：婴儿出生的第3天举行取名仪式，当天，将毛拉请到家中念经。过去名字由毛拉取，现在多由婴儿的父亲或爷爷取，将事先取好的名字告诉毛拉，由毛拉宣布这个孩子从今天开始叫某某名字。柯尔克孜族人的命名习惯是本名后要加上父名。吾侬的村民在取名的时候，男性常用买买提（意为和平的）、吐尔逊（意为停下来、留下来）、苏力坦（国君、国王）等，而女性多用姑丽（意为花）、汗（意为公主）等，如阿曼姑丽、阿依姑丽等。在取名这一天，众宾客前来祝贺，依次到婴儿床前看望，用按一下婴儿的鼻子和吻一下其前额，把婴儿的手放到自己的嘴上亲一下等动作表示对婴儿的喜爱，同时还要说一些赞美和祝福的话语。过去女宾在看婴儿时，还有一个讲究，如果哪位女宾把婴儿抱起来仔细端详之后，亲亲地吻一下，就表示愿结良缘，婴儿的父母心领神会，等孩子长到三五岁时，便请介绍人来说合。柯尔克孜人的幼年定亲大都是这样进行的。[①] 现在，由于社会的发展，当地的村民多实行自由恋爱基础上的媒人说合，指腹为婚、幼年定亲等传统习俗都渐渐消失了。

摇篮礼：40天后，要行摇篮礼，届时，家人在摇篮上撒上糖、博尔沙克等食品，请来祝贺的客人吃，然后由婴儿的母亲或外婆将婴儿放在摇篮上。

贺生礼：当地习俗生第一胎回娘家生，到40天以后，将亲朋好友请到娘家，请客宰羊，丈夫家的亲戚也去。当天或第

[①] 国家民委五种问题丛书之一，中国少数民族社会历史调查资料丛刊《柯尔克孜族风俗习惯》，新疆人民出版社，1986年版。

二天，丈夫家要去产妇娘家，给产妇买新衣服、新鞋子一套，同时，给产妇的父母也买一套新衣服，给婴儿买一套新衣服。现在，除了上述物品外，还要给产妇买戒指、耳环或项链等物品中的随意一件。当天吃完饭后，就把产妇和婴儿接回男方家。接回男方家后，男方也会宰羊请客，将亲朋好友、女方家的亲戚请到家中庆贺。

婴儿40天举行仪式当天，要给婴儿洗澡。先由孩子的祖母或近亲中的一位老年妇女将一个金手镯或戒指放在一个盛有水的盆里，然后将孩子放入盆中，让40位来客轮流用木勺慢慢将水淋倒在婴儿身上，先由年老的妇女开始倒，一人倒一勺，倒足40勺水。目的是希望婴儿的抵抗力有所增强，能健康成长。

在满40天前，亲朋好友就可以去探望产妇，来时带的东西多为食品。在40天时的贺生仪式上，有的送钱，一般为50~200元不等，有的送布料，有的送馕等食品，有的送小孩穿的衣物。

断奶：过去婴儿长到一岁至一岁半可以走路时，一般就要断奶。现在有的5个月大，有的1岁时断奶。断奶的方法一般是不让婴儿见到母亲，婴儿哭时就给他喂水。或者在母亲的乳房上擦上辣子、沾上羊毛，这样婴儿就不想再吃奶。断奶后，大人吃什么婴儿就跟着吃什么，有时也让他多吃点肉，营养丰富一点。

学步：孩子长到一岁左右开始学步时，要举行一个叫做"剪绳子"的仪式，也叫"学步仪式"。先由孩子的母亲用一根红毛线或绳子拴在孩子的脚上，让孩子站好。然后让一群3岁左右的邻家小孩从百米左右的距离之外同时跑过去，解下或剪断孩子脚上的绳子，对先解下者进行奖励。这一仪式表示孩子脚上的绳子被解下了，孩子从此可以走路可以奔跑了。

（三）割 礼

按照柯尔克孜族的习俗，男孩子在六七岁入学前要举行割礼。割礼柯语称"孙乃提托依"，这是皈依伊斯兰教后的柯尔克孜人按照伊斯兰教的教规为孩子举行的一种宗教礼仪。所谓割礼就是割去男孩阴茎上的包皮，对于男子来说，割礼是仅次于婚礼的大事。届时要举行隆重的仪式，男孩本人要着新衣新帽，家人也要身着新装，招待前来祝贺的亲友乡邻。亲友客人多的人家，要热闹两三天的时间。

割礼过去多在家里施行，仪式多由阿訇来主持，手术则请专职的割礼师或有经验的老年人来做。在行割礼前，为了使孩子不害怕，母亲会唱割礼歌来安慰孩子，分散孩子的注意力。

割礼要选择吉日进行，一般是主麻日，即星期五。手术一般在早晨进行，手术刀具过去用的是刮胡刀，先用芨芨草或芦苇秆夹住男孩阴茎的包皮，然后口念"奉至仁至慈的真主之名"等经，迅速割去阴茎被夹住部分的包皮，手术后用棉花烧成的灰烬来止血，将灰敷到伤口上。割礼完成后要给施礼者送一些礼物或者一件衬衣，现在也可以给食物、钱等。现在，吾依的村民多数是将孩子送到医院进行割礼。施礼这一天，家里要宰一只羊，把亲戚、朋友、邻居都请来，宴请亲友，除了羊外还吃博尔沙克、馕等食物，夏天喝马奶子酒，冬天则喝孢孜酒。亲友和乡邻一般会给受礼者送诸如文具、衣帽、食品、钱等礼物，过去一般送钱 5~10 元，现在则送 10~100 元不等。大家在吃完羊肉后集体做一个礼拜，为受礼者祈祷和祝福。

举行割礼后切下来的包皮可以包在博尔沙克中给不孕的妇女吃，认为不孕妇女吃了后就会怀孕。

割礼是一种教礼，在民间也被认为是婚前的必要准备，是男子成丁的标志。按村民的说法，柯尔克孜族行割礼，一是因为这是一种宗教遗俗，二是认为这样比较卫生，可以改善性生活。据说,做过割礼的男子感染性病的机会相对要少得多。男孩子六七岁行割礼,一个星期左右伤口即可愈合,不会对身体造成伤害。但如果长到15岁左右才施行手术,则会对身体产生伤害。做完割礼后,要让小孩吃羊肉汤、吃肉、喝奶,饮食上比平时要吃得好一些。行割礼后,7天内受礼者不能洗澡,不能外出,不能做剧烈运动。一个星期后,则可自由活动。

(四)扎耳习俗

吾依村的柯尔克孜族在女孩长到五六岁时有扎耳、戴耳环的习俗。这一仪式只由妇女和女孩子参加,由母亲或有经验的专门从事扎耳眼的妇女为她扎耳朵。扎好耳眼,由母亲为女孩戴上一对耳环。参加的人会给女孩赠送耳环、手镯、镜子、梳子或各种装饰物。这一习俗从某种程度上说也是柯尔克孜族女孩的成年礼。经过此仪式,表明女孩已经走向成年。扎过耳眼后,从此女孩可以一直戴着耳环。同时,她也不能再同男孩子一起玩耍,不能与兄弟们同一床睡觉,要遵守男女有别的种种讲究和对女子的种种要求。

(五)寿礼与生肖礼

吾依村的柯尔克孜族一般不过寿礼,在传统观念里,认为70岁以上算是老人,80岁以上算高寿。高寿的老人到其他人家中,见到7岁以下的小孩,主人(小孩的父亲)往往会请求老人同意,让老人用衣襟擦一下小孩的嘴,或者小孩额上的汗,希望小孩像老人一样健康长寿。如果一个人是80岁以后去世,参加其葬礼的人会特别多,人们认为这样的人比较有福气,受人尊敬。

但是吾依的村民会过生肖礼,每隔12年过一次。第一次过的时候是13岁,第二次过时是25岁,依此类推。40岁以上的人过生肖,过得比较隆重,40岁以下的则过得较简单。在所有的生肖中,第一次即13岁时和最后一次73岁时是最为重要的，73岁以后一般不再过生肖。柯尔克孜族的十二生肖大致和汉族一样，只是汉族的是龙，柯尔克孜族的则是鱼，汉族是猴，柯尔克孜族是狐狸。即：鼠、牛、虎、兔、鱼、蛇、马、羊、狐狸、鸡、狗、猪。

过生肖的时候，家里要宰羊，把亲戚朋友都请来，来的宾客一般给过生肖者送穿的衣服、库姆孜等礼物，也有的亲戚送牛、羊、骆驼等牲畜。当天要搞娱乐活动，弹库姆孜，唱歌。还要将过生肖者使用过的一个木碗或木勺，由参加生日聚会的最老的人打碎或丢掉，表示过去的13年平平安安，希望后面的13年受礼者也同样平平安安地度过。最后，在房外点燃骆驼篷，过生肖者从上面跳过去，之后是父母、爷爷奶奶、其他参加仪式的亲友依次从骆驼篷上跳过去，每个人在跳的时候还要在心里许个愿，以示驱邪求吉。

过生肖的时候，宾客们一般根据过生日的人的性别、年龄来献上不同的祝贺语。若是老年人，就祝他晚年生活幸福，身体健康。若是中年男性，则祝他一家人团结和睦，生活过得越来越好。若是中年妇女，则祝她家庭和睦，永不离婚。若是未婚男青年，则祝他早日发财，并找到一个合适的妻子。若是未婚女青年，则祝她找到一个好的丈夫，和丈夫和谐美满，生一个好儿子。若是小男孩，就祝他生活平安，早日成才，以后能成为有用的人。若是小女孩，同样如此。若过生肖者是男性，亲人要给他送一顶白毡帽，由过生肖者的爷爷奶奶或父母来送。如果过生肖者是女性，则要给她送一顶绣花的帽子。如果过生肖的是男性年龄大者，则由其儿女给他送帽子。这顶帽子在过节时戴，到过下一个生肖前不能将之丢失。如果是中老年妇女过生肖，则由儿女给她送一种叫"伊利切克"的头饰。

当天，要为过生日者专门做博尔沙克，还要做成马、牛、骆驼等形状。此外，要吃羊肉，喝马奶、酸奶。过生肖当天，不能吵架，不能哭，要高高兴兴。

吾依村民还有一个习俗，即在过生肖的当年，要故意隐瞒自己的岁数，不让其他人知道。如果是13岁，就说成是14岁。关于故意隐瞒当年的岁数，还有一个故事，传说有一次玛纳斯出战，当年正好是他的生肖，他的妻子卡妮凯劝他不要出战，因为是生肖年不吉利，果然，他出战失利而归。根据这段历史，人们认为在生肖年做什么事都不会吉利，所以故意隐瞒，同时还举行仪式祈求平安顺利。

按照宗教观念，伊斯兰教认为男的13岁成年，女的9岁成年，男孩13岁刚好是生肖年。

过生肖礼最重要的目的就是为过生日者祈祷和祝福，以前过生肖礼的情况比较普遍，20世纪90年代以来则越来越淡化了。

(六) 葬 礼

1. 葬法、葬式的选择

据史料记载，古代柯尔克孜族曾经实行火葬、土葬和树葬。特别是隋唐时期，叶尼塞河流域的柯尔克孜人以火葬为主。其火葬的形式是将死者置于木柴堆上燃烧，其亲属绕火堆边走边哭泣。[①] 在皈依伊斯兰教之前的漫长时期，柯尔克孜人还实行土葬，但这种土葬与信仰伊斯兰教后实行的土葬是不一样的，前者有棺木，有马匹、羊只、牦牛等牲畜和各种日用的家具、器皿、假面、生产工具模型、陶俑等殉葬品。富者砌砖墓室或石墓室，墓室内还有壁画。而信仰伊斯兰教后，虽仍是土葬，但所不同的是已没有棺木，仅以白布裹尸而葬，也没有殉葬品。

---

① 贺继宏、张光汉主编：《中国柯尔克孜族百科全书》第137页，新疆人民出版社，1998年版。

吾依的村民一直到现在仍遵循着皈依伊斯兰教后的土葬方式，丧礼的过程由宗教职业者阿訇来主持。

坟墓的墓坑分为两个部分，先打一个竖洞，再打一个平洞，竖道深约1.3米~1.5米，宽约1米，里面的横坑长约2米，宽约1.2米，高亦约1.2米。横洞与竖洞之间有一个倾斜。

2. 葬具

柯尔克孜族在皈依伊斯兰教前要用棺木进行土葬，信仰伊斯兰教后则不再用棺木，人死后用公用的灵床，柯语称"塔比特"将尸体抬到墓地。吾依组村民的"塔比特"就放在村中的小清真寺里，用完仍放回寺中。

3. 丧葬过程

（1）报丧方式

吾依组的村民在有人去世后，先由死者的儿女确定需要通知的亲属的范围。如果是男性去世，则主要通知男方的亲戚及死者的亲家，如果是女性去世，则主要通知女方的亲戚。同时，还要通知周围的邻居。定下需要通知的范围后，由与死者家没有亲戚关系的人去通知亲友，向他们报丧。

（2）净尸

老人在临死前，就为之剪指甲，如是男性还要刮一下胡子，理一下发，如果是女性，则为之梳一下头发。人去世后，要赶快为死者洗尸，洗尸过程中阿訇要念经。洗时5个人为一组，3个人负责洗，1人负责烧水，另1人负责端水。洗尸时分头部、腹部和下部。头部由亲戚来洗，腹部由死者的亲家来洗，下部由亲戚来洗。洗的顺序为先洗头，再依次往下。第一次洗完后，如果通知到的亲戚又赶来了，就从中又选5个人，第二次洗尸。第一次洗时，如果亲戚、亲家还没有赶到，可由邻居代替，但第二次则必须由亲戚和亲家洗。死者为男性，由男方的亲戚来洗,死者是女性则由她自己的亲戚如姐妹来洗。男死男洗,女死女洗。死者生前的衣物则分给为之洗尸的人。

洗好后,就用白布裹尸,死者是女性,白布长 18 米,死者是男性,则白布长 14 米。女性还要缠腰和盖头。在吾依组村民中,裹尸用的白布一般是从巴扎上买来的,先由阿訇将布做成长袍状,有两个袖子。然后由洗尸的人为死者穿上白袍,将头、脚扎起来,等到抬到墓地要埋葬时再将头、脚解开,露出来。

(3) 停尸时间、地点及哀悼仪式

在吾依村,人死,一般第二天就埋葬,停尸时间最多不超过 3 天。

尸体一般停在靠外面的一间房中,在大炕上先放一张木床,尸体停放在木床上。停放时,死者的头部必须朝西。木床前要悬挂一个帘子将尸体和外面隔开。尸体前不设供桌供品。停尸的地方一般只有死者的儿女和亲朋可以进,其他人不能进去。前来哀悼的亲友一方面要悼念死者,一方面要安慰死者的亲属。

死者去世后,家里的女性亲属如死者的妻子及其他女亲戚必须面朝"居克"(靠墙的褥子)哭,从去世一直哭到入葬,唱哭丧歌。男性亲属坐在另一间房中哭,但不唱丧歌。

(4) 出殡

将尸体放在一块木板搭成的架子(也叫灵床)上面,尸体上盖上一块没有用过的布料,颜色没有讲究,其上再盖上一块白色布料,如果自己家里有白布,最好用自家的,如果没有,可以借用清真寺中的。由儿子或亲戚来抬尸,出门时要在大门的门坎上停放三次。抬出去的时候,死者的头朝里,脚朝外。如果家离清真寺近,就将尸体抬到清真寺中请阿訇念经。如果家离清真寺远,也可以将尸体抬到长有苜蓿的草地上念经,一般要选一块草长得好、较低矮的地方。念经时，死者的面孔要朝西方。阿訇念经也朝着西方，其他参与丧仪的人也要跪着面朝西方。阿訇除念经外，还要致悼词，内容主要是回忆死者的功绩，并乞求真主保佑，愿死者安息。参与丧仪的必须是男性，女性不能参加。念完经后，就可将尸体抬到墓地，可由死者的儿子、亲戚来抬。一般由4个人抬即可，如果儿子、亲戚多，则可以轮换着抬。

（5）墓地的选择及下葬

过去，祖先的墓地在哪儿，子孙也要埋在哪。现在如果条件允许的，也多埋在祖先旁，如果条件不允许的，也不做硬性的要求。当然，如果死者去世前告诉儿女自己想埋在哪里，儿女就可以按照他的意愿来埋葬。

墓地一般选在洪水不会将之淹没的地方，但不选在生产用地和土壤肥沃的地方。最好是选在路边，可方便来往路过的人念经。过去村民生活在牧场上的时候，墓地多选一些较高的地方，如小山的顶部。人们习惯在坟上种上一棵树，可以是沙枣也可以是柳树等，表示这个地方有一个坟墓，路过的人可以在那念经。如果牲畜来吃这棵树上的叶子，对死者来说则意味着是好事。墓地一般是不能迁动的，除非是遇到了修公路之类的事才可以移动。

黑孜苇乡包括库拉日克村吾依的村民多属于琼巴噶什部落，该部落的成员去世后都可以葬在吾依村往南约三四公里的一个叫"布拉尼"的墓地。

通常情况下，要等死者咽气后，才能去挖坟墓，由谁去挖并无讲究。如果一个老人没有儿子，也没人为他办后事，他可以在生前提前为自己买好墓地。当然这种情况也必须是在70岁以上才可。一般情况下，没有儿子则由女儿为老人办后事。

尸体抬到墓地后，由儿子或近亲先下墓坑中看一下挖的长度、高度合不合适，进去看的人在墓中念经后出来。这个人出来后，又由死者的儿子或兄弟进入到横坑中，另一个亲戚进入竖坑中，由外向里将尸体递进来，放入横坑中，横坑中的人将尸体的头、脚扎起来的地方解开，使头部露出来，将死者的面孔朝西，把死者的两只手压在其身体之下，之后退出来，同时封好横坑的入口。进入横坑的死者的儿子或兄弟出来后，把衣襟掀起，其他人用双手捧一把土，对着口念经后将土放入他的衣襟中，死者的儿子或兄弟又把衣襟里的土封在竖洞的入口处。之后，死者的儿子又分7次用坎特曼往竖坑里填土，接着，阿訇为他们念经，念完之后就可以随便填，将竖坑填好即可。填好墓坑后，在地面上筑起一个坟堆。现在则除了长方形的坟堆外，有的人家还修成方形圆顶的坟，有的还在上面镶上瓷砖，显得富丽堂皇。

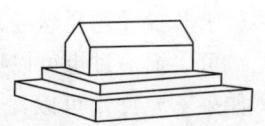

图9-2 坟墓外观图

坟堆堆好后，儿子问阿訇："我父亲是什么样的人？"阿訇回答："你父亲是一个老实的人。"儿子二次问同样的问题，阿訇答："你父亲是一个真正的穆斯林。"儿子第三次问，阿訇答："你父亲是一个乐于助人的好人。"如果死者是女性，问的也是同样的问题。最后，阿訇再念一次经，参加葬仪的人就可以回来了。在这些人回来后，家里的人要把宰掉的牲畜分给回来的人吃。一般是要宰一个大牲畜，如牛、马等，按照参加葬礼的人数做成相应数量的抓饭。去埋葬死者的人回来到家后，阿訇再为他们念一次经，之后，死者的男性亲戚排队站立，其他人则来安慰他们。女性亲戚则进房中安慰还在哭的女人。

如果是凶死者，葬礼也是一样的。如果是一岁以下的婴儿，则葬礼办得较简单，宰个羊即可，但程序是一样的。死在外面者，要将尸体抬回家中，未见到尸体不能办葬礼。

4. 丧葬筵席

在丧礼上，一般吃的是羊肉、抓饭、博尔沙克、馕以及酸奶、马奶子等食品。筵席的丰盛程度基本按主人的经济情况来决定。一般是10~12人左右围成一圈，每3个人共同吃一盘抓饭。

5. 居丧制度

葬礼结束后，死者的亲属要在死者去世的第3天、第7天、第40天和一周年时，举行"乃孜尔"来缅怀和哀悼死者。"乃孜尔"上一般要宰马、牛，或者最少要杀一只羊，做抓饭，请亲友邻居来共餐，还要念经，寄托对死者的哀悼。去世一周年的葬礼，可以提前过也可以准时过，如果经济条件允许可以提前过，如果不允许则可以往后推。一周年的"乃孜尔"后，每逢过年过节，如肉孜节、古尔邦节都要到死者的墓地念经，肉孜节时还要为死去的祖先宰羊。

死者去世后，对其亲属还有一系列的要求和禁忌，亲属要为其服孝。女性近亲在40天内必须穿黑色的衣服，头上戴白头巾。男性近亲在40天内不能刮胡子，同时在帽子上要缠白布，叫"塞尔戴"。葬礼当天，男性近亲如儿子要穿黑色的长袍，到40天后，由亲戚为他买一身新衣服，他将黑衣服换下。女性近亲40天后也可以脱掉黑色的衣服，但如果她自己愿意的话，也可以穿到满一年时再换。

40天内，服孝者不能喝酒。40天内，家里也不能举行娱乐活动，不能看电视、听音乐等。不能穿新衣和花衣服，不能到外面参加娱乐活动。女性不能打扮，不能化妆。40天内，死者的儿女也不能去别人家，如果亲戚过来慰问，相互见面之后也可以去亲戚家。40天之后，则可以去。

死者用过的东西一般留下来作为纪念，如死者的帽子，等到家中出生了一个小孩的时候就让这个小孩戴几天，之后再收起来。我们的报告人哈斯木·玛木提就将他父亲留给他的一把精致的小刀拿给我们看，还说这把小刀他只在宰羊的时候用，其他时候不用，十分珍视。

按照柯尔克孜族的传统，离婚时，丈夫要给妻子半年的生活费，如果这个女人怀孕了，则孩子属于原来的丈夫，给半年的生活费意味着丈夫承认这个孩子。根据这个习俗，丈夫、妻子去世半年后可以再婚。如果是父母去世，则儿女40天后就可以结婚。

6. 哭丧歌

柯尔克孜族的女性一般都要为死者唱丧歌。这些丧歌，不仅情真意切，而且内容丰富，与死者不同关系的人应分别唱不同的哭丧歌。有妻子哭丈夫的丧歌，女儿哭父母的丧歌，儿媳哭公婆的丧歌，妹妹哭姐姐的丧歌等等。在库拉日克村，我们搜集到即兴诗人莱丽罕·奥姆希为我们演唱的不同角色的几首哭丧歌，有女儿唱给死去的父亲的歌，女儿唱给死去的母亲的歌，妻子唱给早逝的丈夫的歌，儿媳唱给已逝的公公婆婆的歌等，歌词非常优美，听之读之，催人泪下。[①]

在吾依村，唱哭丧歌是女人的事，男子是不会唱哭丧歌的，即使再难过、再痛苦，他们也不是用这样的方式来表达自

---

① 可参见第八章"文化"中文学艺术一节的相关内容。

己的情感。

7. 殡葬制度的改革

吾依组的柯尔克孜村民依伊斯兰教义实行土葬,这样的葬法虽有不足之处,如对土地资源的占用及对环境的污染等,但在长期的发展中,也形成了一些与自然资源相协调的措施。首先,当地的土葬不用棺木,这就避免了在其他地方行土葬对木材资源的浪费。其次,当地村民在选择墓地的时候,一般不会选在农田、土壤较肥沃的地方,这也是对可利用的土地资源的一种保护措施。再次,有时村民会在祖先坟墓上种植一棵沙枣树或柳树等,这在客观上也具有绿化环境的作用。这些都使得土葬方式的改革存在一系列的困难。当然,更大的困难似乎还在于宗教信仰的约束和传统习惯的制约,在漫长历史时期当中形成的这样一种葬法,想要在短期内加以改变,显然是不可能的。尽管在柯尔克孜族的早期历史上曾经盛行过火葬,但是毕竟这已成为学者笔下的一种回忆,而对于大多数的村民而言,现在的方式才是传统留给他们的深刻烙印,再加上信仰这一强有力的支撑,现行国家政策下所提倡和推广的火葬制度要真正在当地得到实施,还有很长的路要走,还需要政府部门及多方的共同努力。

(七) 人生礼仪习俗的现代走向

人生礼仪习俗可以说是人的生命历程中最重要的习俗,从人的出生到成年,到结婚成家,最后到标志着走完一生的葬礼,无一不是人生当中重要的转折点。因而,人生礼仪也往往是人们生活中最隆重的仪式。尽管由于上述特殊的因素而使得人生礼仪在传承中可能具有更强的生命力,但是,作为一种民俗事象,人生礼仪也不能逃脱民俗所具有的变异性特征,各种人生礼仪无疑也处于不断的传统与变迁交织成的大网之中。

吾依村民的人生礼仪习俗,体现出沿承传统与发展变迁并存的特点。首先，传统的很多人生礼仪直到今天依然具有较强的生命力。如婴儿出生40天时的诞生礼，取名仪式，摇篮礼，学步仪式等，都是现在还保留着的庆贺生子方面的仪礼。而男孩子的割礼依然被看作是仅次于婚礼的重要礼仪，此外，婚礼、葬礼等的基本程式和内核都没有多大的改变，具有相对的稳定性和较强的生命力。

其次，在人生礼仪中，有的仪式被弱化的同时也有一些仪式被强化。这里所谓弱化是指很多人生礼仪尽管还在举行，但程序有简化的趋向，如摇篮礼、学步仪式等有时有的村民也不那么严格地举行。而割礼，过去必须要阿訇主持，现在则有很多是在医院中做手术。与此同时，也有一些礼仪被强化和突显。婚礼中彩礼的攀升和大宴宾客的情况就从一定侧面反映出其植根于传统的巨大力量在现阶段的被强化，尽管部分村民对过重的彩礼和婚礼花费略感吃不消，而政府有关部门也提倡移风易俗，婚事从简，但也有很多村民认为给彩礼是应该的，因为这是传统，而且也是对养女的补偿。因而，据调查，现阶段的彩礼只有攀升而没有减少，大宴宾客之风也并未有根本的改变。当然这或许与村民经济水平的提高有关，但不管其根本原因如何，都让我们看到了传统礼仪的被强化和彰显。

最后，是在举行各种人生礼仪的场合中，亲友的馈赠与以前相比也有了较大变化。其表现不仅在于馈赠的物品更加多样化和更加丰富，还在于馈赠的价值也有了很大提高。过去送钱的，送几元钱或几十块钱，现在则可多达数百。

当然，不管是习俗的传承还是消隐，也不管是仪礼的彰显或弱化，都是符合民俗变迁发展规律的，只要是好的、合理的，就应该继承下去，而那些不好的、不合理的则在历史发展的过程中将被逐渐淘汰。然而，这样的取舍并非易事，因此，移风易俗工作也才显得任重道远，需要更多人的关注和努力。

表9-2 吾依组人生礼仪习俗一览表

人生礼仪		举行时间及受礼者	基本程序或方法	仪式目的或含义	施礼者或参加人
诞生礼	求子嗣	久婚不孕的妇女	1. 请达罕或毛拉念经 2. 每个星期三早上舔狼胆，连续3周 3. 康西湾旁山上泉水祈子 4. 库克托布圣地祈子	祈求尽快怀孕	达罕、毛拉、不孕妇女及丈夫、婆婆
	婴儿降生	刚生下的婴儿	洗净，其嘴唇上象征性沾一点萨尔玛依	祝福	接生者或旁边的老年妇女
	取名仪式	生下第3天	毛拉念经，亲朋祝贺	确定身份，祝福	毛拉或婴儿的爷爷、父亲
	摇篮礼	生下约40天	摇篮上撒上糖、博尔沙克等食品，请来祝贺的客人吃，将婴儿放入摇篮	祝福	婴儿的母亲或外婆
	贺生礼	生下40天	亲朋祝贺，用加了40勺水、40勺盐的水为婴儿洗澡，男方将产妇、婴儿从娘家接回夫家	祝贺	亲朋好友
	学步仪式	1岁左右	孩子的母亲用一根红毛线或绳子拴在孩子的脚上，让一群3岁左右的邻家小孩从百米外同时跑过去，解下或剪断孩子脚上的绳子	学会走路和奔跑	母亲及邻家小孩

续 表

人生礼仪		举行时间及受礼者	基本程序或方法	仪式目的或含义	施礼者或参加人
割礼		6~7岁的男孩	割去男孩阴茎上的包皮	成丁标志	阿訇、有经验老年男子或医生
扎耳习俗		5~6岁的女孩	扎耳洞、戴耳环，限女性参加，前来祝贺	成丁标志	母亲或有经验的妇女
婚礼		达到法定结婚年龄的青年男女	求亲、定亲、举行婚礼	成家	亲朋好友
生肖礼		自己生肖的次年，如13岁，25岁等	亲朋祝贺，第一次13岁时和最后一次73岁时尤为重要，73岁后一般不再过	祝贺，驱邪祈福	亲朋好友
丧礼	葬礼	逝世	报丧、净尸、停尸、出殡、下葬等	安葬死者	阿訇、死者亲属
	乃孜尔	人死后第3、7、40天和一周年	杀牲祭祀	安抚死者灵魂	死者亲属

三、岁时节日习俗

（一）主要传统节日习俗

吾依村民和其他地方的柯尔克孜族一样过三大传统节日，肉孜节、古尔邦节和诺鲁孜节。肉孜节和古尔邦节是与伊斯兰教信仰有关的节日，诺鲁孜节则是柯族传统的年节，相当于汉族的春节。

1. 肉孜节和古尔邦节

肉孜节又称开斋节，是每年回历九月的斋月结束后举行的节日。古尔邦节也叫宰牲节，是为了纪念传说中的先知易卜拉欣父子对真主的忠诚和牺牲精神而举行的节日。①

2. 诺鲁孜节

除了与伊斯兰教有关的肉孜节和古尔邦节外，吾依村民还有一个隆重的民族传统节日诺鲁孜节。诺鲁孜节又可译为努肉孜节，是按照柯尔克孜历在每年岁首举行的节日，标志着一年的开始，相当于汉族的春节。节日的时间在每年的三月二十二日，大约在农历的春分前后。

（1）节日来历。诺鲁孜节与柯尔克孜族的传统历法有密切的关系，大约在柯尔克孜族的先民们生活在叶尼塞河流域，创造了生肖纪年法之后就有了此节日。按照柯尔克孜族的历法，新月每出现一次为一个月，12个月为一年，用鼠、牛、虎、兔、鱼、蛇、马、羊、狐狸、鸡、狗、猪等12种动物来纪年，每12年为一个轮回。每年的第一次新月出现时，就是大家欢庆新年的诺鲁孜节时。从节日的内涵上说，诺鲁孜节既有辞旧迎新之意，也有庆贺上一年的丰收并祈祷下一年丰收之意。

关于诺鲁孜节的来历，民间传说这是纪念英雄诺鲁孜带领

---

① 关于这两个节日，可参见本书第十二章第二节的"传统宗教节日"部分。

柯尔克孜族人民抗击卡勒玛克侵略者的胜利日。为了纪念胜利，人们在这天要燃起堆堆篝火以示庆祝。

（2）节期庆贺。诺鲁孜节的第一天，要举行跳火的仪式。先点燃一堆火，点火的燃料中必须要有骆驼篷或松树的干枝叶，然后每个人都要从火堆上跳过去，将帽子放在火上熏一熏，消灾祈福，希望能将一年的病魔、瘟疫、晦气和灾难全驱走，来年能过得平平安安，日子像火一样红红火火。

诺鲁孜节一般要过7天，节期内，村民要穿戴一新，互相串门拜访。在7天的节期内，村民要举行唱歌、跳舞、猜谜、绕口令等活动。诺鲁孜节刚好是在产羔之后，以前主要在牧场上生活时还会举行赛马、马上角力、叼羊等活动。过诺鲁孜节和库尔邦节期间，附近如羊叶农场的汉族村民还会来向柯尔克孜族村民拜年，而在过春节时，则是柯尔克孜族去向汉族村民拜年。

（3）节期饮食。在诺鲁孜节时，各家各户会提前准备好羊只，经济条件好的人家还会准备两三只羊，节日到了就要宰羊庆贺。在过节的第一天，村民还要特意做一种叫做"库尔缺"的食物。这种饭只有在每年的诺鲁孜节时才做一次，而且不分贫富，家家都要做这种饭食。库尔缺是柯尔克孜语，意为整个的、没有加工过的原粮。其做法是将麦子和米等粮食放在一个较窄的小木桶内，用木棒将之捣碎，然后放到锅里煮，再加上至少7种食物，如杏干、葡萄干、胡萝卜、肉块等，用文火慢熬成粥，煮好后，加入酥油、奶和着吃。吃之前，要由家中老人先进行祈祷，村民认为吃库尔缺能祈求来年五谷丰登、六畜兴旺。如果家中来了客人，就将做好的"库尔缺"拿出来请客人品尝。过去，则多数是全阿寅勒的人欢聚在一起共食库尔缺饭，一起祈求人寿年丰。

直到今天，很多风俗已经有所改变，而村民仍保留了吃库尔缺饭的传统。

除了上述三大节日外,柯尔克孜族还有一些传统节日,如掉罗勃左节,是为了纪念一位名叫掉罗勃左的英雄而在每年的3月7日到9日举行的。谢尔乃节也是柯尔克孜族古老的传统节日之一,又叫"西依姆"、"依里特衣希",目的是为了纪念古代一次战胜北方部落侵扰的胜利,在每年的六七月份举行。然而,在吾依组,这些节日或者不再举行,或者规模和隆重程度都大不如前。而只有肉孜节、古尔邦节和诺鲁孜节依然在村民生活中发挥着重要作用。

3. 马奶子酒节

与前述岁时节日不一样,马奶子酒节并没有固定的日期,而带有更多随意性、娱乐性的特点。当村民家里马奶酒很多的时候,就有可能会举办一个马奶子酒节。

马奶子酒节上喝马奶酒有一定的讲究,首先要选出一个"库鲁巴依",即所谓的酒司令,专门负责倒马奶子。这个人不仅要能喝酒,而且还要有丰富的经验。除此之外还要有一个专门监酒的人,负责监督众人。第一碗酒叫"迷门阿亚克",是给客人喝的,这碗马奶子必须一口气喝完,不能喘气,不能使之起波纹。第二碗酒叫"卡塔尔阿亚可",可以喝完也可以不喝完。第三碗叫"孜尔克然特曼",意为开胃酒,第四碗叫"塔依路边",意为有崽的母马,是由一个大碗和一个小碗组成的,第三四碗酒必须不能喘气一口气喝掉,第五碗叫"鹅日卡沙",是唱歌敬酒,谁敬酒谁就唱歌,第六碗叫"阿特塔那特阿亚可",意为送客酒。最后,谁喝醉了吐了,谁就要宰羊请客,当众宣布某年某月某日由他来举办下一个马奶子酒节,一般可根据自己的条件在 10~15 天后举行。在酒节上,人们还会给喝吐了的人起名字,在草里吐的,就取一个跟草有关的名字,在石头上吐的,就取一个跟石头有关的名字,去参加他举办的马奶子节时就开玩笑说他生孩子了,去祝贺他,因为吐出东西就像是生了孩子一样。为了让欢乐的集会能延续下去,有时大家会故意让某人喝醉掉。如果在这场集会上是几个人都喝得吐了,且他们都是一个村的,就由他们一起请,共同举办下一场集会,如果是几个村子的,就分别举行。

(二) 传统节日习俗的特征和变迁

吾依组柯尔克孜族的传统节日习俗具有宗教性、娱乐性、调节性等特征。所谓宗教性是指当地的传统节日习俗多数是一些宗教节日,或者说几大宗教节日在一年的节庆活动中占据着重要位置。如古尔邦节、肉孜节均如此。所谓娱乐性,则指当地的传统节日中,娱乐活动较为丰富,人们常常在节日的时候举行一些传统的娱乐活动,如叼羊、赛马、马上角力、攻占皇宫等。所谓调节性是指传统节日是村民一年生活周期中的重要调节,他让村民在紧张的劳作过程中有一定的调剂和缓解,是调节村民生活、解除人们精神和心理上压力的重要方式。在长期的发展过程中,传统节日习俗也不断地发生着变化,如节日的宗教意味似有淡化的迹象,许多节日不再仅仅是宗教节日,其中的娱乐性渐渐增强。但是,娱乐性的表现却又和以前有所不同,过去节日中举行的一些传统竞技项目现在大多不再举行,这多多少少让我们更加深刻地感受到传统文化在变迁过程中一些文化事象濒临消亡的处境。现阶段,人们的娱乐方式发生了变化,在节日里除了走亲访友外,可能是棋牌娱乐,可能是影视娱乐,也可能是短距离的出行,如到县城或喀什等地游玩等。而传统节日的调节功能在一定程度上说也有所弱化。现在村民的生活已不像过去那么紧张而劳累,人们的生活与休闲是交叉的,因而,节日过去所带给人们的那种在长期的压力后获得完全释放的功能就大大削弱了。当然,也不能否认节日的娱乐和调节功能仍然是存在的。

四、社会交往礼俗

柯尔克孜族是一个热情好客的民族，也是一个注重礼仪的民族。因而，在这里，无论是待人接物还是社交往来都遵循着一定的礼俗。在不同的场合，招待不同的来宾还有不同的要求和方式。

（一）待客方式

1. 招待普通来客的方式

吾依村柯尔克孜族的习俗，家里来了客人要先迎上去扶客人下马，为客人掀起门帘，让客人进屋。在夏牧场上，由于住的还是传统的毡房，主人家的小孩要为客人掀起芨芨草编织的门帘以方便进出。而在定居村中的村民家里，尽管住的不是毡房，门帘也不再是芨芨草编的，而多是布帘，主人家也仍然会为客人掀起帘子以示尊敬。

客人进屋后，要先为客人倒洗手水，请客人洗手。之后主人就会拿出食品招待客人，食品有馕、博尔沙克、奶皮子、酸奶、马奶子等。主人将丰盛的食品端上来摆在餐布上后，还要将馕掰开，拿给客人，酸奶、马奶子、茶等还要一碗碗地亲手端给客人。客人喝完，还要为客人添满。有时，主人还要唱着敬酒歌向客人敬酒。

柯尔克孜族接待客人讲究热闹和排场，所以有客人来到家中，他们就会把邻居中会讲故事，会讲玛纳斯，会唱歌，会弹库姆孜，能言善谈的人或德高望重的长者请来陪伴客人，为客人表演或陪客人聊天。

客人离开时，要为客人备马，并扶客人上马。

在柯尔克孜族的牧场上做客，不论是哪一家的客人，也就是所有人家的客人，每户都要轮流相请。如果受到邀请而不前往，就是对主人的不敬。

如果来的客人是陌生人，同样会受到礼遇。村民常说，不管走到哪里，只要有柯尔克孜族人家，就不会饿肚子。如果接待客人礼数不周，将会受到他人的谴责。

如果男主人不在家，女主人也要接待来客。但男客人不能直接从女主人手中接东西，女主人要先将之放在餐布上，客人自己再取。客人回赠女主人的食物也只能放在餐布上，等女主人自己来拿。

2. 招待亲朋好友和贵宾的方式

吾依的村民招待亲朋好友的方式和招待贵宾的方式差不多。如果招待的是特意请来的客人，则主人准备得较充分，招待得也比较周到一些，主人和客人都比较注意细节和礼仪。

客人来到家门前，主人全家出门迎接，男女各以长幼顺序排成两行，男子站在门的右边，女子站在门的左边，请客人进屋。一般是男主人迎接男客，女主人迎接女客。以前，客人骑马来，主人家的小孩要在房外等候客人的到来，客人到了，就将马鞭交给前来接马的小孩。这时，家里的长者也出房迎接客人。进屋坐下后，主人问候一下客人各方面的情况。之后请客人洗手，摆上吃的东西。由家中最大的孩子为客人倒茶，客人是男性，就由男孩倒，客人是女性，就由女孩倒。茶只能倒到茶杯的三分之一，不能倒满，然后要不断地为客人加茶。

如果来的是当地的领导、近亲、亲家、岳父母、好友等贵客，则要宰马驹、羊羔、小骆驼等，柯尔克孜族有句谚语说："马是诸畜之王，驼是诸畜之首。"说明马和骆驼在人们心目中地位是很高的。因而，为客人宰杀马驹、驼羔表达了主人对客人的最大敬意。宰杀牲畜前要先将之拉来请客人过目，表示是专为客人宰杀的，是健康的牲畜，请客人放心食用。主人还会客气地说牲畜不肥，请客人原谅等话，客人则应回答感谢主人盛情，宰杀如此肥壮的牲畜实在过意不去等话，但当主人已将牲畜拉到门口请客人过目的时候，客人不能过分劝阻或拒绝，否则会被认为是嫌牲畜不好或是看不起主人。如果宰杀的是马驹，最好的肉是后胛骨，其次是肋骨，再次是马脖子肉，吃的时候，按照客人的等级、地位来分食。还可将马肉切成片，加入准备好的别希别尔玛克（加了葱的肉汤），和着肉吃。肉不能全部吃完，要留一点给主人家最小的孩子。吃完马驹肉，还要喝马奶酒等。据说，柯尔克孜族杀马驹和驼羔来招待尊贵客人的习俗源于玛纳斯时代，玛纳斯为了欢迎不远千里前来并肩作战的英雄们，杀了最肥的马驹和最壮的驼羔来招待他们，这个习俗从那时起一直流传至今。

　　如果为客人宰羊的话，先请客人吃羊肝和羊尾油，再吃羊排骨、羊脊骨，之后，要按照等级和客人的尊贵程度来分食羊的12根骨头。一般，最主要的男客人吃羊头，最主要的女客人吃羊尾。羊头要吃右半部，将羊皮、耳朵、眼睛等吃掉，也可以先划开羊鼻，吃右边的肉，把耳朵给邻座客人，自己吃眼睛，然后割下腮肉给其他客人。剩下左半部则敬还给主人。第二个级别的客人吃"江巴西"，即后胛骨，有两块。第三级别的客人吃"哈希卡机力克"，是后腿下的骨头，有三块。第四级别的客人吃"曲克机力克"，是膝盖下的骨头。其他的骨头就按照年龄来分配。在吃骨头时，要在骨头上留一点肉给主人家的小孩或带回给自家的小孩。客人们用自己随身携带的小刀来割肉吃。

　　同时，客人骑来的马要喂饱，马鞍、马鞭及其他马上携带的东西主人要为客人照看好，一样都不能丢，丢了就认为是对客人的不敬。吃完饭，让客人休息一下。主人为客人准备好被子、褥子，请客人就寝。主妇在请客人吃羊肉，在为客人铺被褥时，要唱迎宾歌。第二天，要为客人备好马，把客人扶上马，握手说再见，主妇还要唱送宾歌。如果家中来了尊贵的客人，而男主人不在家，女主人可以请邻居或阿寅勒中有威望的男子前来陪伴客人。

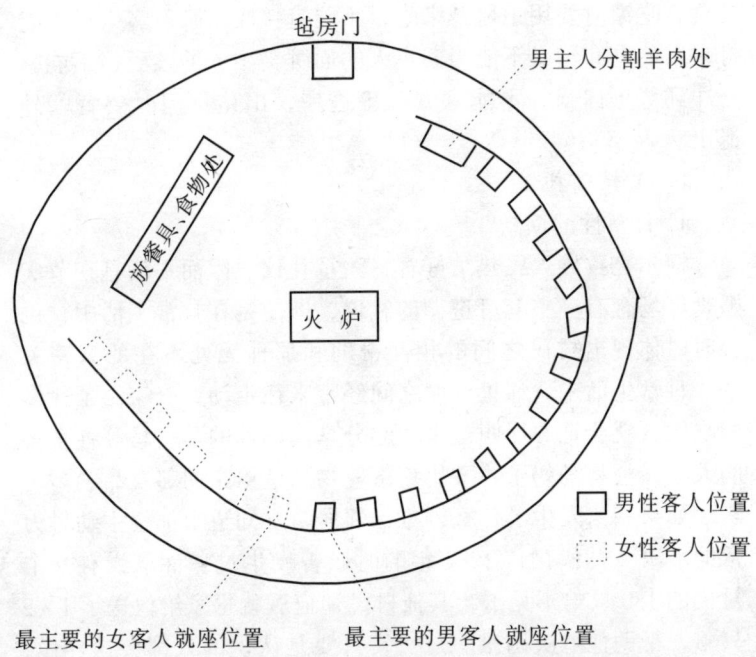

图9-3 客人就座规则示意图

当然，主人招待客人讲究礼节，客人做客也要遵循一定的礼仪，这是一种相互之间的尊重。客人进屋后，要分男女按照长幼顺序围坐，最重要的客人或长者坐在最中间，其余人依次往两边排开。一般是男性坐毡房进门的左边，女性坐毡房进门的右边挨着放置食物、餐具的地方。坐时要盘腿而坐，双脚不能露在外面。客人不能随便掀开厨房的帘子看，吃饭前后洗手时不能甩手上的水，吃饭时，不能跨过餐布。客人吃东西的时候，不能用手摸擦食物，不能用鼻子嗅食物，也不能动别人的碗勺。吃手抓肉、手抓饭时，只能取食自己面前的那份，不能挑食。吃馕时要用手掰开来吃，不能直接咬、啃。客人还不能打主人的马和狗，不能当着主人的面赞美主人的孩子，不能骑马冲到毡房门口，不能拿着马鞭进屋，出毡房门时要背朝外退出。

（二）馈赠礼俗

1. 日常性的馈赠

柯尔克孜族人民热情好客，注重礼仪，因而不仅是在节庆婚丧等场合有一整套可遵循的礼仪，即使是在日常生活中，也会时时体现出村民之间的相互帮助和那种无处不在的亲密关系。日常生活中，邻里亲朋之间经常来往走动，一家做了什么好吃的，就会把邻居叫过来一起分享。饲养的羊、马等牲畜多的人家，会将马奶子、酸奶疙瘩等物品送给亲朋邻友品尝。

如果一家发生了什么困难，邻居亲友知道了都会主动尽力帮助解决。吾依村在1982年的时候曾发生过一件事，有一个村民的180只羊不见了，其他村民知道后就每家给他送了1~2只羊，帮助他解决困难。过去，只要是认识的人都会这样做，而现在，只有亲戚和要好的朋友才会这样了。

2. 节假日的馈赠

吾依的柯尔克孜族村民在年节的时候，都有相互串门走访的习俗。在拜访的时候，一般要给主人家的小孩一些钱，或者给主人家的老人买一点吃的东西或送衣服等礼物。如库尔邦节的时候就是如此。在各种传统节日时，有的家庭中，儿女会给父母送食品、衣服等礼物，以表孝心。

3. 婚丧嫁娶时的馈赠

吾依村民更多的馈赠还是在婚丧嫁娶、诞生礼、割礼等场合中。在婚礼和丧礼中，人们多数送羊只、钱、地毯、布和衣物等。结婚时，近亲送的钱一般在 100~500 元左右，一般的亲戚和邻居则送点布，钱在 30~50 元左右。丧礼上也是送羊和布，亲戚送的钱在 100~200 元左右，邻居则有时会送些面条、稀饭、馒头之类的饭食给死者家属食用，因为他们往往由于过于悲伤而无力去做饭吃。

若有婴儿出生，在满 40 天前，亲朋好友就可以去探望产妇，来时带的东西多为食品。在 40 天时的贺生仪式上，则有的送钱，一般为 50~200 元不等，有的送布料，有的送馕等食品，有的送小孩穿的衣物。

割礼上，亲友和乡邻一般会给受礼者送诸如文具、衣帽、食品、钱等礼物，过去一般送钱 5~10 元，现在则送 10~100 元不等。

此外，柯尔克孜族的标志性服饰——白毡帽也是重要的馈赠礼品。柯尔克孜人历来就有给尊贵的客人赠送白毡帽的习俗。在古代，柯尔克孜汗王将白毡帽赠送给来朝的使臣，或派使臣向邻近友邦汗王赠送白毡帽，以示两国修好。[①] 到现在，在村民当中，亲朋好友之间在各种重要场合相互赠送白毡帽，尤其是在男孩的诞生礼、割礼或男子过生肖的时候要给受礼者送上一顶白毡帽。

4. 合作交友的馈赠

柯尔克孜族人喜欢交朋友，对朋友忠诚守信。好朋友之间，会经常合作，互相帮助。如果两个朋友，其中一人要外出，另一人会主动给他送点钱、物，而外出者回来时也会为家中的朋友带上一些礼物。如果好朋友看上了对方的某件好东

[①] 贺继宏、张光汉编著：《柯尔克孜族风情录》第 142 页，四川民族出版社，1998 年版。

西，虽然主人自己可能也很喜欢，但仍会将之送给朋友而不会吝啬。朋友间，经济条件较好者在日常生活中还会主动帮助经济条件不好者。互相之间送东西不会计较我给你我的多、你给我的少。

5. 办事求人时的馈赠

在吾依村，有时某人遇到了什么困难，别人又不知道，他就会在家中做一顿饭，然后把亲朋请来吃饭，并告诉他们自己遇到了什么困难，要请他们帮助解决，亲戚朋友知道后就会尽力去帮助他解决困难。

第二节　伦理道德

柯尔克孜族是一个注重礼仪伦常，讲究道德风尚的民族。从实地调查来看，吾依的村民同样具有上述品质。具体而言，吾依村民的伦理道德主要体现为以下几点：

一、尊老爱幼的传统风尚

尊老敬老、父慈子孝、爱护幼者可以说是吾依村柯尔克孜族的一个传统风尚。过去，柯尔克孜族儿子结婚后一般不与父母分居，多数是祖孙三代直系亲属组成的大家庭生活在一起，在大家庭中实行封建家长制，家长决定一切事务，在家中享有绝对权威。家长多为家中的男性长者，因而家中的老年人威望最高，有很大的权利。在家庭内部，子女必须服从父母。现在，虽然村中的大家庭已经很少，儿子成婚后就多数与父母分开过，只留幼子与父母一起生活，但是，对父母长辈的尊敬之风却并未改变。

尊老敬老已经成为一种传统深深地刻在每个吾依村民的心

中，规范着他们的日常生活和行为举止。村中有很多禁忌和要求都体现出尊老的风尚。见到老人，年轻人要毕恭毕敬地行礼问安，和老人握手要用双手而不能用单手。过去以马为主要交通工具的时候，如果骑马相逢，年轻人要下马向老年人行礼，老年人则在马上欠身答礼，还要请老年人先行，待老年人走后年轻人才能转身上马。不论是哪一家有事，请客时必先请老人。在婚丧嫁娶、节日等礼仪场合，吃饭要先老人吃。婚礼上，还有男女双方男性长者一起吃马后腿肉的仪式。用餐或者围坐交谈时，老人要坐在中间，其他人从两边排开。年轻人不能在老人面前大声喧哗吵闹，在与老人交谈时，年轻人的声音要比长者低一些，并且在说话时，不能直视长者，更不能坐着对站着的长者说话。几人同行，要请老人先行，进门时要请老人先进，并请老人先上座。如果年轻人坐着，有长者进来，年轻人要马上站起来迎接长者，长者坐下后，年轻人才坐下。年轻人不能从老人面前跑过或走过，而应该从老年人身后绕过。年轻人不能直呼长辈的名字，否则是极不礼貌的。村中有民事纠纷，也会请老人调解，并尊重老人的意见。村民都将老人当成是家中的宝贵财富，聆听老人的教诲，学习老人的生产生活经验，遵从老人的劝诫。村中也没有发生遗弃老人或虐待老人的现象。

吾侬的村民在尊老的同时也具有爱幼之风。在村中，没有弃婴、溺婴等现象和习俗，即使是生下了残疾儿等非正常儿童，父母也会尽心尽力抚养，他们认为孩子是真主赐给的，个人没有权利去处置他的生命。孩子的诞生礼比较隆重，人们为家中又增添了一个新生命而高兴。孩子的割礼也是非常隆重的，届时不仅亲友前来庆贺，而且要给受礼者送礼物，祝贺他。在家庭中，实行幼子继承制，最小的儿子可以和父母生活在一起，受到父母更多的照顾和帮助，还享有财产继承权。

家中的小孩多由祖父母来领，老人们往往对孩子爱护有加。很多村民都会将自己的一个儿子或女儿送给其祖父母或外祖父母来养，如果这个孩子是由祖父母养的，他对自己的亲生父母以哥哥、嫂嫂相称，对祖父母以爸爸妈妈相称；如果是由外祖父母养大的，则对自己的亲生父母以姐夫、姐姐相称，对外祖父母则以爸爸妈妈相称。这种习俗，对于老人来说，是想为儿女减轻负担，多贡献自己的能力。而对于年轻的父母来说，则是不希望自己的成家带给老人过多的寂寞，希望老人能从抚养孩子中获得更多的乐趣。不管怎么样，这样的习俗都使得老人和孩子之间的距离得以缩短，祖孙之间关系分外亲近，感情格外深厚。

二、团结互助的道德观念

吾依村民之间团结互助的观念十分突出。在家庭内部，父子、兄弟、姐妹之间往往能和睦相处，互敬互爱，亲密无间。兄弟之间极少发生为争财产而吵闹之事，就是妯娌之间也亲如姐妹。在同一个"阿寅勒"中，互帮互助之风也很突出，团结合作是其民族生活的一大特点。这种团结互助的观念在很大程度上得益于其生产生活中的集体协作方式，特别是进行放牧的牧民之间，放牧、接羔、挤奶、剪羊毛、擀毡、转场搬迁等活动都需要集体共同劳动来完成，在长期的共同生产生活中，便逐渐形成了互敬互让的传统美德。一直到现在，广泛存在于村民中的"代牧"方式，无疑也是对传统互助美德的一种体现。当然，现在存在于村民中的代牧，与新中国成立前牧主对牧民剥削式的代牧是有所不同的，过去的代牧牧民除了剪羊毛、喝奶子外基本拿不到工钱，而现在的所谓"代牧"，就是有的人家由于没有劳动力或出于其他原因，自己不能上山放牧，就将自家的畜群请邻居、亲戚或其他人帮忙代为放养，并给代牧者支付一定的报酬。代牧的畜群所产的奶则归代牧者所有。一般是每只羊每个月给2元钱，如买买提珠玛·玛木提家就在夏牧场为其他村民代牧100只羊，加上自家的200只羊，共放养着300只羊。吐尔逊·乌拉依木阿洪则除了自己的50只羊和父亲的70只羊外，还帮岳父代牧了150只羊。代牧的存在，使得合作双方都互惠互利，既为无法放牧者解决了困难，也使得上山放牧者在一定程度上降低了放牧的成本，获得更大的收益。当然，这也是村民间互惠互助的完美体现，因为村民之间并无代牧的合同，也无任何书面的凭证，代牧的钱也是最后从牧场回到村中才结算。所有这些，都说明这样的行为所凭依的主要是基于传统亲密关系的一种村民间的相互信任。

在婚丧嫁娶、盖房子等时候，亲朋邻里之间更是互相帮助，热心地为主人家操劳。即使是在平常，哪家人宰了只羊，或做了什么好吃的东西，也会请亲朋好友过来一起分享。社会上的互助之风非常浓厚，一家遇到困难，亲朋邻里都会主动尽力帮助解决。邻里之间很少发生纠纷，出门远行，一般会和亲友邻里相约结伴而行。

在问卷调查中，几乎所有的被访村民都表示自己会乐意帮助别人，这无疑也与传统的互助观念不无关系。

表9-3 你喜欢帮助别人吗？

N=52	完全不同意	不太同意	说不清	比较同意	完全同意
频数	0	1	0	2	49
%	0	1.92%	0	3.85%	94.23%

在被访村民中，绝大多数的人不会只顾自己，不顾别人，相反，是将社会公益和他人的利益置于首位。

表9-4 你是一个只顾自己，不顾公益的人吗？

N=52	完全不同意	不太同意	说不清	比较同意	完全同意
频数	46	3	3	0	0
%	88.46%	5.77%	5.77%	0	0

而生活在这样一种团结、友善的氛围中，也使村民觉得整个村子、整个民族就像是一个大家庭。因而，也更容易在与其他柯尔克孜族人的相处中获得一种认同，并保持着高度的一致性。

表9-5 你觉得柯族人就像一个大家庭一样吗？

N=52	完全不同意	不太同意	说不清	比较同意	完全同意
频数	0	1	1	0	50
%	0	1.92%	1.92%	0	96.16%

表9-6 你很容易与柯族人保持一致性吗？

N=52	完全不同意	不太同意	说不清	比较同意	完全同意
频数	0	0	1	3	48
%	0	0	1.92%	5.77%	92.31%

三、以善为本的价值观念

善良是吾依村民留给我们的深刻印象之一，以善为本是村民恪守心中的一个信条。其主要的表现则是老年人都教导年轻人要注意自己的言行，不能干坏事，不能做对不起别人、有损他人的事。而应该尽自己的所能多做一些好事，多行善。因而，村中的长者都慈爱儒雅，而村中的年轻人也都谦恭有礼，从善如流。很多村民主动去做一些公益活动，不图回报。最让人感动的是我们在牧场上看到一位年过七旬的老人，在用自己的双手去铺平一条牧场上的小路，老人匍匐在地的弯曲身躯中包含着多少善良的期待和虔诚的信仰，我们不知道，但是那个场景却深深地印在了调查组员的脑海之中。我们在村中住了一个月，村民不仅对我们热情相待，而且已经将我们当成自家人看待，不仅对我们的调查工作积极配合，就是在生活上也关心有加。我们曾多次访问过的羊叶尔小队的即兴诗人莱丽罕·奥姆希不仅给我们送了牙膏、香皂、洗发水等，而且临别又要给调查组女队员送手镯、戒指等心爱的饰物，她对调查组的真情中无疑也蕴涵着一份深深的善良。

　　村民以善为本的价值观念一方面与柯尔克孜族善良淳朴的传统民族性格有关，另一方面也与宗教信仰的制约和规范有一定的关系。吾依村民信仰伊斯兰教，认为每个穆斯林的言行举止、所作所为真主都看在眼里，因而，不管你做了什么坏事，都逃不过真主的眼睛。用村中的宗教领袖之一吾依小清真寺的买曾玉素甫·加森的话来说，宗教和科学都要学习，都不能丢弃，宗教会给人一种道德上的约束，若懂得宗教，就不会去做犯法的事。正因有多重的规约，村中偷盗、打架斗殴、破坏公共设施等行为都极少发生，村里也从来没有发生过家中丢失东西等情况。我们在村中住了一个多月，发现村里的社会治安也是非常地好，很少发生违法事件。在夏牧场上，更可谓是夜不闭户。当然，宗教信仰在村中的逐渐式微至少是表面上的式微也是一个不争的事实，平常做礼拜人数的逐渐减少就是证明。尽管如此，宗教信仰在人们心灵深处的积淀和影响依然是存在的，因而，虽然形式上可能没有完全遵循，但其对人们行为的约束却以一种内隐的力量一直存在下来。

四、诚实守信的交友原则和做人标准

柯尔克孜族人注重信誉,讲究言出必行,认为说谎和欺骗是一种罪恶行为。他们非常忌讳撒谎、欺骗和赌咒,违者会引起公愤,或被赶出村落。孩子从小就被教育一定要诚实,对人守信用。

村民之间无论是相互借物还是借钱,都不会立字据,也不履行什么手续,只是凭双方对彼此的信任来进行。而如果发生借钱等事情,也不存在索要利息或补偿等情况,而完全基于亲朋、邻里间的一种亲密互助。

吾依村民信守对待朋友要诚实守信的交友原则,对朋友往往敞开心扉,真诚相待,不喜欢耍阴谋诡计。对朋友之间的约定总会认真遵循,答应朋友或他人的事一定会尽力去完成,如果因为客观原因实在无法完成,也会感到内疚,会在其他方面去做补偿。

可以说,诚实守信已经不仅仅是吾依村民社会交往和处理相互关系的准绳,而且已经内化为他们做人的一种标准和原则。

五、男尊女卑的传统意识

吾依组的村民中也表现出男尊女卑的传统意识。在家庭内部,子女要服从父亲,在夫妻之间,妻子要服从丈夫。在生产生活中,男性女性各有分工,男子主要从事放牧、割草、转场、搬迁等活动,妇女们则主要从事挤奶、擀毡、织毯等活动,做饭、洗衣等家务活多由妇女承担,男性不会去干属于女性该做的活,更不会参与做家务。当然,随着时代的发展,现在村中也有一些年轻男性开始做一些家务事。而男女两性对于

男子是否该干家务这一点也存在一些分歧，多数男性特别是中老年男性认为自己已经习惯于不干家务活，也不想干，有的则认为别人干不干是别人的事，自己则不习惯做。而多数女性包括中老年女性认为男性应该帮助女性做一些家务，在家庭生活中应该平等，应该互相帮助。尽管怀有这样的美好意愿，但也有很多女性特别是中老年女性不无遗憾地认为丈夫在家中的地位要远高于自己，大事还是要丈夫来拿主意。看来，传统的力量仍很强大，真正达到家庭中的平等也并非朝夕之事。

在婚姻方面，过去，女子没有提出离婚的权利，男子则可以随意离弃妻子。在信仰伊斯兰教之后，按照教规，男子只要说三声"塔拉克"，无须办任何离异手续，女子就得离家出走，而男子不必给女子任何财产。也有一些家庭，分给女方少许财产，以示离异。过去，寡妇也不能自由改嫁，只能或者按照转房婚的制度，与亡夫的弟弟结婚，或者由婆家做主改嫁给近亲或其他人，所得聘礼皆归婆家。

在财产继承方面，只能由家中的男子继承财产，女子没有财产继承权。

在日常生活中，妇女的声音不能比男子高，因而，在村中，见不到大呼大叫的女人，女人们说话都是轻声细语，温柔体贴。妇女婚嫁后不能直呼丈夫的名字。

此外，勤劳、注重知识、忠于爱情婚姻也是吾依村民一些基本的伦理道德观念。从人生价值方面而言，许多村民并不重视对金钱的追求，相较于其他民族，柯尔克孜族村民显得不太会做生意，村中有一家小饭馆，我们决定在那里吃饭，可问开店的姑娘每顿饭大概多少钱，她竟然说不上来。这说明商品经济对当地人的冲击还不是那么强烈，人们的生意经并不完善。据吾依组的小队长买买提·吐尔地介绍，现在村中有11家人有人在外做小生意，但是20世纪90年代以前人们对外出做生意者甚不理解，到90年代后，看见他们挣钱回来了，才开始逐渐理解他们。而10年前，吾依村中还没有小商店，村中的第一家小商店，是维族住户塞克尼罕家于1993年首先开起来的，之后，到1999年，才有4户柯族人家在村中开起了小商店。甚至村民们以前还认为给人当小工包括出外打工都是丢脸的，因而，村中外出打工者一直并不算多，只有少部分人在附近的石膏矿、煤矿中打工，只是近年来政府在劳务输出等方面的努力才有越来越多的村民出外做工。许多村民认为平安健康地生活就是一种幸福，当然也有许多青年人希望通过自己的努力能使日子过得越来越好，能成就一定的目标和理想。

上述的伦理道德观念，或者贯穿于吾依村民的日常生活中，或者体现在他们的民风民俗中，也有的表现在民间故事、俗谚中，浸透在村民的言行举止当中，成为他们生活当中无形的规范，甚至已经成为他们生活本身的一部分。

第十章 教 育

第一节 传统教育

柯尔克孜族历史上以游牧为生，没有固定住所，世俗教育产生较晚。20世纪30年代以前，柯尔克孜族以宗教教育和传统家庭教育为主，个别有钱的牧主和部落首领到农区请宗教阿訇或毛拉到自己所在的部落或氏族给孩子讲授《古兰经》等基本的宗教知识。

1936年，在柯族文化会的名义下，乌恰县开办了两所小学，最初，学校的经费由文化会补贴，一些贫困家庭的牧民子弟也得以有机会上学。到1939年，柯文会由于内部经济拮据，取消了对学校的补助和对贫困学生的支援，学校逐渐成为巴依、伯克等富家子弟的学习场所。[①] 绝大部分柯尔克孜族牧民的子女基本上是通过家庭、氏族或者部落长辈传统的言传身教获得本民族的一般性知识。

---

① 国家民委民族问题五种丛书之一，中国少数民族社会历史调查资料丛刊《柯尔克孜族社会历史调查》，第29页，新疆人民出版社，1987年。

家庭是社会的细胞，是社会生产最基本的单位，也是柯尔克孜族孩子出世后的第一个生存环境。文化对个人的塑造首先从此开始。通过言传身教，柯尔克孜族的传统文化得以传承和习得，经由文化的濡化塑造出柯尔克孜族社会所期望的成年人的性格。

一、传统教育的内容

吾依村民所受传统教育大致可分为四部分：

（一）文化化

幼年时期，村中的儿童一般和自己的爷爷、奶奶一同度过，这就是一个文化化的过程。老人是柯尔克孜族传统文化积淀最深的人，经过几十年的生活，不论是知识还是阅历都十分丰富。当他们从生产中退下来以后，教育孙儿孙女就成了他们新的任务。老人似乎有说不完的知识，而小孩也急需吸收新东西，于是在二者的互动中柯尔克孜文化得到了传承和习得。在柯尔克孜文化的传授中，《玛纳斯》自然地成了重中之重。老人正襟危坐于炕上，旁边是聚精会神的孙儿孙女。一段优美激昂的历史从老人口中流出，流入了小孩子稚嫩的心田。从此，玛纳斯那盖世的神力、无与伦比的英雄气概以及卡尼凯那心灵手巧、美丽贤慧的形象便深深地印在了他们的心中，而爷爷奶奶谆谆的鼓励也让他们想成为像玛纳斯、卡尼凯那样的人。自此，柯尔克孜人独有的文化气质被定格于孩子的心中。

吾依村民的传统教育中还有一项重要内容就是宗教文化及宗教知识的传承和教育。柯尔克孜族的男孩子只要是7岁以上，在宗教节日或其他重要场合就要跟着大人去清真寺做礼拜或参加各种宗教仪式，在对宗教仪式的亲身观察和体验中，他们也逐渐获得了这些知识，从此便生活在这些文化知识的影响和规约之下。

(二) 训练化

吾依村的孩子在走路懂事后，父母大多把他们带在自己身边一起劳动。小孩子有着强烈的好奇心，看到父母劳动就忍不住跟着做，父母就手把手地教他们。在实践中，小孩获得了关于生产技能大量的感性认识，再加上父母对动作要领及注意事项的指点，通过模仿逐渐将一项项技能学会，之后就能独立的进行劳动。由于柯尔克孜族男女之间分工不同，所以男孩女孩学习的劳动内容也有所不同。男孩子从小就向父亲及兄长学习放牧、狩猎及耕田技术。比如父亲会教儿子用玉米在冬天捕鸽子，先用丝线或马尾将玉米拴在树枝上等着鸽子来吃，当鸽子吞下玉米进退维谷的时候，就让小孩亲自将鸽子捕获。当男孩子七八岁时，就要教他们学习骑马打场。大人将一匹匹马并排套上，拴在一根木桩上，让男孩骑马驱策在麦场上轻踏，这样既可以让麦子脱粒又可以让麦草变得又碎又软。相比之下，女孩子则整天跟着母亲在干家务活，学习挤奶、剪毛、做饭等家务，成为母亲不可缺少的得力助手。而缝制花毡和绣花更是她们必备的一项技能。当母亲在缝制的时候，她们一边在一旁帮忙，一边正用心地学习。这样一段时间后，她们也能缝制出美丽的花毡和绣出漂亮的枕头、手帕等，创造出一些更新颖更漂亮的图案。

(三) 文明化

柯尔克孜族是一个注重礼仪的民族，好客与讲卫生是他们的传统。大人教育小孩在吃饭前后必须要洗手，洗手时不能甩手上的水，洗三次后用毛巾擦干净。不能在水源或毡房附近便溺。柯尔克孜族有句话叫做"敌我不分丧命，不讲究卫生吃亏"，形象地说明了他们讲究卫生的好习惯。吃饭时不能用鼻子嗅食物，不能用嘴啃馕要掰成块吃，不能去动别人的碗勺和食物。当有客人临门时，不管认识与否都要热情相迎，要拿最好的食物来招待。男孩子要亲自招待客人,给客人递食物。女孩子则被告诫不能直接向男客人传递食物。不管男孩、女孩,都要将日常的礼节性的问候用语背得滚瓜烂熟。

(四)道德化

尊老爱幼是柯尔克孜族的美德。大人教育孩子要尊敬老人,见了老人要行礼,就是骑着马也要下马行礼。要听大人的话,对长辈安排的事及婚姻都要加以服从,要学习像长辈那样平平和和地生活。大人也很疼爱小孩,见了面要亲吻他们的前额,以示爱护,自己吃东西时要分给小孩一部分。同时,大人也会教育小孩诚实守信,不干坏事,多做好事。这样的伦理教育,使得柯尔克孜人长大后大都行为合乎礼法,不会轻易犯忌。

二、传统教育在现阶段的作用

从生下来的那天开始,每一个吾依的村民便身处传统编织成的大网中,此后,时时受到这张网的制约和影响。不论是礼仪、社交还是生产、生活或是宗教及其他知识的承传,都无不是在家庭或者村社教育的模式下得以完成。在现代学校教育还未起步或还不太发达的过去,传统教育在村民教育模式当中发挥的作用自不待言。但是,值得注意的是,尽管现代学校教育已经经过了几十年的发展,也越来越深刻地影响着村民们的生活,那些传统的教育方式却并非销声匿迹,相反,却仍然在现代教育难以企及的层面发挥着它自身的作用。

其一,本民族传统文化知识的传承依然依靠的是传统的教育方式。与其他的少数民族一样,柯族的传统文化知识是丰富多彩的,也是值得珍视的,然而,现行教育体制并不能将这些民族传统文化知识纳入其规范化的体系,民族传统文化知识依然只能通过民间的方式传承和流播。从这个意义上说,传统教育是现代教育的重要补充。以弘扬和传承传统文化为主的家庭教育及村社教育与现代学校教育之间形成了一个互动的循环系统，二者共同促进着村民文化素质的提升和村落社会的发展。

其二，传统家庭教育及村社教育所采取的实践式及潜移默化式教育也是现行学校教育较为欠缺的。在传统教育中，生产技能和相关技艺的传授主要是通过实践参与的方式，而伦理道德、社会交往方面知识的获得也多是通过长辈的言传身教、熏陶濡染而完成。现代学校教育则不同，注重的是讲述，轻于实践，注重理论知识，轻于实际操作。从这个角度而言，传统教育在培养下一代的过程中依然具有不可替代的作用。

不管现代教育最终将如何发达，传统教育依然会是村民生活中不可或缺的部分，也依然会在现代教育无法伸入的领域发挥着独特的作用。

第二节 学校教育

一、概况

如果说传统教育在过去的历史发展过程中一直在村民的生活中起着举足轻重的作用的话，在中华人民共和国成立以来，特别是党的十一届三中全会以后，现代学校教育在当地教育体系中的地位已经越来越重要，成为传播科学文明的不可替代的方式。对于吾依村民而言，真正意义上现代学校教育的起步，是在中华人民共和国成立之后，随着县、乡镇一级的教育体系日趋完善而逐步发展起来的。由于国家义务教育的推行，当地的基础教育工作也有了很大提高。到2000年以来，不论是小学还是初中教育都有了很大进步，入学率有保证，辍学率则基本控制在很低的水平。从下面列出的县、乡、村的义务教育统计情况表，可以看出现代学校教育在当地的实施情况。

表 10-1　乌恰县初中普及统计表　　　　　　　　单位：人

项目	年度	2000~2001 农牧区	2000~2001 少数民族	2001~2002 农牧区	2001~2002 少数民族	2002~2003 农牧区	2002~2003 少数民族
初中适龄儿童	总数	365	340	427	357	435	357
初中适龄儿童	失学	0	0	2	2	2	2
初中适龄儿童	初中适龄在校生	237	218	279	222	255	237
初中适龄儿童	初中毕业（结业）	3	3	24	15	26	15
初中适龄儿童	辖区户口在外地借读	8	8	20	20	59	15
初中超龄学生	总数	97	97	101	98	98	95
初中超龄学生	入学率%	94.5	95.8	99.7	100	100	100
适龄残疾儿童少年	总数	0	0	1	1	4	4
适龄残疾儿童少年	已入学	0	0	1	1	4	4
适龄残疾儿童少年	入学率%	0	0	100	100	100	100
毕业率	初中入学人数	94	87	108	89	142	128
毕业率	实际毕业人数	94	87	108	89	142	128
毕业率	毕业率%	100	100	100	100	100	100
辍学率	上学年初在校生数	353	328	410	324	369	346
辍学率	学年内辍学数	0	0	32	32	0	0
辍学率	辍学率%	0	0	7.8	9.8	0	0

续表

年度 项目		2000~2001		2001~2002		2002~2003	
		农牧区	少数民族	农牧区	少数民族	农牧区	少数民族
17岁人口总数	总数	115	110	106	92	145	123
	失学	0	0	0	0	0	0
	文盲	0	0	0	0	0	0
	文盲率	0	0	0	0	0	0
完成初中教育	初中（职业初中）毕业数	66	63	84	70	93	73
	初中（职业初中）结业数	11	11	0	0	20	20
	读满规定年限人数	27	25	13	13	23	21
	经非规定教育达初中学业水平数	0	0	0	0	0	0
	完成率%	90.4	90	91.5	90.2	93.7	92.6

表10-2　乌恰县小学普及统计表　　　单位：人

年度 项目		2000~2001		2001~2002		2002~2003	
		农牧区	少数民族	农牧区	少数民族	农牧区	少数民族
初中适龄儿童	总数	561	518	566	448	476	379
	失学	3	3	1	1	1	1
	已入学人数	435	412	421	379	320	308
	辖区户口在外地借读	121	101	144	68	152	67
	外地户口在辖区借读数	189	188	151	149	106	106
	入学率%	99.6	99.6	100	100	99.3	99.2

续 表

项目	年度	2000~2001 农牧区	2000~2001 少数民族	2001~2002 农牧区	2001~2002 少数民族	2002~2003 农牧区	2002~2003 少数民族
小学适龄女童	总数	294	275	295	235	236	183
小学适龄女童	失学人数	0	0	0	0	0	0
小学适龄女童	已入学人数	293	275	294	235	234	182
小学适龄女童	入学率%	99.6	100	99.6	100	99.1	99.4
残疾儿童	总数	11	10	10	9	8	7
残疾儿童	已入学	9	9	9	9	7	7
残疾儿童	入学率%	81.8	90	90	100	87.5	100
小学毕业班学生数	总数	131	131	142	142	137	131
小学毕业班学生数	实际毕业人数	131	131	142	142	0	0
小学毕业班学生数	毕业率%	100	100	100	100	0	0
辍学率	上学年初在校生数	795	770	697	673	563	550
辍学率	学年内辍学数	2	2	0	0	3	3
辍学率	辍学率%	0.2	0.2	0	0	0.5	0.5
15岁人口总数	总数	134	125	145	123	133	109
15岁人口总数	失学	0	0	0	0	2	2
15岁人口总数	文盲	0	0	0	0	0	0
15岁人口总数	文盲率	0	0	0	0	0	0
完成初等教育	小学毕业人数	123	114	143	122	128	104
完成初等教育	小学结业人数	0	0	0	0	0	0
完成初等教育	读满规定年限人数	8	8	2	1	3	3
完成初等教育	经非规定教育达小学学业水平数	0	0	0	0	0	0
完成初等教育	完成率%	97.7	97.6	100	100	100	100

表 10-3 黑孜苇乡小学普及统计表　　　　单位：人

年度 项目		2000~2001		2001~2002		2002~2003	
		农牧区	少数民族	农牧区	少数民族	农牧区	少数民族
小学适龄儿童	总数	184	141	231	116	199	101
	失学	0	0	0	0	0	0
	辖区户口在外地借读	47	27	98	23	106	21
	外地户口在辖区借读数	112	107	88	88	67	67
	已入学人数	135	112	133	93	90	77
	入学率%	98.9	98.5	100	100	98.4	97
小学适龄女童	总数	99	71	122	64	108	58
	失学人数	0	0	0	0	0	0
	已入学人数	98	70	122	64	106	56
	入学率%	99	98.5	100	100	98.1	96.6
残疾儿童	总数	4	3	4	3	3	2
	已入学	2	2	3	3	2	2
	入学率%	50	67	75	100	67	100
小学毕业班学生数	总数	32	32	47	47	38	38
	实际毕业人数	32	32	47	47	38	38
	毕业率%	100	100	100	100	100	100
辍学率	上学年初在校生数	275	250	241	216	190	177
	学年内辍学数	2	2	0	0	3	3
	辍学率%	0.7	0.8	0	0	1.5	1.6

续 表

项目		2000~2001		2001~2002		2002~2003	
		农牧区	少数民族	农牧区	少数民族	农牧区	少数民族
15岁人口总数	总数	47	38	52	30	59	35
	失学	0	0	0	0	0	0
	文盲	0	0	0	0	0	0
	文盲率	0	0	0	0	0	0
完成初等教育	小学毕业人数	47	38	52	30	58	35
	小学结业人数	0	0	0	0	0	0
	读满规定年限人数	0	0	0	0	1	1
	经非规定教育达小学学业水平数	0	0	0	0	0	0
	完成率%	100	100	100	100	100	100

表10-4 吾依村择年义务教育情况表　　单位：人

年度	小学						初级中学					
	适龄生			入学生			适龄生			入学生		
	总人数	男	女	总人数	男	女	入学率	总人数	男	女	总人数	男	女	入学率
2000	17	9	8	17	9	8	100	12	7	5	12	7	5	100
2003	21	12	9	21	12	9	100	15	9	6	15	9	6	100

从上面的统计资料可以看出，从县、乡到村一级，目前义务教育的实施情况还是比较好的。无论是入学率还是毕业率都

达到了较好的水平，吾依村2000年和2003年的入学率都达到了100%。在入学学生中，男生的比例稍高于女生，但二者基本持平。辍学率尽管很低，但是也应该看到确实还存在辍学现象。2002~2003年，整个库拉日克村初中辍学者有18人，小学辍学者有4人。从我们的入户调查中也发现了这一问题，问及原因，多数村民回答是由于经济问题而导致辍学。尽管学校和有关部门制定了相应的政策和措施，如减免贫困家庭学费，如果一个家庭中有两个以上的孩子上学就减免其中一人的学费等等，但是辍学现象仍然存在，这就告诉我们或许贫困不是惟一的原因，村民的观念或者其他因素也可能在其中发生了作用。

二、"明天"小学

（一）学校简介

吾依村民的小学适龄儿童基本上都在明天小学上学。明天小学是目前村里惟一的小学，原名库拉日克小学，1984年从中心小学分出开始建校。学校坐落在村公所旁边，大门面向村中横贯南北的马路。1985年地震时有所毁坏，新疆维吾尔自治区交通厅出资于1987年重建了教学楼。周凯旋基金会对小学又进行了投资修建，故自2003年5月份起该小学正式挂上了"明天小学"的牌子。

学校现有39名教师（男16名），其中具有大学学历者23人，中专学历的16人。在民族构成上，有4名维吾尔族教师（1女3男），6名汉族教师（4女2男），29名柯尔克孜族教师（18女11男）。在政治面貌上，有6名党员（4女2男），13名团员（9女4男）。在年龄构成上，25岁以下的有10名，26~30岁的有12名，30岁以上的有17名。

学校现占地面积27 969平方米，其中校舍建筑面积1 590

平方米（砖混1 124平方米，砖木466平方米），教学及辅助用房846平方米（砖混801平方米，砖木45平方米），普通教室612平方米（砖混567平方米，砖木45平方米），实验室187平方米（砖混），图书室47平方米（砖混）。行政办公用房共293平方米（砖混），其中教师办公室118平方米（砖混）。生活用房343平方米（砖混100平方米，砖木243平方米），其他用房108平方米（砖混30平方米，砖木78平方米）。体育场面积4 000平方米。拥有图书2 264册，无计算机和电子图书。固定资产共48.67万元，其中仪器设备总计2.87万元。从办学的硬件设施看，明天小学在有的方面达到甚至超过了要求的标准，如数学和自然教学仪器的数量方面，但在品种方面却还比较单一。在一些器材方面则有较大的欠缺，如体育器材和音乐器材、电教器材都离规定要求和数量相差较远。这也说明这样的乡村小学还需要更多的关心和扶持，教学方面的设施还有待进一步完善和提高。

表10-5　2000年明天小学基本普及九年义务教育办学条件登记表

项目	品　种（种）			数　量（件）		
	应配品种	已配品种	占应配齐数量%	应配数量	已配数量	占应配齐数量%
数学教学仪器	6	2	33	7	19	100
自然教学仪器	26	4	15	35	185	100
体育器材	52	13	25	628	41	6.5
卫生器材						
音乐器材	11	3	27	74	5	6.7
美术器材	10	4	40	10	7	70
电教器材	10	7	70	47	7	14.8
劳动教育器材	79	6	7.5	745	551	74
其他						

(二)学生情况

由于周围主要是柯尔克孜族聚居区,且该小学主要是面向库拉日克村的村民,因而,从生源的民族构成来看,也主要是柯尔克孜族。而学校教学用语,也是以柯语为主。

表10-6 明天小学柯语教学学生统计表　　　　单位:人

	班级数	学生数	柯语学生数	柯语毕业学生数
一年级	1	32	32	
二年级	1	23	23	
三年级	1	17	17	
四年级	1	23	23	
五年级	2	43	43	
六年级	2	38	38	47
合　计	8	176	176	47

2003年,明天小学的学生总数为174人,其中,女生84人,占总学生数的48.28%,男、女生的比例基本持平,从一个侧面说明,实行义务教育以来,适龄女童的入学率也有了保证,在一定程度上改变了过去那种女性受教育机会大大少于男性的局面。从年级构成上,从一至四年级各设有1个班级,五、六年级则设有2个班级。

表10-7 小学校内外学龄人口情况统计表　　　　单位:人

	合计	男	女	其中,农村		
				总计	男	女
本地校内外学龄人口数	91	36	55	91	36	55
外来校内外学龄人口数	56	33	23	56	33	23
外出校内外学龄人口数	21	4	17	21	4	17

表 10-8　2003年明天小学招生及在校生统计表　　　单位：人

项　目	招生数		在校学生数							
	合计	受过学龄前教育	合计	其中女生占	一年级	二年级	三年级	四年级	五年级	六年级
合　计	18		174	85	32	23	17	23	43	38
女生	9		84		18	12	7	7	18	22
5岁以下										
6岁										
7岁	9		11	7	10	1				
8岁	5		19	12	17	4				
9岁	1		17	8	1	13	4			
10岁	3		16	7	4	3	6	1	1	
11岁			29	12		2	5	16	6	2
12岁			32	14			2	4	20	6
13岁			26	13				2	7	17
14岁			18	8				2	8	8
15岁以上			6	3						
少数民族	18		174	84	32	23	17	23	43	38
重读生					12					
重读生（女）					9					
五年制										

从学生变动情况方面来看，变化不是很大。增加的学生主要是两个渠道，一是招生，占了主要部分，二是转入；而减少

的学生主要是由于毕业和转出。

表 10-9 2003 年明天小学学生人数变动表 单位：人

项目	上学年初在校学生数	增加学生数					减少学生数								本学年初在校生数
		合计	招生	复学	转入	其他	合计	毕业	结业	休学	退学	死亡	转出	其他	
合计	211	30	20	1	9		65	47					18		174
女生数	100	16	10	1	5		31	22					9		84
少数民族	211	30	20	1	9		65	47					18		174

（三）双语教学情况

明天小学用柯尔克孜语教学，使用县上统一发放的柯语教材。柯族农牧民上学不收学费，只收几十块钱的杂费，生活困难的给予减免。

学校开设有汉语课，一般一二年级每个星期上 2 个小时，从三年级起每个星期上 4 个小时。除每个学期的期末考核外，学生毕业时还要参加县上组织的汉语科目统考，之后才能升入中学。

吾依组及库拉日克村中没有中学，孩子们念完小学后要到县城上中学。乌恰县有三所中学，一中是汉校，二中是维族学校，三中是柯族学校，村里人大多上的是乌恰三中。近年来，由于村里人越来越重视汉语的学习，升初中后上汉语学校的人也越来越多，有的甚至连小学也到县城上汉语小学。村民认为学习汉语十分有用，能增长知识，将来还能谋得一份好工作。但同时，他们也认为学习柯语十分重要。柯语作为母语，是他们自己的语言，是柯尔克孜族的象征之一。

(四)明天小学分校情况

明天小学在附近的羊叶尔农场(居民以汉族为主)设有一所分校,共有一至四年级四个班,由明天小学的校长米玛那洪总负责。该校的学生入学前均没有条件上幼儿园,接受学前教育,从7岁左右直接进入该校读书。十年动乱时期,吾依村民有将子女送到该校学习读书的,比如巴卡巴仪的四个孩子就是在该校读完了四年级。分校的规模相对要小一些,如2003年第一学期,分校有30名学生,其中女生21人。从民族构成划分,30名学生中,有柯尔克孜族学生5人,其余多为汉族。一年级7人(全部是女生),二年级7人(女生3人),三年级5人(全部是女生),四年级11人(女生6人)。

从教学的语言来说,分校由于以汉族学生为主,所以主要是使用汉语。

表10-10 明天小学分校班级、学生(按教学语言分)

年级	班级数(人)	学生数(人)	其中,以汉语为教学语言学生数(人)
一年级	1	7	7
二年级	1	7	7
三年级	1	5	5
四年级	1	11	11

无论是明天小学还是其分校,规定孩子的入校年龄是7岁。但是本部及其分校孩子的入学年龄相差比较大。明天小学本部孩子的入校年龄相对整齐一些,而从农场分校目前四个班学生入校年龄看,按正常年龄入学者并不多,很多人都是在超过正常入学年龄后才踏入校门。其中,7岁及7岁以前入学者

仅5人，占总人数的19.23%，7岁以后入学者21人，占总人数的80.77%。详见下表：

表10-11 明天小学分校学生入学年龄一览表

入学年龄（岁）	人数（人）	比例（%）
6	2	7.69
7	3	11.54
8	1	3.85
9	4	15.38
10	9	34.62
11	3	11.54
12	2	7.69
13	2	7.69
合计	26	100

分校共有教职工9人，其中专职教师7人（4名女教师，1名柯尔克孜族教师），工勤人员2人（柯尔克孜族1人）。按教师的学历划分，7名专职教师中3名专科毕业，4名高中毕业。教师中，有2名共产党员（其中，女性2名），3名共青团员。分校的硬件设施比较差，没有体育运动场、计算机、图书室等基本设施，校舍建筑面积413平方米，全部是砖木结构；其中普通教室351平方米，其他用房62平方米。学校给学生开设了三门科：思品、语文和数学。学生四年级毕业以后，如果要继续读书，需要到乌恰县城第二小学。所以，吾依一些年轻夫妻虽然想让自己的孩子在汉语学校读书，但是却没有合适的学校，到农场分校只能读到四年级，而且一些课程开设不出来，

会影响孩子继续深造。

第三节　村民受教育程度及文化素质

一、基本受教育情况

从整体情况来看，由于传统游牧生产、生活方式的限制，加上当地现代教育不发展，吾依老一代村民所受学校教育程度并不是太高。在调查中发现，很多村民只读过一两年书，很多中老年妇女则几乎没上过学。从性别角度来看，男性的受教育程度普遍高于女性，这与柯尔克孜族传统社会中重男轻女及男主外、女主内的分工模式有一定的关系，造成女性在受教育方面机会选择的减少。从年龄角度而言，老一辈村民的受教育程度普遍低于年轻人，特别是实行普及义务教育以来，新一代的年轻人都有了更好的条件来完成小学和初中教育，尽管其中还有一小部分人由于家庭经济或者这样那样的原因发生辍学现象，但绝大多数的适龄儿童和少年已经被纳入了义务教育的轨道，接受现代学校教育。

从入户调查情况看，吾依40岁以上的人接受学校教育的时间比较短，基本上以小学（多数只上过两三年）为主，40岁以下的中青年中有部分接受过初、中等教育，少数接受过高等教育。

表 10－12　吾依组 2003 年按年龄分组文化程度抽样调查统计表

单位：人

人数 年龄	文盲		小学		初中		高中		中专		大学	
	男	女	男	女	男	女	男	女	男	女	男	女
7～12			5	2								
13～18		1	1	5	10	10	5	6	1			
19～35	1	1	5	8	11	7	2		9	6	1	1
36～55	1	2	4	11	6	3			2			
56～65	1	1	3	3								
65～70	3	2	1						1			
70 以上	2	4	1									
总　计	8	11	20	29	27	22	7	7	14	7	1	1
比例% （N＝153）	5.23	7.19	13.07	18.95	17.65	14.38	4.57	4.57	9.15	4.57	0.65	0.65
	12.4		32		32		9.14		13.7		1.3	

上表中，调查总人数是 153 人，其中男性 77 人，女性 76 人。从表中我们可以看出，从年龄构成上看，不同年龄层次的村民受教育的程度有着明显的差别。36 岁以上的人很少有接受高中以上的学校教育，只有 5 人是中专学历，占调查男性总数的 6.5%。35 岁以下的中青年则接受中、高等教育者渐增，35 岁以下男性接受高中以上教育的共有 17 人，占调查男性总数的 22%。吾依的柯尔克孜族对教育是重视和支持的，但由于孩子众多，无法支付全部孩子的学费，只好让其中的部分去上学。而在这当中，男女的差异是明显的，在过去尤其如此，如 36 岁以上接受中专教育的 5 人中，就全为男性，没有一个女性。35 岁以下，则女性的受教育程度与男性基本平衡，表

明随着社会的发展和时代的变化,女性受教育程度有了较大提高。

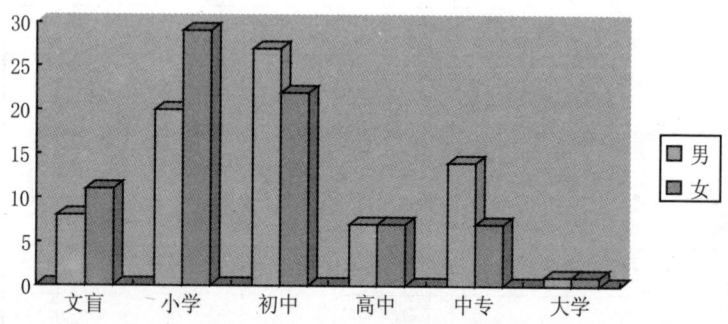

图 10-1 吾依村民男女受教育程度抽样对比图

二、接受高等教育与继续教育情况

在吾依的调查中,我们发现村中考取大中专的学子甚多,尽管考上名校的不多,大量的是在一些中专或大专学校,但仍让人感到新一代村民接受高等教育的比例是比较高的。村民对于考上大中专学校的学生,一方面持一种赞赏的态度,另一方面却也为目前分配中存在的困难而为他们担忧。一些村民甚至认为读了大学也没意思,因为毕业后同样可能找不到工作。目前,村中还有好几个克州师范的毕业生待业在家,等待分配。还有几个其他中等学校的毕业生也没有工作。尽管如此,更多的村民还是表示只要子女肯努力、学习好,都会尽自己的力量去供他们上学。

表 10-13 吾依村 1990~2003 年考上大中专学生名单

姓 名	性别	族别	年龄	录取学校	录取时间	专业	中专	大专以上	毕业时间	备注
古丽依帕·依沙克	女	柯	18	新疆大学	1999.9	英语		√	2003.7	未分配
古扎丽努尔	女	柯	24	克州卫校	1997.9	护士	√		2000.7	在岗
阿布都拉台曼	男	柯	22	新疆职业学校	2000.9	厨师	√		2002.7	未分配
阿布都肉苏力	男	柯	19	克州师范	2000.9	教师	√		2003.7	未分配
布肉鲁什	女	柯	27	新疆邮电学校	1997.9	电信	√		2000.7	在岗
买买提艾买提	男	柯	24	新疆邮电学校	1998.9	电信	√		2001.7	在岗
恰日什别克	男	柯	19	伊犁农校	2001.9	兽医	√			在校
萨丽塔娜提	女	柯	22	和阗专科学校	1999.9	汉语		√	2002.7	未分配
吐尔地拜	男	柯	25	克州师范	1999.9	教师	√		2002.7	未分配
阿力马汗	女	柯	18	乌市轻工学校	2002.9	电脑	√		2003.7	未分配
托哈托吾力	男	柯	22	新疆气象学校	2000.9	电脑	√		2003.7	未分配
吐尔地古丽	女	柯	22	新疆职校	1998.9	会计		√		在校
阿孜古丽	女	柯	22	喀什师院	2001.9	汉语		√		在校
塔依尔	男	柯	22	山东大学	2001.9	会计		√		在校

续表

姓名	性别	族别	年龄	录取学校	录取时间	专业	中专	大专以上	毕业时间	备注
巴合提古丽	女	柯	21	喀什师院	2001.9	幼师		√		在校
塔拉依古丽	女	柯	19	喀什艺术学校	2002.9	音乐	√			在校
祖拉升	女	柯	19	新疆大学	2003.9	汉语		√		在校
吐尔逊达力	男	柯	22	克州农校	1999.9			√	2002.7	未分配
吐尔达力	男	柯	20	克州师范	2000.9	教师		√	2003.7	未分配
古丽娜尔	女	柯	18	新疆幼儿师范学校		幼师	√			在校

除了考上大中专学校接受相对正式的高等教育这一途径外，村中也有少部分人通过自学考试、函授等方式继续接受进一步的教育。村中参加自学考试者多为明天小学的老师，为了进一步提高自己的知识水平，老师们也在不断地进取和努力。

表10-14 明天小学参加自学考试教师名单

年度	姓名	考取学校	专业	学历
2000年	布尔玛汗	新疆大学	汉语言文学	大专
2000年	托合托胡力	新疆大学	汉语言文学	本科
2000年	沙迪克	新疆大学	维语言文学	本科
2003年	古丽沙拉	新疆大学	维语言文学	大专
2003年	叶尔肯	新疆大学	维语言文学	大专
2003年	古丽	新疆大学	维语言文学	大专

同时，还有很多青年人特别是乡村干部、教师等不断地参加自学考试，以提高自己的文化修养。

表10-15 2003年（下半年）黑孜苇乡参加自学考试报名人员名单

姓 名	性别	民族	出生年月	报考专业	学 历
阿力	男	柯	1974年	汉语言文学	大专
对谢汗	女	柯	1982年	汉语言文学	大专
古丽莎依拉	女	柯	1979年	汉语言文学	大专
沙丽玛	女	柯		汉语言文学	大专
布如鲁西	女	柯	1982年	汉语言文学	大专

吾依村民中没有通过函授、自学等方式继续深造的，一方面是经济条件不允许，另一方面是他们还没有这样的意识，也有的村民认为是没有必要。他们将希望寄托在下一代身上，希望下一代学有所成，希望下一代光宗耀祖，而对于自己，则认为已经定型，无法改变，也就不再作过多的要求。

三、村民受教育情况个案分析

（一）吾依村民受教育情况个案

1. 布依丁

布依丁，男，柯族，69岁。乌恰县水利局退休职工。布依丁可以算是吾依村老一辈人中受过较好教育的代表之一。他于1948~1951年在喀什师范学校学习，20世纪60年代，又在乌鲁木齐广播电视学校进一步学习。

布依丁的教育背景与家庭不无关系。他的父亲是黑孜苇小学的校长，在当时也算是有知识、有学问的人。由于父亲自己就是教育界人士，同时对教育问题十分重视，布依丁得以获得较好的学校教育。在与他同时代的村民中，能够接受这样的教育的人是极少的。

2. 阿吞比的孩子们

阿吞比，女，柯族，39岁。作为一个丧偶的中年女人，阿吞比的生活应该是更为艰辛的。她1980年从乌合沙鲁乡嫁到了吾依村，生有3儿1女。丈夫原在乌恰县财政局工作，不幸因胃病于8年前去世。从此，阿吞比一个人拉扯着4个儿女，然而，她却没有让一个孩子辍学，相反，她尽自己的所能，让儿女们去读书学习。

阿吞比的大儿子吐尔逊达力，今年22岁，去年毕业于克州农校，现在还未分配工作，在家里边帮助母亲干活边等着分工。

二儿子吐尔达力，现年20岁，今年刚毕业于克州师范学校，目前也正在等待分配工作。

三儿子努尔哈力，18岁，现在在上高二。

小女儿阿依居力可，13岁，现上初二。

尽管两个儿子毕业了却还未找到工作，阿吞比也为此而深深担忧，但她仍然表示会继续供两个小的上学。当问及阿吞比为什么独自一个人却可以做到让儿女都尽量上学，她回答说自己从小没能好好上学，只上到小学三年级，现在非常后悔。因此，希望孩子们能受到好的教育，还希望他们上完学有一个好的工作。

阿吞比主要靠卖羊、帮人缝衣服来供几个孩子上学。家里有20只羊，由于没有人手，只好请亲戚代牧。

3. 乌尔丽哈

乌尔丽哈，女，柯族，15岁，现正在上初二。父亲于2000年去世，与母亲和三个姐姐一起生活。乌尔丽哈的母亲阿尼帕，39岁，初中毕业。乌尔丽哈的大姐萨丽塔那提，21岁，2002年毕业于和田专科学校，现在乌恰县三中工作，是一名汉语老师。二姐古拉赛丽，20岁，初中毕业，现在乌恰县宾馆工作。三姐塔拉依古丽，17岁，正在上高二。

乌尔丽哈的母亲主要靠手工绣制各种工艺品、生活用品来维持生活和贴补家用。她的手艺远近闻名，她在村中公路左侧开了一个小卖部，卖些食品及日用品，也将自己制作的手工艺品如手帕、枕套、帷幔、挂饰等拿到自己的小店出售，这些东西往往一做好，就被人抢购一空。调查组员看到她的绣品，爱不释手，一定要求她为我们赶制几幅挂饰，虽然很忙，但她仍然答应了，并在两个星期的时间里给我们赶制出了4幅挂饰。

乌尔丽哈的特殊却不在于母亲的手艺，而在于她偶然的经历，这一偶然使得她的受教育之途变得与别的孩子有那么一些不同。今年3月份开始，她的学费不再由母亲交，而是由克州的一位州领导来负担。原来，出于偶然，北京广电部来到克州挂职任副州长的李戈华同志知道了乌尔丽哈家的特殊情况，并得知这个孩子学习成绩极佳，经过接洽，李副州长决定个人资助乌尔丽哈完成学业，于是，今年3月份便将她从乌恰县一中接到了克州三中学习，为她交了学费、住宿费，还每个月给她200元的生活费。李副州长表示要将她供至大学毕业工作为止，由于他本人今年9月份即将离开克州返京，故已经吩咐秘书，会一直将钱寄给秘书，让秘书转交乌尔丽哈直到她工作。在乌尔丽哈家里，还摆着一辆李副州长给她买的自行车。

提起乌尔丽哈的幸运和李副州长的帮助，乌尔丽哈和她的母亲都十分激动。尽管乌尔丽哈在求学的路上要面对的事情还很多，求学之路也还很漫长，但相信，有了这样的帮助，她会将自己的路走得更好。

4. 大学生塔依尔

塔依尔，男，22岁，2001年考上了山东大学法经学院经济学专业，是班上惟一的柯族。他要先在乌鲁木齐上两年的预科，今年8月开始到山东大学学习。

塔依尔是目前吾依村为数较少的几个大学本科生之一，他的家庭却也有很多的不幸。塔依尔的父亲因病于1996年去世了，留下了母亲和兄弟姐妹们。塔依尔家共有兄弟姐妹6人，大哥34岁，已经成婚并有3个孩子，由于父亲很早就生病，大哥小学毕业就没有再上学。二姐28岁，初中毕业，结婚后又离婚，现在阿图什一餐厅当服务员。三姐，初中文化，嫁到巴音库鲁提乡。塔依尔是家中的老四。五妹在乌恰一中上高三，成绩不错。六妹初中毕业后由于家中经济困难就没再上学，现在在县城的一家食堂打工。

塔依尔一年3 600元的学费成为家中最大的一笔支出。现在，主要是靠哥哥、姐姐及妹妹在外打工来凑学费，而假期的时候，塔依尔也会在乌鲁木齐参加勤工俭学，如做做家教之类。他还希望毕业以后能在乌鲁木齐工作。塔依尔并没有在考上大学后停止对理想的追求，他表示打算考研，他还希望能用自己所学的专业知识来改变当地的经济面貌。无疑，在塔依尔的身上，我们看到的是吾依新一代村民中的佼佼者怀有的远大理想及对家乡的拳拳之心。

（二）个案分析

以上所举是吾依村民受教育情况中较具代表性的一些个案。他们应该说是村民当中受教育程度较高的人，而他们在获教育方面的优势又是由多方面的因素造成的。布依丁是老一辈村民中具有较高文化程度者之一，他的受教育经历与家庭背景有密切关系。其他几位是青年一代中受到良好教育者的代表。分析上述个人之所以能够获取较多教育资源的原因，大概有以下因素：

1. 家庭背景的影响。这一点在老一辈村民中尤为突出,过去由于学校教育的不完善和不系统,能够受教育的人较之现在要少得多,因而,家庭的影响就成为一个关键因素。布依丁是如此,村民克力木·司马义也是如此,他1955年毕业于自治区邮电学校,而他也有着较为良好的家庭背景,他的叔叔正是曾任自治州副州长的阿仁。

2. 随着社会的发展,村民受教育的机会大大增加,家庭背景等因素在人们受教育几率中的影响逐渐削弱,代之以经济等因素。如塔依尔家,就是集中了哥哥、姐姐和妹妹打工的钱,才得以供他上学。

3. 家长的观念和态度。家长的重视教育与否、支持与否也是能否获得更多教育的重要因素。比如阿吞比,就是家长全力以赴支持儿女教育的典型例子。

4. 外界的关注和帮助。乌尔丽哈的机遇表明当代农村的教育事业还需要更多的外界关注,也需要更多的有识之士在力所能及的范围之内伸出援助之手。

当然,影响村民受教育的因素还有很多。但无论如何,我们希望,我们也相信,吾依村民未来的受教育之路将会越走越宽阔。

四、扫盲与科技培训

扫盲工作是当前农村工作中的一个重要方面,也是提高农牧民素质、增强文化知识的一个重要工作。由于包括吾依在内的许多农牧民,过去以放牧生活为主,在接受学校教育方面有诸多不便,因而,文盲率相对较高。近年来,扫盲工作也被作为黑孜苇乡有关部门的一项基础工作来抓,取得了一定的成效。

表 10-16 2002 年黑孜苇乡扫盲情况统计表   单位：人

1949年10月1日后生满15周岁人口	总数	其中大专以上文化程度	中专以上文化程度	初中以上文化程度	小学以上文化程度	脱盲人数	非文盲人数	非文盲率
	2745	25	294	897	996	519	2731	99.5%
初等教育普及	时间	合格率	基层单位扫盲达标情况	合格率	近三年扫盲情况	脱盲人数	复盲人数	复盲率
	1987年10月	100%		100%		14	0	0

根据统计资料，在 1990 年全国人口普查时，黑孜苇乡的文盲数是 250 人，其中男性 85 人，女性 165 人，女性的文盲率普遍高于男性，这与传统社会中重男轻女和女性受教育机会大大低于男性有关。从上表可以看出，到 2002 年，整个乡的文盲率在经过了几年扫盲工作的开展之后，已大幅度降低。文盲率仅为 0.5%，非文盲率达 99.5%。而从近三年扫盲的情况来看，基层单位扫盲达标情况为 100%，扫盲之后复盲率为 0，说明当地的扫盲工作取得了实质性的成效。从我们入户情况看，吾依老一代文盲中没有人读过乡上办的扫盲班，50 岁左右文化水平不高的村民没有人通过正规的方式继续学习，他们在日常生活中主要是通过在家里收看电视、收听广播，参加乡、村技术员在农闲季节开办的相关科技讲座来学习和掌握与自己关系更加密切的生产生活科技知识和一技之长。

除了扫盲之外，科技培训工作也是目前农村发展经济、提高农牧民文化素质的重要一环。随着科学技术在农牧业生产中的广泛应用及成效初现，广大农牧民逐渐认识到科技知识的重要性，开始主动地学习更多的科学文化知识。同时，各级政府部门对科学技术的重视也与日俱增，从黑孜苇乡的情况来看，乡里成立了文化技术学校，为农牧民进行农、牧等生产科技知识的培训。到 2002 年，整个乡已经接受培训的人数达 2232 人，培训率达 92.9%。乡里专门设置了进行文化技术培训的专干 3 人，负责这方面的工作。

科技培训工作主要涉及农、牧业生产方面的科技知识，如优良麦种的引进，先进的栽培技术，化肥、农药的施用；林业方面，有果树的栽培、嫁接与管理技术；牧业生产方面，有畜种的改良和引进，草场管理中科学技术的引入，接羔、育肥的科学技术等等。很多时候，乡、村里会派专人到各个村亲自为农牧民进行指导、示范，这些传播科技知识和技能的工作得到了村民的一致好评。从我们入户的反映来看，这项工作在吾依有一定的成效，很受农牧民欢迎，他们从中确确实实学到了急需的知识和技能。当然，也有许多村民表示，希望这样的科技培训、示范工作开展得更多、更好，从这样的希望中，其实我们看到的是村民对更美好生活的一种向往和希冀。

第十一章　科技卫生

第一节　传统医药

一、民族医药及传统治疗方法

柯尔克孜民族医药历史悠久，具有鲜明的民族特色和独特的理论体系，它是柯尔克孜人民长期同各种疾病作斗争的经验总结，是柯尔克孜人民智慧的结晶，也是我国优秀文化遗产的重要组成部分。柯尔克孜民族医药在长期的发展过程中积累了极为丰富的经验。柯尔克孜医治疗各类疾病的民间偏方多是就地取材，用高山牧场上的各种动植物入药。在家畜中，主要以马的肉、奶、心、骨，羊的肉、油、肾、眼、胆以及骆驼肉、奶等入药。野生动物入药的主要有刺猬、狼、兔子的肉及其内脏。飞禽主要以雪鸡、雉、石鸡、鹊、麻雀、斑鸠等的肉、骨、内脏入药。矿物有铁矿石、明矾、铜、金、银、石膏、芒硝等。用野生植物入药的较多，主要有党参、麻黄、甘草、蒲公英、骆驼篷、艾蒿、柏仁等。

二、柯尔克孜族医药文献

在漫长的历史过程中，柯尔克孜民族医药主要依靠民族民间医生以口头的方式代代相传，一直没有将其内容用文献记载下来。就是在中华人民共和国成立以后的半个世纪里，也没有一部关于柯尔克孜族传统医药的专著，民族医生们在行医时主要参考维吾尔族的医药文献。2002年，新疆科技卫生出版社出版了《柯尔克孜族医药》一书，刷新了柯尔克孜族没有自己的医药文献的历史。

三、柯尔克孜族民族医生

吾依柯尔克孜人的牧场离村比较远，都在山里，交通不便。乡卫生院的医生也不多，不能经常到山里去为村民治病。为解决牧民们看病难的问题，乌恰县曾经在20世纪70年代组织培训了一批赤脚医生，希望他们能到山里去给牧民看病，政府每月给他们一定的生活补助。从1972年到1987年，全县一共举办了三期培训班，培训人员将近二百人。由于经常在外，了解到许多柯尔克孜族中草药，也积累了不少治疗经验，所以，这批赤脚医生成了柯尔克孜传统医生的代表。但是，近年来，由于种种原因，许多人已经不再从事这一行业。当时吾依有三人被选中参加培训，但是坚持下来，学成的只有居马什·阿合乔里一人。他是在县里组织培训的民族医生中，至今仍然行医而且在村民中具有一定知名度的"神医"。

居马什·阿合乔里，今年43岁，吾依人，目前是黑孜苇乡卫生院的赤脚医生。16岁时由政府指定当了大队的赤脚医生，18岁时师从当时的一位民间老医生学习。曾三次参加过县里举行的赤脚医生培训班。2002年，他治好了一个被喀什军区第十二医院诊断为胃癌的男孩，男孩二十岁，来看病的时候已经走不了路，经过他用中医治疗两个月后，男孩可以行走了。此后，人们都称之为"神医"。

他治病的方法是中西医结合，主要用中医，兼用西医。他给村民看病时，诊断不收费，只收药费。一般都是病人自己上门看病，其中老年人居多，来看病的人数，夏季平均3~4人/天，冬季则10~15人/天。他给病人看病既用民族医药，也输液、打针。有时候也出诊。遇到治不了的病时，就将其介绍到县医院。除了看病外，居马什家还开了一个小饭馆，平时也干农活，家里有7亩地，8口人。他准备把自己的医术传给女儿，他的女儿今年读高三，准备报考医科大学，学习中西医，将来做一名柯尔克孜族医生。女儿从2002开始在暑假期间向父亲学习把脉和配药的知识。居马什对中医的评价很高，认为中医虽然见效慢，但治疗效果完善，而且，中草药价格便宜，即便是经济上有困难的人也能够承受。除了给人治病外，居马什还能给牲畜治病。

黑孜苇乡在1981年~1989年间给柯尔克孜族民间医生每个月补助生活费30元，从1989年开始逐渐增加，至今每个月是80元补贴。乡医院设有中医科，但医生大多是用西医治疗。

四、民间医方

据《元史·地理志·西北地附录》载，元代的柯尔克孜人已会采"山丹、芍药"，说明当时他们已经知道用草药治病。在吾依村，至今仍流行着一些治疗各种疾病的民间医方，村民们生病时，在求助于医生和医院的同时，有时也根据自己掌握的民间医学知识来治疗一些常见疾病。下面是收集到的一些民间医方：

表 11-1　柯尔克孜族民间医方一览表

治疗病症	用　　法
治肾虚	答音草适量，捣碎煮水喝。
治咳嗽	取骆驼篷（阿地热西曼）果实泡水喝；也可打碎饭后服用。
治气管炎、肝炎、便秘	将蔷薇果的果实用开水煎服；也可烤干，磨成面粉状服用。
治肝硬化	用水煎阔依希瓦克（苦蒿子）汁，加糖服，每日三次，每次200克，连服半月为一个疗程。
消肿止痛、止血	将狼肝（膘尔左该希）烘干磨成粉，撒在红肿发炎的位置。
治头癣	羊尾油与硫磺一起外擦。
止血	羊尾烧成灰后外敷于伤口。
治伤风引起的腰痛	羊胆晒干后取适量泡水喝。
治身体虚弱引起的腰腿麻木、疼痛	以骆驼奶加适量蜂蜜喝。
治消化不良	用蒲公英（哈克木）根水煎服。
治疗高血压、高血脂	可山上一种叫"地茶"（音译）的花泡水喝。除了这个功效外，地茶能减肥，它是一种比较理想的减肥药，无毒副作用。
治疗牛、羊痢疾	可用蜥蜴，将蜥蜴晒干，捣碎，研成粉末，拌入饲料中喂。
治疗外伤、过敏性皮炎	用"莫约日约克苏"（一种树上渗出来的液汁）治疗。
治疗高山常见病	用狼的胆囊、熊油治疗。

第二节　百工技艺

一、毡房的制作

做毡房用的是柳树（索果铁），天窗用6~7年的树杆，橡木用的是树枝。因为每棵树可用的枝条只有4~5根，所以做成一个毡房大约要砍50棵树的树枝。做毡房主要有两大工序：准备木材和搭架。前一工序又包括了砍伐、削皮、晾晒、烤握树枝、上色几个阶段，因此，耗费的时间较长，差不多要两个月。先把砍好的树枝削去皮，放在太阳下晒干，然后，把一端放到火上烘烤，烤到差不多的时候再把被烤的部分握弯，之后，再用油漆将树枝染成红色（以前染色用的是一种叫"交哓"的染料）。做好这些以后，再用树干来做门和天窗。

相比之下，后一工序要轻松得多，仅两个小时就可完成。先把橡木（乌窝克）接到天窗上的孔中，再将橡木与底座（开列盖）用绳子或钉子固定，装好门。这样，毡房的骨架就搭好了。骨架搭成以后，在开列盖的外面围上一层芨芨草帘（切热莫克切依），在乌窝克上面盖上羊毛毡（加布克巴西），然后，再在草帘和羊毛毡的外面盖上一层白色厚毡。到此，整个毡房就做好了。

毡房由内到外，由上到下形成这样一个结构：

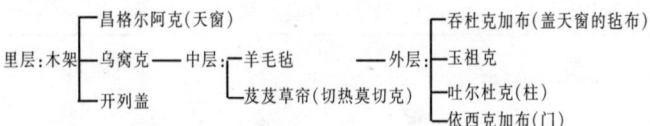

图11-1　柯尔克孜族毡房结构示意图

毡房的木架可以使用20年，但毡子只能使用3~4年就需更换。

做一个完整的毡房可以卖3 000~3 500元钱，木架差不多要1 000~1 500元，整个毡子要2 000元。

虽然毡房的制作是柯尔克孜人的传统工艺，但如今会做毡房的人已经不多了。整个黑孜苇乡只有两个人会做，这多少让人有些为这门古老的手艺担忧。

二、库姆孜的制作

库姆孜是一种全木质的乐器，长1米左右，琴箱稍扁，近似梨形，颈细长。古代以羊肠为弦，近代则用丝弦。琴轸并列一侧，是三弦弹拨乐器。柯尔克孜人家几乎家家有一把库姆孜琴，男性人人会弹库姆孜，它和柯尔克孜人的白毡帽一样，已成为本民族的标志。

制作库姆孜的材料主要是柳树和杏树。琴面用柳树，琴体可用不同的材料。库姆孜有专门的制作模具，模具可用吉尔吉斯斯坦的库姆孜或者是当地的库姆孜来做。库姆孜要用整根木头做成，长约1米。其中，琴颈的长度和音箱的长度相等，都是40厘米左右，调音处有12厘米长，每两个弦柱之间相距4厘米。音箱最厚的地方有7厘米，最薄处是3厘米。琴颈的最宽处是4厘米，窄处一般是2.5~3厘米。

制作库姆孜的工具主要有锥子、磨具、锯子、刨刀、推刨等。

制作时，先把木头锯成1米长的长方形，然后在木头上画出图案，再把形状用锯子锯出（头部用小锯子锯），接下来是把音箱掏空，库姆孜声音的大小取决于音箱的深度，因此，音箱要有5.5厘米左右。琴面要先锯出1厘米厚，再用推刨推到1~2毫米。并在琴面上打三个孔，孔间的距离是4厘米，然后把琴颈的形状用磨具磨出，琴颈平滑与否决定了琴的音色，所以，打磨琴颈的时候要相当细心。磨完琴颈后把琴面盖上，用砂纸磨平。在琴尾处钉一块约5厘米的羊皮，分成三叉拴弦，然后上弦、调音，在背部画上图案，最后再上漆。这样，一个库姆孜就做成了。

库姆孜一旦受潮就会变形，音色也会发生变化，因此，一定要把它置于通风干燥处，不弹的时候要将琴枕取下。

今天，作为柯尔克孜族民族乐器的库姆孜在柯尔克孜人的生活中依然发挥着巨大的作用，但是库姆孜匠并不多，一大队即库拉日克村只有托克托逊一个人会这门手艺，其他的大队也只有一两个人会做。这与库姆孜的制作工艺都是家传有一定的关系。

三、擀毡织毯

擀毡织毯是柯尔克孜族妇女最主要的手工艺生产。先要把剪下的羊毛洗净、晾干，然后用细棍敲打，使其散开，打好后再擀。擀毡需要许多人一起参加，先把羊毛铺在席子上，在羊毛上洒上水，过几分钟后，大家跪在地上，一起用力，把羊毛卷起来，过几分钟又铺开，洒热水，然后再卷，卷压很多次，需要1~3个小时才能完成。做完后把它晾干，染色，再把它做成不同种类的毡子。柯尔克孜人的毡子有白毡、黑毡和花毡。白毡和黑毡都是用原色羊毛做成。白毡主要用来做毡房、毡毯、毡帽、毡袜。黑毡主要用来做马鞍垫、摇篮、衣服等。内垫花毡是以黑毡做衬底，然后把白毡染上不同的颜色，再剪成各种图案，以色线缝制，花毡一般都比较大，主要用来铺炕。

现在吾依村民染毡都是用从县城巴扎买来的染料。一般15元可以买到300克，但有的又据颜色的不同而价格稍有不同。染毡的过程是这样的：染之前先把毡子切成一尺多宽，一米五左右的长条。然后打一盆水放到火上加热，水中要放上盐和染料。水、盐、染料的比例一般是半盆水放两把盐、两勺染料，还要加两把尿素。在没有盐的情况下，可以放适量的酒来代替。煮十分钟左右（煮的时间按颜色的浓淡来增减），如果不够浓可再延长时间。煮好后，将毡子放在一块塑料布上铺开，卷起来，揉几分钟后晾干。然后用粉笔在毡子上画出图案（毡子的图案叫"托尔阔孜"），剪空，再把不同颜色的毡子填充进去，缝上。一块五彩缤纷的大毡子就做好了。如我们在阿吞比家见到的一块大毡子共由14块一尺半的正方形和14块底为40公分、腰为25公分的等腰三角形组成，这样的一块大毡子一般可以卖到400～500元。

柯尔克孜族家庭的炕上铺毡而不铺毯，他们的毯子主要为挂毯。挂毯用不同的羊毛线织成，面积比较大，绒厚而光滑，图案花纹鲜艳而庄重，一般都挂在毡房或房屋的正面。

四、编织与刺绣工艺

柯尔克孜族的编织艺术主要是妇女们编织的各种芨芨草编织品。在深秋季节，将芨芨草拔下，先暴晒数日，等晒干后再剥去外皮，然后根据需要将之截成各种长度。她们用芨芨草编织成毡房的门帘、墙围、卧室或厨房的隔墙、晒奶酪的晒席等。编织时先用白色或蓝色的毛线将芨芨草扎编成形，之后用染成各色的毛线在其上编织成各种各样的花纹图案。

柯尔克孜族的纺织、刺绣自古就很有名。《元史·世祖本纪》载，公元1286年（至元二十三年）元政府"赐欠州诸局工匠纱五万六千一百三十九绽十三两"。可见当时柯尔克孜纺织业的发达，不仅是妇女的手工，而且还有一支庞大的从事纺织业的工匠队伍。西迁天山之后，专门从事织造业的工匠和织造局没有了,但柯尔克孜族妇女的纺织、刺绣工艺,作为一种家庭副业却有很大的发展。

柯尔克孜族的刺绣工艺种类繁多,多表现在布料、皮革、毡子、挂毯、褡裢、帷幔上,原料为捻制的毛线和丝线;工具有骨针、铜针和铁针等;刺绣方法分刺绣、贴绣、扎绣、镶坠彩绘等。柯尔克孜人家特有的陈设——壁挂,上面的图案就是用手工绣制的。

壁挂一般长3米,宽1.2~2.5米,为长方形,底多用紫红色平绒做成,边用黑平绒,边芯相接之处,吊以丝穗,图案则用不同的刺绣方法绣制。绣壁挂颇费功夫,绣成一块壁挂需要很长的时间,少则一年,多则两三年。

吾依村的柯尔克孜族妇女绣花喜欢用红、绿、蓝、白几个颜色的线。其中,红色系的线用得最多,有枣红、桃红、紫红、大红等。绣帷幔的时候一般都是先用粉笔在上面画好图案,然后再绣。据文献记载,柯尔克孜族刺绣的图案曾有过关于玛纳斯和战争的题材,现在,这些图案基本看不到了,取而代之的是花草和各种动物图案。动物图案有羊角、鹿角、牛角等兽类,也有鹰、孔雀及其他鸟类、鱼虫;自然花草类有星云、火焰、山川、河流、柳枝、牡丹花、无花果、葡萄纹等;此外,还有各种各样的几何图形类,有直线、曲线,有四方形、菱形、多边形等。

图 11-2 吾依村织绣纹样图案

吾依村的妇女都是刺绣的能手。她们不仅精心绣制了家中的毡、幔、枕头、被褥、台布、垫布，而且许多人还专门为别人刺绣，以补贴家用。村里的裁缝阿尼帕就是一个有名的刺绣能手，她绣的毡、幔、壁挂等不仅得到当地人的好评，而且还得到了政府的赞誉。去年，曾有人把她绣的一些东西作为样品带到了吉尔吉斯斯坦。

如今，柯尔克孜族的刺绣越来越受到外界的青睐。刺绣不仅是柯尔克孜族妇女的必备手艺，而且也将作为柯尔克孜族文化的一个代表而得到发扬光大。

五、羊皮口袋的制作

羊皮口袋是柯尔克孜族常用的容器之一，过去柯尔克孜族几乎家家都有，人们用它来制作和盛放马奶子。羊皮口袋的做工很讲究，一般用四五岁的公山羊皮制成。将羊宰杀后，将皮完整地剥下来，剥的时候不能弄破，然后去毛，再用山上的一种叫做阿依哥勒奇嘎的草进行熏烤，需要反复熏烤 7~10 天左右。熏烤好以后，用马尾毛将其四条腿的地方扎紧，这样这只羊皮口袋就可以使用了。但是，它的使用期限只有一年，第二年如果再使用的话，还需要重新熏烤。

第三节 现代科技的推广应用

一、先进技术和方法的引进

按照整个乌恰县的经济发展规划，黑孜苇乡的各个部门都不同程度地引进了一些需要的新技术、新品种和新方法。首先是畜牧草原站对牲畜品种进行了改良。黑孜苇乡原有的牲畜个体小、品种单一,于是,他们便引进了个体大的麦盖提羊和成活率比较高的塔什库尔干羊。并且还对牲畜的配种方式进行了改革,由原来的自然交配改为人工授精。除了畜牧站,政府也会组织人员到外地去为牧民引进优质种羊。其次,农经站积极为广大农民引进、推广新种子,并对农民的田间耕作实施技术指导。此外,村公所也积极为村民引进优质粮种。现在吾依村民普遍种植的麦种是奎屯5号、唐山、八十恰尔塔克等品种,这些都是村公所近几年陆续从阿图什、阿克陶等地引进的。

二、农业机械设备的使用

随着经济的不断发展,村民们使用的农业机械也不断增多。详见下表:

表11-2 库拉日克村择年主要农机具设备统计表

名称 数量 年度	大中型拖拉机	小型拖拉机	磨面机	榨油机	大卡车	推土机	驴车
1979	—	—	—	—	—	—	—
1990	2	10	1	1	3	1	82
2000	0	18	2	2	3	1	60
2002	3	12	2	2	2	1	74

(资料来源:黑孜苇乡统计员塔依尔提供)

虽然吾依村没有自己的收割机,但是,村民们的收割仍实现了机械化,每到收割的季节,都会有许多外地人(主要是喀什的)开着收割机来到村里,为村民们收割麦子。价格每亩30~35元不等。

三、现代科普知识的宣传

现代科普知识的宣传，首先是从党员做起的。黑孜苇乡不仅定期对党员干部实行电化教育，而且还出台了《黑孜苇乡农村党员电教科技工程实施意见》，并通过制定电化教育目标管理责任书，开展党员电教科技知识竞赛等活动，进一步落实责任，强化各党员对电化教育科技知识的学习。《黑孜苇乡农村党员电教科技工程实施意见》根据党员电化教育要按照实际、实用、实效的原则，提出了几个坚持：

《黑孜苇乡农村党员电教科技工程实施意见》

为认真贯彻落实上级有关党员电教的精神，全面提高我乡农牧民党员干部的科技文化素质，建立一支党员科技队伍，增强基层组织的凝聚力、吸引力和战斗力，推动我乡经济建设的持续有效发展，结合黑孜苇乡实际情况，特拟定我乡党员电化教育科技工程的实施意见。

一、要坚持"三性"思想与科技教育同步进行。

在电教科技工程实施中，要严格按照实际、实用、实效的原则，坚持"三性"思想与科技教育同步。一是要坚持播放内容的针对性。各村要根据产业结构和农时季节、作物品种、管理阶段，有针对性地选择相应的科技片播放；二是要坚持播放内容的针对性。农牧业科技片，播放要不违农时，什么季节就播放什么科教片。要使农牧民晚上在播放室里学习，白天在田里实践。要做到农牧民有什么产业就播放什么片子。到什么农时就播放什么片子；农牧民需要什么运用技术就播放什么片子；三是要坚持播放的广泛性。要将播放对象有计划地向普通农牧民延伸，向种植养殖专业户延伸。

二、坚持"三化"，逐步使电教科教规范发展。

科技规范发展。一是必须坚持科技电教制度化。每月保证播放两部电教片，农忙时播放一部。形成制度；二是必须坚持科技电教片的播放课堂化。在播放科技片时与在实施电教科教工程时，对科技电教片的播放要坚持"三化"，逐步使电教农业技术推广站紧密配合，聘请有关部门专家、技术人员，边播边讲解，对一些重要的种植养殖技术，还应该边讲边示范操作，要使播放变成科技教育第二课堂；三是必须坚持科技电教片的播放方式灵活，克服以往主要在冬闲进行的现象，虽然可以集中时间学习各种致富技术，但仅靠冬天学习是不够的。冬天无法边学习边操作。例如农作物种植技术等，要根据农时，到什么季节就播放什么片子，有些电教片可以反复播放，甚至需要哪一部分就播放哪一部分。什么时间需要就什么时间播放。要用科技电教片指导种植、养殖、管理和经营，使电教科技工程成为农牧民致富的智囊、向导和百科全书；四是必须坚持电教科技片发展普及化，针对各村的具体情况和一些科技示范户以及其他农牧民定期提供和发放电教科技片。

黑孜苇乡电教办
2002年3月27日

在几个坚持的指导下，各大队都积极组织党员参与培训，学习先进的科学技术知识，并取得成效。在考评中，吾依村的几个党员都取得了好成绩。

党员电化教育在为农村党员提供学习先进科学技术知识的机会的同时，也使广大村民有所受益。这首先表现在科教片观看的灵活性上，虽然说科教片是放给党员看的，但在放映的时候村公所都允许而且动员农民来看，这样一来，农民们也可以学到科教片所教的技术和知识。其次，有一些党员在学到科学知识以后，会到村民中宣传，并把学到的知识和技术教给周围的人，带动他们学习先进技术。

除电化教育外，乡、村有关人员还会到村里宣传，组织村民们学习，对他们进行培训。据村民反映，近几年来，乡和村里都经常组织他们学习科技，每年都要搞五到十次，一般是在农忙季节来临之前。到收麦子、栽杏树时，队里还派人来指导。这些知识对农村的发展很有用，比如，村里曾介绍过一种节省草料的方法，将玉米叶粉碎后，加食盐，发酵，用来喂牲口。村民们认为村里宣传、介绍的都是经济上能用得到的知识，只要学好、做好了，收成就会好。

四、现代医疗卫生工作的开展

（一）医疗卫生机构的设置

民国时期，乌恰县没有医疗设施，没有职业医生，长期缺医少药，人民生病无处医，结核、天花、霍乱、麻疹、百日咳、痢疾和鼠疫等急性、烈性传染病十分猖獗。中华人民共和国成立后，党和政府十分重视卫生保健事业，在城乡设置了卫生机构，并组织医疗队深入农牧区巡回医疗，同时实行公费医疗和合作医疗，修建防病改水工程，提高人民群众的身体素质和健康水平，基本上根除了鼠疫、天花、霍乱等传染病。

1959年开始，乌恰县在农村实行合作医疗制度，农村人民公社社员及家庭成员每人每年交纳医疗费2元，由公社收交卫生院，作为医疗资金的来源，不足部分从社、队公益中支付，或由民政部门从社会福利中支付一部分。为加强对合作医疗制度的监督，县、社还成立了合作医疗委员会。合作医疗的方式，在一定程度上解决了农牧民治病难的问题。1985年，农牧区实行生产责任制，合作医疗停止实行，农牧民生病自费医疗。

除了合作医疗，黑孜苇乡还建立了药厂。1976年，为了解决卫生院的用药困难，县卫生科组织黑孜苇公社卫生院职工采集、加工中草药，建立小药厂支援合作医疗。药厂曾制成青兰糖浆、麻杏甜糖浆、茵蒲车石汤、甘草汤、马勃粉等药品，在临床治疗中取得了好效果。1985年，由于地震毁坏了厂房，小药厂停产。

1. 黑孜苇乡卫生院

吾依村没有卫生所，但因为乡卫生院就在村里，所以，村民们就医还是比较方便。

黑孜苇乡卫生院的前身是1972年成立的卫生所，1981年3月改称卫生院。初建所时有医务人员3人，柯尔克孜族人托热·克力木任所长。后由托哈托逊和肉孜·依力先后任所（院）长。1990年，有医务人员6人，病床5张，高压锅1个，听诊器3副，血压计1台，还有一些采制中草药的器具。近年来，黑孜苇乡卫生院的人员大幅增加，到现在已经达到35人（另有3名赤脚医生，不算在医院编制之内）。其中，医生18人，护士14人，化验员1人，药剂师1人，会计1人。汉族6人，柯尔克孜族23人（其中，吾依村的有4人），维吾尔族6人。具有大专学历的有12人，中专学历的23人。

现共有医务及办公用房450平方米，其中门诊部120平方米，住院部330平方米。设置了门诊部、住院部、药房、注射室、X光室、心电图室、B超室、化验室、妇产科、财务室等十个医疗服务部门。有核定病床10张。

该卫生院是以预防为主，积极治疗的基层医疗机构。预防主要分为妇幼保健工作和计划免疫工作两大类。妇幼保健又包括计划生育、孕妇系统管理、新生儿系统管理、接生等。在计划生育方面，医院按照黑孜苇乡计划生育委员会的协议，对广大农、牧民妇女进行免费检查和咨询，如查环、放环、胎儿检测等。医生们还按期到农牧民家中为孕妇、新生儿进行体检，帮他们测心率、量血压。这些做法受到了村民们的热烈欢迎。在免疫工作上，医院积极配合国家政策，为农牧民免费接种四种疫苗，即卡介苗、麻疹疫苗、三联（百白破、百日咳、破伤风）、脊髓灰质炎疫苗。冬疫苗的接种率不低于85%。2003年，医院还按上级卫生部门的通知，为贫困户的新生儿接种乙肝疫苗。自1996年以来，医院还配合县卫生防疫站，连续五年对活动期的肺结核病人进行免费治疗。

村民们生病也常到乡卫生院去治疗，所治主要是呼吸道疾病、消化道疾病和妇科方面的疾病。医院的妇科和儿科比较有名，副院长对儿科相当在行，经常有人找到家里去请他看病。

为提高医院的诊疗水平，更好地服务广大患者，医院曾派人到外地去进修。现已经有5人先后在自治区医院、州医院、和田医院、县医院等医院的儿科、放射科、妇科、初保等科室进修过。

尽管如此，医院的发展仍存在许多的问题：（1）人才缺乏。这又有两方面的问题：一是医院现在尚无本科及以上的专业人才，因此，引进人才对医院来说至关重要。但是，由于待遇跟不上，许多人不愿意到这里来工作。二是医院原有的医务人员需要进一步提高，需要到上级医院进修，但要得到进修机会却很难。（2）医院的设备陈旧。医院没有手术室，也没有救护车、冰箱、多功能心脏监护器、氧气、吸痰器、分析仪。做X光、心电图和B超的仪器都是1997年县医院老化的淘汰机子。由于设备缺乏,医院的化验室只能做血常规、大便、尿常规,其余的都无法做。(3) 缺少药品,尤其是贵重药品。医院所缺少的药品主要有18种氨基酸、补血药、难以保存的药品,如低分子右旋糖酐注射液、瑞吉停注射液、人血白蛋白等。

当然,由一个只能配制一些中草药、治疗一般常见病的医院,发展到今天的规模,黑孜苇乡卫生院与以前相比已经发生了巨大的变化。这些变化不仅表明了医院医疗水平的提高,同时也意味着吾依村民的就医环境得到了改善。

环境变了,村民的卫生意识也有了转变。过去,村民们就医很难,现在村里不仅有了医院,而且还有了自己的医生、护士。黑孜苇乡卫生院36名医护人员中,就有4名出自吾依村,其中还有一位当了副院长。

2. 乌恰县敬老院

现在的乌恰县敬老院位于黑孜苇乡叶克铁列克村,是在原来的黑孜苇敬老院基础上建成的。乌恰县原有三个敬老院,1959年调整后,只留下黑孜苇公社一个敬老院,入院老人16户、19人和孤儿21人,其余老人分散照管。1987年,乌恰县民政局集资7.1万元,建成黑孜苇敬老院,属民政局直接管理,院址在黑孜苇乡叶克铁列克村。敬老院有宿舍、办公室、活动室、食堂等15个房间,建筑面积368平方米,全院占地15亩。1987年,敬老院共收养全县各乡送来的"五保户"、孤寡老人12人。全院有管理、服务人员3人。有彩电、收录机、洗衣机,有生产、生活用小四轮拖拉机1辆,另外有4头牛和90只羊。院里的工作人员热心为老人服务,在资金不足的情况下,积极养羊、养牛,实现肉、奶自给。不仅无微不至地关心、照顾老人,还为老人们订了多种老年报刊、杂志,并经常组织老人进行丰富多彩的文体活动，活跃老人的文化生活。1990年，被评为自治区先进敬老院。

现在，县敬老院的规模进一步扩大。工作人员已达到9人，是原来的三倍，吾依村有1个老人入院，有3人在敬老院工作。现院中收养着14位老人。

（二）各种地方疫病、流行病的防治

1.人群地方病、流行病的防治

据《乌恰县志》记载：民国时期，乌恰县流行肺结核、梅毒、炭疽、斑疹伤寒、副伤寒、肠伤寒、麻疹、百日咳、痢疾、天花和鼠疫等流行性疾病，其中常见的肺结核、梅毒、淋病患者占总人口的4%~5%。

中华人民共和国成立后，1951年，医务人员在进行巡回医疗的同时，进行天花、麻疹、百日咳、肺结核、痢疾、狂犬病等监测。1952年，县卫生所制定上报制度，每10天上报一次。自1953年起，卫生所开始开展预防接种工作，一年预防接种一次，主要预防麻疹。1954年，乌恰县传染病流行，主要是麻疹、小儿麻痹、梅毒、淋病、肺结核，疫区主要在膘尔托阔依、波斯坦铁列克、黑孜苇等3个乡，死亡率很高。黑孜苇乡仅康什维尔（现称康西湾）一个大队麻疹流行就死亡30人。据吾依的老人回忆，当时村中也有很多人传染上了疾病。

1956年，县卫生院积极防治各种疫病，全年接种牛痘7 431人，各种预防注射5 772人次，治疗各种疫病患者6 924人次。当年，国家卫生防疫部门和克孜勒苏柯尔克孜自治州卫生工作组前往二区调查鼠疫情况，进行防疫指导，并给贫苦牧民免费医疗2 843人次，干部公费医疗2 121人次，有效地防止了各种恶性疫病的流行。1959年，县医院和3个公社卫生所的医务人员积极为病人诊治，共诊治各种病人13 964人次，其中县医院治疗10 737人次，并派出医疗队巡回治疗，防止了传染病的流行。

1963年，乌恰县贯彻"预防为主、积极治疗"的方针，面向农村，服务生产，克服医务人员少（仅30）、地区广阔分散的困难，经常派出医务人员巡回治疗，采取住院、门诊和巡回诊治相结合的方法，为广大农牧民疹病治病，减少了疾病的发生。

1961年，县卫生防疫站成立后，防疫人员坚持"预防为主"的原则，做了许多预防工作，收到了预期效果。尤其是1978年国家颁布《中华人民共和国急性病管理条例》和1980年卫生部颁布《开展计划免疫的两个办法》文件后，防疫人员按照文件的精神积极做好防治工作，有效地防止了疫病的流行。

1988年，阿图什发现了"二号病"，县人民政府积极采取政策进行了预防，颁发了恰政字（1988）第45号文件。

在各种流行、传染疾病的防疫工作中，乌恰县一是抓好以"三管一灭"（管病人、管食品、管厕所、灭苍蝇）为中心的群众性爱国卫生运动；二是建立疫情报告网；三是加强对人员的管理工作，控制带菌人员流动；四是加强领导，各村社主要领导亲自抓防治。

近年来，在世界红十字会的支持、地方各级部门的重视及配合之下，黑孜苇乡主要的流行病活动期肺结核已基本上控制住了。但是由于农牧民的防病、治病意识不强，不能很好地配合医务人员的工作，以及一些疫苗因保存条件差而失效等原因，麻疹、苗痢、淋病、腮腺炎等危害性不太大的流行病仍然没有得到完全控制。而且，淋病和乙肝还有逐渐增多的趋势。因此，地方性疫病、流行病的预防和治疗任务还相当艰巨，还有待于各个方面的积极努力。

2. 牲畜疫病的防治

中华人民共和国成立后，乌恰县曾发生过羊痘、炭疽、山羊传染性胸膜肺炎、牛羊口蹄疫、山羊出血性败血症、羔羊痢疾、羊传染性乳房炎、马鼻疽、马腺疫、马传染性淋巴结炎、牛羊布鲁氏杆菌病、绵羊传染性肺炎等多种传染性疾病。

黑孜苇乡的牲畜传染性疾病也非常厉害。1956年，黑孜苇发生口蹄疫，患病牲畜287头。1982年，黑孜苇还发生过羊瘟，导致部分牲畜死亡。

针对这一情况，乌恰县积极采取措施做好预防和治疗工作。1950年，县成立兽医诊疗所，开始检查和治疗畜病。1954年，正式成立畜牧兽医工作站，从此有计划、有组织地开展防治畜病工作。1980年，黑孜苇乡兽医站成立。在兽医站成立后，采取预防为主、治疗为辅，两者相结合的原则，为牲畜注射疫苗，给广大牧民发药，讲解治病方法，并为牲畜进行药浴、驱虫，减少了牲畜患病的机会。

虽然如此，防治牲畜疫病的工作仍在进行。现在防治的重点是口蹄疫，但今年又出现另外的畜病：据说是牛的血液里出现了虫（泰勒虫病）。针对这一情况，畜牧站的工作人员们积极为牲畜注射牛环形泰勒虫病活疫苗，为牧民们解除了后顾之忧。如今，对牲畜的疫病防治已进入了系统管理的阶段，畜牧草原站已为每一只牲畜建立了档案。牧民们只要每年交3元钱给畜牧草原站，就可以享受如下服务：两次洗羊、两次驱虫药、一次羊圈消毒、两次口蹄疫苗注射、一次羊痘疫苗及一次防羊痢疾疫苗。牛也是一样的，只是牛配种每次需要30元，而羊的不用另外出钱。乡畜牧草原站还每年对牧民进行两次培训，教他们如何养羊，怎样给羊洗澡，为羊圈消毒等知识。这些做法，有效地控制了疫情的发生，使黑孜苇乡包括吾依牧民的放牧条件得到了很大的改善。

五、科技发展与社会进步

（一）科技与生产的发展

科技的进步促进了柯尔克孜族人思想观念的变化，也促进了生产的发展。过去，柯尔克孜族种地都用农肥和牛羊粪，人工除草，人工收割，这种耕作方式不仅耗费人力，而且粮食产量也不高。随着社会的发展和科普知识的逐步推广，人们渐渐改变了传统的耕作方式，逐步将科技知识应用到生产当中。化肥、农药的使用也提高了粮食的产量，2002年，吾依村的小麦亩产220公斤，油菜亩产159公斤。到2003年，小麦亩产增加到323公斤，苜蓿亩产218公斤。

（二）科技与生活质量

科技的进步不仅促进了吾依村民生产的发展，同时，促进了人民生活质量的提高。在1967年只有乡干部才有，而且是要放在衣服中听的收音机，在现在的柯尔克孜人家几乎是随处可见，并且不止是在农区，就连在高山牧场，人们也可以听到收音机里传出的歌声。1985年，全村只有苏力坦别克家有一台电视机，全村都到他家去看电视。如今，人们已不再满足于只看电视，村里不仅电视的数量增加了（2003年，吾依村我们抽样调查到的32户人家中，就有电视31台），而且，VCD（4台），录像机（1台）等也走进了柯尔克孜人的生活；1989年，村里出现了第一辆摩托，它是原村党支书依沙克的，是一种身份和地位的象征。也在同年，村里有了第一辆汽车，但是旧的东风车。时至今日，摩托、汽车再也不是只有领导才能拥有，普通家庭只要经济情况允许就可以买上一辆摩托，有的甚至买两辆。经济条件再好的甚至于把摩托也纳入到嫁妆中来。现在，吾依村抽样调查的32户人家中有8辆摩托，2辆汽车（含1辆皮卡车），1辆三轮摩托。1999年，村里装了第一批电话，当时也只有少部分人能装，但现在，村里通电话的人家已经有十几家。这些现代科技发展带来的产品，让村民的生活发生了很大的改变，生活的质量也在不断地得以提升，用村民的话来说，那就是："现在的生活比起过去是越来越好了。"

表 11–3 吾依抽样家庭家用电器统计表

名称\数量	电话（部）	录音机（台）	录像机（台）	VCD（台）	洗衣机（台）	冰箱（台）
N = 32	10	13	1	4	6	2
名称\数量	缝纫机（台）	电熨斗（个）	燃气灶（台）	燃气灶（台）	摩托（辆）	汽车（辆）
N = 32	10	3	6	6	8	2

第十二章 宗　　教

　　宗教信仰是民族文化中最能体现一个民族思想观念、内心意识的重要部分之一，也是会深刻影响各民族生活方式、风俗习惯的重要内容。在吾依村，村民的宗教信仰从总体上说体现出一种以伊斯兰教信仰为主导，同时兼有多种原始宗教信仰形式的特征。这样的特征，也反映在村民的生活和行为当中，显示出宗教信仰上的一种复杂性。

第一节　原始宗教信仰

　　历史上，柯尔克孜族先民信仰过原始宗教、萨满教、喇嘛教等，迁入天山以后才开始信仰伊斯兰教。尽管柯尔克孜族皈依伊斯兰教已有数百年的时间，吾依村的农牧民也已经在伊斯兰教的熏陶下变成了纯粹的穆斯林，但是，在村民日常生活习俗的背后，在他们信仰的底层，我们依然可以看到曾经在其先民身上发生过影响的种种宗教信仰的痕迹。直至今日，也还能在仔细地辨别之后，看到远古信仰的遗留。这些原始的信仰包括了萨满教，也包括占卜和巫术以及原始的自然崇拜、图腾崇拜和祖先崇拜等等。

第十二章 宗　教

一、萨满教

萨满教是我国北方阿尔泰语系一些民族普遍信仰的一种原始宗教。

历史上，柯尔克孜人曾信奉过萨满教。

直到今天，柯尔克孜族中仍有萨满在活动，男人称 Dahan（达汗），女人称作 Bakxi（巴赫西），他们为人驱鬼治病、占卜、解梦、相面等。在吾依村民当中，萨满的影响至今依然存在，尽管这样的影响相较于占主导地位的伊斯兰教来说显得稍为隐蔽。在村民的心目中，与萨满教有关的一些崇拜现象依然在影响着他们，发挥着作用。具体而言，表现为在村民中仍具有以下的信仰观念和仪式习俗：

（一）祈福祛灾习俗

1.萨满治病祈福、看相算命

柯尔克孜族人在生病或遇到什么灾祸时，有请萨满祈福祛灾的习俗。在吾依村，村民们依然相信萨满具有的神力及萨满的活动所能带来的效果。吾依组中虽然没有萨满，但在邻近的与吾依同属库拉日克行政村的羊叶尔小队中，有一名巴赫西，30多岁的年纪，村民对其神力较为相信。吾依的村民也会时不时地找她算命、占卜，请她为人看病、治病，祈福祛灾。我们在夏牧场上，曾经遇到了这名巴赫西，据同行的村民讲，她算命非常之准，他们都有几分相信。在这里，我们看到了原始宗教萨满教与伊斯兰教的融合，也看到了宗教信仰在当地民众中的相融混杂。原始的萨满教要继续在民间生存，也不得不改头换面，依赖于强势宗教，才有可能获得立足之地。

2.扩孜莫尼乔克

柯尔克孜语音译，意为"避开注目"。柯尔克孜人认为，婴儿和美女如果长时间被人的目光，特别是凶恶的目光注视，会身体不适、生病或遭到其他灾难,为避开别人注目,常在新生婴儿和漂亮姑娘的脖子上戴上耀眼的宝石、金银等。用这些金银珠宝闪烁的光彩转移人们对婴儿和姑娘的注目,避邪消灾。在吾依村同样如此,不管是在平常还是在婚礼节庆场合,我们都可以看到许多妇女都喜欢佩戴各种金银首饰。项链、耳环、手镯、戒指等是每个女人的心爱之物也是必备之物。在节庆的场合,她们更是会将所有好看的饰物都戴在身上,加以展示。这样的观念和心理,一方面与爱美之心有关,另一方面也与传统的信仰有关。

3. 翻石求安

柯尔克孜人患病时,为了求得康复,将一些从未挪动过的石头翻个底朝天,让石头从未见过亮的一面得到阳光的照射。认为太阳照晒了石头阴湿一面,石头的阴面得到了阳光,病人的身体也能得到康复。在吾依村,尽管人们有病的时候也会去求医问药,但是更多的时候人们会同时求助于医药和原始信仰,与其说这些原始信仰的方式真的能治病,毋宁说它给了村民一种心理上的慰藉和满足。

4. 借畜祛病

作为一个传统的游牧民族,羊在吾依村民的生活中占有重要的地位。羊只不仅给村民提供了饮食方面对肉、奶的需要,还是村民主要的经济来源之一。更有甚者,村民在遇到一些特殊的病症的时候,还会借羊来驱除疾病。家中有人常患疯癫症,特别是小孩惊风,则以患者的名义打一只公山羊羔来放生。放生前先从左到右绕患者转3圈,然后让其伴在患者身边,直到患者好转。在绕患者转圈时,如果羊羔小便或打喷嚏,则认为吉祥。准备放生的羊羔不得转卖外人,不得送给亲友,也不能剪毛,必须伴患者病愈后放归自然。柯尔克孜人认为,这样病将随羊而去,不再返还。

第十二章 宗　教

5. 匕首驱魔

柯尔克孜人认为，常会中风、中邪的病人，在单独上路时，须随身携带匕首或其他刀子，当夜宿荒野时，须用匕首在地上绕自己刻一圆圈，并将匕首枕在头下。传说，魔鬼的头发曾被刀割断过，而没有头发的魔鬼是不能自由行动的，因此，它们很怕刀。同时，匕首所划的这圆圈，在魔鬼面前呈现出的是6层厚厚的墙壁，因此，它们根本无法靠近睡觉的人。吾依的村民们，尤其是男性，几乎人人都带着一把随身的小刀或匕首，除了吃羊肉时派上用场外，确实也可以用来壮胆。

6. 护身符

有的村民会随身携带或佩带着一种为避邪消灾特意缝制的小布包。多为三角形，也有其他形状。内装毛拉书写的经文或咒语，村民认为这样的小布包具有护身符的作用，携带者往往精心保管，倍加爱护。除此之外，村民也常常将狼拐骨作为护身物佩戴于身上，认为有避邪的功用。

7. 布施消灾

柯尔克孜人相信布施能消除灾祸，祭祀能赎罪免灾。因此在做了恶梦有凶兆时，便做饭请全村人吃，这便是萨满教布施消灾的习俗。在《玛纳斯》中就在绮依尔迪难产之时，她的丈夫加克普巴依就给周围的邻居送去了牛肉、白面，布施了银两，以解除其痛苦。在现代，凡宗教人士到村里化缘，村民们都乐于施舍，这与他们认为布施可以消灾免祸的意识是分不开的，也与村民的互助意识、行善观念密不可分，从而形成了当地柯尔克孜人乐善好施的社会风尚。

(二) 占卜和巫术

现代的吾依村民中依然有占卜的习俗，在牧场上常可看到三五成群的人围在一起用石子或羊拐骨占卜，就连小孩一起玩耍时也会拣几块石子占卜，特别是有亲人外出时，家人往往会用石子或羊拐骨占卜,问其吉凶和归期。吾依的村民们在进行重要的活动、仪式如婚嫁、割礼之前,依然会去卜卦,去看一个好日子,或者求一个吉时良辰。尽管如此,柯尔克孜人还是对占卜表现出半信半疑的态度,故而有"占卜家口若悬河,没有一句真话","不能信,但它也不能少"等俗语。事实上,现在的占卜仪式在村民心目中已不像过去那么严肃、隆重,有时显得十分随意,甚至成为一种游戏和娱乐。

除了占卜、算卦外,吾依的村民在生产生活中还会施行一些其他的巫术行为。如把自己认为圣洁的东西,举到人的头顶上旋绕或扑打,以此来祈福,这是一种在民间相当普遍的法术。此类巫术中最常见的就是结婚时要用羊肺扑打新人的头顶,以示祝福。村民结婚时至今要行此俗。

在村民中,如果认定某某人的眼睛有邪气,在和那人相遇时就不能从他的右侧走过,一定要从他的左侧走过,而且走过去以后,还要悄悄抓起一撮土,向他背后撒去,以此来避开毒眼的邪气。如果认定什么人的舌头有毒气,就相信那人说出的言语会致人以险境。所以作为对策,一定要诅咒那个人的舌头长疮溃烂。尤其对眼球长有白点、舌头长瘊的人特别的恐惧,如果他们是独生子,更是处处防备,尽量避免受到他的怒视和谩骂。

(三) 禁忌与梦

1. 忌傍晚睡觉

从萨满教的观念出发,柯尔克孜人认为,傍晚是妖魔鬼怪频繁活动的时刻,必须格外提高警惕,决不能在这样的时刻睡觉,否则容易被妖魔缠身,遭到灾祸。现在,吾依村民仍然遵守着这样的禁忌,但是一些年轻人不再相信鬼怪活动的说法。

2. 梦

吾依村民至今普遍相信梦兆,通常认为梦见背柴是吉兆,不久将有所得；梦见羊则是凶兆，会交噩运。还认为女人很难梦见棉花，男人很难梦见毛驴。如果女人梦见了棉花，男人梦见了毛驴，则是大吉兆，必定前程似锦，万事如意。此外，村民还认为梦见蛇也是吉兆，表示一路平安，会发大财。如果梦见有人吵架，从山上跳下来等，则是凶兆，做了这样的梦，家中要宰羊、做博尔萨克，请邻居来吃。如果家中很穷，无法宰羊，就请7个人来做成一种类似糊糊的饭食，其中要放入7种谷类，如米、小麦、玉米等，然后请亲朋邻居中较年长的人来食用，小孩子则不能吃。

二、自然崇拜

自然崇拜是广泛存在于世界各民族中的一种原始宗教信仰形式。在柯尔克孜族包括吾依村民这里，至今具有自然崇拜的诸多遗留和痕迹。吾依的先民在长期的游牧生活中，与水草天地发生了密切的关系，于是，就对这些决定着他们命运的自然物产生了敬仰、崇拜之情，形成了自然崇拜。这些自然崇拜现象，也与原始的萨满教具有一定的关系。因为万物有灵既是萨满教教义的核心，也是产生自然崇拜的基础。

在吾依村民中，自然崇拜的对象和内容十分广阔，上至苍天和日、月、星辰，下至山、水、土地、森林、树木、青草都在崇拜之列。他们认为天地日月，树木花草，自然界万物都需要祈祷和祭祀。

(一) 苍天崇拜

苍天，柯尔克孜语称作"腾格里"。祭天、拜天、向上天祈祷，是柯尔克孜人最古老的习俗之一。在吾依村民这里，同样充满了对上天的崇拜。尽管村中已经没有严格的祭天活动，但是村民们特别是老人们仍习惯于遇到困难的时候即向上天祈祷，祈求护佑。村民们还经常向上天发誓，以表心迹。村民们经常挂在嘴边的话就是："这个嘛，只有天知道，我可不知道。""这些事情，自有上天来安排。"这样的话语，实则反映出自然崇拜的一些讯息。

（二）日月星辰崇拜

柯尔克孜族的自然崇拜还表现在对日月星辰等自然天体的崇拜上。对太阳的崇拜有很多表现，《玛纳斯》中英雄玛纳斯被认为是太阳之子，牧场上的毡房门要朝东，向着太阳升起的方向。每天太阳升起和落下的时候要向太阳敬礼和告别。柯尔克孜族神话中说到人是上天创造的，而天神创造的第一人就是"阿依阿达"，即月亮父亲，因而对月亮也有着特别的崇拜。吾依组的村民们至今遵守不能面朝月亮出恭的禁忌，如不慎违戒，则要向神灵忏悔求饶。在新年诺鲁孜节的夜晚，还有向月亮恭立祈祷的习俗。太阳、月亮还是村民取名时常用的名字。

村民们还认为，天上的每一颗星都代表人间的一个生命，如果天上有一颗星星陨落，就代表人间有一个人去世，这种观念一直流传至今。今天，村民中仍有不许在星光下裸体，不许将落入眼里的杂物吹向星空的习俗。

（三）山水崇拜

"山是柯尔克孜人的父亲，水是柯尔克孜人的母亲"这句家喻户晓、人人尽知的谚语，在柯尔克孜族中流传至今。在乌恰县城街头有一座雕塑，雕塑的上方是一把库姆孜琴，琴的两边是两顶白毡帽，雕塑的底座上就写着"山父水母"四个字。这种视山水如父母的民族感情和意识，与传统的山水崇拜观念是分不开的。

柯尔克孜人对山水的崇拜，与其生产生活的环境有十分密切的关系。以游牧为生的柯尔克孜族，世代生息在干旱的高山草原上，逐水草而牧，靠天养畜，山和水是他们生存的最重要的依赖，靠山上自然生长的青草养畜，靠山上冰雪消融的山水润泽和生活,在他们的心目中即产生了人类的生命以及赖以生活的一切事物都是山水恩赐的观念。对山水的崇拜,表现在柯尔克孜族生活的各个方面。如过去柯尔克孜人出征前要到大山下进行祭祀仪式,以求得山神的保护,获得山一样的力量。在吾依村民中,也普遍存在神山、圣水的观念,村民们至今依然相信水具有非凡的神力,在村子附近还有不少泉水被村民视为圣水、神水,村民们经常到这些圣泉下取水,以求消灾祛病。

在离吾依村约一两公里处水泥厂旁就有一处圣地"库克托别",库克托别是柯语,意为绿色的山坡,位于离吾依村约一两公里的水泥厂旁,由两座连体小山丘组成,山顶上自然形成一处泉水,山顶的泉水又顺流而下,并在山脚形成一个水塘。村民认为这些泉水是圣水,可以治皮肤病及其他疾病,因而经常到这里取水饮用以求治病。据村民介绍,在圣地的朝拜活动大约有三百年了。过去吾依及附近村落的村民在遇到干旱、洪水、地震等自然灾害或人畜感染疾病的时候,经常到库克托别宰羊、做油饼、喝泉水,进行祈子、求雨、消灾或其他祭祀活动。久婚不孕的妇女常到此求子。如果是自然灾害等涉及全村的事务,整个库拉日克村中能去的人都会参加朝拜活动,祭祀的时候所有的男子坐在一起,面朝西方,由阿訇带领着念经、祈祷。去朝拜的家庭根据自身的经济情况,带着马、牛、羊、小麦面、清油等物品,在做饭时边往锅里倒油就边许愿:十二万三千四百四十四个神知(村民认为是这些神在教导他们,他们才有智慧),同时,每个祈祷者都说出包括自己在内的7代祖先的名字。最后,将炸好的油饼、肉条分好,大家坐在一起吃。吃完后,阿訇等宗教人士念经,念完后大家口念"奥咪",之后将各自从家中带来的白布缠于插在山顶上的木杆上,作为朝拜的标志。走的时候,来朝拜的人们要互相祝福对方,相互祝愿身体健康家庭幸福等等。1985年村中大地震的时候,整个库拉日克村的村民就曾在这里宰羊祭祀。1985年地震后，政府为了保护圣地的泉水不被污染，还在其北侧砌了一堵墙。在1985年地震后，以前那种大规模的整个库拉日克村的祭祀朝拜活动已经很少了，只有一两次以各个自然村为主的朝拜活动。到现在，已有将近三年的时间没有举行过大规模的祭祀了，只是偶尔有一些小规模的、家庭范围内的祭祀活动。据说，现在要到这里朝拜，还必须向县宗教事务管理部门提出申请，得到同意后才能朝拜。当然，我们在亲自到达圣地考察的时候，仍可看到村民们缠在山顶木杆上的朝拜标志——一条条白色及其他颜色的布条，在阳光和风雨的洗礼下已经褪去了原有的鲜艳，但仍然在山顶上立着，似乎在诉说着村民求祈的心声。而山脚下，依然可以见到村民朝拜时做饭挖出来的一口口灶，里面残留着一些烧剩的灰烬，也是村民朝拜留下的痕迹。

在库克托别圣地，必须遵守一系列的禁忌，如不能在圣地洗脚，不能乱动上面的东西等等。当然，羊等畜群有时也会爬到圣地上吃草、喝水，我们去考察圣地的时候，就见到羊群爬到圣地顶部，而圣地周围也可以见到大量的羊粪，这其实从一个侧面证明村民心目中对圣地的尊重和禁忌已经大不如前。同时，尽管其原初是一种对自然山水的崇拜，但在信仰伊斯兰教后，又加入了一些伊斯兰教信仰的内容，如由阿訇带领村民在圣地念经等，这也是当地宗教信仰交融错杂的表现和例证之一。

除了库克托别圣地外，吾依的村民也会到康西湾村附近山上的一眼泉边祈子。这出于村民心灵深处对山水的崇拜有关。

（四）火崇拜

柯尔克孜人认为火是温暖、光明的象征，在寒冷的冬天，给人以温暖；在黑暗的夜晚，给人以光明。认为火可以驱邪避灾，给人以健康和快乐，因此对火有一种崇拜之情。吾依村民至今仍相信火所具有的神圣魔力，他们对火的崇拜主要表现在：1.忌讳往火或灰烬上小便，认为这是对火神的不尊；如不慎违犯，则要向火神忏悔求饶。2.不能吹熄灯火，要让它自己熄灭。3.认为用火把或灯火在病人头上绕几圈，可以消灾除病。4.让远路而来的客人，特别是小孩从火堆上跳过，以免将邪气带入室内，以保家人平安。5.在各种场合举行跳火仪式，祈福消灾。如在迎亲路上燃起火堆，让新郎新娘从火堆上跳过，为新人祛邪和祝福。在民族传统节日诺鲁孜节的第一天傍晚，按传统举行跳火仪式，一般是用骆驼篷或松树的干枝叶点燃火堆，人们依次从火堆上跳过去，有的还要赶着牧畜从火堆上跳过，并将帽子放在火上熏一熏，希望能将一年的病魔、瘟疫、晦气和灾难全驱走，来年的日子像火一样红火。第二天，清晨一家之主要有松枝点着火把在每一个家庭成员头上绕三次，然后要在马、狗等家畜头上也绕三匝，最后还要举着火把绕畜圈走三圈，以祛邪消灾，祝人畜平安。在过生肖礼时，也要举行跳火仪式，让过生肖者和家人、来宾依次从火上跳过，认为可以驱走邪疾，带来福祉。6.与燃火有关，村民认为烟熏的方式也具有同样的效用。点燃松枝，使浓烟充满房间可以祛病驱邪，防止病魔的侵扰。熏烟时，人们还需不停地喊："阿帕甫！""阿帕甫！"尤其是新年时节，认为熏烟可以使新的一年人丁兴旺，畜群肥壮，增产增收。婴儿初次睁开眼睛时，人们也用熏烟仪式来祝福和祈求婴儿终身幸福、如意吉祥。

三、动物崇拜

由于传统狩猎及游牧生活方式的影响，柯尔克孜族一直以来存在对动物的崇拜，他们既要依赖于野兽的皮、肉以维持生计，又遭受猛兽袭击的威胁，在这种既依赖又畏惧的心理下，就产生了对动物的崇拜。柯尔克孜族的动物崇拜又经常表现为一种图腾崇拜,在古代史籍中很早就有关于柯族先民黠戛斯图腾崇拜情况的记载,说到其崇拜的对象有牛、雄狮、巨龙、猛虎、豹子、熊、鹿、青鬃狼、刺猬、鸦鹊、鹰等。吾依组的村民至今对上述的动物怀有特殊的感情,或是爱护有加,或是不敢轻易触犯。

(一) 狼崇拜

古代柯尔克孜人视狼为氏族的图腾,称狼为"有蓝灰鬃毛的勇士"。相传在古代,狼常引导出征的柯尔克孜人战胜各种困难。同时,人们也常常担心狼发怒,给人们带来噩运,因而对其膜拜,以求护佑。至今,吾依村民还有将狼拐骨挂在孩子身上做护身符或将之挂在婴儿摇床上的习俗,祈求孩子平安长大。很多大人身上也挂着狼拐骨,避邪祈福。由于狼不是跨越花绳的,因此村民们也遵守着不跨越花绳的禁忌。如果谁从花绳上跨过,就被视为罪孽,人们还常将那些心术不正、不敬祖宗的人指责为"跨过花绳的人。"

(二) 骆驼崇拜

柯尔克孜人认为骆驼能保护死者的坟墓,能增强巫术的力量。骆驼在墓地的鸣叫能给死者的灵魂以安慰。当巫师行使巫术时,让骆驼在身旁,巫术会更加顺利。行巫术后,最好能将骆驼送给巫师,认为这样巫术会尽快发生效应。直到今天,骆驼仍在村民的生产生活中发挥着重要作用,驮人、运物,骆驼都是很好的交通工具,牧民们牧场上转场的时候更是要用到它。因而村民对骆驼仍十分珍视,更将驼羔看做是珍贵的东西和待客的上品。

(三) 马崇拜

马一直是柯尔克孜人生活中不可或缺的重要部分,因而,马也在他们的心目中占有了特殊的地位。历史上,柯族人将杀马盟誓作为特别隆重的宣誓仪式，史诗《玛纳斯》中更有大量关于马的描绘。对精骑善射、崇武能战的柯尔克孜人来说，马已不单单是饮料、肉食、皮革、畜力的来源，它更是英雄的翅膀，辉煌的武功都是在马背上完成的。至今，在吾依村民心目中，马仍是神圣的，给客人赠马被当做对尊贵的客人的最大的敬意。马肉、马肠被作为上好的食物。婚礼上，要宰杀一匹马，马后腿肉只能由男性长者食用。

动物崇拜还表现在对各种动物的某个部位或器官的崇拜上。在柯族民间文学中，英雄的母亲在怀孕时，大多要吃猛兽的心肝，这样英雄出世以后也大都具有猛兽一样的神力。直到现在，吾依村民中，还有一个独特的祈福消灾的"萨达戛"仪式。即在做了恶梦、受伤或亲人上路时，长者以羊肺在其背上敲打。村民们相信羊肺能够祛邪消灾，保佑行人平安，这也是动物崇拜的一个具体表现。

四、祖先崇拜

由于生产力的发展，人类从崇拜自然万物转到开始认识并突显人类自身的力量，加上灵魂不灭观念的影响，祖先崇拜产生了。柯尔克孜族祖先崇拜的产生与原始萨满教亦不无关系。萨满教认为，人的灵魂是不灭的，人死后灵魂脱离肉体，游荡于空间之中，一旦灵魂附体，人又可以复生，这种观念是祖先崇拜产生的基础。

在吾依组的村民中，祖先崇拜亦有各种各样的表现。

首先，表现在对死者的祭典上。在吾依村，人逝世后，除了按照伊斯兰教的教义进行葬礼外，还要在不同的时间阶段性地举行各种祭典仪式。在祭典仪式上一般都要宰杀牛羊马匹，为死者准备丰盛的食物。村民们在死者逝世后的第3天、7天、40天、一周年时分别举行"乃孜尔"，杀牛宰羊哀悼死者亡灵，安抚死者灵魂。此外，村民还认为每年的肉孜节所宰杀的羊只，是为去世的祖先所宰的，所以，宰完羊后，家人可以到墓地去看望已去世的父母，在墓地念经、哀悼，然后再回家。柯尔克孜族有则谚语说到："如果不能让死人满意，活人也得不到安乐。"认为死后的祖先仍然管着子孙的安乐并相信祖先在特定的条件下可以显灵，这便是柯尔克孜人对亡灵祭祀的意义及祖先崇拜的反映。

其次，吾依村民的祖先崇拜，还和英雄崇拜结合在一起。如果说对死者的祭典是出于对各个家族祖先的祭祀，是一种狭义的祖先崇拜的话，与英雄崇拜相叠合的祖先崇拜则是一种广义上的祖先崇拜。其表现是村民们崇拜的祖先大都是本民族的英雄，比如玛纳斯这一被柯尔克孜人视为全民族祖先的大英雄，直到今日，依然受到村民的崇拜。他们遇事依然祈求玛纳斯的庇护，在发誓时往往用如果我违背诺言，让玛纳斯的灵魂惩罚我，让玛纳斯的坟墓惩罚我，让玛纳斯的威力惩罚我的话语。这是将祖先崇拜与英雄崇拜紧紧地结合在一起的体现。

五、色彩崇拜

在柯尔克孜人的心目中，蓝色、白色都是吉祥、圣洁的颜色。蓝色，柯尔克孜语为"阔克"，因为与苍天是同一种颜色，因而亦被视为神圣的颜色。对蓝色的崇拜，实际源于对上天的崇拜。白色，柯尔克孜语为"阿克"，凡是带阿克的名词都带有崇拜、尊敬之意。吾依的村民同样视蓝、白色为神圣的颜色，他们还对月亮、面、棉花、乳汁、奶等白色的物品产生了崇拜、珍视或种种禁忌。村民认为白色代表富足和幸运，因而禁忌晚上从家里往外拿白色的东西，因为这样做就等于拿走了家中的财富和幸福。在婚礼上要向来客撒上白面，以示祝福。

柯尔克孜人认为，红色是生命的象征、活力的象征，能给人带来胜利和希望，因而对红色有一种偏爱。至今，村民们仍喜欢给婴儿、女孩穿红色的衣裙，在吾依村，随处可见穿着鲜艳红衣裙或是包着红头巾的女子，在婚礼或节庆场合，人们更是喜欢穿上红色的衣裙，来映衬内心的喜悦。

在吾依村民心目中，对黑色的看法是比较复杂的。黑色，柯尔克孜语为"喀喇"，既是颜色，又指代方位。他们既将黑色看做是神圣、尊贵的颜色，以黑色指代北方，并以北方为尊，又认为黑色象征邪恶、恐怖、黑暗、绝望，能引起恐惧，带来灾难，因而遵循在丧葬仪礼中穿黑色衣服而平时生活则忌着黑的习俗。

在柯尔克孜人的意识中，黄色是悲的象征，是不吉利的颜色。因此在宰牲祭祀时，一般都是清一色的黄色牲畜，起码也要黄头山羊。他们认为，用这种毛色的羊只做祭品，祭祈者的疾苦就会随羊脖子里喷出的鲜血一起流走。

第二节 伊斯兰教

尽管历史上信仰过萨满教等原始宗教，而且其影响也还或隐或显地反映在村民的日常生活中。但是，无可否认，目前吾依村民的宗教信仰领域，依然是伊斯兰教占居着主导的地位。

一、伊斯兰教信仰的现状

尽管史料的记载可以为我们提供一些伊斯兰教在柯尔克孜族中流传情况的佐证，但关于吾依村民及他们的祖先信仰伊斯兰教的具体情况已难考证。即使是吾依村最老的老人，也无法对这个问题做出清晰的阐释。村民们在这个问题上几乎一致的表述是："我们的祖先就是信仰伊斯兰教的，这已经有很长很长的时间了。"显然，这样的说法并不能给我们确切的答案，但是，它至少说明伊斯兰教在村民身上所发生的影响已不是一天两天的事。

目前，伊斯兰教在吾依村民的宗教信仰领域依然占据着主体位置。不论是从外来者的角度，还是从村民自己的认同出发，毫无疑问，伊斯兰教都可谓是对村民影响最为重大也最为深刻的信仰形式。吾依村伊斯兰教信仰的现状至少可以归纳为以下几点：

其一，村民们的很多风俗习惯，至今仍受到伊斯兰教的影响。从婚丧嫁娶到诞生礼、割礼，无不如此。婚、丧礼要由阿訇主持，要按照伊斯兰教的教义来进行。割礼则本身就源于伊斯兰教。开斋节、古尔邦节等几大宗教节日更是伊斯兰教的标志。饮食上禁食猪肉、禁食动物的血和自然死亡的动物，这些都与伊斯兰教的影响有关。

其二，村民的言行举止、道德观念在很大程度上受到伊斯兰教的规约。伊斯兰教对村民的影响，已经渗透到他们生产生活的方方面面，已经内化为他们的道德准则和行为规范，规约着他们的思想观念和言行举止。村中从未发生过杀人放火、奸淫拐骗之类违法犯罪的事，甚至一般的小偷小摸也极少发生，社会治安良好，民风淳厚，与伊斯兰教的教义和《古兰经》的教诲、约束也有极大的关系。村民认为不管你是做好事还是做坏事，真主都会看得一清二楚，所以每个人都会尽量约束自己的行为。

当然，也必须指出，吾依村民在伊斯兰教的信仰上，也存在着相对比较松散、随意、自由的特点。这一方面与柯尔克孜族的传统民族性有关，柯尔克孜人过去是游牧民族，无法建立固定的宗教活动场所清真寺，而是习惯在草原上就地礼拜，柯尔克孜族游牧民中的妇女也历来就没有戴面纱、从头到脚都蒙起来的习惯。另一方面，村民在宗教信仰上表现出的随意性也与当前社会的发展变迁不无关系。无论是在对灵魂、天堂、地狱等观念的认识这样深层次的信仰观念层面，还是在诸如做礼拜这样较浅层次的仪式行为层面，都体现出了宗教信仰的淡化和削弱倾向。这也是当前吾依村民伊斯兰教信仰方面的一个重要表现。

二、宗教祭祀活动

吾依村民有关伊斯兰教的宗教祭祀活动主要是一种叫做"乃孜尔"的传统祭仪。"乃孜尔"是柯语音译，意为悼念死者、安抚死者的灵魂而举行的宰牲献祭行为。吾依村民在人死后的第3天、7天、40天和一周年时，为悼念死者、使死者的灵魂得到安息，要宰牲祭祀，对亡灵进行哀悼，同时将死者的一些遗物分赠给老弱病残、孤儿寡妇。除上述时间外，如果晚上梦见死者，则第二天也必须举行乃孜尔仪式。村民认为这样可以安抚死者灵魂，免遭灵魂的骚扰。宰牲祭祀要杀牛宰羊，做祭饭，请亲朋好友及近邻来食用，求得他们的祝福。如果死者是年龄越大的长者，则"乃孜尔"活动就越隆重。在举行"乃孜尔"仪式的时候，主人家里不能有音乐和笑声，客人与主人打招呼的时候要表现出悲哀的表情，人们之间互相谈话也要轻声细语，不可高声喧哗。吃完饭后，主人和年长者带头念经祷告，祝愿死者长安。所有参加仪式者都要举起双手，掌心向上以示深切哀悼。

除了"乃孜尔"仪式外，吾依村民中，婚礼、丧礼、割礼等场合或者有人生病、不适，也会请阿訇到家中念经、祈祷。有时村民路过墓地自己也会念经祈祷，这些都是与伊斯兰教有关的宗教祭仪。

三、传统宗教节日

吾依村的柯尔克孜族村民同其他穆斯林民族一样,每年都过开斋节和宰牲节。

(一) 开斋节

开斋节又称肉孜节,是伊斯兰教的传统节日。按照伊斯兰教的规定,每年回历九月为斋月,所有穆斯林要封斋一个月。在这个月内,穆斯林每天从黎明到日落前,都要杜绝一切饮食和房事,只能在日出以前和日落以后进餐,白天则禁止饮食。斋戒不仅是不吃不喝,而且要杜绝一切不良行为,象征着内心负疚的穆斯林向真主安拉虔诚忏悔和赎罪,以此来将穆斯林培养成为具有忍受饥饿,克己禁欲,畏主守法的品行和毅力的人。斋戒期内,吃的多是一些较有营养的食品。在斋戒期内,要尽可能每天做五次礼拜。据村民介绍,过去把斋是很严格的,如果有人仅戒食了 29 天,按教规要让他补戒 60 天。过去,男子 13 岁,女子 9 岁就要开始斋戒,现在村民中则只有 30% 左右的人按规定把斋,而且这些人也主要是 50 岁以上的中老年人。斋戒期满的那一天即为开斋节。节日期间,吾依组的村民要洗澡换衣,装束一新。男人们宰牛宰羊,女人们打扫庭院,准备食品。节日这天,村中的男子要到清真寺进行礼拜,聆听毛拉讲经,之后聚在一起,谈古论今。这一天宰的羊只,是为去世的祖先所宰的,所以,宰完羊后,家人可以到墓地去看望已去世的父母,在墓地念一下经,之后再回来。节日里,人们还要成群结队的互相拜贺。每到一家,主人都拿出丰盛的食品招待客人。开斋节一般要过 3 天。

(二) 古尔邦节

古尔邦节也叫宰牲节,"古尔邦"是阿拉伯语,意为宰牲、牺牲、献身,即宰牲以谢真主。吾依村民过古尔邦节较为隆重，节期一般要持续7天。在过节前，家家户户就要打扫庭院，晒洗被褥，沐浴更衣。在第一天早上8点到8点半左右，村中所有男子要到清真寺做礼拜，由阿訇领着念经。念完经后，大家互相握手问候，如果是两个原来有仇的人，只要这一天握过手，他们之间的仇恨就算全部化解了。过古尔邦节，村中的各家各户一般都要宰牛宰羊，准备丰盛的食品和羊肉迎接来访的客人。经济条件好的家庭，除了宰羊外，光是买东西就要花去2 000~3 000元。古尔邦节期间，男女老幼都要穿上新衣互相拜访，互相串门祝贺。到亲戚家拜访时一般要给亲戚的孩子一点钱，给老人买点吃的或衣服等作为礼物。如果亲戚生病，有的还会给他送只羊。节日期间，还要举行一些娱乐活动，有的把玛纳斯奇请来，演唱《玛纳斯》，有的进行即兴对诗活动，有的家庭承头组织一些赛马、叼羊、马上角力等竞技。此外，还有库姆孜弹唱及其他歌舞活动。

四、宗教活动场所及宗教人员

（一）宗教活动场所

吾依组村民的宗教活动场所主要是清真寺，此外，家中、麻扎（墓地）等地有时也会成为宗教祭祀或礼拜的场所。

1. 清真寺

整个黑孜苇乡共有14个清真寺，库拉日克村有4个小清真寺，1个大清真寺。大清真寺叫库拉日克大清真寺，位于吾依组的西南部。清真寺周围是用土墙围起来的，与农家为邻，清真寺的院子里种有许多杨树，院子大门对着水池，礼拜堂里面是一个大厅，用若干个支柱支撑，可以容纳300人左右做礼拜，西面墙上有一个礼拜的标记，还张贴着圣地麦加的图画，左侧墙上挂着宗教志。大厅地面铺着信众捐献的绿色毡毯，已经略显破旧。清真寺里没有灯，没有喇叭，过古尔邦节时则从邻近村民家拉电线过来。整个清真寺从外观看，就是一排平顶房，与村中的民房相差无几，丝毫没有其他地方宗教建筑的奢华。加上自成院落，院中也和民居一样种植了许多树木，很难看出这是一座清真寺。大清真寺的确有些破旧，需要维修了。按照有关规定，清真寺的维修要先由村民提出申请，交有关部门批准后村民自己捐款维修，政府不出钱。但是去年干旱老百姓没有钱，所以寺中的伊玛目和其他一些老人希望等到今年收成后，能有捐款。

大清真寺历史较为悠久，据寺中的伊玛目托合塔洪介绍，在他小时候就已有此寺，"文革"期间未遭到破坏，1985年地震时也没有倒塌。地震后县城搬了，人比以前少了，清真寺的使用率就不太高了。现在，到大清真寺做礼拜的人也十分少，平常去做礼拜者都是老年人，到星期五礼拜的时候大约只有20人左右到寺中礼拜，遇宗教节日到大清真寺礼拜的人较多，可以达到200~300人左右。

由于漏雨，村里曾经利用宗教节日时村民所捐的钱物对大清真寺做过一些维修。有时候一些村民也会义务地给寺中送一些木头、做礼拜的毯子。村民捐钱捐物、出力，均不留名，1985年曾有一人送了一车木头给清真寺，2000年又有一人送了30米地毯到寺中，都没有留名。因为村民认为多做善事可以求得自己内心的安宁，而且不论你做什么事，真主都会知道，根本无需留名。大清真寺中，卫生的打扫及院中树木的浇灌等工作，由寺旁的一维吾尔族人家负责，不收取任何报酬，也完全是为了做好事。

除了大清真寺外，库拉日克村还有几个小清真寺：羊叶尔清真寺，吾依清真寺，东清真寺，八村清真寺，分布于同名小队。另外库克托布小队居民平时到羊叶尔小队清真寺做礼拜。这些小清真寺是1984年以后由政府选点、批准，农牧民捐款、出力陆续修建的。吾依的村民，除了星期五礼拜和两大宗教节日开斋节、古尔邦节时要到大清真寺礼拜外，平常可以在本小组的吾依小清真寺中进行宗教活动。吾依小清真寺坐落于村中偏北处，仅是一间破旧、低矮的小平房，房子坐西朝东，没有大门，没有院落，一扇门紧挨着路朝东而开。屋内地上仅铺着一块破旧的席子，没有毡子，没有地毯。进屋正对着的墙上有礼拜的标记，其左右各张贴着圣地麦加的图画。在南面的墙上，挂着一个由县民宗委颁发的"宗教场所活动许可证"。靠南方的墙脚，放着一个公用的灵床，柯语称"塔比特"，旁边还放着一把净壶。除此之外，寺中再无任何东西，整个清真寺显得简陋。

2. 其他宗教活动场所

除了这些相对固定的宗教活动场所之外，由于伊斯兰教要求信众必须每天做5次礼拜，而这些礼拜除了星期五外多数是在家中完成的，因而家里也成了履行宗教活动的场所之一。而有时，人们为了祭祀或者纪念死者和祖先，要到墓地上进行一些宗教活动，这时，墓地也就成了人们宗教活动的场所。很多村民在路经墓地的时候，有的要停下来念经，此时的墓地同样是人们进行宗教活动的场所。

（二）宗教人员

吾依组所在的整个黑孜苇乡各清真寺中共有14位宗教从教人员。他们中年龄最大者65岁，年龄最小者33岁。从民族构成而言，多数是柯族。从获得宗教知识的途径而言，主要有二：一是师傅带徒弟的师承式，二是从伊斯兰经文学校学习而得。详见下表：

表12-1 黑孜苇乡宗教活动场所宗教人员基本情况统计表

寺　名	姓　名	性别	民族	出生年	宗教知识习得途径
西克铁列克居马清真寺	哈地尔阿里	男	柯	1970	克州伊斯兰学校
吾依小清真寺	玉素甫·加森	男	柯	1943	师传
吾依小清真寺	热合马尼	男	维	1962	师传
羊叶小清真寺	托合塔洪	男	柯	1938	师传
八村小清真寺	买买提木沙	男	柯	1967	师传
库拉日克居马清真寺	托合塔洪	男	柯	1938	本乡毛拉开设的经文学校
买旦小清真寺	库尔曼	男	柯	1940	师传
阿依不拉可小清真寺	库吐白克	男	柯	1953	师传
吾依塔斯克居马清真寺	库尔曼买买提	男	柯	1970	伊斯兰学校
康西湾二队小清真寺	提兰巴依	男	柯	1942	伊斯兰学校
东清真寺	奥肉孜阿洪	男	维	1968	伊斯兰学校
康西湾一村小清真寺	阿玛提别克	男	柯	1940	伊斯兰学校
康西湾乔罗小清真寺	吐尔地	男	柯	1967	伊斯兰学校
小黑孜苇小清真寺	阿布巴提	男	柯	1942	伊斯兰学校
康西湾居马清真寺	玉素甫	男	柯	1967	克州政治学校

当地伊斯兰教的宗教人员主要有阿訇、伊玛目和买曾。他

第十二章 宗　教

们负责宗教方面的事务。

阿訇的波斯语原意为教师，是对具有伊斯兰教专业知道者的通称。在新疆的穆斯林称之为"毛拉"。在吾依组，阿訇负责祈祷、主持婚、丧等礼仪，处理有关遗嘱和遗产分配中的纠纷以及夫妻不忠、子女不孝顺等具体事务。

伊玛目，阿拉伯语原意为"表率"、"站在前列的人"，是指穆斯林集体礼拜时的领拜人，清真寺的教长。

买曾，阿拉伯语原意为"宣礼人"，是指清真寺内按时呼唤穆斯林做礼拜的人。大清真寺内设有专职，小清真寺一般由伊玛目兼任。

库拉日克村的大清真寺有两位宗教人士：伊玛目和买曾，伊玛目叫托合塔洪·奥肉孜买买提，柯尔克孜族，63岁。宗教节日时的礼拜由他主持。他星期五到大清真寺主持仪式，平时在羊叶尔小队的小清真寺主持仪式，买曾叫奥肉孜阿洪，维吾尔族，35岁，平时在东小队小清真寺做主持。

在库拉日克村，只有大清真寺设有伊玛目。小清真寺则只设一个买曾。库拉日克村各小清真寺买曾的情况可见下表：

表12-2　库拉日克村小清真寺买曾一览表

寺　名	买曾姓名	年　龄	民　族
吾依清真寺	玉素甫·加森	60岁	柯尔克孜族
东清真寺	奥肉孜阿洪	35岁	维族
八村清真寺	买买提木沙	35岁	柯尔克孜族
羊叶儿清真寺	托合塔洪	65岁	柯尔克孜族

以上宗教人士伊玛目和买曾都没有固定收入，平时种地、放牧，和村民没有多大的差别。但由于他们对宗教政策、宗教

知识了解较多，较受尊敬，村民婚葬嫁娶，割礼等一般要请他们去家中念经，主人会根据自己的经济情况适当给予报酬（钱或物），一般为30~50元，少数条件好的人家有时会给到50~100元，而一些特别贫困的家庭也可能不给报酬。

第三节　宗教信仰的特点及变化

一、宗教信仰的特点

吾依村民的宗教信仰，从总体上说体现出一种以伊斯兰教信仰为主导，同时兼有多种原始宗教信仰形式的特征。直到今天，原始宗教与人为宗教并存，萨满教及巫术、自然崇拜等与伊斯兰教兼具依然是其宗教信仰方面的重要特征。当然，自从皈依伊斯兰教后，在柯尔克孜族民众包括吾依村民的生活中，伊斯兰教的影响要大于原始宗教的残余，信仰伊斯兰教也常常被当做柯尔克孜族的民族文化特点之一，而村民们亦非常坚定地认为自己是虔诚的穆斯林。信仰胡大即真主，做礼拜，行土葬而无殉葬品，禁食猪肉等，行割礼，婚丧由阿訇主持等等，所有这些风俗习惯都表明村民在很大程度上是按伊斯兰教的教义、教规而生活着，伊斯兰教在他们的生活中占有着重要的地位，在他们的信仰领域更具有主导的作用。

尽管如此，我们依然看到包括吾依村在内的柯尔克孜族其对伊斯兰教的信仰其实处于一种相对自由的状态，这或许也与其传统的游牧和半游牧生活方式有一定的关系。在牧场上的柯尔克孜人，过着一种比较自由的伊斯兰教宗教生活。在高山草场上，没有清真寺，而游牧生活也不可能允许花费大量财力、物力建造固定的清真寺，牧场上的生活一切以适于搬迁流动为旨归，连人们居住的也是简便易搬的毡房，根本不可能提供固定的宗教场所。牧场上的人们，周五和宗教节日礼拜的场所都很简单，在一个比较平的地方用石块围起一个不高的墙，这就是他们礼拜的场所。现在，在夏牧场上放牧的吾依村民，很多人根本没有时间进行宗教礼拜活动。甚至，在这样的传统背景的影响下，连定居在村中的居民也过着一种较为随意的宗教生活，即使是有时间，有精力，有时也并不严格地做礼拜。

二、宗教信仰的变化

随着时间的推移和社会的发展，吾依的村民在宗教信仰方面也发生了一系列变化，体现出与以往不同的一些特点。这些变化主要体现在以下几个方面：

其一，宗教仪式有简化的趋向。吾依的村民虽然认为自己是穆斯林，但是对一些宗教仪式并不那么严格地遵守和执行，这一点尤其表现在做礼拜的方式及次数上。目前，吾依村的柯尔克孜人当中，去清真寺做礼拜的人比过去少得多，且去做礼拜的都是一些老年人。据该村的买曾玉素甫·加森介绍，吾依村平常几乎没有人去清真寺做礼拜，很多时候只有他一个人去。还有一部分老年人是在家中做礼拜，但绝大多数的青年人一般都不做礼拜。只有到两个宗教节日肉孜节和古尔邦节的时候，从7岁到70岁的所有柯尔克孜族男子都要早早起床，洗礼后到大清真寺做礼拜，这已经成为一种传统。

其二，宗教在村民生活中的影响有弱化的趋势。过去，不论是原始的萨满教、巫术活动还是伊斯兰教，在村民的生活中都有很大的影响。这与当时的生产力发展水平有关，也与人们对外界和自身的认知水平有关。随着社会的发展进步，过去许多不可知的、不能理解的事物都被认识并予以科学、合理的解释。在这样的背景下，宗教之于村民思想和生活的影响逐渐有了弱化的迹象。尽管传统的信仰和宗教意识、观念在人们思想中仍占有一席之地，但是更多的时候，村民们解决问题的方式已经发生了变化。宗教神职人员在村民中的地位和威信也比以前有所降低，比如过去，生病要请萨满、巫师或阿訇念经、治病，而现在，更多情况下村民们采取的是求医问药的方式。过去，无论是婚丧嫁娶还是举行诞生礼、割礼等人生礼仪，都必须由宗教人士主持，而现在，很多时候无需如此。有时是由其他稍懂宗教知识的人主持，有时则干脆由家人自己进行，没有主持，也没有宗教仪式。

最后，是宗教观念的渐趋淡泊。过去，万物有灵、灵魂、神鬼、天堂、地狱等观念在村民当中普遍流行，现在，这些观念都在不同程度地趋于淡化。在一些中老年人中，是表现为对这些观念不再笃信，或者是不置可否，而在多数年轻人当中，则表现为对这些观念的置疑。在我们的调查中，发现绝大多数接受现代教育的青年人不再相信灵魂、鬼神的观念，至少是表示怀疑。甚至村中的宗教人士也在一定程度上体现出这种倾向，比如吾依组的买曾玉素甫·加森就表现出一种对待宗教信仰的理智态度，他认为宗教和科学对于人们来说都是重要的，而不是一味地盲目崇信宗教。大清真寺的伊玛目托克塔洪·奥肉孜买买提亦说，有的人生病只找阿訇念经而不去医院，这样的做法是不对的，有病应该去医院找医生。

三、宗教信仰政策的落实及村民对宗教信仰政策的认知情况

中华人民共和国成立后，乌恰县开始全面贯彻党和国家的宗教政策，实行宗教信仰自由的政策，农牧民有信仰宗教的自由，也有不信仰宗教的自由，信教和不信教都受到法律的保护。广大信徒的宗教信仰受到保护和尊重，村民们在宗教信仰

方面的权利确实受到了保障。到"文化大革命"期间,党和国家的宗教政策一度遭到破坏,许多宗教人士受到了冲击,许多信徒也遭到一定的打击。在调查中,问到为什么不每天坚持做礼拜的时候,就有很多村民回答是因为在"文革"中遭受打击,所以就不再做了,后来也就一直没有再做。党的十一届三中全会以来,党的宗教信仰自由政策得以恢复,宗教人士的名誉和地位得以恢复,信众的权利也得以恢复,党的宗教信仰政策重新得到了更好地落实。

吾依村宗教信仰政策的落实情况与整个乌恰县在宗教统战方面所做的各项工作是密不可分的。县民宗部门在宗教管理方面制定了一系列的措施,以更好地保证党和国家宗教政策的落实。如制定了一系列有关宗教组织、宗教活动及教职人员的规章制度,建立了四级(县、乡、行政村、村民小组)管理领导小组,层层落实有关的宗教政策。对宗教场所即各清真寺依法登记,严格清真寺的维修、重建审批手续,建立了管理宗教活动的组织,建立宗教职业人员的花名册和档案,让宗教职业人员自主自由,自我管理。同时,号召、鼓励教职人员自己劳动致富,并在教职人员中开展评选"五好"宗教职业人员的活动,还要求宗教人士主动向农牧民宣传党的宗教政策,团结信教人员。为了加强管理,县委、人大、政协、政府、法检等部门的11名副县级领导还每人负责联系一座清真寺,了解各地民族宗教的工作动态。到2003年5月份,全县共有30余名县、乡级领导建立了固定的宗教场所联系点,使宗教工作真正落到了实处。县统战、民宗部门制定的相关宗教管理措施很多,如对政协委员、统战对象及宗教人士进行考察的制度,再如要求统战对象上报每月活动情况的规定。

由于县有关部门要求宗教人士及统战对象都要自觉地向农牧民宣传党和国家的民族宗教政策,因而,就有了更多除政府部门之外的人加入了宣传宗教政策的队伍当中。据村民所述，县、乡的有关部门以及清真寺的宗教人员也会时不时地向村民进行一些宗教信仰政策、方针方面的宣传和讲解，宗教政策在基层的落实情况是比较好的。库拉日克村大清真寺的伊玛目托合塔洪就明确表示宗教信仰是每个人的自由，他对村民宣传信教自由，但村民信与否，做礼拜与否他都并不强求。

由于县、乡到村一级的政府有关部门都十分重视党的宗教政策在基层的落实情况，相关的工作开展得较多，宣传也比较到位，因而，吾依村民对党和国家宗教政策的认知情况应该说是比较好的。首先，村民们普遍知道党和国家有宗教信仰自由的政策规定，对宗教政策的内容也比较清晰。其次，村民也多数知道自己有宗教信仰方面的自由，而且这种自由和权利还受到法律的保护。再次，村民在生活实践中将宗教信仰自由的观念贯穿于自己及他人的宗教生活当中，如在访问中，问及村民对其他人做礼拜与否的看法时，很多村民的回答是："做不做礼拜，怎么做，在哪里做，这些都是别人自己的事，我自己做（或：我自己不做），但别人做不做我管不着。"在这些简单的话语中，不难看出村民对宗教信仰自由政策已经有所认同，甚至已经用这样的标准来看待自己和别人的宗教信仰问题。

四、当地宗教人员个案调查

当地的宗教从教人员是宗教知识最丰富也是接触宗教最多的人，在他们身上，我们可以看到对宗教的认识，对宗教与科学关系的理解，对宗教与国家政策、法律制度间互动关系的描述。在他们身上，也最明显地体现出目前伊斯兰教在吾依村的生存状态、变迁发展及未来的走向。托合塔洪·奥肉孜买买提在本乡毛拉开设的经文学校受过较为正式的宗教教育，对宗教有相对理智的认识。玉素甫·加森属于家庭传承方式获得宗教知识的典型，在执著于宗教的同时在生活上也获得了一定的成功。因而，对这两名宗教人士的访谈个案对于我们理解上述问题均有重要的价值。

1. 托合塔洪·奥肉孜买买提

柯尔克孜族，65 岁。1955～1958 年在乌恰县黑孜苇乡的柯尔克孜族毛拉阿来克开的经文学校学习，从经文学校毕业后就种田、放羊，后来开始主持宗教仪式，他主持宗教仪式已有五六年的时间。现在是黑孜苇乡大清真寺即库拉日克清真寺的伊玛目，统战部 1999 年给他颁发了任命书。

托合塔洪主要负责大清真寺的稳定工作。大清真寺只有周五和过几大宗教节日的时候才有活动，平常村民则主要在小清真寺或者家中做礼拜。由于患有高血压，星期五的礼拜，他一般是隔一周去一次大清真寺，他不去的时候，大清真寺的礼拜就由买曾主持，他则在羊叶尔的小清真寺里主持活动，多数时间只有 4～5 个老人会去那做礼拜。

星期五的礼拜大清真寺中一般约有 20 人左右来做礼拜，做完礼拜就各自回家，没有宣讲活动。但是在重大节日古尔邦节、肉孜节礼拜时，礼拜前会先给青年人讲一下做礼拜的动作要求以及怎么念经（先念哪句，再念哪句）等。有时也会讲解经文的柯尔克孜语意思。他还给年轻人讲信仰宗教首先要出于自愿，告诫他们不要喝酒，要听父母的话，好好工作，好好做人。

除了主持礼拜活动，托合塔洪还负责主持库拉日克村的丧礼活动，下葬前要进行念经仪式。有时有的人家结婚也会请他去念经。当然，婚丧的念经等宗教内容只要懂一点宗教知识的人都可以去主持，并非一定要由他来主持。

托合塔洪对自己的信仰持有一种神圣的态度，他认为民间那些看相、算命的人和他这样的宗教从教人员不是一个道上的人，是不可相提并论的，那些人不是伊斯兰教。说到现在也有的阿訇仍用念经等方式为村民治病，他认为这种做法是不对的，有病应该去医院。随着年龄的逐渐增长，托合塔洪自己认为对待伊斯兰教的态度比年轻时更加虔诚，信仰比年轻时更加坚定，因为这种信仰会带给他一种心理上的安宁，在走完人生去世后也可以安静地入土。在他的心目中，除了真主再没有其他的神，真主是惟一的。

尽管对自己的信仰一直是虔诚和坚定的，但托合塔洪并非那种盲信之人。他对伊斯兰教及其经典《古兰经》都有一种较为理智的认识。在托合塔洪看来，对宗教的信仰是普遍存在于人类之中的一种社会现象，每个民族都有自己的宗教信仰，这是正常的。对于伊斯兰教，有些人相信，有些人不相信，这也无可厚非。过去父母和宗教人士都会劝年轻人要做礼拜，现在也不太管了。对于他来说，宗教信仰则是每个人的自由，村民做礼拜他并不会太高兴，村民不做礼拜也没有太大的关系。

尽管对自己的信仰是虔诚的，尽管他在为村民主持一些仪式的时候也并不收取报酬，但是，托合塔洪除了是一名从教人员外，他也是一个普通的农民，因而，在面对生活的时候也会发出一些无可奈何的感慨。他说过去寺中的伊玛目是退休干部，有退休工资，统战部还每月给200元钱，现在他和买曾都是农民，都没有工资，都是义务的主持，但有关部门也没有给予补助，这让他多少有点无奈。

2．玉素甫·加森

柯尔克孜族，60岁，上到小学四年级后就没有继续上，当了一个牧民。现在是库拉日克村吾依组小清真寺的买曾。有7男2女共9个孩子。

玉素甫没有上过经文学校，他的宗教知识得益于家传。他的父亲是老乌恰乡清真寺的阿訇，他从小跟随父亲学习经文，逐渐掌握了相关的宗教知识和仪式。四年前,他把家从老乌恰乡迁到了吾依村,关于搬家的原因,他说一是老乌恰乡没有水也没有电,生活条件比不上这里;二是他有一个儿子就在村中的明天小学当老师,他来这里居住可以互相照应;三是为了让更小的儿女上学更加方便一些,因而,就在村中花4万块钱购买了房子,将家搬到这里了。玉素甫迁入吾依村后,由于具备相当的宗教知识,被村民们推选为吾依小清真寺的买曾。

玉素甫每天的5次礼拜都去小清真寺中做,平常只有他和他的第六个儿子会去寺中做礼拜,到星期五的礼拜,也只有村中的几个老人会来,也有一些老人是去大清真寺做。对于做礼拜,他认为柯尔克孜族的祖先就是做礼拜的人,自己是做礼拜的人的后代,所以做礼拜是理所当然的,但是,令他遗憾的是现在村子里的老人和青年人中,喝酒的人多,做礼拜的人少。玉素甫的宗教知识是家传的,现在,他也在努力地使自己的所学能够延续下去。他的第六个儿子从8岁开始跟他学习《古兰经》,用的是维吾尔语释本。他先教儿子学阿拉伯文字,再教经文。尽管他很想让儿子们都学一些宗教知识,但除了第六子外其他的儿子都不愿意学。玉素甫属于那种不满足现状、努力致富的人。12岁的时候,他就从家里出来闯荡,白手起家,不再向父亲要钱,连结婚的钱也是自己挣的。他养了260只羊,35只牦牛,4匹马,4头牛。在老乌恰乡有25亩地,由当地的儿子看管,在吾依村又有14亩地,种植麦子和油菜。此外,他还准备开荒50亩,所有手续已办妥。他还在老乌恰乡、吾克沙鲁乡、库拉日克村东小组等地为各个儿子准备好了结婚成家的房子。他将这认为是一个做父亲的责任和义务,没有什么怨言。他也相信所有的子女都会对他所做的一切表示满意。

玉素甫自认为是一个比较有出息的人:有钱,遵守教义,能帮助他人,不做坏事,还教育儿女和其他人用自己的劳动挣钱。在生活上,他教育儿女不与别人攀比。还表示如果儿女要去做生意,要去打工,他都会支持他们。玉素甫认为一个人穷,最主要的原因是没有知识,不懂宗教和科学。他说村中有些人不喜欢劳动,不顾家,一天挣5元钱都用来买酒喝,还埋怨政府不帮助他们,没有让他们富起来。他认为他们不应该给政府增加负担,应该自己养活自己,要知道花自己挣的钱是最幸福的,吃自己挣的钱换来的食物才是最香的。

附 录

社会发展的轨迹——大事记[①]

1949 年以前

西汉神爵二年（公元前 60 年）　　西汉统一西域地区，建立西域都护府，乌恰被纳入西域都护府治下之捐毒国。

东汉建武元年（公元 25 年）　　乌恰随捐毒国并入疏勒。

唐贞观二十二年（公元 648 年）　　唐置安西都护府，乌恰属疏勒都督府所辖。

唐贞元五年（公元 789 年）　　吐蕃统治天山南部地区，乌恰等地受其管辖。

元至元十六年（公元 1279 年）　　元统一中国，乌恰属察合台后王封地，辖于喀什噶尔。

清康熙十七年（公元 1678 年）　　准噶尔蒙古部深入天

---

① 大事记的编写参考了《乌恰县志》及县、乡、村有关部门的统计和记录资料，其中的一些资料则来源于调查组在吾依村对村民的访谈。

山南部，乌恰属其统治。

清同治四年（公元 1865 年）　　浩罕侵略者阿古柏侵入境内，并在喀什噶尔成立"哲德沙尔"伪政权，乌恰沦为其属地。

清光绪三年（公元 1877 年）　　阿古柏残部伯克胡里、白彦虎经乌恰投奔俄国，是年，清政府驱逐浩罕侵略者，收复失地，乌恰回到祖国怀抱。

清光绪九年（公元 1910 年）　　疏附建县，同时以新汉城为治所设置疏勒直隶州，辖疏附县。乌恰属疏附县管辖。

民国八年（公元 1919 年）　　后任克州副州长的阿仁·阿力木汗出生。

民国十六年（公元 1927 年）　　10 月 29 日县西南发生 6.2 级地震。

民国十七年（公元 1928 年）　　2 月 18 日县北部发生 4.75～5 级地震。3 月 3 日县南部发生 4.75～5 级地震。6 月 18 日县南部发生 5.75 级地震。

民国十九年（公元 1930 年）　　6 月 7 日县西北部发生 5 级地震。

民国二十一年（公元 1932 年）　　后任乌恰县县长的吐木西买买提·卡斯木出生。

民国二十七年（公元 1938 年）　　5 月，乌鲁克恰提设治局改为乌恰县，原属疏附县的博乐、黑孜苇、巴音库鲁提、托云划归乌恰县管辖。县治所设在现在黑孜苇（即老县城），离吾依村约 1 公里。新疆省政府任命沙衣提别克为乌恰县县长。

民国二十九年（公元 1940 年）　　是年 8 月至 1943 年 12 月，阿仁·阿力木汗在迪化哈萨克柯尔克孜文化促进会办公室任秘书、主任、促进会副会长等职。

民国三十年（公元1941年）　新疆柯尔克孜族文化促进会会长伊斯哈克伯克在乌恰县办免费教育。

9月6日，县西北发生5.75级地震。

民国三十一年（公元1942年）　新疆省政府在乌恰县设保安大队，张均鉴任司令，何恩良为大队长，共有士兵200名，大队部设在黑孜苇。

民国三十二年（公元1943年）　7月，乌恰县设柯尔克孜族文化促进会乌恰分会。

民国三十三年（公元1944年）　阿仁·阿力木汗任民国新疆省政府参议。是年，当选为哈萨克柯尔克孜联合会副会长。

民国三十五年（公元1946年）　1月至9月，阿仁·阿力木汗任乌恰县副县长、县长。是年11月，参加三区革命。

民国三十六年（公元1947年）　黑孜苇属克孜镇管辖。

1949年

9月底　全县人民响应新疆"9·25"、"9·26"两个和平起义通电，实现和平解放，原民国县政府、警察局、边防大队维持原状，等待接收。

11月　阿仁·阿力木汗在中国人民解放军第五军十三师政治处任干事。

1950年

2月10日　乌恰县人民政府成立。

3月　中共乌恰县委员会成立。

4月　乌恰县首届各族各界人民代表会议召开，废除保甲制度。

是年，乌恰县下设四区，黑孜苇属一区。

1951年

6月　阿仁·阿力木汗在中国人民解放军第五军十三师三十八团当副政委。

9月18~26日　乌恰县第三届各族各界人民代表会议召开，动员广大人民群众，大力发展农牧业生产。

12月5~7日　乌恰县首届牧民代表大会召开，主要议题是：总结两年来牧业发展情况，宣传党在牧区不分、不斗、不划分阶级的政策。

12月　在县城召开乌恰县第四届各族各界人民代表会议，确定1952年的生产任务，贯彻保护、发展畜牧业政策。

是年，开展户口调查工作，全县总人口为11 925人。

是年，医务人员进行巡回医疗，进行天花、麻疹、百日咳、肺结核、痢疾、狂犬病等的监测。

1952年

6月30日　召开全县首届牧民劳模大会，主要议题是研究大力发展畜牧业问题。

1953年

4月底　阿仁·阿力木汗在南疆区党委农委办工作。

6月23~29日　召开县、区、乡三级干部会议，讨论牧主牧工两利政策落实情况及发展生产、医药卫生、草场管理等问题。

8月　通过普选工作进行人口登记调查，全县有3 176户，13 789人。

是年，乌恰县建立了收音站，开始利用干电池收音机接收新疆人民广播电台每天两次播放的节目，并进行记录，油印后下发。

1954年

4月5~10日　乌恰县首届人民代表大会第一次会议召开。

7月14日　克孜勒苏柯尔克孜自治区成立，乌恰县划归克孜勒苏柯尔克孜自治区管辖。

是年，乌恰县传染病流行，主要是麻疹、小儿麻痹、梅毒、淋病、肺结核，疫区主要在膘尔托阔依、波斯坦铁列克、黑孜苇等3个乡，死亡率很高。黑孜苇乡仅康什维尔（现称康西湾）一个大队麻疹流行就死亡30人。据吾依的老人回忆，当时村中也有很多人传染上了疾病。

9月　阿仁·阿力木汗在南疆行署改革处任副处长。

1955年

10月　克孜勒苏柯尔克孜自治区改称克孜勒苏柯尔克孜自治州。

年末　全县共建立了互助组205个，吾依村也成立了互助组。

6月5日　县东南发生5.25级地震。

1956年

5月2~9日　中国共产党乌恰县第一次代表大会在县城召开。

6月　阿仁·阿力木汗任克孜勒苏柯尔克孜自治州副州长。

7月8日　二区玉奇塔什草场连续发生4次失火事件，烧毁草场千余亩。

是年，黑孜苇盆地柯尔克孜族农牧民进行了较大规模的积肥修渠工作，修建了110条小水渠，一条大水渠。耕地面积较之上年增加了近一倍。

是年，黑孜苇牲畜发生口蹄疫。

年末，全县初级社达到39个。

1957年

9月14~15日 一区（包括黑孜苇乡）发生严重雹灾，仅小麦损失即达56720公斤。

年末，全县初级合作社达46个。黑孜苇盆地柯尔克孜族包括吾依村民实现了农、牧业合作化。社员牲畜折股入社，牧草场和耕地也收归公社，村民进入集体劳动集体耕种时期。

是年，黑孜苇盆地有57%的耕地使用了新式农具耕种。吾依村部分村民也开始使用推广的新式农具。

1958年

5月 全县初级社达到54个，入社牧民2515户，占牧业总户的95.9%，实现畜牧业合作化。

9月 成立柯尔克孜族中学（即现在的县一中）。

10月 中国社会科学院民族研究所和新疆有关专家在乌恰县进行民族调查。

年末，全县实现公社化。成立黑孜苇人民公社，所属3个乡改为人民公社下属的3个大队。

吾依村属黑孜苇公社。公社化时期，吾依的村民被分成牧业队和生产队，牧业队专门放牧，生产队从事种植业。

1959年

6月 小麦大面积发生锈病。

是年，乌恰县开始在农村实行合作医疗制度。

1960 年

2 月 15~19 日 召开全县第三届人民代表大会第二次会议,号召全县人民为超额完成 1960 年的农牧业生产计划指标而奋斗。

1961 年

是年,新疆开展《玛纳斯》普查工作,记录了吾依村附近阿热布拉克村的著名玛纳斯奇艾什玛特·玛木别特朱素甫的演唱。

1962 年

2 月 15~22 日 中国共产党乌恰县第二次代表大会在县城召开。

是年,黑孜苇人民公社从下属各大队抽调土地、牲畜和人员组建了大队级的公社农场和公社牧场,以县机关家属为主组建四大队。

1963 年

9 月 17~21 日 召开全县第五届人民代表大会第一次会议。

1964 年

9 月 乌恰县广播站成立。架设线路,安装了高音喇叭,开始广播柯尔克孜语节目。此后,各乡陆续建立了乡广播室,播放柯尔克孜语节目。

11 月 进行第二次人口普查,全县人口有 4 046 户,15 364 人。

1965 年

7月20~25日　乌恰县第六届人民代表大会第一次会议召开。

11月　部分地区发生鼠疫。

1966 年

5月　"文化大革命"在全县展开。

2月9日　成立了乌恰县乌兰牧骑演出队。

1967 年

2月2日　县东北部发生5.3级地震。

10月13日　县西南部发生4.9级地震。

是年，乌恰县群众分成"三新"和"三促"两派，领导干部受到批斗关押，社会秩序混乱。

是年，吾依的村民第一次见到了一位乡干部带到牧区去的收音机。

1968 年

2月12日　召开贫下中农、贫苦牧民代表大会，118名代表参加。

1969 年

3月　黑孜苇拦河闸重修和改建工程全部竣工通水。

4月11日　黑孜苇公社改名为东方红公社革命委员会。

1970 年

2月　全县举办整党建党学习班。

1971年

6月4~9日　中国共产党乌恰县第三次代表大会在县城召开。

7月14日　召开首次上山下乡知识青年积极分子代表大会。

1972年

8月10日　发生霜冻，黑孜苇等地的几百亩玉米、青稞受害。

12月3日　县城西南部发生4.8级地震。

是年，黑孜苇地区有1 343亩粮食作物遭受冰雹袭击，收成无几。

是年，乌恰县乌兰牧骑演出队改称乌恰县文化工作队。

是年，黑孜苇乡卫生所成立。

是年，县里举办了培训班，对赤脚医生进行培训，吾依村有3人参加培训，当时参加培训的居马什·阿合乔里现在成为当地小有名气的医生。

1973年

3月8~15日　召开第二次农业学大寨经验交流会议。

6月11日　县城南部发生5.3级地震。

12月21~31日　召开第三次农业学大寨经验交流大会。

1974年

6月15~21日　召开贫下中农（牧）第二次代表大会。

7~9月　连续发生洪水、冰雹、霜冻低温等自然灾害，全县粮食作物受灾面积达25 428亩，占播种面积的45.8%，因灾减产粮食 50 700 多公斤，损失饲草 5 万公斤。

8 月 14 日　县西南部发生 4.8 级地震。

8 月 27 日　县西南部发生 6 级地震。

是年，黑孜苇乡开始筹建兽医站，选送有文化的农牧民子女去县兽医站培训。

1975 年

8 月 4 日　县西南部发生 4.7 级地震。

9 月 1 日　康苏至黑孜苇引水渠——青年渠动工修建。

1976 年

12 月 12 日　县西部发生 4.8 级地震。

是年，黑孜苇乡建立了药厂。

1977 年

10 月 13 日　康苏至黑孜苇的青年渠提前一年胜利竣工放水，水渠全长 21 公里，投入劳动工日 104 700 个，完成土石方 105 000 立方米。这是全县有史以来完成的最大的一项水利工程。

1978 年

3 月 13～22 日，连降大雪，地面积雪 0.8～1.5 米，全县人民抗灾保畜。牲畜死亡 5 000 头左右。

12 月　黑孜苇公社康什维尔水电站（装机容量 12 千瓦）建成发电。

是年，乌恰县文化工作队改称乌恰县文工团。

附录

1979年

7月14日 乌恰县举行庆祝大会,庆祝克孜勒苏柯尔克孜自治州成立25周年。

11月 县委举办县、社、队主要领导一百多人参加的法律学习班,学习《刑法》和《刑事诉讼法》。

1980年

5月29日 县城附近和黑孜苇公社遭大暴雨袭击,不少建筑物倒塌,县革委会组织力量救灾。

7月15~20日 召开全县第七届人民代表大会第一次会议。撤销县革委会,恢复乌恰县人民政府。

8月 玉奇塔什草场有7万亩草场发生严重蝗害。

8月1日 北纬39.6°、东经74.8°县城一带发生5.3级地震。

是年,东方红公社革命委员会恢复黑孜苇的名称。

是年,吐木西买买提·卡斯木担任乌恰县常委、县长。

是年,黑孜苇乡兽医站正式成立。

是年,吾依村的克力木·司马义担任黑孜苇乡副乡长、党委书记。

1981年

8月 黑孜苇公社在牧业队实行"八定全奖全惩"责任制。八定是定牧畜数目、产量、报酬、存栏数、幼畜成活率、饲料、草地、各类牲畜质量标准;全奖全惩是超额部分全部奖给承包人,减产部分由承包人全赔。这个制度比"五定一奖制"更受牧民欢迎。

是年,黑孜苇乡卫生所改称乡卫生院。

1982年

11月 吾依村斯蒂克·阿玛特阿洪参加了新疆维吾尔自治区民族团结先进集体、先进个人表彰大会。

5月29日 县城及周围地区（即现乡政府所在地、吾依等地）突降暴雨，降水量达26.8毫米，县城倒塌的房屋有1 252平方米，漏水的房屋有1 043.3平方米。暴雨还夹带着大冰雹，十多分钟后，地面积雹厚度达2~3厘米，雹粒最大直径6厘米，黑孜苇公社468亩农作物及189亩油菜被淹，冲走煤22吨，冲坏土坯81 646块，砖厂1个。

是年，黑孜苇发生羊瘟，部分牲畜死亡。

1983年

4月12~30日 连降大雪，地面积雪达50~140厘米，死亡牲畜1 914头。

8月21日 县西部地区发生4.6级地震。

1984年

1月 乌恰县草场资源调查工作结束。

6月9~15日 乌恰县第八届第一次人民代表大会在县城召开。吾依村斯蒂克·阿玛特阿洪出席会议。

6月16日 乌恰县电视台竣工，开始试播。

9~12月 开展政社分开、建立乡政府工作，建立黑孜苇乡人民政府，下辖5个村民委员会、24个村民小组。

11月 成立乌恰县城关镇，将黑孜苇乡所属羊叶尔农场、库拉日克村民小组和县机关所在地划归城关镇管辖，同时将该乡下属的三大队分为三四两个大队。吾依村也划归城关镇管辖。

是年，实行家庭联产承包责任制，分田到户，吾依村民每个农业户口分到了2亩耕地。

是年，库拉日克小学建校。吾依村适龄儿童开始就近上学读书。

1985年

1月1日　乌恰县开始执行"关于牧区牲畜实行作价归户经济体制的实施方案"中的有关规定，实行牲畜作价归户、私有私养的原则。吾依村的村民也按照有关规定分到了牲畜。

6月12日　吾依村所属的城关镇颁布了"关于集体林木及零星树木实行个人承包制的决定"文件，对集体林进行个人承包，鼓励村民积极植树造林，保护树木。

7月10日　乌恰县康苏"青年渠"改建，小黑孜苇水渠防渗扩建第一期工程完工。

8月23日20时41分　乌恰县城及附近乡镇发生7.4级强烈地震，损失巨大，县城被夷为一片废墟。吾依村房屋大量倒塌，村民受损严重。

同日，新疆维吾尔自治区党委、人民政府致电克孜勒苏自治州党委及政府，对乌恰县地震灾区表示慰问。

同日，党中央、国务院发来慰问电，对受灾人民表示亲切慰问，号召灾区各级干部群众团结奋斗，夺取抗震救灾的伟大胜利。

是年，吾依村民因地震在离村一两公里的"库克托布"圣地举行大规模朝拜祭祀活动。

10月　吾依村斯蒂克·阿玛特阿洪被授予在新疆维吾尔自治区工作30年的荣誉证书。

是年，停止合作医疗，农牧民生病实行自费医疗。

是年，由于地震毁坏了厂房，黑孜苇乡小药厂停产。

是年，吾依村有了第一台黑白电视机。

是年，吾依村吐尔逊阿洪·吐来克家获县司法局颁发的"遵纪守法光荣户"称号。

1986年
3月底　黑孜苇乡雪灾，积雪深度70公分厚，吾依自然村有十几户在冬牧场放牧的家庭受灾。据老人回忆，当时雪下得很大，很多羊、牦牛、马都被雪埋起来了，还有好多人也被雪埋了，没有救出来。

6月26日　由国家拨款帮助农村受震灾民建房工作全面展开。吾依村受灾村民也获得了此项帮助，在有关部门的统一规划下开始建盖新房。现在村中的布局就是当时规划的结果。

1987年
10月　乌恰县各族干部、群众739户、3041人迁往新县城（即现在县城所在地），新县城离吾依村约七八公里。原来的老县城成为黑孜苇乡政府的驻地。

12月　乌恰县地方志编辑室编辑出版《乌恰地震纪实》一书，记录了1985年特大地震的情况。

是年，从乡兽医站分出成立了乡草原站。

是年，乌恰县民政局集资7.1万元，建成黑孜苇敬老院，属民政局直接管理，院址在离吾依村不远的叶克铁列克村。

是年，吐西木买买提·卡斯木先后担任自治州人民检察院副检察长、检察长、党组副书记等职。

1988年
8月4日　黑孜苇乡连降暴雨40分钟，山洪暴发，冲坏拦河坝1 190米，大量农田、房屋被毁，直接经济损失32万多元。

1989 年

10月17日　在新县城影剧院隆重举行乌恰新县城竣工典礼大会，国务院副总理田纪云、国家民委主任司马义·艾买提、国务院贫困地区开发领导小组办公室、自治区党委、自治区人民政府、自治区民委、生产建设兵团等单位发来贺电、贺信。王恩茂、宋汉良、铁木尔·达瓦买提等领导亲临大会并讲话。会后举行了新县城竣工剪彩和乌恰县抗震纪念碑揭幕仪式。

年底，原划归城关镇管辖的羊叶尔农场和库拉日克村民小组又划回黑孜苇乡。吾依村重新归黑孜苇乡管辖。

是年，黑孜苇乡敬老院服务员热衣木吐尔地荣获"全国敬老女儿先进个人"称号，全国敬老委员会授予她"敬老好女儿金榜奖"。

是年，吾依村青年残疾诗人玛麦特凯热木·奥斯曼的诗集《青年的理想》，由克孜勒苏州柯尔克孜文出版社出版，诗集共收录了他的89首诗作。

是年，吾依村中有了第一辆摩托。有了第一辆旧的东风牌汽车。

1990 年

吾依籍克力木·司马义担任乌恰县计划委员会主任。

1991 年

吾依籍干部阿斯卡尔·江巴依的选集《同命人》由克孜勒苏柯文出版社出版。

1992 年

吾依籍干部阿斯卡尔·江巴依的译制本《看谁算得快》由

克孜勒苏柯文出版社出版。

1993年

吾依村出现了第一家个体商店，店主是维吾尔族居民塞克尼罕。

吾依籍克力木·司马义担任县机关党委书记。

吾依村青年残疾诗人玛麦特凯热木·奥斯曼的3首诗在吉尔吉斯斯坦的《红领巾报》上刊载。

1994年

黑孜苇乡草场进行调整，重新进行承包。农牧民和乡政府签订了承包合同，承包期限为1994年~2044年。吾依村绝大部分家庭都得到了自己有使用权的面积不等的草场。

是年，阿斯卡尔·江巴依任州教委招生办副主任。

1995年

原任副州长的阿仁·阿力木汗病逝。

乌恰县电视台建立。

1996年

为了维护社会治安、保护野生动物，有关部门对牧民的枪支进行了收缴，吾依村广大牧民积极响应将枪上缴。

1997年

吾依全村通自来水。

阿斯卡尔·江巴依任州教委招生办主任。

1998年

吾依籍干部阿斯卡尔·江巴依的选集《生命的懊悔》由新疆人民出版社出版。

库拉日克村妇联主任被评为乌恰县"三八红旗手"。

吾依村帕提西司马义家获县妇联颁发的"五好家庭"奖状。

1999年

吾依村安装了第一批电话。

县统战部为库拉日克村大清真寺的伊玛目托合塔洪·奥肉孜买买提颁发了任命书。

吾依村各家装上了电表，开始按电表收费。

2000年

2月　阿斯卡尔·江巴依任州文体局副局长。

2001年

12月　县计生委组成业务组，在全县九乡两镇开展人口统计质量抽查。

是年，库拉日克村妇联主任被评为乌恰县"三八红旗手"。

2002年

8月5日～9月18日　库拉日克村进行村民委员会的换届选举工作，新一届村民委员会产生，木沙担任村长，吐尔达力任书记。吾依村民参加了选举。

11月　阿斯卡尔·江巴依任乌恰县人民政府副县长。

11～12月　吾依18岁以上的公民有180人参加了村人大

代表的选举工作。柯尔克孜族党员干部木沙和维吾尔族群众茹仙古丽，分别以402票和447票，当选为村人大代表，参加了黑孜苇乡人民代表大会。

12月　县农行在全县范围内针对农牧民实行大规模的贷款，吾依村共有34户得到贷款，总额将近6万元。

2003年

　　1月　黑孜苇乡召开第十四届人代会，全乡有43名代表参加。会上，吾依籍的干部雄华尔以全票当选为乡人代会主席团主席。

　　年初，由于过度放牧，为了更好地保护草场资源，乌恰县主要夏牧场之一玉奇塔什草原进行休牧，以往在玉奇塔什放牧的牧民今年暂借二大队的牧场进行放牧。

　　年初，县政府有关部门牵头，组织人员到阿克苏等地修路，黑孜苇乡共有20人组成了一个劳务输出组，全部是男性，其中吾依村有8人参加。

　　3月24日　县城至黑孜苇乡、羊场、水泥厂、康苏镇的有线电视并网工程交付使用，吾依的村民从此可以收看到40个清晰的电视频道。

　　5月28日　黑孜苇乡人民政府乡长和下属库拉日克村村长签订了退耕还林项目责任书，继后，村长木沙又和村民签订了责任书。吾依组有35户298.5亩耕地实施了退耕还林还草。

　　5月　周凯旋基金会对库拉日克小学进行了投资修建，学校正式挂牌更名为"明天小学"。

　　5月　新疆人民出版社出版的《阿肯之声》中收录了吾依村青年残疾诗人玛麦特凯热木·奥斯曼的25首诗。

　　6月　吾依村各家装上了水表，开始按照水表收费。

　　7月　在全县开展"百日广场文化活动"，每周一和周五晚9点至12点由各单位组织、准备好节目后在县城的广场处搭台进行表演。吾依组所在的黑孜苇乡的文艺演出共有两场，一场在7月18日，另一场在9月12日。吾依的很多村民都到县城观看节目。

是年　库拉日克村妇联主任被评为乌恰县三八红旗手。

7月~8月　云南大学"中国民族村寨调查"柯尔克孜族调查组一行6人在吾依村进行了为期一个多月的民族调查。

参考文献

1. 国家民委民族问题五种丛书之一、中国少数民族社会历史调查资料丛刊：《柯尔克孜族社会历史调查》，新疆人民出版社，1987年。

2. 国家民委五种问题丛书之一，中国少数民族社会历史调查资料丛刊：《柯尔克孜族风俗习惯》，新疆人民出版社，1986年。

3. 中国少数民族简史丛书：《柯尔克孜族简史》，新疆人民出版社，1986年。

4. 贺继宏、张光汉主编：《中国柯尔克孜族百科全书》，新疆人民出版社，1998年。

5. 张福任主编：《乌恰县志》第81页，新疆人民出版社，1995年。

6. 贺继宏、张光汉编著：《柯尔克孜族风情录》，四川民族出版社，1998年。

7. 胡振华主编：《柯尔克孜语简志》，民族出版社，1986年。

8. 贺继宏主编：《柯尔克孜民间文学精品选》第二集，中国文联出版社出版，2003年。

9.《中国民族民间器乐曲集成》（新疆卷下），中国ISBN中心，1996年版。

后　记

　　《中国柯尔克孜族村寨调查》一书从接受课题，到挑选组员，人员培训，选择调查地点，深入调查点进行调查，撰写报告，最后完成，前后一共用了五个多月的时间。调查利用的是暑期放假时间，撰写调查报告利用的是晚上和国庆节休息的时间，整个过程充满了新奇、快乐、紧张、劳累和辛苦。今天这部三十多万字的调查报告终于可以划上句号了，但是其中留下的一系列问题和缺憾并没有随之消失和结束，我们对于柯尔克孜民族历史文化的研究才刚刚开始，知道以后的道路还很漫长和崎岖。

　　这次调查从开始着手工作到最后完成，得到了各级政府、有关单位和许许多多以前认识和不认识的人们的帮助和关心，在这里借助几行小小的文字，向他们表示深深的谢意。首先要感谢新疆维吾尔自治区民族宗教委员会，他们非常重视这次调查，专门给下属各单位下发了红头文件，要求各单位积极支持、大力配合我们的工作；其次，感谢新疆大学文科基地的领导组织、协调了这次课题协作工作。在选点过程中得到了克州史志办主任、我国柯尔克孜族历史研究的专家贺继宏老师的大力帮助；在前往调查点及整个调查过程中，得到了克州民委宋全生书记的支持和帮助，得到了乌恰县党委、人民政府、政协及相关单位的大力支持和帮助，有乌恰县党委依明江常委、政府阿斯卡尔副县长、政协杜玉奎副主席、统战部塔延常务副部长、民宗委吕建军副主任、文体广电局副局长托合托努尔及黑孜苇乡党委书记张宗耀、乡长买买提努尔、副书记尤国礼、副书记买买吐尔逊、副乡长买买提·依维希，库拉日克村党支部书记吐尔达力、村长木沙及所有村干部等领导和干部。没有他们的帮助，我们的调查就不可能顺利地进行。阿斯卡尔副县长和依明江常委在百忙之中还经常抽出时间来指导调查工作并看望调查组员，木沙村长几乎全程陪同我们进行调查。还要感谢的是乡里派来乡干部哈里木拉提、扎伊尔、阿迪力、阿克巴尔做我们的翻译，跟随我们从早到晚辛勤地工作。也要感谢我们聘请的翻译、乌鲁木齐市商业学校的学生、家住乌恰县城的艾力同学，他自始至终和我们在一起，度过了一个忙碌的暑假。库拉日克村吾依自然村的全体村民，从小队长买买提吐尔迪、退休干部布依丁、斯蒂克、克力木、阿拜都拉、吐尔逊等国家干部、退休教师到普通的众多的村民，男女老少对我们工作的配合与支持，对我们生活的关心，都令人难以忘怀。他们一张张诚挚善良的笑脸至今仍时常出现在我们眼前，一闭上眼睛，就会不自觉的看到他们，想起他们对我们的种种好处，柯尔克孜人给我们留下的是终生难忘的记忆和美好的回忆。他们的马奶子酒、羊肉和馕让我们终生不忘。还要感谢调查组员艾莱提的家人，调查中也给他们添了不少麻烦。在这里，要想把这个名单全部罗列出来实际是不可能的，因为给予我们帮助的人实在是太多了，只能在此一并致以谢意。

调查工作是充实而愉快的，撰写调查报告是辛苦而紧张的。由于各种原因，我们在整理报告的过程中也发现了许多遗憾。首先表现在语言不通，调查组除了艾莱提一人是柯族，懂得柯语外，其他组员都要依靠翻译进行工作，这本身就是一种

后 记

缺憾；其次，一些需要的资料统计或保存不太全面，给调查报告的完整性和客观性带来了一定的问题。第三，时间紧，任务重，又给调查的深度和全面性带来了相当的困难。加之我们水平有限，书中的问题一定不少，希望以后有机会改正。

这部调查报告是集体劳动的结晶，是在全体调查组成员的共同努力下完成的。调查组每个人都有自己繁重的工作和学习任务，但是大家仍努力克服困难，按时完成了本报告各章节的撰写任务。

具体分工如下：董秀团撰写前言，第二章"生态环境"，第八章"文化"的第三节、第四节、第五节、第六节，第九章"风俗"，并补写了第十章"教育"的部分内容，编撰了附录大事记，绘制了书中的大部分插图；万雪玉撰写第一章"概况与历史"、第三章"人口"、第四章"经济"、第五章"社会政治"和后记；吕雁撰写第六章"婚姻家庭"的第一节和第三节，第九章"风俗"第一节中的居住习俗，第十一章"科技卫生"；朱刚撰写第六章"婚姻家庭"的第二节，第八章"文化"的第二节，第九章"风俗"第一节中的服饰习俗，第十章"教育"；艾莱提·托洪巴依撰写第八章"文化"的第一节，第十二章"宗教"；曹盟撰写第七章"法律"。全书由董秀团、万雪玉进行统稿，最后，董秀团对全书文字内容进行了梳理、调整。责任编辑张丽华老师对全书进行了仔细的审核工作，为书稿付出了辛勤的劳动。

柯尔克孜族调查组
2003 年 11 月

图书在版编目（CIP）数据

柯尔克孜族：新疆乌恰县库拉日克村吾依组调查/董秀团，万雪玉主编．—昆明：云南大学出版社，2004
（中国民族村寨调查丛书/高发元主编）
ISBN 7-81068-790-5

Ⅰ．柯… Ⅱ．①董…②万… Ⅲ．柯尔克孜族—居住区—调查报告—乌恰县 Ⅳ．K283.7

中国版本图书馆 CIP 数据核字（2004）第 065911 号

柯尔克孜族——新疆乌恰县库拉日克村吾依组调查
主　编：董秀团　万雪玉

责任编辑：张丽华
责任校对：段建堂等
装帧设计：刘　雨
出版发行：云南大学出版社
印　　装：昆明市五华区教育委员会印刷厂
开　　本：880mm×1230mm（1/32）
印　　张：15.625
插　　页：8
字　　数：387 千
版　　次：2004 年 7 月第 1 版
印　　次：2004 年 7 月第 1 次印刷
书　　号：ISBN 7-81068-790-5/C·73
定　　价：32.00 元

云南大学出版社地址：云南大学英华园（邮编：650091）
电　　话：0871-5031071
E-mail：market@ynup.com
传　　真：0871-5162823